危机性产业衰退的
国际传导与区域产业结构调整

International Transmission of
Crisis-induced Industry Decline and Regional Industry Structure Adjustment

陈丽珍　胡绪华　陶忠元　陈银飞　著

江苏大学出版社
JIANGSU UNIVERSITY PRESS
镇　江

图书在版编目(CIP)数据

危机性产业衰退的国际传导与区域产业结构调整/
陈丽珍等著.—镇江：江苏大学出版社,2015.9
ISBN 978-7-81130-843-3

Ⅰ.①危… Ⅱ.①陈… Ⅲ.①产业结构调整－研究－
世界 Ⅳ.①F113.1

中国版本图书馆 CIP 数据核字(2015)第 228419 号

危机性产业衰退的国际传导与区域产业结构调整
Weijixing Chanye Shuaitui de Guoji Chuandao yu Quyu Chanye Jiegou Tiaozheng

著　　者/陈丽珍　胡绪华　陶忠元　陈银飞
责任编辑/常　钰　仲　蕙
出版发行/江苏大学出版社
地　　址/江苏省镇江市梦溪园巷 30 号(邮编：212003)
电　　话/0511-84446464(传真)
网　　址/http：//press.ujs.edu.cn
排　　版/镇江文苑制版印刷有限责任公司
印　　刷/江苏凤凰数码印务有限公司
经　　销/江苏省新华书店
开　　本/718 mm×1 000 mm　1/16
印　　张/18
字　　数/343 千字
版　　次/2015 年 9 月第 1 版　2015 年 9 月第 1 次印刷
书　　号/ISBN 978-7-81130-843-3
定　　价/38.00 元

如有印装质量问题请与本社营销部联系(电话：0511-84440882)

序　言

　　由美国次贷危机引致、被称为"百年不遇"的金融危机爆发至今已经过去6年多了,学术界对于这场危机的成因与影响的探讨仍在进行,对教训与启示的思索也一直没有停止。与大多数关注金融危机引起经济衰退的研究不同,本书试图从产业的角度考察危机的影响及其波及范围。这是因为,作为非危机发源地的中国,除了要从金融危机的爆发中吸取教训外,更应该关注发生于世界其他地区的经济危机如何影响我国的经济发展。产业是国民经济的载体,根据迈克尔·波特关于一国的经济竞争力实际上来自于其产业竞争力的观点,我们亦可以推论出一国的经济衰退也应该来自于或体现在其产业的衰退。因此,通过揭示全球性或局部性经济危机事件导致的产业衰退及其发展变化规律,并探讨相应的应对策略,能够更有效地防范或减少产业衰退的负面影响。

　　以2007年新世纪财务公司倒闭为标志的美国次贷危机在短时期内迅速向全球蔓延,富通集团、德国地产融资抵押银行、意大利联合信贷银行、英国布拉福德－宾利银行等相继陷入危机。全球各主要股市震荡走低,国际汇市也出现宽幅震荡。受此影响,美国乃至全球的实体经济都受到较大的冲击。美国劳工部公布的报告显示,2008年12月,全美非农部门工作岗位削减52.4万个,失业率上升至7.2%,为16年来的最高点,显示美国经济正快速趋向疲软。欧盟统计局公布的数据显示,2008年第三季度欧元区经济比前一季度下滑0.2%,连续2个季度经济下滑0.2%,标志着欧元区自1999年成立以来首次步入经济衰退。根据日本内阁府公布的数据,去除物价变动因素的影响,2008年第三季度日本的国内生产总值比第二季度实际下降了0.5%,按年率计算下降了1.8%,这一数据证实日本经济已连续2个季度出现负增长,已步入衰退。根据IMF当年的预测,2009年世界经济仅仅增长了0.5%,是二战以来增幅最小的一年。

　　随着金融危机向实体经济的蔓延,中国作为"世界工厂",国内许多产业也迅速出现了衰退。危机发生后的2008年12月,据海关统计,我国进出口总值为1 833.3亿美元,同比下降11.1%,其中出口1 111.6亿美元,下降

2.8％；进口 721.8 亿美元，下降 21.3％。国家发改委中小企业司发布的报告显示，2008 年上半年已有 6.7 万家规模以上的中小企业倒闭，其中，出口大户纺织业中倒闭的中小企业超过 1 万家。可见，这场始于美国的金融危机沿着资金链和产业链迅速波及四方，演变成全球的经济衰退，其中沿着国际产业链的传导已经不同程度地打击了各国的实体经济。如美国次贷危机爆发以后，美国钢铁行业遭受重创，由于美国进口需求减少，欧洲各大钢铁生产出口企业纷纷减产，而同期中国钢铁行业也集体陷入行业寒冬。

在当今经济全球化与科技飞速发展的背景下，虽然产业创新与升级成为学术界研究和经济界关注的焦点，但产业衰退的研究却没有得到学术界应有的重视。20 世纪 30 年代的大萧条被认为是遥远的往事且那样的灾难不会再重演，但事实上，由于经济发展的内在不稳定性和外部冲击（如次贷危机）的突发性，衰退却不可避免地发生着。而且，随着世界经济一体化进程的加快，国与国之间的经济往来日益紧密。跨国公司在全球范围内重组价值链，不断把价值链上的各个环节分解到世界各地，在成本最低处制造、在智力最密集处研发、在需求最旺处销售，形成了高度融合、密切关联的国际分工产业链。国际产业的相互联系日益紧密，相互影响日益微妙。一旦局部发生危机，其影响有可能迅速传递，危害的深度和波及的广度将更加激剧。

显然，这种主要因外生因素而导致的产业衰退（危机性产业衰退）与以往人们所熟悉的按照生命周期规律所发生的产业衰退具有不同的特征。在某种意义上，它属于经济系统中突发事件的产生、传导及对策问题，与系统复杂性演化有着密切关系。随着经济全球化的纵深发展，这类由外生因素引起的非正常性产业衰退发生的频度、幅度和强度将不断增强，并在国际迅速传导。本书通过阐述危机性产业衰退的内涵和特征，揭示危机性产业衰退国际传导的一般机理及其微观基础，探讨这类非正常性产业衰退在国际的传导规律及区域调整机制，并借助静态横向比较分析与动态纵向深入研究相结合的手段，探讨危机性产业衰退对我国相关产业的负面冲击效应及其应采取的应对措施。在理论与实证分析的基础上，本书探讨了应对危机性产业衰退国际传导、促进区域产业结构调整与升级的对策建议。

全书由 9 个章节构成。

第 1 章是导论。在梳理产业衰退一般概念的基础上，本章基于衰退原因的差异将产业衰退划分为周期性产业衰退、结构性产业衰退和危机性产业衰退三类，并进一步界定了危机性产业衰退的内涵、特征、表现形式及识别标准，分析了其形成原因和传导效应；在阐述危机性产业衰退的国际传导机制的基础上，探讨了应对危机性产业衰退的策略构思，勾勒了本书研究的理论架构和逻辑思路。

第2章阐述了危机性产业衰退国际传导的微观基础。在界定微观主体主要涵盖的范畴,并按照特定的逻辑关系对其进行类别划分的基础上,本章分析了在恐慌心理作用下危机性产业衰退对微观主体有限理性与有限道德的强化,进而加剧产业衰退的传导等问题;继而探讨了危机性产业衰退传导过程中微观主体基于有限道德与有限理性的行为模式;最后根据不同类别微观主体的基本特征,研究各类主体在产业危机性衰退传导中的不同效应。

第3章分析了危机性产业衰退传导的外部条件。外部条件是产业系统中微观主体的行为环境,直接影响微观主体的主观判断和行为选择。随着经济全球化的不断深入发展,世界经济格局发生了翻天覆地的变化,产业链本身的分工与合作也越来越专业化与网络化,这些外部条件的变化直接影响着危机性产业衰退在国际的传导。本章首先从产业链本身与世界经济格局内外2个层面来明确危机性产业衰退传导的外部条件,然后从世界贸易网络与世界投资网络2个角度分析危机性产业衰退传导的外部条件的变化,最后比较讨论不同层面外部条件在危机性产业衰退国际传导过程中的不同效应。

第4章研究了危机性产业衰退国际传导的机理,主要是从产业层面探析产业链在外部性冲击下所产生的震荡和破坏的具体发生机理和过程特征。本章以金融危机传导渠道为理论分析基础,从贸易、金融、资本流动等角度系统地梳理了危机性产业衰退国际传导的途径和内在机制,并借助动态随机一般均衡模型,解析危机性产业衰退的国际传导机理,为开展实证分析和提出对策建议奠定基础。

第5章以美国经济衰退对中国实体经济的冲击和传导为例,对危机性产业衰退的国际传导进行实证分析。本章将中国GDP和中国固定资产投资同时作为中国实体经济的代理变量,以全面反映中国经济特点,通过建立施加过度识别约束的SVAR模型,利用结构脉冲响应函数分析了美国经济衰退对中国实体经济的冲击效应和传导机制。结果表明,第一,美国GDP对于中国GDP和固定资产投资的同向冲击效应都是显著的。根据这一结果,当美国爆发经济危机引发实体经济衰退时,会对中国实体经济产生明显的负面冲击,这与客观实际情况是吻合的。第二,美国GDP的波动会通过美国对中国出口这一渠道,对中国的GDP和固定资产投资产生显著的同向冲击,并且对中国固定资产投资的同向冲击效应更加显著,从而直接影响中国的产业发展。第三,美国对中国直接投资,对中国GDP和固定资产投资冲击的正向响应都是显著的,说明美国对中国直接投资也是美国经济衰退向中国实体经济传导的另一条渠道。不过,与出口渠道相比,直接投资传导渠道的传导效应相对较弱,这可能与美国在华直接投资企业的独资比例较高、前后向关联程度相对较低有关。

第6章研究了危机性产业衰退国际传导对我国产业发展的影响。本章在界定危机性外部事件的基础上,分析了危机性产业衰退传导对本土区域产业发展影响的表现形式,并从要素市场、生产状况、产品市场及综合盈利状况等方面构建了度量产业衰退的指标体系,运用36个制造业行业的数据进行了研究。结果表明,黑色金属采矿业,纺织业、化学纤维制造业,通信设备、计算机及其他电子设备制造业等产业受到危机性产业衰退国际传导的影响,出现了不同程度的衰退。对纺织业的进一步分析表明,美国纺织服装的销售额、消费者信心指数和汇率都是导致我国纺织业衰退的 Granger 原因。

第7章是关于危机性产业衰退国际传导中区域产业调整的机理研究。在明确危机性产业衰退国际传导中的区域产业调整的内涵和特性的基础上,本章将危机性产业衰退国际传导中区域产业调整视为一个"复杂适应系统",分析危机性产业衰退国际传导中区域产业调整的概念与特点,针对危机性产业衰退国际传导中区域产业调整的主体特征与适应机制,分析危机性产业衰退国际传导中区域产业调整的微观主体行为,进一步探讨危机性产业衰退国际传导中区域产业调整的影响因素与主要方式,为我国区域产业调整的深入研究奠定相关的理论基础。

第8章是危机性产业衰退国际传导中区域产业调整的实证研究。经济危机下区域产业调整的核心是产业结构调整和转型升级,涉及产业空间布局优化、服务体系构建、企业调整与竞争力提升、要素资源配置等从宏观到微观多个层面多个方面。本章在区域产业调整和转型升级问题的大背景下,具体分析三类区域产业典型主体的调整与转型升级的机制,并予以实证分析,为区域产业调整和转型升级提供启示:一是产业集群。产业集群是区域产业的重要载体,产业集群的调整对区域产业尤其是主导产业的调整和选择有显著影响。二是区域龙头企业。龙头企业是微观经济活动的重要决策主体,龙头企业的活动选择与区域经济发展与产业调整紧密相关。三是中小企业。中小企业在区域经济社会发展中具有重要的地位和作用,当前形势下中小企业所受冲击最为显著,因此中小企业的转型升级对区域产业复苏意义重大。

第9章探讨了危机性产业衰退国际传导中的区域产业调整对策。在前几章对区域产业调整机理讨论的基础上,本章结合危机性产业衰退的产生原因、传导路径、扩散效应等多维角度对产业调整的对策加以系统分析。在政府层面,要及时构筑冲击预警和防护应急体系,调整市场运行的环境和秩序以缓解外部危机的冲击广度与力度,减轻国内产业的损害范围与程度。在产业层面,国内产业需强化产业链的协调管理,推进产业集聚、产业创新和产业升级,不断增强产业发展中的风险防范与协调能力。企业则应加强经营理念与经营战略、竞争焦点与方式的调整,加快企业的升级进程,提升其市场竞争能力。通过政府、产业、企业"三位一体"式的立体防御和驱动,较好地减缓外部危机的传导冲击,有效控制危机传导效应的急剧扩散,增强国内产业和企业的生存发展能力。

本书是国家自然科学基金项目"危机性产业衰退的国际传导与我国区域产业调整的机理与实证研究"(项目编号:70973045)的最终成果之一。在3年的项目研究和将近2年的后期研究中,项目组成员不断深化对危机性产业衰退内涵的理解,密切关注金融危机爆发以来相关产业的发展动态和相关主体的行为特征,深入分析危机性产业衰退国际传导的基本规律和我国区域产业调整的机理与对策措施,进行了大量调研和数据资料搜集分析。在此基础上完成了20余篇论文的撰写与发表,这些成果为本书的撰写奠定了良好的基础。

本书由陈丽珍确定撰写思路并拟定编写框架,项目组成员分头准备初稿或搜集相关资料。其中,第1章由胡绪华、陈丽珍撰写,第2和第3章由陈银飞撰写,第4章由陈丽珍、王欣撰写,第5章由王欣撰写,第6章由张鸾撰写,第7章由赵桂梅撰写,第8章由王为东撰写,第9章由陶忠元撰写。最后由陈丽珍负责全书的统撰与定稿。

在项目研究和本书的撰写过程中,我们参考和借鉴了许多前人的研究思想和方法,在此一并表示感谢!因时间和作者能力有限,书中还有许多不尽如人意之处,敬请读者不吝指正。

作　者

2014 年 12 月 28 日

目　　录

第 1 章　导　论

经济全球化与科技飞速发展的背景下,以罗伯特·卢卡斯和本·伯南克为代表的学者认为经济萧条的问题已经得到了基本解决,人们已经具备了一整套相对比较成熟的理论支撑体系和应对策略,20 世纪 30 年代的大萧条已经成为遥远的往事,同样的灾难不会重演,当前学术界研究和经济界关注的焦点应该是产业创新与升级。事实上,由于经济发展的内在不稳定性和外部冲击(如次贷危机、贸易壁垒、自然灾害等)的突发性,衰退不可避免。而且,随着世界经济一体化进程的加快,国与国之间的经济往来日益紧密,跨国公司在全球范围内重组价值链,把价值链上的各个环节分解到世界各地,在智力最密集处研发设计、在成本最低处生产制造、在需求最旺处广告营销,从而形成高度融合、密切关联、一体化的国际分工体系,产业链内各环节及产业链间的相互联系日益紧密,相互影响日益微妙。近几年的事实已经说明,一旦局部发生衰退,其负面影响将会迅速蔓延,危害深度和波及广度将更加激烈。

1.1　危机性产业衰退的内涵和外延

随着中国工业化的深入和经济全球化的加速,中国产业发展受到越来越多的外部因素干扰。在 2008 年金融危机的特殊干扰下,中国国内部分产业在一定时期内提早步入衰退;在 2011 年美欧"双反"政策的制裁下,中国光伏太阳能制造产业整体瘫痪。虽然国内外关于产业衰退的研究成果已经比较丰硕,但针对这类由于外部干扰而导致的产业衰退的研究成果尚不多见。以保罗·克鲁格曼为代表的学者就"萧条经济学"的研究不断向纵深推进,警醒着政策制定者和理论研究者经济衰退从来就未曾远去(保罗·克鲁格曼,2012)。结合地区性乃至全球经济衰退的现实,国内外学者对产业衰退的研究也逐步深入。但已有的相关研究大多局限于现象分析或政策研究,尚未明确危机性产业衰退的基本概念。

1.1.1　一般产业衰退概念的理解：文献观点

关于产业衰退的相关研究成果，大多集中在企业成长、产业生命周期、制度及其演进等方面对产业衰退的相互影响与作用，探讨产业衰退的一般规律和共性问题。对于一般产业衰退概念的理解主要可以从以下4个方面展开。

(1) 衰退具有显著的周期性特征。1962年Chandler第一次对企业成长阶段理论给出了一个较为明确的界定(Alfred D. Chandler,1962)。此后,学者开始延用这一理论,从经济学、社会学、生物学等学科的视角构建产业成长阶段模型。虽然不同学者对产业成长阶段划分的标准和数目各有侧重,但都是将"衰退"视为产业生命周期的自然阶段。在生命周期理论研究的基础上,Gort和Klepper(1982)将重心转向市场中厂商数目的变化,通过对46个产品(窄产业)最多长达73年的时间序列数据进行分析,建立了产业经济学意义上第一个产业生命周期模型,称为G-K模型。该模型认为,在产业生命周期的衰退阶段,厂商由于面临越来越激烈的价格战、外部创新减少和通过"干中学"方式(过程创新)所导致的竞争加剧而大量退出。Klepper和Graddy(1990)对G-K模型进行了技术内生化的发展。首先,在向后扩展的数据集上,他们按厂商数目的改变将产业生命周期重新划分为成长、淘汰和稳定3个阶段。而Agarwal Rajspree和Gott(1996)沿着另一条路径对G-K模型进行了发展,通过引入危险率概念,研究了产业生命周期的阶段性对厂商进入与退出的综合影响,分析结果表明,危险率与厂商"年龄"成反比。另外,波特在竞争战略中,还将产业发展分为3个阶段,即新兴产业阶段、成熟产业阶段和衰退产业阶段(Porter,1980)。在经济发展中,新兴产业的成长与传统产业的衰退不可避免,这由产业的产生、发展、成熟、衰退的变化所决定;衰退是产业演进过程中的产物,产业的兴衰交替是普遍的经济现象(黄传荣 等,2012)。

(2) 产业衰退可能演化为经济危机。源于某一特定产业的衰退会沿产业链、信息链、资金链向纵深演化,并最终导致经济危机。Michael D. Bordo(2006)认为从20世纪90年代初开始,金融危机和新兴市场发展的停滞与经济全球化初期发生的状况具有很强的相似性,通过对1870—1913年的资金流动、经常账户逆转和金融危机的统计,Michael D. Bordo分析了危机的发生率并且衡量了危机对实际产出损失的影响。此外,他还考虑了开放对贸易、原罪及货币错配对经济停滞和金融危机类型的影响。Michael D. Bordo(2008)通过对2007—2008年经济危机的历史回顾,认为此次危机是一种持续的形态。此次危机和过去的危机有许多相似之处,但是也有许多重要的新变化。

此次危机始于发达国家,由不透明的次贷市场及其银行的金融衍生产品向其他国家传播(包括虚拟产业和实体产业),尤其对于那些高负债率的发达国家,通常拥有高经常账户逆差和较高的开放度,所遭受的冲击更是明显,如冰岛、匈牙利及乌克兰等。方堃(2011)研究发现20世纪90年代IT产业革命之后缺乏新的技术创新,致使实体经济增长动力不足。

(3)产业衰退程度可定量测度。马歇尔认为,企业的成长与衰败遵循自然规律,美国尼克松内阁时期的美联储主席亚瑟·伯恩斯教授曾将产业衰退描述为"产业的增长百分率随着年限的增加而趋于下降"。萧琛(2001)探讨了新经济周期的前景及有关的"准衰退"问题,并将其解释为信息网络经济条件下开始出现的一种介于虚拟经济和实体经济之间的一种新型衰退。周新生(2003)讨论了产业衰退的内涵、本质及其衡量标志,分析了中国的产业退出状况及其可能的出路,提出了退出产业的政策和建立援助机制的建议。王发明等(2006)引用复杂网络理论中刻画网络结构的三大统计结构变量:度分布、聚集系数及平均最短路径长度,分析美国128公路衰退的原因。李小彬(2008)根据对产业集群的特征分析,运用生命周期理论对产业集群的各阶段发展进行比较分析,指出区域产业集群出现衰退现象的具体表现和原因。

(4)产业衰退趋势可通过政策调控。虽然衰退是产业发展过程中不可避免的阶段之一,但至少在一段时期内衰退通常会对产业成长甚至是经济的发展带来阵痛。为缓解衰退的负面影响或缩短这一过程,一系列因地制宜的调控政策被提出并应用于实践活动中。代表性的学者及观点包括:Robert M. Uriu(1984)研究了日本两大衰退产业——造船业和纺织业的调整和资源再分配问题。Antti Sihvonen(2010)分析了不同衰退条件下的战略形式,其中包括衰退产业中的防御者、衰退产业中的勘探者、衰退产业中的分析者及衰退产业中的反应者等战略形式。刘志彪(2000)讨论了衰退产业的调整和成长产业的保护,论证了中国制造业衰退的6个经验性假设,即投资假设、行政垄断假设、衰退程度不足假设、用户预期假设、产业选择理论不当假设和进入壁垒假设。任红波和李鑫(2001)从一个全新的角度——产业演化逻辑入手,在对衰退产业进行再定义和分类确定的基础上,建立了一个较为完整的衰退产业中企业战略选择框架,即动因导向型衰退产业战略理论,主要包括需求型衰退产业战略、比较优势型衰退产业战略和技术型衰退产业战略。林跃勤(2009)通过分析金融危机对"金砖"国家的冲击影响及反危机政策比较,寻找新兴经济体有效克服外部冲击、实现持续赶超发展的路径。田益祥和陈留存(2011)认为国际资本的大幅度流入流出对东道国的经济安全会产生负面冲击,并从主权信用评级的角度提出了制定短期调控政策以抑制短期非正常冲击的政策建议。李祥辉和陈丽珍(2011)通过分析纺织业衰退的国际传导渠道,探讨哪些国际因素会影响中国产业的衰退,并进一步提出对策建议,以加强中国纺织产业的国际竞争力。许欣欣(2013)通过分析新加坡缓解国际石油价格对经济冲击的经验,提出了应对国际石油价格波动对中国经济冲击的对策。

1.1.2 不同类型产业衰退的界定与比较

从一般产业衰退内涵的综述中不难发现,根据产业发展特性而对产业衰退进行分类的研究还比较少,而从已有的全球性、区域性或地域性的经济衰退现象来看,产业衰退虽然最终均表现为产业市场份额的下降,但其形成原因却存在较大差异。本书根据衰退原因的差异,将产业衰退划分为周期性产业衰退、结构性产业衰退和危机性产业衰退三类。

1)周期性产业衰退

周期性产业衰退是指产业销售额或利润率按产业生命周期规律衰减的现象。由于产业是以具有代表性的产品为基础的集合,可以借用产品生命周期理论将产业的发展历程划分为投入期、成长期、成熟期和衰退期4个阶段。当某一产业在经历前3个阶段的发展后,市场上由于技术进步而推出了在经济上具有较强替代性的新兴产业,原产业的市场占有率将会下降,甚至增长率转变为负值,步入周期性产业衰退。如平板电视机的上市导致彩色显像管电视机销声匿迹,MP3的问世将磁带随身听产业逼入死角。周期性产业衰退是产业成长过程中必然的自然衰退现象,难以逾越、不可逆转。一旦进入周期性产业衰退,原行业的产品将必然被融入新兴技术的新产品所替代,并进入下一个产业生命周期。周期性产业衰退示意图如图1-1所示。

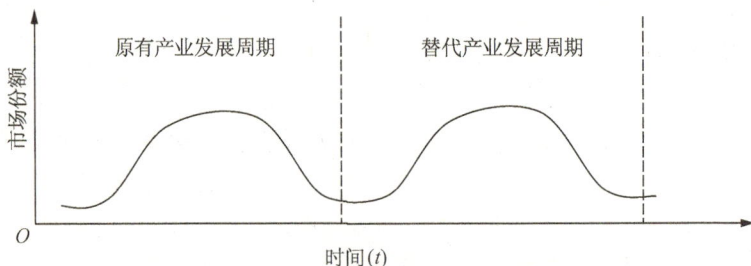

图1-1 周期性产业衰退示意图

2）结构性产业衰退

结构性产业衰退是指由于产业链内部某一环节出现产业本身技术进步断档、原料短缺或消费习惯变迁等重大变故，导致产业链的协调生产过程难以为继的衰退现象。与周期性产业衰退不同，结构性产业衰退并非因为具有较强可替代性新产品的市场冲击而引起，而可能根本就不存在替代性产品，仅仅是因为技术、原料或终端市场需求等产业链上的某个环节出现问题，形成生产瓶颈，导致产业发展受阻。如中国部分资源型城市因为资源枯竭而面临产业衰退，曾经作为家庭"三大件"标志之一的家用缝纫机产业随着国内对成衣需求的增加而逐渐消亡。结构性产业衰退是产业链内部各环节间的协调关系出现了永久性失衡，导致产业链断裂。这类永久性失衡可能是经济社会正常发展的必然结果，虽然没有很明确的替代产品，但同样不可逆转。结构性产业衰退示意图如图 1-2 所示。

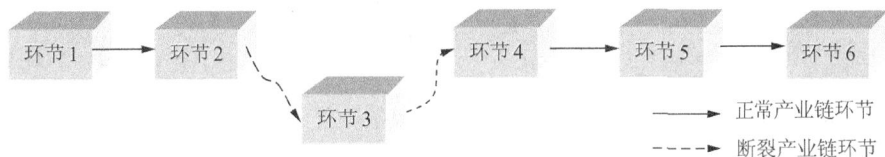

图 1-2　结构性产业衰退示意图

3）危机性产业衰退

危机性产业衰退是指由金融危机、社会动荡、自然灾害、产业规制等产业外部因素冲击引起的衰退现象。由于这些冲击因素不受产业链本身所控制，因此该类冲击通常具有很大的突发性和不确定性，所引起的负面冲击效应也比较强烈，对本产业、关联产业乃至国民经济的健康发展的危害较大。危机性产业衰退的爆发时点取决于外部冲击发生的时机，在产业生命周期的 4 个阶段均可能发生。如 2008 年美国金融危机的冲击导致中国玩具产业短期内陷入泥潭，2012 年美欧等国"双反"政策致使中国光伏太阳能产业几乎全线崩溃。与周期性产业衰退和结构性产业衰退不同的是，危机性产业衰退并非经济社会发展的必然趋势和结果，这类危机可能发生在那些成长性好、资源充足、市场旺盛、技术研发活跃的产业中，仅仅是因为外部不可抗力的负面冲击导致的产业增长率短期迅速下降；而一旦这类外部冲击压力解除，产业的衰退趋势将逐渐趋缓，并进一步回暖。

要理解危机性产业衰退的内涵，首先要明晰产业外部冲击的演化过程。在对已有相关文献系统分析的基础上，根据产业外部冲击能量的变化将冲击演化周期划分为酝酿期、爆发期、振荡期、缓和期 4 个阶段，如图 1-3 所示。酝酿期是产业外部冲击能量的积累阶段,此时冲击尚未形成,破坏性较小,但爆发的风险逐步增加,在图 1-3 中表现为曲线缓慢地向右上方倾斜;爆发期是产业外部冲击能量的瞬间释放阶段,这一阶段持续的周期较短,但冲击强度较大、破坏性强,在图 1-3 中表现为曲线短期直线上升;振荡期是产业外部冲击能量的后续释放阶段,由于市场已经具备了一定的"免疫性",冲击强度有所下降,但会持续一段时期,在图 1-3 中表现为曲线的高位反复振荡;缓和期是产业外部冲击能量的弱化阶段,产业外部冲击能量释放完毕,冲击的影响力开始下降,在图 1-3 中表现为曲线缓慢地向右下方倾斜,直到恢复至正常水平。

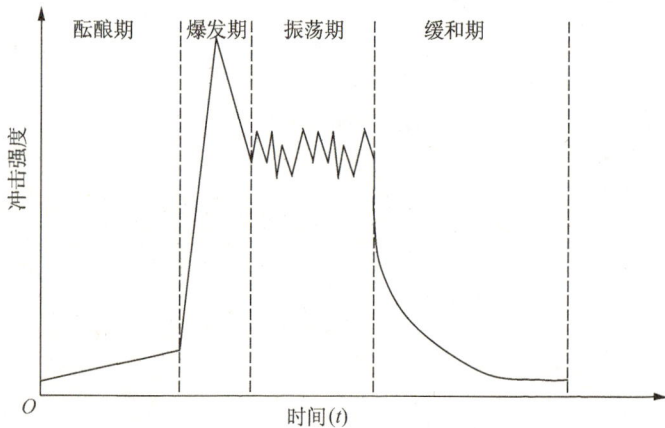

图 1-3　产业外部冲击演化周期示意图

在产业外部冲击的影响下,产业发展呈现出危机性衰退的特征,其衰退效应将按特定的规律向纵深演化,具体表现为产业的总产值、新增投资、出口规模、就业人数、技术创新等方面均出现大幅度的萎缩。图 1-4 从总产值的角度描述了危机性产业衰退效应的一般演化规律:在突发冲击酝酿期产业总产值持续快速上升,进入冲击爆发期后总产值急剧下降;而后随振荡期的到来总产值不断小幅反复,产业盈利较低或出现亏损,部分生产企业选择退出,产业竞争力低位徘徊;进入缓和期后,一方面本产业规模前期已经萎缩,另一方面其他竞争性产业得以发展,遭遇危机性衰退的产业总产值虽然会出现一定程度的反弹,却难以达到理想的预期水平,且危机持续时间越长,差距越大。

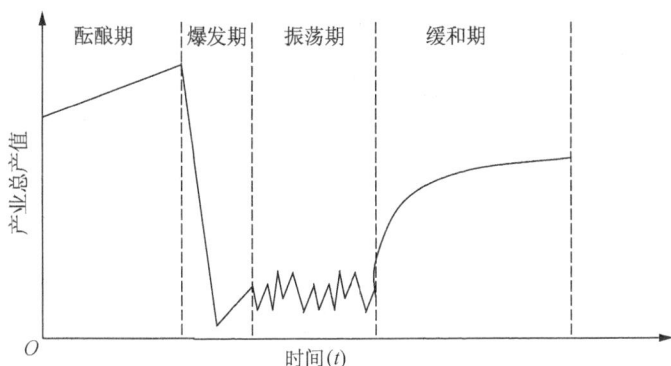

图 1-4   危机性产业衰退（总产值）演化示意图

4）三类产业衰退的比较

在对三类产业衰退分别论述的基础上，表 1-1 进一步从衰退持续时间、经济危害程度、是否存在新型替代品、是否可逆转等角度进行比较分析。从表1-1 中可以看出，三类产业衰退不仅爆发的原因不同，衰退的作用机制与效果也存在差异。由于三类产业衰退爆发原因分别来自产品周期、产业链瓶颈、产业外部，相互之间关联较小，因此三类产业衰退的爆发具有很强的时间与空间的独立性，即三类产业衰退可能各自单独发生，也可能两两叠加发生，还可能同时发生。当不同类型的产业衰退叠加发生时，相应的作用效果也将同步叠加。

表 1-1   产业衰退原因及影响效果的比较

产业衰退类别	衰退原因	持续时间	危害程度	替代产品	能否逆转
周期性产业衰退	产品步入衰退周期	长	小	有	否
结构性产业衰退	产业链出现失衡瓶颈	长	小	无	否
危机性产业衰退	产业外部突发冲击	短	大	无	能

1.1.3   危机性产业衰退的既有研究与理解

在对产业衰退 3 种类别的划分及危机性产业衰退基本内涵分析的基础上，梳理危机性产业衰退相关研究成果发现，由于金融危机、社会动荡、产业政策等产业外部冲击时有发生，因而与危机性产业衰退相关的研究从未间断，其中关于金融危机对实体经济或产业衰退影响的研究相对较多。

以国外实体经济或产业为研究对象的代表性研究结论包括：美国次贷危机引起的国际金融危机迅速从局部发展到全球，从发达国家传导到发展中国家和新兴市场国家,从金融领域延伸到实体经济,世界经济受到严重冲击,国际银行业损失惨重(李礼辉,2009)。1997 年东亚金融危机和 2008 年国际金融危机导致日本出现了两次典型的经济景气衰退(崔岩,2009)。1989 年将美国经济从低速增长推入衰退泥潭的直接因素是金融危机引起的信贷收紧和信心受挫,以及海湾危机引起的石油价格投机性上涨(宋运肇,1991)。1998 年韩国面临的金融危机与东南亚部分国家的经历一样,在货币走出低谷后,骨干产业开始陷入萎缩状态,市场低迷(吴德烈,1998)。股票和房地产市场的上涨将会最终导致更大幅度的下降,其长期后果可能是消费者和企业信心下降,或者是全球性经济衰退(Shiller,2005)。美国次贷危机在全球引发了自 19 世纪 30 年代以来最严重的经济大萧条,给东南亚金融业带来严峻考验(沈红芳,2009)。在国际金融危机和主权债务危机叠加冲击下,"欧债五国"的银行产业陷入了全面衰退,银行产业的资产质量显著下降(李欢丽 等,2012)。

以中国实体经济或产业为研究对象的代表性研究结论包括:19 世纪初期全球气候变化引起农业生产条件的恶化,导致中国经济转入长期衰退,即"道光萧条"(李伯重,2007)。汇市、股市、信贷市场、债市和期市等全球金融市场剧烈波动,生产、投资、消费、就业和贸易等实体经济持续下滑(文兼武 等,2009),导致大衰退的发生。金融危机以后,政府针对金融体系采取了很多救助措施,金融市场很快得到了稳定,但实体经济却依然没有恢复,危机还在实体经济蔓延(李永宁 等,2013)。

1.2 危机性产业衰退的特征与表现形式

在对三类产业衰退进行的比较中可以发现,危机性产业衰退与其他两类产业衰退相比有诸多差异。为更深入地理解危机性产业衰退的内涵,有必要进一步阐释其特征。结合已有的危机性产业衰退相关文献的分析,本书认为危机性产业衰退应具有以下 4 个基本特征。

1) 危机性产业衰退的形成原因复杂

由于危机性产业衰退的爆发是基于产业链外部突发事件导致产业链上的某个或某些环节在短期内遭遇重大负面冲击并呈现衰退特征的现象,其形成原因错综复杂,难以探析。首先,遭遇外部负面冲击的产业链环节具有很强的不确定性。产业链是体现多个生产环节投入产出关系的产业组织系统,各个生产环节相互依存,共荣共生。一旦产业链上某个或某些环节遭遇剧烈负面冲击,就会因为短期内难以找到替代环节而导致产业链的整体衰退。外部冲击可能作用于产业链的产品设计、原料采购、仓库运输、订单处理、批发经营和终端零售等任何环节,不确定性较强。其次,来自产业链外部的冲击来源具有多样性。产业发展是社会系统的重要组成部分,社会系统中的重大事件都可能对产业发展产生突发冲击效应。社会系统中的重大事件可能来自于自然灾害、金融危机、恐怖活动、政治动荡、经济政策、科技进步等方面,这些事件通常具有较强的潜在性、突发性和社会性,它们均有可能成为产业链负面冲击的来源。

2) 危机性产业衰退的爆发时点随机

危机性产业衰退的爆发并非毫无征兆,而是某外部冲击因素长期发酵,在量的积累达到临界值后,所发生的质的转变。但危机性产业衰退实际可能的爆发时机具有很强的不确定性,主要原因包括以下两点:首先,产业的外部冲击因素的演化过程具有长期性和复杂性。受经济、政策、法律、环境、人文等因素的干扰与强化,其量的积累速度具有很强的不稳定性,可能缓慢增长,也可能短期内迅速膨胀,如2007年美国次贷危机爆发前,美国房市泡沫逐步形成,银行等金融机构出于安全考虑,开始收紧各自的融资政策,导致危机爆发,并最终演化成全球经济危机,在此过程中金融机构政策的调整扮演了危机爆发助推器的角色。其次,危机爆发的临界值具有较强的动态性和模糊性。危机爆发的临界值受制于经济系统中多方利益主体动态重复博弈,不仅各利益主体的支付收益动态变化,而且部分利益主体的预期收益难以准确衡量,导致危机爆发时机的判定标准不确定。

3) 危机性产业衰退的短期破坏性巨大

由于危机性产业衰退爆发时机的不确定性,遭遇冲击的产业通常缺少必要的心理准备和应对手段。一旦产业外部的负面冲击爆发,将在较短的时间内对产业造成严重破坏,并可能沿产业链向周边蔓延。它的破坏性主要表现为以下3个方面:第一,产业系统的运行效率将在短期内迅速下降,由于遭遇产业系统外部的负面冲击,系统内的某个或某些环节在短期内大幅缩水或停滞,打破了整个系统正常运行状态,导致系统整体运行速率快速下降。第二,因为对危机性产业衰退的爆发缺少心理准备,导致市场预期短期下降,产业系统中各利益主体采取恐慌性回避或撤离行动,加剧外部冲击的负面效应。第三,某一产业遭遇危机性冲击并在短期内出现快速衰退迹象后,又会对周边其他产业产生负面示范效应,进而破坏整个经济系统的健康运行。

4) 危机性产业衰退具有复苏的可能性

虽然危机性产业衰退瞬间冲击的危害较大,但其持续的周期通常较短,并具有复苏的可能。它既不同于建立在技术革新基础上的周期性产业衰退,其技术革新周期较长,且衰退是一个长期的逐步替代的过程;也不同于由于产业链某一环节出现失衡导致的结构性产业衰退,其产业链赖以存在的资源供给、市场需求等产业链环节的萎缩不是一个短期过程。危机性产业衰退爆发的根源在于外部的危机冲击,如金融危机、产业政策、地震、战争、流行病等。这类冲击具有较强的时效性,在短期的冲击行为发生后,会逐步解除或消失;一旦外部冲击因素解除,产业将逐步趋于复苏。另外,在危机性产业衰退的前半周期,恐慌性预期也是造成较大破坏性的重要原因。随着时间的推移,产业系统中各利益主体逐步回归理性,恐慌性预期效应下降,配合外部冲击因素的解除,危机性产业衰退也将呈现逆转态势。

1.3 危机性产业衰退形成的原因及传导效应

在对危机性产业衰退的内涵与特征进行分析的基础上,有必要进一步剖析其形成的基本原因和可能危害,揭示危机在产业环节间的传导渠道与模式。

1.3.1 危机性产业衰退形成的原因

虽然危机性产业衰退爆发的原因较多,演化过程复杂,但其形成的产业系统内部与外部的原因还是有规律可循的。产业系统内部原因主要包括产业结构失衡与脆弱、应对预案与预警机制缺失;外部原因主要包括经济全球化的深入和发达国家的危机外输。

1) 产业结构的失衡与脆弱

在全球化背景下,跨国公司将总部设在发达国家,并对其自身的价值链进行重组(Gereffi et al,2005)。一方面他们掌握着技术、品牌等价值链核心环节,另一方面将可以标准化的低端环节转移到发展中国家。经过改革开放三十几年的快速发展,中国出口能力已经大幅提高。《2013 年金融统计数据报告》显示,中国外汇储备已经高达 3.82 万亿美元。但由于技术发源地来自发达国家或核心部件依赖进口,中国制造业仍被锁定在全球价值链的低端,未摆脱"世界组装车间"的地位,从事着包括 iPhone 等电子产品及 Nike 鞋等纺织服装品在内产品的加工生产。

在此背景下,中国的产业升级面临严重阻碍,产业结构优化不再是一个自然演化过程(刘明宇 等,2012),产业结构失衡与脆弱的问题突出。首先,同一产业链上不同生产环节间匹配关系不平衡。中国主要依赖一般性的、低级要素的比较优势,发展全球价值链上系统集成度较高的加工环节。大量以 FDI 形式进入的外资企业及本土企业以加工贸易或代工贴牌方式,参与到主要由国际大买家或跨国公司主导与控制的全球价值链分工体系中(刘志彪,

2010)。其次,不同产业部门之间投入产出关系不合理。目前中国发展较快的产业大多是从发达国家转出的"三高一低"的粗放型产业,即投入高、能耗高、污染高、经济效益较低。较低的产业门槛导致内部企业之间过度竞争、增值空间较小,大部分企业处于生存边缘,抗风险与外部冲击能力很弱。

由于产业结构单一、生产模式简单,对外依赖性强、抗风险能力弱,产业的生态性、系统性、自适应性缺乏,在遭遇外部因素的负面冲击下,极易产生多米诺骨牌效应,在短期内迅速向纵深演化,形成危机性产业衰退。

2) 经济全球化深入导致的产业系统间的密切关联

全球价值链分工背景下的国际分工层次从产品细化到了生产环节。最早对国际生产体系理论进行研究的亚当·斯密在其《国富论》中,详细论述了分工协作所带来的好处。二战以后,国际上出现了生产要素的跨国流动,跨国公司将资本、技术等生产要素输出到其他国家进行生产和经营,以产品交换为特征的国际生产体系理论已难以解释这种现象,基于全球价值链的国际生产体系的变革理论便产生了。随着生产一体化的发展,跨国公司规模不断扩大,其内部协调成本逐步提高,而市场的不确定性却日益突出,跨国公司通过直接投资方式所取得的收益,以及通过国际贸易所取得的收益面临日益下降的威胁,跨国公司尝试通过合同关系组织国际生产分工,从而使国际生产越来越趋于非一体化。

2013 年世界银行的数据显示,2011 年中国货物和服务的贸易规模达到4.29 万亿美元,占世界外贸总额的 9.9%。中国制造已经渗透到服装、纺织品、汽车和电子产品等各个领域。事实上,中国只是承担了这些产品的部分加工环节,其他加工环节(甚至是产品加工的关键环节或部件)是在其他具有更强竞争优势的国家或地区完成的。如芭比娃娃的生产过程中,模具和点缀的彩饰来自美国,原料塑料产自台湾,高科技的头发来自日本,棉布外衣产自中国,在中国、印尼等国家组装,最后销往全球。总之,不同的产业环节分布在不同的国家完成,这已经成为当今一个非常普遍的现象。

3) 发达国家危机的外部输出

2008 年国际金融危机的根源是发达国家金融创新和房产泡沫交互作用,监管者失责、企业又忽略市场风险。在房地产泡沫持续发酵的前提下,面向美国次级房屋信贷的金融衍生品也可以获得很高的投资回报率,但高回报下却隐藏着极大风险。2004 年巴菲特就曾指出金融衍生品是"致命的大规模杀伤性金融武器",但美联储主席格林斯潘并没有采取有效的应对措施,2004—2006 年 6 月 17 次加息将利率从 1% 推高到 5.25%,加重了购房者的还贷负担。特别是 2005 年第二季度以后,房地产市场大幅降温,住房价格下跌,购房者不能将房屋出售或通过抵押获得融资,次级抵押贷款市场借款人无法按期还款。由此,次级抵押贷款市场危机愈演愈烈。

金融危机爆发后,发达国家在承担维持国际金融系统稳定的责任与义务方面的表现不仅不如人意,还通过调整财政与货币政策向其他国家输出危机。一方面,美国在金融危机中采取宽松的货币政策和财政政策,大量投放货币,降低利息率。基础货币供给从2007年8月初至2009年3月4日增加幅度接近200%,远超历史平均水平,同时大幅降低联邦基金利率。量化宽松的货币政策导致国际金融资本市场热钱泛滥,钱多为患,难免会引起国际市场资产泡沫和金融市场动荡。作为全球第一大外汇储备国和对美出口国及债权国,中国是美国"量化宽松"政策负面"溢出效应"的主要承受者——美元资产严重缩水、外贸出口下滑、通货膨胀加剧、热钱流入。另一方面,美国政府向实体经济实施救助,不仅对汽车和新能源等产业进行注资,而且频频对他国进口产品实施反倾销和反补贴调查。中国的光伏太阳能产业在遭遇美国"双反"后,至今国内相关行业仍未摆脱衰退。

4) 危机性产业衰退应对预案与预警机制的缺失

危机性产业衰退是一种不同于周期性产业衰退和结构性产业衰退的现象。从产业发展的历史来看,部分产业衰退虽具有危机性产业衰退的一些特征,但由于影响范围小、持续周期短、产业危害低,与当今发生的危机性产业衰退相比,这类衰退仅可称为准危机性产业衰退。通过对相关研究资料的梳理发现,已有的关于产业衰退应对政策措施的研究成果大多围绕后2种衰退形式展开,针对危机性产业衰退的应对预案与预警机制的研究鲜有发现。

作为一种新型的产业衰退形式,危机性产业衰退具有自身特有的系统性、复杂性和关键节点。由于实践应对经验的缺失和理论研究成果的不足,在遭遇危机性产业衰退冲击后,在思维定式的固化作用下,大多数国家采用了传统产业衰退的应对方案,即以宽松的财政政策和货币政策及产业扶持政策调控市场。这种应对方案虽有改善但成效甚微,但不能从根本上控制产业衰退的蔓延,且政府、协会、企业等各个层面均缺少切实可行的应对预案和预警机制。如2008年美国金融危机导致中国出口产业持续疲软,国内启动了扩大内需、增加投资等应对传统产业衰退的相关政策,虽然在一定程度上缓解了危机冲击的负面效应,但同时也埋下了诸多隐患。

1.3.2 危机性产业衰退的传导效应

危机性产业衰退爆发后,所产生的衰退效应会通过多种渠道向其他相关产业环节传导。这种传导可能表现为局限于某一地域范围内,在虚拟产业之间、实体产业之间、虚拟与实体产业之间的演化,也可能表现为跨地域、国际范围内、产业之间的传导。2008 年美国经济衰退后通过国际贸易和对外直接投资等渠道向中国实体产业传导衰退,对中国 GDP 和固定资产投资产生了显著的负面冲击效应。本书以产业间关联方向为标准,从前向传导、后向传导、侧向传导 3 个维度分析危机性产业衰退的传导效应。

1) 危机性产业衰退前向传导

危机性产业衰退的前向传导是指衰退通过产业链上的供给关系向其他产业部门传导,即某产业的产出品为其他相关产业生产活动的投入品,当该产业遭遇危机性衰退时产出品在短期内迅速下降,导致其他相关产业的生产投入不足、产出下降,衰退沿产业链向前传导。在美欧对中国光伏太阳能产品"双反"的案例中,中国光伏太阳能设备制造产业遭遇危机性产业衰退,导致美欧市场上光伏太阳能产品供给不足,并进一步对光伏发电产业和光伏集成系统产业造成负面冲击。

2) 危机性产业衰退后向传导

危机性产业衰退的后向传导是指衰退通过产业链上的需求关系向其他产业部门传导,即甲产业生产活动的投入品为乙产业的产出品,当甲产业遭遇危机性衰退时,对投入品的需求在短期内迅速下降,导致乙产业的市场需求不足、销路不畅、生产活动停滞或大幅放缓,衰退沿产业链向后传导。仍然以中国光伏太阳能产品遭遇美欧"双反"为例,在遭遇"双反"后,衰退不仅前向传导到光伏发电产业,而且晶体硅的市场需求量也大幅下降,使衰退向晶体硅等相关产业后向传导。

3) 危机性产业衰退侧向传导

虽然有时产业间不存在直接的投入产出(供给需求)关系,但可能通过投入要素再生产或其他中介环节而存在间接的联系,这被称为侧向关联。如虽然房地产建设和家用电器生产之间不存在直接的投入产出关系,但房地产建筑产业的兴衰会直接影响到家用电器产业的起伏。危机性产业衰退形成后(特别是面向主导产业的衰退)会通过多种渠道向周边的其他产业(主导产业的辅助产业)侧向传导,对地区的经济结构、基础设施、城镇建设及人员素质等方面产生负面的影响。如在限购、提息等房产政策的冲击下,近两年房地产市场活跃度快速下降,部分楼盘周边的商业配套产业关停,甚至在一些地区出现了空无人烟的"鬼城"。

1.4　危机性产业衰退的国际传导机制

随着国际经济一体化的深入,产品、资金、人才、技术、信息等生产要素在国家间的流动性得到强化。在国际市场机制的协调下,各类生产要素在利润最大化和风险最小化动机的驱动下,能够在世界范围内短期快速流转。在这一背景下,当危机性产业衰退在一国(地区)发生后,所产生的衰退效应也将生产要素的流动向其他国家(地区)传导。

1.4.1　危机性产业衰退国际传导的基本条件

经济个体行为构成了危机性衰退传导的微观基础,直接影响产业衰退传导的范围和程度。特别是在恐慌心理作用下,基于微观经济个体有限理性与有限道德的行为特征,危机性产业衰退国际传导的同时,危机也被同步强化,进而加剧产业衰退的传导。除微观经济个体自身行为的影响外,危机性产业衰退国际传导的产业环境也不可忽视。二战结束后,产业链本身的分工与合作越来越专业化与网络化,各个国家基于要素禀赋差异等产生的竞争优势嵌入全球价值链各个环节,全球价值链内部的协作方式与相互关系既给产业链嵌入企业传导了压力与动力,危机爆发时也给企业传导了衰退。另外,全球价值链的不同治理模式下危机性产业衰退传导的进程与结果有着显著的差异。模块型治理模式中,各厂商是优势互补的关系,而非控制关系,厂商的市场适应能力较强,投资的专用性程度较低,具有很强的空间转移能力,因而各厂商应对危机的能力强,危机性产业衰退传导的进程慢、程度小。关系型治理模式中,一般以中小企业为主,凭借信誉、相互信任而聚集,表现出较强的社会同构性、空间临近性、家族和种族性等特征。由于单个经济行为主体规模较小,对市场需求的识别能力较弱,其市场适应能力的强弱是以空间集聚为前提的,相比之下,它们的空间转移能力较弱,因而抗危机的能力差,危机性产业衰退传导的进程快、程度深。领导型治理模式的显著特征是众多中小型厂商依附于几个大中型厂商,这些大中型厂商对中小型厂商具有很强的监督和控制力,这种依附关系的改变需要较高的变更成本,危机爆发后,中小型厂商极易受到冲击,较易传导衰退。

1.4.2　危机性产业衰退国际传导的渠道

危机性产业衰退的国际传导是由于外部冲击引起的产业衰退,通过多种渠道和途径在国际进行传导的过程。首先是贸易渠道,贸易是国家间经济交往的重要渠道,由于贸易溢出效应的存在,一国发生危机性产业衰退后会恶化另一个(或几个)与其贸易关系密切的国家的宏观基本面,可能导致另一个(或几个)国家遭受投机性冲击压力。传导的过程通过价格竞争力、总需求、物价水平及政策目标冲突四类因素引发。其次是金融渠道,一般说来,实体产业的衰退主要是通过两类市场上的资本流动在各国间进行传导,分别为金融市场和实体投资市场。资本的跨国流动使得一国金融市场或实体投资市场的任何波动都可能传导至世界其他国家。一个国家发生危机后,投资者在该市场上遭遇巨大的资本损失,流动性急剧下降,面临破产威胁,因此只好在其他尚未出现危机的国家出售资产,获得流动性,调回危机发生国救急,结果导致关联国市场发生动荡。也就是说,当一个市场由于受到冲击失去了流动性,而和它无关的另一市场依然可以流动时,投资者将在和它无关的另一市场大量出售他们持有的资产,因为和它无关的另一市场对投资者来说,依然是有效的市场,投资者的行为导致了危机从受冲击市场传染到另一市场,并且引发了受传染市场产业的衰退。第三是汇率渠道,一国货币汇率变动将直接影响该国的进出口贸易,进而影响实体经济和整个国民经济。一国货币贬值会对该国的外贸带来双重影响:一是因本国出口商品价格下降而增加出口量;二是因进口商品价格上升而减少进口量。例如,自 2005 年 7 月以来,虽然人民币对美元已经累计升值 20％,但在 2007 年名义有效汇率变动却平缓,表明人民币对其他货币并没有出现明显的升值,甚至对欧元、日元还出现小幅贬值;而后名义有效汇率出现了明显较大幅度的升值。伴随着名义有效汇率的变动,我国进出口贸易发生了重大变化。从 2008 年初开始,出口出现了较大幅度下滑,与此同时,进口有所上升,但至 2008 年 5 月以后,进出口增速均下降。这是由于美国金融危机引致的经济衰退,传导到欧盟等其他经济体,进而使这些经济体增速减缓,欧元等货币因之贬值,从而使人民币名义有效汇率升值。汇率的变化削弱了我国外向型企业出口利润的增长,增加了出口成本。第四是产业联动渠道,通常产业联动传导渠道包括两条途径:存货的加速原理和产业的结构性振荡。存货的加速原理是指某国发生危机性产业衰退导致经济衰退和消费、投资需求萎缩,企业销售额下降使其财务状况面临恶化。存货的加速原理主要以企业资产负债表和供应链关系反映危机性产业衰退的传导,其传导机制主要表现为危机性产业衰退引起消费需求萎缩,从而导致企业销售额下降,进而减少存货和原料采购,又导致其他产业销售额下降,引起相似的连锁反应。

1.4.3 遭遇危机性产业衰退国际传导的区域产业调整机理

遭遇危机性产业衰退国际传导的本土区域产业通常表现为实体经济下滑、贸易萎缩、企业停产倒闭、就业率持续下降等。除微观经济个体自身行为特性和产业环境等方面的原因外,这与遭遇危机传导的本地区域产业发展中自身存在的缺陷也不无关系,导致本地区域产业自身的缺陷与国际危机性产业衰退产生"共振"效应,加深了产业衰退的程度。本地区域产业的缺陷主要表现为产业结构不完善;产业创新能力较弱;产业技术水平低下,处于产业链的低端;政府缺乏有效的监管,缺少合理的产业规划,造成相关产业产能过剩;政府和企业缺乏风险防范意识,没有建立有效的产业安全预警系统。但危机性产业衰退国际传导中产业的衰退通常具有"衰而不亡"的特征。产业衰退只是意味着该产业相对于其他产业或自身的发展过程而言,其对经济发展所做的贡献呈下降趋势,但它们是不会完全退出经济舞台的,依然是本国产业结构中不可缺少的重要组成部分,对经济增长有重要影响。为缓解危机性产业衰退国际传导所带来的本土产业衰退,以及衰退产业自身调整所引起的社会震荡,提高资源再配置和转移的效率,区域产业调整的主体将根据外部环境变化和自身发展的需要,选择合适的产业调整方式。危机性产业衰退国际传导中区域产业调整方式大致可分为产业创新、产业转移、产业退出3种。

1.5 危机性产业衰退的识别标准

在关于衰退产业概念及特征的研究中,衰退产业被界定为销售增长率持续下降的产业,销售增长率的持续下降被认为是识别衰退产业的基本方法(陆国庆,2002a,2002b)。本书在此基础上,结合危机性产业衰退的概念及特征,进一步从销售增长率、生产效率、固定资产投资增长率、技术进步率和产业关联度等角度探讨危机性产业衰退识别的经验性标准。

1.5.1 产业市场份额短期内迅速下降

市场份额下降是识别产业衰退最基本的现实指标,危机性产业衰退也不例外。周期性产业衰退和结构性产业衰退通常存在一个比较长的衰退酝酿期、替代期或缓冲期,市场份额也表现为在一个较长时期内的缓慢下降。而危机性产业衰退与之不同,一方面在其爆发前产业市场份额通常呈上升态势或保持平稳;另一方面由于其爆发的时机具有较强的随机性且原因复杂,一旦发生即可在短则几天、长则几个月的时间内造成产业出现全局性的大幅衰退,产业市场份额会在短期内出现大幅下跌。衡量产业市场份额的基本指标包括销售增长率、市场占有率、行业总产值占 GDP 比重等,可以通过统计分析近几个月或近几周产业市场份额的这些具体指标来识别危机性产业衰退的发生。

1.5.2　产业具有稳固的成长潜力

产业的成长潜力是指产业内在的成长过程中还没有发挥出来的力量或能力,而且这种力量或能力将成为未来产业发展的支点。通常成长潜力大的产业未来发展趋势较好,市场份额会稳步提升。但在外部危机冲击下的情形却大不相同,即便是产业具有稳固的成长潜力,产业市场份额也会在一段时期内快速下降,形成危机性产业衰退。而周期性产业衰退和结构性产业衰退通常已经失去了产业成长潜力,即产业成长潜力和产业市场份额同步下降。因此,产业增长潜力的强化与销售额迅速萎缩的同步发生成为识别危机性产业衰退的重要尺度。产业成长潜力的基本评价指标包括产业生产效率、固定资产投资增长率、技术进步率和产业关联性。

产业具有稳固成长潜力的具体表现包括:其一,产业生产效率保持高位运行。产业演化的基本规律是高生产效率的产业替代低生产效率的产业(陆国庆,2002a,2002b)。高生产效率产业的要素投入报酬高,会吸引要素流入低生产效率的产业,导致高生产效率的产业规模扩大。特别表现在一些战略性新兴产业的发展过程中,战略性新兴产业具有对经济社会全局和长远发展的重大引领带动作用,产业生产效率相对较高,但遭遇危机冲击时销售额可能在一段时期内快速下降。其二,固定资产投资增长率持续上升。固定资产投资增长率是指一定时期内增加的固定资产原值占原有固定资产数额的比例。对于产业发展而言,固定资产投资的增长反映了产业的产能扩张,进而意味着产业未来市场份额的增长。其三,全要素生产率快速提升。全要素生产率是指生产活动在一定时间内的效率,是除去劳动、资本、土地等投入要素后的余值,其来源有技术进步、组织创新、专业化和生产创新等。全要素生产率的增长率通常被看作衡量科技进步的指标。其四,产业关联度较强。产业关联是指某产业与其他产业间以各种投入品和产出品为连接纽带的技术经济联系(苏东水,2013),包括实物形态和价值形态的联系和联系方式。产业关联度反映为根据投入产出表计算出的产业影响力系数和产业感应度系数。产业关联度越高,与其他产业的联系越广泛、越密切,该产业在经济发展中的地位越重要,成长性越好,也越能够通过乘数效应带动相关产业的发展。

1.6　危机性产业衰退的应对思路

通过对产业衰退现象的深度剖析,本书在国内外文献梳理的基础上,将产业衰退划分为周期性产业衰退、结构性产业衰退和危机性产业衰退3种类型,并进一步界定了危机性产业衰退的基本内涵,形成了危机性产业衰退的基本理论架构。首先,通过比较分析揭示了危机性产业衰退具有形成原因复杂、爆发时点随机、短期破坏性巨大和具有复苏可能4个特征。其次,从中国产业系统内部和外部2个角度揭示了危机性产业衰退形成的主要原因,其中产业系统内部原因主要包括产业结构失衡与脆弱、应对预案与预警机制缺失,外部原因主要包括经济全球化的深入和发达国家的危机外输。第三,结合危机性产业衰退的概念及特征的分析,从销售增长率、生产效率、固定资产投资增长率、技术进步率和产业关联度等角度探讨了危机性产业衰退识别的经验性标准和诊断思路。第四,以产业间关联方向为标准,从前向传导、后向传导、侧向传导3个维度分析了危机性产业衰退的传导效应。近年来,中国产业发展面临的外部冲击日趋复杂多样,包括美国次贷危机、国际出口市场"双反"、房产调控的严厉政策,以及时有发生的大规模自然灾害、地区冲突、恐怖袭击等。针对中国危机性产业衰退爆发的现实存在性和日趋频繁化,本书在危机性产业衰退理论构架的基础上,从危机性产业衰退爆发前的预警和爆发后的治理2个角度探讨危机性产业衰退的防范机制。

1.6.1　危机性产业衰退的预警策略

在识别危机性产业衰退风险的基础上,建立具有较强科学性和可操作性的风险预警系统,提出相应的策略调整组合,以期在危机性产业衰退爆发之前,及时高效地发现风险、洞悉风险、化解风险,防患于未然。

(1)危机性产业衰退的风险要素识别。通过分析中国危机性产业衰退的典型案例(尤其是以光伏设备产业为代表的战略性新兴产业),梳理、归纳可能导致中国战略性新兴产业遭遇贸易限制措施的风险要素(产业规模、投资变动、市场分布、市场竞争等),并建立产业预警数据库。借助于期权博弈模型等数理分析工具,推演危机性产业衰退预警临界值的一般表达式,并以光伏设备产业等为例对理论结果做验证性分析。

(2)危机性产业衰退的预警机制设计。综合分析预警产业的市场规模、结构、行为、绩效等差异,并结合国内外该产业发展的基本趋势及世界主要市场国家的产业发展现实,针对风险高、中、低的差异设计红、橙、绿三级动态风险预警机制。结合三级预警风险的差异,建立分级分类发展的评价体系与标准,将监控产业划分为限制发展、自由发展和优先发展三类。

1.6.2 危机性产业衰退的治理策略

本书主要研究危机性产业衰退发生之后的补救策略,即危机爆发期的应急管理、振荡期的支持政策、缓和期的产业发展思路。系统梳理所考察产业的治理机制,探讨政府、行业组织、企业最大限度缓解危机性产业衰退负面冲击的应对策略及其组合。

(1)危机性产业衰退的治理机制分析。系统分析危机性产业衰退发生时所面临的国内外政策法规、国际商务、文化差异等外部治理环境,剖析产业外部治理环境所存在的主要问题;借助于产业组织理论的分析思路,揭示衰退产业(如光伏太阳能产业)的市场结构,理清危机性产业衰退爆发后各治理主体(核心企业、协会组织、咨询机构、产业管理部门)的权威性与参与度,治理机构设置的科学合理性与运作规则,治理边界的清晰度与有效性。从应急预案完备性、行业规则执行力、信息沟通的通畅度、行业内的协调与激励等方面分析正式治理机制运行情况,从企业互动、关系强度、合作机制、相互信任、多边惩罚、社交规范等方面分析非正式治理机制的运行情况,系统揭示所考察的战略性新兴产业治理机制的现状和存在的问题。

(2)危机性产业衰退的应对策略。在对治理主体、结构和机制进行分析的基础上构建危机性产业衰退爆发后的综合治理理论框架,结合危机性产业衰退的差异(产业规模、影响范围、持续周期),从政府、协会和企业等不同角度提出具有较强科学性、针对性和可操作性的政策建议。首先,从政府层面来看,从国家战略的角度探讨动态博弈均衡点,对现有的各项主要政策措施进行评估,并针对性地提出具体的政策调整建议。其次,从行业层面来看,系统评估贸易限制措施发生后的行业发展利弊,分析危机性产业衰退发生的内外部环境因素,针对性地提出改进行业组织功能的建议,对外统一声音、对内加强自律。第三,从企业层面来看,在对危机性产业衰退所涉及企业的生存条件与压力进行比较分析的基础上,根据企业所处情境(行业地位、产业规模、投资周期等维度)的不同给出不同企业的产品生产、市场调整、行业投资、技术创新等行为分类选择。

第2章 危机性产业衰退传导的微观基础

——基于有限理性与有限道德的研究

经济个体是危机性产业衰退传导的微观主体,其行为直接影响产业衰退传导的范围和程度;通过对本问题的研究可以奠定危机性衰退传导的微观基础。本章将首先界定微观主体主要涵盖的范畴,并按照特定的逻辑关系对其进行分类;接着,分析在恐慌心理作用下,危机性产业衰退对微观主体有限理性与有限道德的强化,进而加剧产业衰退的传导;然后,探讨危机性产业衰退传导过程中,微观主体在自身约束与不确定外部条件下,基于有限理性与有限道德的行为模式;最后,根据不同类别微观主体的基本特征,研究各类主体在危机性产业衰退传导中的不同效应。

2.1 危机性产业衰退传导的微观主体分类

危机爆发后,对产业衰退产生影响的微观主体有多种,具体涉及产业链上下游企业、产业链上各企业的利益相关者及产业链外部的相关者,如图 2-1 所示。

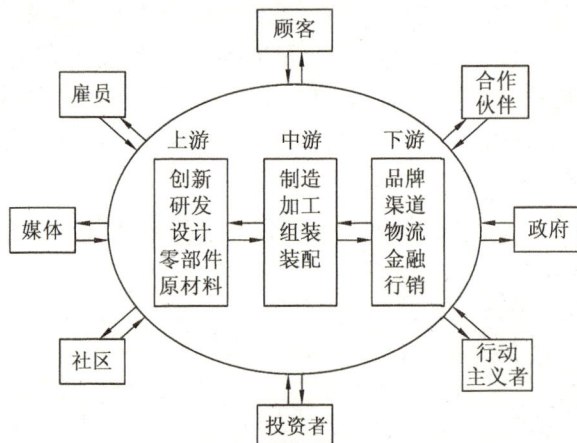

图 2-1 危机性产业衰退传导的微观主体

2.1.1　产业链上下游企业

位于产业链上的上下游企业无疑是危机性产业衰退传导的核心微观主体。上游产业处在整个产业链的开始端,包括重要资源和原材料的采掘、供应业及零部件制造和生产的行业,具有较强的基础性、原料性、联系性的特点,这类行业决定着其他行业的发展速度。上游产业具体包括研发企业、设计公司、创新部门、关键零部件供应商、原材料供应商。上游往往是利润相对丰厚、竞争缓和的行业,原因是上游企业往往掌握着某种资源(比如矿产)或核心技术,有较高的进入壁垒。近年来,上游也出现供给过多、竞争加剧的情况,而且比较受制于下游需求变化的制约,无法主动开拓新的需求或市场,通常都有明显的周期性。上游企业存在很高的技术和资金壁垒,全球只有少数几家厂商参与竞争,但是受下游需求的冷暖和自身产能扩张的驱动,业绩经常出现较大波动,极易受到危机的冲击。

中游产业主要是加工制造业,具体包括加工制造、组装、装配工厂等。中游产业位于产业链附加值曲线的最底端,利润相对薄弱,企业如果要获得更多的附加值,就必须向两端延伸——要么向上游端的零件、材料、设备及科研延伸,要么向下游营销端的销售、传播、网络及品牌延伸。总体而言,愈向两边走,企业所能获得的附加值就越多。同时,中游企业位于产业链的中端,会受到上游企业与下游企业的危机的直接影响。

下游产业位于整个产业链的末端,包括品牌、渠道、物流、金融、行销等。上游企业和下游企业相互依存,没有上游企业提供的原材料,下游企业犹如"巧妇难为无米之炊";若没有下游企业将生产制品投入市场,上游企业的材料也将"英雄无用武之地"。所以,各个行业的上游企业和下游企业是一种同甘共苦、互助共赢、共同生存发展的关系。产业链上任何企业遭遇危机,其他企业均无法避免地会受牵连。

2.1.2　产业链内外各类利益相关者

危机爆发后,除了产业链上下游企业间会直接传播衰退,产业链内外各利益相关者的行为模式也会或多或少发生变化,这种变化也会加速或阻止产业衰退的传导。其中有八类利益相关者会对危机性产业衰退的传导产生巨大的影响,它们分别是员工、顾客、投资者、合作伙伴、媒体、行动主义者、社区和政府当局,其中员工、顾客、投资者和合作伙伴与产业链的经济关系比较密切,他们为公司创造价值、提供资源并可以直接对公司经济绩效产生影响;而媒体、社区、行动主义者和政府当局虽然不能直接影响产业链的经济绩效,但对整个产业链的安全起着至关重要的作用,且更关心产业链的社会绩效。这些利益相关者的态度与行为能够左右产业链的安全建立与维持。产业链安全的建立过程遵循"木桶"原理,需要其中每一类利益相关者的支持。如果任何一类利益相关者选择不支持产业链,都会使产业链处于危险的境地。

1) 员工

员工是在产业链中利益最复杂,也是最关键的一类利益相关者群体。产业链的各项工作是依靠员工来完成的,整个产业链的形象也与员工的各种行为密切相关。员工的安全感对整个产业链的持续发展非常重要。当面临来自产业链以外的压力时,员工会缺乏安全感,行为模式会发生变化,从而对整个产业链衰退的传导产生显著的影响。

2) 顾客

顾客是产业链的关键资源,产业链的销售绩效直接取决于顾客的态度。如果顾客对于产业链的产品和服务满意,在经历了几次购买之后,其忠诚度就会随之提高,并且还会向别人推荐;如果顾客对产业链的产品和服务感到不满意,他们将拒绝购买,并且还会劝说身边的人不要购买。顾客的忠诚度会大大提高产业链抗击外来风险的能力。因而,顾客的忠诚度对危机性产业衰退的传导会有显著的影响。危机爆发后,如果顾客的忠诚度不下降,产业衰退的程度就会减轻。

3) 投资者

投资者包括个人投资者(在册股东)及机构投资者(养老基金、共同基金、保险公司、银行)。与个人投资者相比,机构投资者作为一个整体,更容易沟通。现在的趋势是机构投资者的交易更加活跃,对股价波动的影响力更大,并在一定程度上能够影响公司的管理。根据"有效市场理论",投资者会根据公司的有关信息决定自己对公司的态度,如果公司的前景看好,股东就愿意持有并继续购买公司的股票,促使公司的股价上涨,债权人保持公司债权并愿意继续借贷给公司;如果公司的前景不明,股东就不愿意冒着风险继续持有并抛售其股票,导致公司股价下跌,如果有债权人不愿继续借贷并向公司催要债务,资金市场就会认为公司的偿还能力存在问题,其他的债主也会上门催债。危机爆发后,产业链的运作不可能一帆风顺。在经营困难的时候,投资者会选择放弃投资,对产业链应对危机性衰退极为不利。

4) 合作伙伴

产业链上企业的合作伙伴为产业链的发展提供资源和信息。产业链与合作伙伴的绩效相互影响,建立长期的互信互利的关系有利于降低成本,提高合作各方的绩效。一个长期稳定的合作伙伴有时还可以为产业链带来竞争优势。例如,根据美国学者的研究,日本汽车相对美国汽车的低成本优势很大程度上得益于日本汽车制造商与供应商之间长期密切的合作,这种合作能够有效降低供应商在新产品研发和制造上的成本,同时也为整车制造降低了成本。由于合作伙伴是与产业链关系比较密切的利益相关者,在日常运作中与产业链共享许多资源,并且了解许多有关产业链的信息,一旦合作伙伴采取不合作的态度和行为,就会给整个产业链带来经济上的损失。危机爆发后,产业链的合作伙伴的支持与否直接影响产业链衰退的传导。

5) 媒体

新闻媒体无处不在,从报纸形式的印刷媒介到电台、电视、因特网,媒体已经成为社会的一个强有力的组成部分,它们通过发布信息来影响人们对各种事物的态度。媒体一般对好的消息不屑报道,认为做好事是理所当然之举;相反,有关产业链或职员个人的坏消息,却能成为媒体争相报道的目标。对公司来说,新闻媒体就是随时寻找其缺点和错误的监督者,稍有不利消息,就会被公之于众。危机爆发后,产业链不可避免会受到牵连,媒体的负面报道会加剧产业链的衰退。

6) 行动主义者

行动主义者是目前社会上出现的一些社会团体,他们有明确宗旨和主张,如绿色和平组织、人权主义者、女权主义者、动物权益保护主义者等。他们虽然对公司没有强制性的权力,但在社会上具有广泛的影响,他们就是通过这种"软"权力来对产业链的安全产生影响。当产业链遭遇危机时,如果能够赢得行动主义者的支持,他们会自发地倡导该产业链的理念,促进产品和服务的销售。如果产业链企业触犯了他们的宗旨,则可能会加剧产业衰退。

7) 社区

产业链上的企业在社区中的地位比在市场中的地位还重要,社区是展现企业"人格化魅力"的广阔舞台。企业如果在合法获取利润的同时积极履行自己的社会责任,力所能及地推动包括环境保护、教育、慈善事业等各项社会事业的发展,则能够使公司的雇员、顾客或股东在社区得到更多的尊重,增加他们的成就感;还能够使公司得到更大范围的认同与支持。如果企业在社区中的存在被广泛认同,一旦危机爆发,则能得到社区的有效保护,从而减缓产业的衰退。

8) 政府

政府影响企业经营活动最有效的方式就是管制。管制是对竞争的补充和替代,最先应用于高启动成本的行业,因为这些行业进入壁垒高,垄断难以避免,政府用"看得见的手"保护消费者不受高价格、劣质服务和歧视的伤害。

如今政府对公司的影响范围不断扩大,除了反垄断,产品定价、检验和认证及公司并购等公司经营活动中的重要部分都需要经过政府的政策指导。危机爆发后,如果产业链的企业能够与政府建立良好的关系,则可以减缓产业链的衰退。

2.2 微观主体的行为模式——有限理性与有限道德

危机前后微观主体的行为会有显著的变化,而且不同类型的微观主体,其决策行为会有不同程度的变化。面临危机时,产业链上下游各企业与各个利益相关者的决策的理性程度会影响产业衰退的传导。

2.2.1 对完全理性的判断与决策过程的质疑

Haidt(2001)指出判断与决策理论研究的核心问题是人们如何根据愿望与信念选择行动方案。行动方案是指可供选择的行动空间;信念是指对各种有关客观状态的信息的把握、对外部各种不确定事件出现概率的推断、对实现每一行动方案的各种手段的判断及对各种行动方案最终结果的估计;愿望是指对各行动方案与不确定事件相互作用后所产生的各种结果的偏好。决策的过程涉及 3 个方面:罗列所有可供选择的方案;估计各种不确定事件出现的概率;推断出各种方案在不确定事件作用下产生的后果。理想的决策是在不确定的情况下能有效达到决策者愿望的决策。决策的过程是决策者搜集与加工信息的过程,也是判断的过程。传统的经济学假定人是全知全能的,能够搜寻到所有备选的行动空间,在外部环境确定的情况下能够比较各种行动方案的结果,从中选出效用最大化的方案。而在外部环境不确定的情况下,则假定理性人能够估计所有不确定事件出现的概率,能够根据贝叶斯法则推算后验概率,并根据期望效用最大化的原则选择行动方案。

理性选择理论是标准的判断与决策理论,但不能精确描述具体情况下的决策。标准的决策与判断理论与现实中决策与判断过程存在很大的差距。标准的理论旨在阐明决策与判断的原理,是抽象与概括的,其结论是根据一系列的公理经过逻辑推理得出的,是普遍适用的、不受时间限制的。因而,标准的决策与判断过程在逻辑上是一致的,并且融合了所有可得到的信息。管理实践中判断与决策过程则需要在现实世界中做出有用决策。实践中决策质量的高低由能解决实际问题的程度决定,与所构建的理论的精确程度无关。实践中的决策与判断需要做出切实可行的决定并采取适当的行动,与具体的决策环境相关,是针对特定情况做出的反应,因而管理实践中的决策在情况发生突变的情况下会导致严重的错误。

　　理性决策思维的方式崇尚的是一种规范研究,即注重"应当是什么"的研究。这种标准化的决策理论虽然精确、完美、逻辑一致,但现实中,由于决策者的内在约束和外部约束使得现实的判断与决策过程不可能也没必要做到完全理性。人类自身存在着许多约束,表现在时间、注意力、记忆力、信息搜集与加工等方面。Simon(1955)首先提出有限理性,Kahneman 和 Tversky(1979)发现了启发式与偏差,他们分别从理论及经验 2 个层面对完全理性提出了质疑。心理学学者 Kahneman 和 Tversky 通过行为实验的结果证明人的决策往往偏离标准的决策理论——期望效用理论。他们通过一系列的实验识别出了各种直觉与偏差,如代表性直觉、易得性直觉、情绪直觉、原型、锚定与调整、过度自信、过度乐观等,其研究范式被称为"启发式与偏差(heuristics and bias)"方式。这种研究方式是通过设计实验来研究那些偏离完全理性的行为,总结出系统性的直觉与偏差,以预测和解释判断与决策过程中的偏离理性的行为。

　　Simon 首先对完全理性的研究范式提出质疑。他放松了完全理性的假设,认为:第一,可供选择的行动方案在决策时并不是事先存在的,是通过决策者搜寻得到的,而搜寻行动方案空间是个费时费力的过程,可供选择的行动空间事先不能提前确定,搜寻的成本也就很难事先估算,成本-收益分析在搜寻行动方案的过程中不适用,所以搜寻过程不是完全理性的,是一个直觉性的过程。第二,各行动方案产生的各种结果的概率分布是未知的,相反,决策者要在未知概率的情况下应对各种不确定事件。第三,人们在做决策时,追求的是"满意"而非最优。"满意"是指,选择一个最能满足个体需要的行动方案,即使这一方案不是最理想或最优化的。这 3 个假设的结合被 Simon 称为有限理性(bounded rationality)。Simon 认为,决策者自身认知能力有限与任务环境结构的约束,使得决策只能达到满意而不能达到最优。Simon 的有限理性研究的决策过程是在有约束条件下解决问题的过程。

　　Simon(1990)认为有限理性是由 2 个约束导致的:任务环境的结构与决策者自身认知能力的限制。判断与决策过程中的偏误到底多大程度是由决策者自身认知能力的约束所导致,多大程度是由任务环境的约束所导致?虽然研究人自身认知约束的成果很多,但外部环境的约束无论在经济学还是在心理学的研究领域中都没引起足够的重视。虽然传统经济学理性人的假定受到了基于心理学的行为经济学的挑战,但行为决策模型只是研究了认识约束条件下的各种判断与决策偏误,却忽略了判断与决策过程中的环境与社会约束。危机的爆发,改变了判断与决策所处的任务环境,必然会影响微观主体的理性程度。

2.2.2　伦理决策的有限性——有限道德

近年来,学者对有限理性进行了扩充,Jolls 等(1998)提出了有限意志(bounded willpower)与有限自利(bounded self-interest)的概念。有限意志描述人们因为暂时的需要过度关注眼前而忽略未来,从而使其决策偏离长远利益的现象。有限自利则指人们不仅仅追求自身利益最大化,还会把自身利益与他人利益相互比较,有时会牺牲自身利益去帮助或惩罚他人,也就是说人们不是完全自利的,表现出涉他偏好。Bazerman 等(2005)又指出了人们具有有限意识(bounded awareness)。有限意识是指注意力的缺失,即人们在决策时往往不能注意到明显而且重要的可获得信息,在关注一些信息的同时,没有注意到另外一些重要信息,结果导致有用的信息没有得到关注,正确决策所需要的信息与意识中的信息之间存在不一致。Chugh 等(2005)针对伦理决策领域的有限性,又提出了有限道德的概念,对决策的有限性进行了扩充。

1) 有限道德的内涵

绝大多数的人都重视伦理决策与伦理行为并力求培养伦理习惯。尽管愿望很好,但人们还是发现自己时不时地会做出不符合伦理规范的行为,这是由系统性的偏差所导致的。这些偏差会影响人们的决策,但人们自己却无法意识到。系统性偏差的存在导致了人们道德的有限性。有限道德研究的是非故意的不道德行为,伦理学家认为这种研究不属于伦理研究范畴。伦理学研究的是故意的不道德行为,是行为人经过深思熟虑并根据对与错的判断后所做出的行为决策。Chugh 等(2005)把有限道德界定为一种系统的、可预测的心理过程,这种心理过程使人们实施与自己道德准则不符的不道德行为。有限道德推翻了无限道德的假设,研究人们可预测的背离理性的系统性错误,关注的是人们违背外显道德规范的道德错误,它描述了人们所认为的道德水准与实际的道德水准之间的差异。如果决策者所做出的决策不仅损害别人的利益,而且不符合自己外显的信念与偏好,这就是有限道德。有限道德所导致的偏差普遍存在,即使是人们当中最优秀最聪明的人,也会由于认知偏差在无意识中做出违背自己所奉行的道德准则之事。大多数人都一直认为自己是讲道德、有能力、受人尊敬的,因此能免受不道德事件的影响,这种极高的自尊使得人们不能有效地监控自己的行为,从而更有可能产生有限道德。Tenbrunsel 等(2004)认为,人们经常忽视决策中的伦理成分,有限道德源于人们自我欺骗的先天倾向。通过"道德过滤(ethical cleaning)"作用,人们经常无意识地把涉及道德问题的决策转化为与道德无关的决策。

2) 有限道德的表现形式

有限道德会以多种形式表现出来,Bazerman 等(2008)总结了有限道德的多种情形,包括不自觉地沽名钓誉、内隐态度、内群体互惠、漠视未来及利益冲突。沽名钓誉(overclaiming credit)是一种高估自己的偏差。不只是成功人士对自己持有肯定的看法,许多普通人在评价自己的能力时,也会认为自己高于平均水平。企业管理人员也不例外。人们往往会高估自己对团队的贡献,越是高估自己,越是不能公平地评价他人。沽名钓誉的根源在于自利性偏差,即使诚实的人也会高估自己对某一事业的实际贡献。沽名钓誉的程度越高,将来愿意再次合作的人就越少。在企业中,过分地沽名钓誉会破坏战略合作伙伴关系。当合作双方均高估自己的贡献时,就会过分地挑剔对方,进而减少自己的贡献。如果团队成员能从长远看问题,就可以改善这种沽名钓誉的倾向,从而改善团队绩效。同样,沽名钓誉也会损害员工的积极性。当看到公司其他员工因工作绩效而得到提升时,就会觉得自己的贡献更大,更应该得到嘉奖,就会觉得不公平,不满情绪油然而生,进而会导致努力程度的减少与工作绩效的下降。

人们所说的未必是他们内心的真实想法。事实上,人们也不是总能知道自己内心的真实想法。心理学用内隐偏见与外显态度来描述真实的想法和实际表达的想法之间的差异。Banaji 等(2003)认为内隐偏见(implicit prejudice)是与外显态度相对的概念,外显态度是指经过深思熟虑而形成的,决策者有意识认可的态度;而内隐偏见指的是那些决策者没有意识到且不一定承认的自发态度。内隐偏见可能是存在于自己没有意识到的深层次的偏好和感觉,是一种意识不到的心理过程,如无意识的性别、种族歧视等。Banaji(2001)认为,内隐偏见源于归类、知觉、记忆和判断等一般心理过程,是"一般偏见(ordinary prejudice)"。

多数人都认为自己会根据品质来评价他人,但是研究发现人们经常会根据内隐偏见进行评价。内隐偏见之所以如此普遍的根源在于人们的思维结构。人们会把一起发生的事情联系起来,并理所当然地认为它们永远会同时发生,如打雷与下雨、白发与苍老。这种联系在一定程度上对人们的决策有所帮助,但不是在任何情况下都是正确的。内隐偏见源自一般的、无意识的内隐联系,可以用内隐联系测验(IAT)来揭示意识和无意识之间的差异。无意识的偏见与有意识的偏见存在本质的差异,正是这种差异解释了那些无外显偏见的人为什么存在偏见,即使那些最无外显偏见的人也一定会做出有偏见的联系,如把黑人和暴力联系在一起,把穷人与懒惰联系在一起。

内群体互惠(in-group favouritism)是指人们倾向于帮助自己所属的群体。人们倾向于认同那些与自己有很多相似之处的人,即把正面特征与"内群体(自己所属群体)"而不是外群体成员联系,这就等于惩罚了外群体成员。因此,人们倾向于帮助那些在国籍、种族、性别及毕业学校等方面和自己相同的人,但几乎没有人会承认自己不愿意善待那些未被充分代表的少数人群。人们倾向于帮助内群体成员,却没有意识到这种行为可能对外群体成员造成损失,这是一种不够道德的互惠行为。内群体互惠,或因为某些共同的人口统计特征而给予特别眷顾,这就等于惩罚了与自己不同的人。帮助与自己相似的人固然是件好事,但歧视与自己不同的人也是不道德的。

人们普遍认为,应该保护自然环境、节约能源,坚持可持续发展,但是人们现实的决策却与这种外显的价值观背道而驰。事实上,人们正在加速消耗资源、污染环境,而不是追求可持续发展。人们声称要关注未来,却在大量消费。这虽然不符合人们对子孙后代的外显态度,但确实是在漠视未来(discounting the future)。对未来的严重漠视,是由于人们普遍存在偏好目前消费的倾向。人们消耗资源的欲望不断膨胀,对未来造成的危害越来越大。人们明知要节约资源并保护环境,但由于人们道德的有限性,却在破坏环境,造成资源的枯竭。

虽然人们承认利益冲突(conflict of interest)的存在,但往往认为自己能够免受影响。实际上,利益冲突虽然不会导致直接的败德行为,但是它有可能在不知不觉中扭曲人们的判断。在很多场合,诚实且道德高尚的专业人员也会因自身利益无意识地提出既不好也不道德的建议。

3)有限道德产生的原因

决策的过程可以分为预想、行动与评价3个阶段。即使是那些杰出人士,也会受制于有限道德,其行为达不到自己所预期的道德水准,而自己事后却没能察觉。究其原因有三:其一,"应该自我"与"想要自我"在决策的不同阶段发生作用;其二,随着决策进入行动阶段,会出现道德意识的衰退;其三,决策进入评价阶段,又会出现认知扭曲,从而未能发现其行为不道德的一面。"应该自我"与"想要自我"在决策的预想、行动与评价的3个阶段所处的地位不同,加上行动阶段道德意识的衰退与评价阶段的认知扭曲导致了人们道德的有限性(Tenbrunsel et al,2010),如图2-2所示。

道德意识衰退	预想	行动	评估
应该自我	道德意识 预测错误 框架 委婉化说法	道德麻木 渐变性常态	道德意识 不同构建 记忆修正 有偏归因 降低标准
想要自我		内在因素 阶段性建构 需求性 道德意识衰退	

图 2-2　两重自我、道德意识衰退与认知扭曲

（1）"应该自我"与"想要自我"在决策不同阶段的分离。人的内心深处有2种相冲突的声音，即"应该自我"与"想要自我"。"应该自我"体现人们理性的、认知的、有思想的、冷静的一面，而"想要自我"则表现出人们感性的、情绪化的、冲动的、不冷静的一面。"应该自我"包含了伦理意图及想要遵守道德原则的意愿，而"想要自我"则折射出更多的自利偏好及对伦理道德的漠视。为什么人们本想遵守道德规范，实际行动时却没有做到，而事后也没能感知自己的不道德？原因就是人们在决策的预想与评价阶段受"应该自我"的支配，而在行动阶段却受"想要自我"的支配。在决策的预想阶段，"应该自我"起作用，人们坚信将会按照自己奉行的道德原则采取行动；到了决策的行动阶段，"想要自我"控制着人们，使自己的行为背离道德规范；等到了决策的评价阶段，"应该自我"使人们相信自己的行动没有问题，已经达到了道德要求。正是这种"应该自我"与"想要自我"在决策不同阶段的分离使得人们受制于有限道德。

（2）行动阶段的道德意识衰退。道德意识衰退是指没有意识到决策中涉及伦理问题，因而未能采用道德标准来评价决策质量。在行动阶段会出现道德意识的衰退，无视决策中涉及的伦理问题，或者说，把伦理问题转化成非伦理问题。当决策时所涉及的伦理问题被隐藏起来后，"应该自我"就不会启动，而"想要自我"占主导，败德行为自然就会出现。导致道德意识衰退的原因有很多，包括预测误差、阶段性建构、框架与情境、委婉化说法、道德麻木、内在因素、需求性。

（3）评价阶段的认知扭曲。道德意识的衰退使得人们在行动阶段采取了非道德的行为。在事后的评价阶段，"应该自我"重新处于支配地位，如果意识到过去的行为与自己的价值观不一致，就会有强烈的动机想为自己辩护

(Zhong et al,2006)。决策者通过一系列的认知扭曲,总能为自己的不道德行为找到恰当的理由。从而使不道德行为貌似合理。这些认知扭曲包括评价阶段与行动阶段的不同构建、选择性记忆、有偏归因、事后合理化及道德水准的调整。

2.2.3 行为商业伦理——决策过程的有限性

行为商业伦理研究涉及3个主题:伦理意识、伦理决策与如何应对不符合伦理规范的行为。伦理意识研究是指个体何时、如何认知到他们的行为可能影响他人的利益与福利,因此涉及伦理问题。在许多情况下,不符合伦理规范的行为是一种无意识的行为,行为人并非缺乏伦理准则,因此伦理意识是商业伦理研究的重要问题。根据所处的不同情况,伦理决策可能是一个自发行为,也可能是一个深思熟虑的过程。传统的模型假定伦理决策是一个深思熟虑的过程,然而大量证据表明许多管理者在面对复杂决策时受隐性过程的影响(Sadler-Smith et al,2004)。除了环境复杂性以外,不确定程度高、有限的事实、每个选项都有很好的解释、考虑行为的长期效应、时间压力等都会导致决策者启用隐性决策过程。因此,隐性心智过程及内隐伦理态度会在很大程度上影响管理者的伦理决策。行为伦理关注的是伦理决策过程中自动的、直觉的、隐性的一面(De Cremer,2009;Greene et al,2004;Haidt,2001;Reynolds,2006;Reynolds et al,2010)。

1)社会直觉模型(Haidt,2001)

完全理性的模型中,道德判断是经过道德推理而得出的结论,虽然诸如同情等情感因素也会进入道德推理过程,但情绪不是道德判断的直接原因。而Haidt等学者却指出道德推理并不是道德判断的前因;相反,道德推理是事后的概念,通常在道德判断形成后才进行。传统情感主义者认为,人们自发产生的情感在道德判断和道德行为中起决定性的作用,或者说是情感和欲望推动了人们的道德实践。但他们同时也认识到,不同人的情感和欲望是不同的,甚至同一个人在不同的时间和环境中的情感和欲望也是不同的。Haidt等的社会直觉道德判断模型(social intuitionist model)表明人们具有"直觉式道德(intuitive ethics)"。Haidt(2001)指出人们根据本能的对错感觉对他人的行为快速做出直觉性的判断,这种依据直觉的道德判断如图2-3所示。

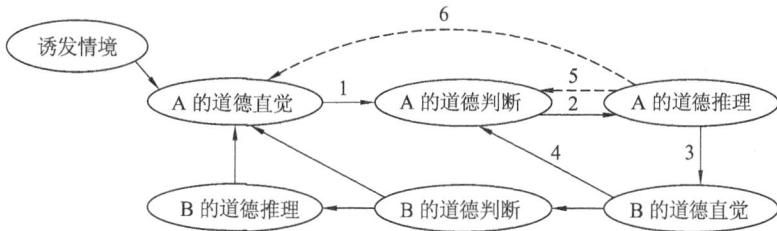

图 2-3　Haidt(2001)的社会直觉道德判断模型

　　道德直觉可以定义为一种道德判断在意识中的立即呈现,包括一种情感效价(好—坏,喜欢—不喜欢),而不包括任何有意识地逐步搜寻、权衡证据,进而导出一个结论的加工。道德直觉是一种认知,而不是一种推理,是道德判断的直接原因。图 2-3 所示的直觉式的道德判断过程是人与人之间的互动过程。A 的道德直觉受到 B 的道德推理的影响,而 A 事后的道德推理影响 B 的道德直觉。面对道德问题时,首先根据直觉对事件做出道德判断,事后才试图寻找理由。如图 2-3 所示,对于道德判断者 A 而言,在道德判断的过程中包括几个方面的连续过程:1 是直觉判断过程,2 是随后推理过程,3 是对他人的推理说服过程,4 是对他人的社会说服过程,5 是推理判断过程,6 是自我反应过程。在道德判断的社会直觉模型中,道德判断是由快速的道德直觉产生的;如果随后需要,则伴随一个缓慢的、依据过去发展情形分析的道德推理。

　　许多研究已经表明人们有 2 种不同的思维模式:一种是非线性的直觉模式,是直觉的、快速的、启发式的;另一种是线性的推理模式,是分析的、理性的、系统的。这 2 种思维模式的比较见表 2-1(Haidt,2001)。

表 2-1　直觉式与推理式思维模式的比较

直觉式思维模式	推理式思维模式
• 快速、不努力思考 • 思维过程自动运行、目的明确 • 思维过程不可及,只有结果可见 • 不需要注意力资源 • 并行分布加工过程 • 模式匹配;隐喻式整体思维 • 所有哺乳动物共同的 • 背景依赖 • 平台依赖(依赖于大脑和身体贮存)	• 慢速、努力思考 • 思维过程可控的、故意的 • 思维过程可及、可见 • 需要注意力资源,虽然注意力有限 • 系列加工 • 符号操作;尽管事实是保留的、分析的 • 超过 2 岁的人是一致的 • 背景自由 • 平台自由(加工能够转换到任何伴随机能或机器的规则)

2）二元冲突模型（Greene et al,2004）

在哲学家的眼里,人类是用道德原则（moral principles）和理性思考（rational thought）分辨是非的,但最近有一小部分哲学家、心理学家和神经学家认为,在这些之外还有其他原因。面对道德困境时,人们不仅依赖推理能力,还依赖情绪反应。在一项对脑损伤的研究中,神经学家发现情绪的确在道德判断中起很大的作用。Greene 等的二元冲突道德判断模型（dual-process theory of moral judgment）认为,人们的道德思维受到情绪和认知两方面的影响:一方面,人类的道德思维会受到人们自身的社会情绪倾向所驱动;另一方面,人类还有一种独一无二的复杂抽象的推理能力,在道德思维过程中也发挥作用。人们的道德思维不是一种过程,而是 2 种截然不同的过程类型之间的相互作用,即大脑中不同区域的社会情绪反应过程和道德推理过程相互作用的结果。Greene 等假设情感和认知在道德判断中的作用存在冲突和竞争,并通过实验得出结论:道德判断有其神经生物学基础,它由促进情感和认知过程的脑区所形成的复杂的网络构成,情感和认知在道德判断中的作用是竞争性的。Greene 等（2004）的二元道德判断模型如图 2-4 所示。

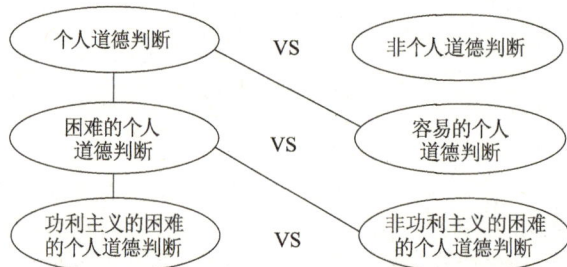

图 2-4　Greene 等（2004）的二元冲突模型

（1）个人的与非个人的道德判断。Greene 等利用 fMRI 技术,对人们"个人的"与"非个人的"道德判断进行了考察。试验数据显示,在人类的大脑中,有 2 个相对独立的、对道德判断和道德行为做出贡献的系统,一个是情感系统,另一个是认知系统。如果一个道德判断更多地由社会情感的反应驱动,就被认为是个人道德判断;反之,如果主要由认知、而较少由情感所驱动,就是非个人道德判断。

（2）困难的个人道德判断与容易的个人道德判断。个人的与非个人的道德困境在道德主体的大脑中会产生不同的神经活动模式。如果都是个人的道德困境,主体反应的不同的神经活动模式和道德判断之间存在联系。Greene 等根据被试者的反应时间把个人的道德困境细分成困难的个人道德判断与容易的个人道德判断 2 个类别,从而进一步了解情感和认知在道德判断中的不同作用。困难的个人道德困境,由于被试对其反应时间较长,也称为高反应时间试验;容易的个人道德困境因被试对其反应时间较短,也称为低反应时间试验。

(3) 功利主义的困难的个人道德判断与非功利主义的困难的道德判断。当被试面对困难的个人道德困境时,与情感、认知相关的脑区都被激活了,并且情感和认知在道德判断中的作用是存在竞争的。情感和认知在道德判断中竞争的结果会影响到人们最终的道德判断。Greene 等根据道德判断主体的情感和认知竞争的结果,又把被试对困难的个人道德困境的判断分为功利主义的困难的个人的道德判断和非功利主义的困难的个人的道德判断。一个功利主义的损失与收益分析对于做出“合适”与否的判断是最常见的基础。因此,在这样的判断中,需要抽象推理的参与,同时也要有认知控制参与其中,以反对任何与之相反的压力。这些认知过程会导致人们优先做出功利主义的判断;相反,若被试的情感反应胜过了认知反应,那么就会做出非功利主义的回答。

3) 神经认知模型(Reynolds,2006)

行为伦理主要关注于解释发生在更广泛的社会环境中的个体伦理行为(Trevino et al,2006)。行为伦理是同时在社会与伦理 2 个领域中研究伦理行为,把描述性伦理与规范性伦理串联在一起。Reynolds(2006)在脑神经认知科学新进展的基础上,提出了神经认知模型,将脑功能区分为 X 系统和 C 系统。X 系统也称为自动匹配模式系统,是大脑中与无意识环境分析相关的部分,主要进行无意识加工、暗示性学习和直觉功能。X 系统过程是一个信息搜寻和信息结构化的循环过程,搜寻是搜集决策相关信息的过程,结构化是以特定输出单元模型与原型对比评估的组织或表现过程。C 系统则是一个完成复杂归因的机制,也称为高阶意识归因系统,具有基于规则分析的能力,即运用规则决定行为过程的能力,以及对 X 系统进行调整控制的能力。C 系统依赖于 X 系统,X 系统为 C 系统提供原型,C 系统则能修正该原型。C 系统设定输出模式必须在多大程度上与原型匹配以进行归类。

在伦理决策中,C 系统可以是一个合理化过程或主动判断过程,取决于 X 系统是否能匹配原型并达成决策和重构原型。当 X 系统自动匹配时,C 系统是一个合理化过程,主要是 C 系统试图证明 X 系统产生的判断;当 X 系统不能自动匹配时,C 系统是一个主观判断过程,主要是分析具体情景,运用道德规范进行判断。原型的正确程度、信息搜寻、将信息结构化与多重原型匹配的能力与伦理行为呈正相关,而主动判断比自动判断与伦理行为的正相关性更强,如图 2-5 所示。

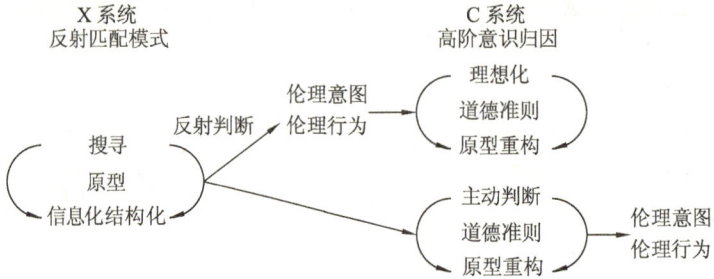

图 2-5　Reynolds(2006)伦理决策的神经认知模型

4) 意会直觉模型(Sonenshein,2007)

Sonenshein(2007)针对理性主义伦理决策模型的缺陷,提出了意会直觉模型(sensemaking-intuition model,SIM),把伦理决策过程分为问题构建、直觉判断、辩解与辩护 3 个阶段,如图 2-6 所示。

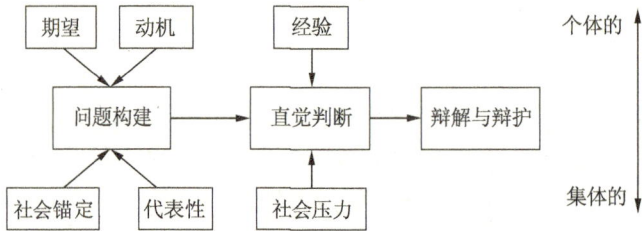

图 2-6　Sonenshein(2007)意会直觉模型

面对伦理困境,首先要构建伦理问题。在模棱两可、不确定的环境中,个人根据社会刺激对问题进行建构,问题构建的客观或主观程度受个体层面的期望与动机及集体层面的社会锚定与代表性的影响,面对同样的伦理问题,不同个体的解释不同。一旦对伦理问题进行了构建,个体会即刻做出直觉性判断,这些直觉性判断来自个体层面的经验与集体层面的社会压力。在直觉判断后,决策个体会对自己对伦理问题的反应做出解释与辩护。

5) 启发式模型(Gigerenzer,2008,2010)

Gigerenzer(2010)依据有限理性理论,指出伦理行为建立在实际的社会启发基础之上,而不只是在道德原则或最大化原则的基础上。这些社会启发本身没有好与坏之分,仅仅与它们所应用的环境相关。启发式既快速又节俭,快速是指决策所需的时间非常短,节俭是指决策者需要搜寻的信息非常少(Gigerenzer,2008)。有限理性研究人们在有限时间里面临不确定环境时如何做出决策。Gigerenzer(2010)依据有限道德理论,探讨心智与环境的互动如何影响伦理行为,指出多数伦理行为以启发为基础。启发是一种心理过程,这种过程忽略部分可得信息,并不采用最优化原则,而是采用满意原则。Gigerenzer(2010)把有限理性类推到伦理决策中,提出了五点假设:第一,伦理行为基于满意原则,很少基于最大化原则;第二,相比最大化原则,满意原则能达到更好的结果;第三,满意原则通常通过社会启发式运行,而不只是靠单纯的道德原则起作用;第四,伦理行为是心智与环境共同作用的结果;第五,为了改善伦理行为,改变环境比试图改变信念与内在美德更有效。

2.3　微观主体衰退传导的效应分析——基于有限道德的供应链管理

无论企业的全球化程度多高,任何企业都是附着于全球产业链上的一个利益主体。单个企业与产业链上下游的协作,以及供应链的可持续发展对整个产业链至关重要。危机爆发后,供应链伦理管理的失效必然会加速产业衰退的传导进程。本书分析在有限道德的制约下,企业决策者对供应商行为的伦理判断偏差如何导致供应链管理的失效。

2.3.1　有限道德、变化盲视与供应链管理

在有限道德的制约下,面对危机的爆发,企业决策者对供应商行为的伦理判断会产生系统性偏差,变化盲视就是其中之一。

1) 变化盲视、滑坡效应与伦理判断

在认知心理学中,变化盲视(change blindness)是指观察者不能通过视觉检测到某场景中发生的显著变化。变化盲视通常发生在场景中的变化和某些视觉干扰同时发生的情况下。相对于场景图像中的真正变化,这些视觉干扰在面积和时间上可能都不显著。可能引起变化盲视的视觉干扰包括眨眼、扫视、摄像机镜头的切换、图像斑块闪现、图像翻动等。Simons(2000,2002)的研究也表明,人们往往对就在眼前发生的逐渐变化视而不见。最近几年,国外学者的研究指出,变化盲视不仅出现在视觉中,也存在于听觉和触觉之中。Simons 提出了 5 种假设来解释变化盲视产生的可能原因:第一,原刺激的表征受到损坏;第二,不能形成变化后的刺激表征;第三,没有储存原刺激和变化后刺激的表征;第四,不能比较原刺激和变化后刺激的表征;第五,对原刺激和变化后刺激的特征进行了结合。张晨等(2009)采用线索提示范式考察了注意和工作记忆提取对变化盲视的影响,研究发现,前者对变化盲视有显著影响,而后者的影响不显著。

不只是在视觉中存在变化盲视,研究表明,在对他人行为进行伦理判断时也存在变化盲视。Gino 等(2009)的研究发现,相对于突发的不符合伦理规范的行为,由正常的行为缓慢渐变而成的不符合伦理规范的行为不易被人注意。他们的研究与 Tenbrunsel 等(2004)的关于滑坡效应的研究一脉相承,并受到他们所提出的滑坡效应概念的启发。所谓滑坡效应是指决策者对于行为的细小变化很难察觉,很难将其界定为不符合伦理规范,而对于大的变化,则很容易发现行为的不道德性。滑坡效应好似从一个斜坡上滑下来,如果慢慢地从斜坡上滑下来,则可能没有太大的感觉;而如果从高处一下子跳到低处,则会明显感觉到身体不适。滑坡效应也如同"温水煮青蛙"的故事:如果将青蛙放进热水中,那么青蛙会一下子跳出来;但如果把青蛙放进冷水中缓慢加热,青蛙则会被煮熟。好比青蛙一样,人们也常注意不到不符合伦理规范的行为的缓慢变化。

通常认为,不站出来揭发他人或其他组织的不道德行为是一种有意识的、故意的行为。传统研究认为,当察觉到他人或其他组织的不道德行为时,人们会权衡揭发行为的损失和收益,然后做出显性的选择。但是这些研究忽略了一点:在某些情况下,人们可能根本就没有发觉他人行为的不道德性。变化盲视现象一方面揭示出一个新的探索人脑认知机理的重要手段,另一方面也给伦理判断带来了一个重要提示,即不符合伦理规范的行为的形成方式会影响人们的伦理判断。具体地说,如果不符合伦理规范的行为突然发生,那么人们很容易发现其对于道德底线的跨越;相反,如果不符合伦理规范的行为是经由符合伦理规范的行为缓慢退化而成的,那么人们可能对这种缓慢的变化不敏感,因而就不会发现行动者的不道德。

2) 滑坡效应与供应链伦理管理

根据 Gino 等(2009)提出的滑坡效应,供应商不符合伦理规范行为的形成方式影响企业对供应商的伦理判断。如果供应商不符合伦理规范的行为是由符合伦理规范的行为缓慢变化而成,那么企业就会认为供应商不符合伦理规范的程度较轻,甚至可能不会察觉这种变化;相反,如果供应商的行为忽然变得不符合伦理规范,那么企业就很容易发现。本书把供应商不符合伦理规范行为的形成方式分成"渐变"与"突变"2种。前者是指供应商不符合伦理规范的行为是从符合伦理规范的行为缓慢变化而成,且每次的变化很小;后者是指供应商不符合伦理规范的行为是从符合伦理规范的行为"突变"而成,变化显而易见。同样地,如果不符合伦理规范的行为是"渐变"而成的,那么企业的伦理判断就会产生偏差。

心理学与哲学的研究都指出,人们根据行为结果判断行为的伦理程度,然后根据伦理判断决定是否责备或惩罚行为人。供应商不符合伦理规范行为的形成方式影响企业对供应商的伦理判断,企业对供应商的伦理判断又影响企业对供应商的伦理管理。企业对供应商行为的伦理判断是中介变量,对供应商不符合伦理规范行为的形成方式与企业供应商伦理管理之间的关系具有中介作用。如果供应商不符合伦理规范的行为由符合伦理规范的行为"渐变"而成,那么企业会认为供应商不符合伦理规范的程度较轻,对供应商的伦理管理程度也较轻;如果供应商不符合伦理规范的行为是"突变"而成的,那么企业会认为供应商不符合伦理规范的程度较重,对供应商的伦理管理程度也较重。

　　3) 滑坡效应与供应链伦理管理的实验设计

　　实验主要验证供应商不符合伦理规范行为的形成方式对企业伦理判断与企业对供应商的责备及惩罚程度的影响,需要被试对供应商伦理管理有一些了解。所以,此研究的被试选自具有较高专业素养的 MBA 及企业管理专业的硕士生。这些被试来自南京大学及江苏大学,共有 102 人参加了实验,其中男性 56 人,年龄为 23~42 岁,平均年龄 28.2 岁,参加者每人可获得一份精美的礼品。本实验的设计参照 Gino 和 Bazerman 的研究,采用两因素混合设计,设计了 3 种不符合伦理规范行为的模拟场景,并把每种行为描述成"渐变"与"突变"2 种情形,见表 2-2。"供应商不符合伦理规范行为的形成方式"为被试间因素 B,有 2 个水平,分别为"渐变"与"突变"。"不符合伦理规范行为的类型"为被试内因素 A,有 3 个水平,分别为"人权"、"环境"与"安全"。

表 2-2　滑坡效应与供应商伦理管理的实验场景

A ＼ B	渐变	突变
人权——血汗工厂	第 1 周:供应商要求员工下班后加班 10 min;第 2 周、第 3 周、第 4 周、第 5 周、第 6 周:供应商要求员工的加班时间延长了 10 min	第 6 周:供应商要求员工下班后加班 1 h
环境——废物排放	第 1 周:供应商污水处理时间减少了 10 min;第 2 周、第 3 周、第 4 周、第 5 周、第 6 周:供应商污水处理时间减少了 10 min	第 6 周:供应商污水处理时间减少了 1 h
安全——添加化学物品	第 1 周:供应商在原料中添加了某化学物 1 mg;第 2 周、第 3 周、第 4 周、第 5 周、第 6 周:供应商在原料中添加的某化学物增加了 1 mg	第 6 周:供应商在原料中添加了 6 mg 某化学物

　　被试被随机指派到"渐变"与"突变"2 种情形,一半被试阅读到的 3 个供应商不符合伦理规范行为都是"渐变"而成的,另一半被试阅读到的 3 个供应

商不符合伦理规范行为都是"突变"而成的。每个被试都要求对 3 个模拟场景中的供应商行为进行伦理判断,并表明其对供应商的责备与惩罚程度。被指派到"渐变"组的被试,需经过 6 次询问,每周 1 次,共 6 周;被指派到"突变"组的被试只需在第 6 周进行一次询问。被试在阅读完模拟情境后,采用李克特七级量表对以下 3 个选项进行 1～7 分的评价:① 所描述的供应商行为不符合伦理规范的程度;② 对所描述的供应商不符合伦理规范行为做出惩罚的严厉程度;③ 对所描述的供应商不符合伦理规范行为责备的程度。将"渐变"组被试的 6 组数据中第 6 周的数据与"突变"组被试的数据进行比较。

4) 实验结果分析

以伦理判断评分的均值作线图,得到如图 2-7 所示的"渐变"与"突变"对伦理判断的交互效应示意图。图 2-7 中,"渐变"与"突变"的两条线之间的距离越来越大,说明存在交互作用。从图 2-7中还可以看出 3 种行为类型下"突变"都高于"渐变",说明"行为形成方式"对伦理判断的主效应显著。此

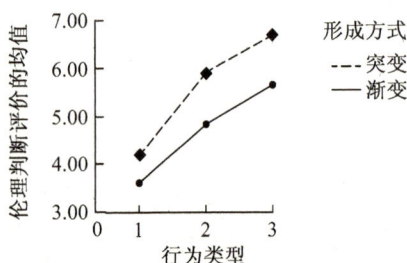

图 2-7　形成方式、行为类型与伦理判断

外,"渐变"与"突变"2 种情况下,类型 3(安全)均高于类型 2(环境),类型 2(环境)又均高于类型 1(人权),这说明"供应商不符合伦理规范行为的类型"对伦理判断的主效应显著。

根据两因素混合设计方差分析的内容与检验统计公式,应用 SPSS 软件进行方差分析,探讨供应商不符合伦理规范行为的形成方式、不符合伦理规范行为的类型对企业对供应商伦理判断的影响,见表 2-3。

表 2-3　行为形成方式、行为类型与伦理判断的方差分析

来源	平方和	自由度	均方	P 值	F 值
A(行为类型)	269.353	1.812	148.651	190.088	0.000
AB(交互效应)	3.614	1.812	1.995	2.551	0.086
误差 E(A)	141.699	181.198	0.782		
B(行为形成方式)	61.337	1	61.337	22.676	0.000
误差 E(B)	270.497	100	2.705		
总和	746.5	285.822			

球对称检验结果显示近似卡方值为 0.896,P 为 0.004,小于 0.05,不满足球形假设,需用 ε 校正系数来校正自由度。因此表 2-3 中"行为类型"的主

效应和交互效应的检验采用 Greenhouse-Geisser 结果。从表 2-3 中可以看出,"供应商不符合伦理规范的行为类型"对企业对供应商的伦理判断的主效应显著,"供应商不符合伦理规范行为的形成方式"对企业对供应商的伦理判断的主效应显著,"供应商不符合伦理规范的行为类型"与"供应商不符合伦理规范行为的形成方式"的交互作用显著。

以伦理管理评分的均值作线图,得到如图 2-8 所示的"渐变"与"突变"对伦理管理的交互效应示意图。图 2-8 中,"渐变"与"突变"的两条线之间的距离越来越大,说明存在交互作用。从图 2-8中还可以看出 3 种行为类型下"突变"都高于"渐变",说明"行为形成方式"对伦理管理的主效应显著。此

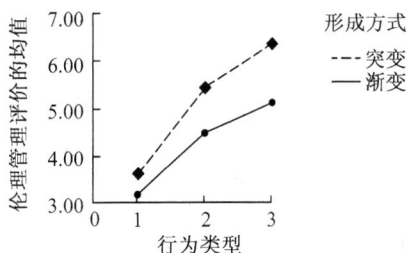

图 2-8　形成方式、行为类型与伦理管理

外,"渐变"与"突变"2 种情况下,类型 3(安全)均高于类型 2(环境),类型 2(环境)又均高于类型 1(人权),这说明"供应商不符合伦理规范的行为类型"对伦理管理的主效应显著。

用责备程度与惩罚程度的平均值衡量企业对供应商伦理管理的程度,根据两因素混合设计方差分析的内容与检验统计公式,应用 SPSS 软件进行方差分析,探讨供应商不符合伦理规范行为的形成方式、不符合伦理规范行为的类型对企业对供应商伦理管理的影响,结果见表 2-4。

表 2-4　行为形成方式、行为类型与伦理管理的方差分析

来源	平方和	自由度	均方	F 值	P 值
A(行为类型)	302.301	1.693	178.515	261.895	0.000
AB(交互效应)	8.438	1.693	4.983	7.310	0.002
误差 E(A)	115.428	169.342	0.682		
B(行为形成方式)	60.444	1	60.444	18.497	0.000
误差 E(B)	326.778	100	3.268		
总和	813.389	273.728			

球对称检验结果显示近似卡方值为 0.819,P 为 0.000,小于 0.05,不满足球形假设,需用 ε 校正系数来校正自由度。因此表 2-4 中"行为类型"的主效应和交互效应的检验采用 Greenhouse-Geisser 结果。从表 2-4 中可以看出,"供应商不符合伦理规范的行为类型"对企业对供应商的伦理管理的主效

应显著,"供应商不符合伦理规范行为的形成方式"对企业对供应商的伦理管理的主效应显著,"供应商不符合伦理规范的行为类型"与"供应商不符合伦理规范行为的形成方式"的交互作用显著。

设不符合伦理规范行为的形成方式为自变量 X,"渐变"时 $X=1$,"突变"时 $X=0$,企业决策者对供应商不符合伦理规范行为的伦理判断作为中介变量 M,企业对供应商的伦理管理程度为因变量 Y,依次做以下 3 个回归分析。

$$Y=cX+e_1$$
$$M=aX+e_2$$
$$Y=c'X+bM+e_3$$

用 SPSS 软件做回归分析,得出 c,a,b,c' 的估计 $\hat{c},\hat{a},\hat{b},\hat{c}'$,以及相应的标准误 $s_c,s_a,s_b,s_{c'}$,如图 2-9 所示。

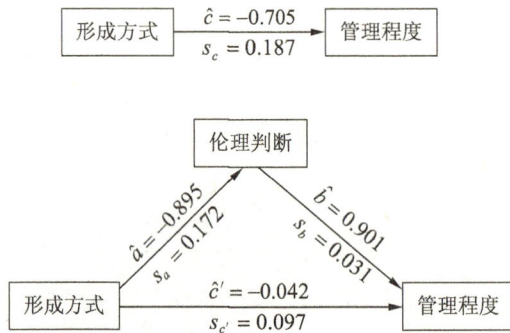

图 2-9　伦理判断对行为形成方式与伦理管理程度的中介效应

在第一个回归方程中,行为形成方式为自变量,伦理管理程度为因变量,回归分析表明二者具有显著的负向关系($c=-0.705,P=0.000$)。在第二个回归方程中,行为形成方式为自变量,伦理判断为因变量,回归分析表明二者具有显著的负向关系($a=-0.895,P=0.000$)。在第三个回归方程中,行为形成方式与伦理判断为自变量,伦理管理程度为因变量,回归分析表明伦理管理程度与伦理判断之间有显著的正向关系($b=0.901,P=0.000$),伦理管理程度与行为形成方式之间的关系不显著($\hat{c}=-0.042,P=0.000$)。回归分析表明,系数 c 显著,系数 a,b 也显著,而系数 $\hat{c}$ 不显著,做 Sobel 检验,$Z=-5.12,P<0.001$,所以伦理判断对行为形成方式与伦理管理程度之间的关系具有完全的中介效应,中介效应的绝对值 $\hat{a}\hat{b}=-0.806$,中介效应的相对值 $\dfrac{\hat{a}\hat{b}}{\hat{c}'+\hat{a}\hat{b}}=0.950$,中介效应的相对值 $\dfrac{\hat{a}\hat{b}}{\hat{c}'}=19.20$。

本实证研究表明,供应商不符合伦理规范行为的形成方式影响企业对供应商行为的伦理判断及伦理管理。当供应商不符合伦理规范行为由符合伦理规范行为缓慢"渐变"而成,那么在变化过程中,企业决策者就不易发现这种缓慢变化,也不会察觉供应商行为的不道德性,或者会低估供应商行为不符合伦理规范的程度。而准确的伦理判断是进行有效的供应商伦理管理的前提,如果伦理判断出现了偏差,就无法做到正确管理供应商不符合伦理规范的行为。

2.3.2　有限道德、心理接近与供应链管理

在有限道德的制约下,面对危机的爆发,企业与供应商之间的心理接近会影响企业对供应商不符合伦理规范行为的解释水平,进而影响企业供应商伦理管理决策质量,最终导致企业的供应商伦理判断偏差与伦理管理的失效。

1) 心理距离、解释水平与供应链管理

解释水平理论认为,人们对认知客体的心理表征具有不同层次的抽象程度即解释水平,并形成一个连续体,在理论上可以简化为低水平解释与高水平解释。高水平解释抽象、简单、结构化、连贯、去背景化,反映了事件主要的核心特征;而低水平解释具体、复杂、非结构化、不连贯、背景化,反映了事件次要的表面特征(Trope et al,2003)。解释水平理论把距离这一广泛存在的自然和社会现实引入认知和决策与判断领域,认为个体所感知的与认知客体之间的心理距离影响人们对事件解释水平的高低(李雁晨 等,2009)。对于心理距离远的事件虽然不会产生具体的直接体验,但可以进行抽象的心理表征,而心理表征的抽象程度取决于个体离认知客体的心理距离。对心理距离近的事件,人们倾向于采用具体的、情境性的、附带性的低水平解释;对心理距离远的事件,人们倾向于采用概括性的、去情境化的、本质性的高水平解释。所谓心理距离(psychological distance)是以个体的直接经验为原点,个体所感知到的认知客体在时间、空间、社会或假设性等维度上离"自我"的距离,其参照点是此时此地的自我(Trope et al,2010)。对未来或过去、空间位置较远、陌生人或群体外、概率较小的事件来说,个体感知的心理距离较远,解释水平高;反之,对此时此地自己正在经历的事件或发生概率较高的事件来说,个体感知的心理距离较近,解释水平低。

伦理准则与道德标准通常是抽象、上位的认知构念,具有连贯性,不随环境变化而改变,在任何情况下都是指导行为的标准。根据解释水平的界定,伦理与价值层面的构念属于高水平解释(Eyal et al,2008)。因而对于心理距离远的伦理事件,决策者更容易启用伦理准则,其伦理判断更准确,决策质量高;而对于心理距离近的伦理事件,决策者则更容易关注具体情境,忽略事件

所隐含的伦理问题,容易产生伦理判断偏差,伦理决策质量则表现出有限性。

企业在供应商的伦理管理过程中,关注的是供应商所提供原料、零部件或成品的质量与成本等低解释水平层面的因素,而没有重视带来成本降低与质量提高的供应商的不符合伦理规范的行为。对于企业来说,供应商所实施的不符合伦理规范的行为恰恰具备了低渴望性-高可行性的特点。面对供应商不符合伦理规范的行为,企业决策者往往不启用高水平的伦理层面的解释,对这种行为视而不见,选择的是一种低渴望性-高可行性的行为。根据解释水平理论,这主要是因为与毫无关系的第三方相比,供应商与企业属同一个供应链群体,它们之间的社会距离近,这就导致企业决策者在评价供应商行为时不容易启用伦理与道德层面的解释,而是更多地关注那些诸如质量、成本与交货期等方面的信息。而且,与过去发生或未来可能发生的行为相比,对于供应商目前正在实施的不符合伦理规范的行为,企业决策者感知的时间距离近,解释水平相对较低,容易忽略行为中所涉及的伦理因素。因此,企业与供应商心理距离近,对供应商不符合伦理规范行为的解释水平低。对于目前供应商正在实施的不符合伦理规范的行为,企业决策者所感知的社会距离与时间距离都很近,解释水平低,很难启用伦理与道德标准,因而对目前供应商不符合伦理规范行为的判断比较宽松。对供应商行为准确的伦理判断是有效管理供应商的起点,如果伦理判断比较松,那么企业对供应商的管理也会较松。

企业与供应商之间的心理距离影响企业决策者对供应商不符合伦理规范行为的解释水平,进而影响企业对供应商的伦理管理程度,而解释水平与伦理判断在这一过程中起关键的中介作用。

2) 实验设计

共有54名MBA学员与曾经有过实践经历的企业管理专业的博士研究生参与了该实验,他们具有较扎实的管理学理论知识,也有一定的管理经验,能够理解供应商伦理管理决策行为。其中男性为42人,女性为12人;年龄为28~46岁,平均年龄34.3岁。实验平均费时15分钟,被试在进行实验之前均可获得一份精美的礼品。

本实验自编4个不符合伦理规范行为的模拟情景组成问卷。问卷有3个版本(供应商目前正在实施的不符合伦理规范的行为、供应商较远未来将实施的不符合伦理规范的行为、无任何关系的第三方不符合伦理规范的行为);除了关于心理距离的表示不同,其他方面都一致。实验中的模拟情境小故事根据大众知晓的商业丑闻进行改编,是社会普遍公认的不符合伦理规范的行为。在故事的描述中加入了一些"情有可原"的具体情景或细节,以弱化伦理因素,使这些不符合伦理规范的行为不会产生大的危害,并使故事中既包含抽象的、高水平的伦理及道德与价值观,又包含具体的、低水平的细节与情景。选取的 4 种行为涉及新闻行业的窃听、食品行业中违规添加有害物质、服装行业的劳工标准及化工行业的环境污染。根据现实中的这 4 种行为,编制成 4 个模拟小故事,对每个模拟情景提供 2 种复述性的选项,一种是高水平解释的选项,主要是伦理与价值层面的描述,计 1 分;另一种是低水平解释的选项,主要是对行为的描述,计 0 分,选项的顺序是随机的。每个模拟情境在提供复述选项后,采用李克特五级量表设计行为的伦理判断评价选项,并提供了 5 种关于如何对待该不符合伦理规范行为的态度选项:效仿、不置可否、拒绝合作、劝告、举报,分别计 1～5 分。

采用心理距离(3 个水平)X 不符合伦理规范行为的模拟故事(4 个水平)混合设计,其中被试间因素(A)是不符合伦理规范行为模拟情景设定的心理距离,被试内因素(B)为不符合伦理规范行为的相关故事。被试被随机分成三组:第一组阅读到的 4 个模拟场景都是供应商目前正在实施的不符合伦理规范的行为;第二组阅读到的 4 个模拟场景都是供应商较远未来将要实施的不符合伦理规范的行为;第三组阅读到的 4 个模拟场景都是无任何关系的第三方不符合伦理规范的行为。被试在阅读完模拟情境后,需要对关于行为解释水平的复述选项进行选择,对所描述行为的不符合伦理规范的程度进行1～5 分的评价,并表明自己对待这种行为的态度。

3) 实验结果分析

分别以解释水平、伦理判断、伦理管理为因变量进行 3(心理距离:目前供应商行为/较远未来供应商行为/第三方行为)X4(行为类型:环境/食品安全/劳工标准/窃听)方差分析。描述性统计见表 2-5。

表 2-5 解释水平、伦理判断与伦理管理在各条件下的均值

	心理距离	环境	食品安全	劳工标准	窃听
解释水平	目前供应商行为	0.444 4	0.611 1	0.333 3	0.388 9
	较远未来供应商行为	0.666 7	0.722 2	0.500 0	0.555 6
	第三方行为	0.888 9	0.944 4	0.777 8	0.833 3
伦理判断	目前供应商行为	3.055 6	3.555 6	2.444 4	2.555 6
	较远未来供应商行为	3.444 4	3.833 3	2.944 4	3.277 8
	第三方行为	4.055 6	4.611 1	3.444 4	3.888 9

心理距离		环境	食品安全	劳工标准	窃听
伦理管理	目前供应商行为	3.000 0	3.333 3	2.444 4	2.611 1
	较远未来供应商行为	3.722 2	4.000 0	3.000 0	3.388 9
	第三方行为	4.222 2	4.722 2	3.388 9	3.666 7

（1）心理距离对不符合伦理规范行为的解释水平的影响

经过统计发现，在对模拟情境中不符合伦理规范行为的低水平解释的选项上，"目前供应商行为"这一心理距离提示下的选择次数最大，"较远未来供应商行为"这一提示下的选择次数次之，最小的是"第三方行为"提示下的选择次数；在对模拟行为高水平解释的选项上，其顺序正好相反。对选项的总次数进行 χ^2 检验，得到 $\chi^2 = 27.452$，$P = 0.000$，显示被试对解释水平的选择与心理距离相关。接着，根据两因素混合设计的方差分析的内容与检验统计公式，以解释水平为因变量进行方差分析，结果见表 2-6。

表 2-6　心理距离、行为类型与解释水平的方差分析

来源	平方和	自由度	均方	F 值	P 值
A（行为类型）	1.500	2.389	0.628	8.606	0.000
AB（交互效应）	0.111	4.778	0.023	0.319	0.894
误差 E(A)	8.889	121.837	0.073		
B（心理距离）	6.333	2	3.167	4.894	0.011
误差 E(B)	33.000	51	0.647		
总和	49.833	182.004			

球对称检验结果显示近似卡方值为 19.582，P 为 0.002，小于 0.05，不满足球形假设，需用 ε 校正系数来校正自由度，表 2-6 中行为类型的主效应和交互效应的检验采用 Greenhouse-Geisser 结果。从表 2-6 中可以看出，"不符合伦理规范的行为类型"对解释水平的主效应显著，"心理距离"对解释水平的主效应也显著，二者的交互作用则不显著。

（2）心理距离对伦理判断的影响

为了验证心理距离对伦理判断的影响，以伦理判断为因变量进行方差分析，并以伦理判断的均值作线图，结果如表 2-7 和图 2-10 所示。球对称检验结果显示近似卡方值为 17.448，P 为 0.004，小于 0.05，不满足球形假设，需用 ε 校正系数来校正自由度，表 2-7 中行为类型的主效应和交互效应的检验采用 Greenhouse-Geisser 结果。结果表明，心理距离与行为类型对伦理判断

的主效应均显著。

表 2-7 心理距离、行为类型与伦理判断的方差分析

来源	平方和	自由度	均方	F 值	P 值
A(行为类型)	32.630	2.430	13.427	46.840	0.000
AB(交互效应)	1.343	4.860	0.276	0.964	0.441
误差 E(A)	35.528	123.940	0.287		
B(心理距离)	43.620	2	21.810	10.938	0.000
误差 E(B)	101.694	51	1.994		
总和	214.815	184.23			

从图 2-10 中可进一步看出被试对"第三方行为"的判断最严格,其次是"未来供应商行为",最不严格的是"目前供应商行为"。此外,被试对不同类型的不符合伦理规范行为的判断也不同,对"安全"问题的伦理判断最严格,其次是"环境"问题,接着是"窃听"行为,最不严格的是"劳工"问题。

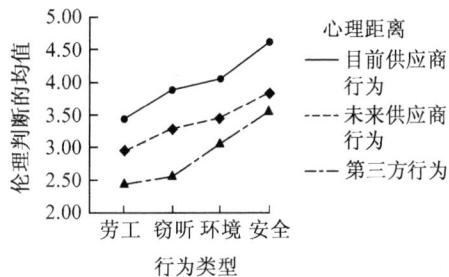

图 2-10 心理距离、行为类型与伦理判断

(3)心理距离对伦理管理态度的影响

根据两因素混合设计方差分析的内容与检验统计公式,应用 SPSS 软件进行方差分析,探讨心理距离、不符合伦理规范行为的类型对伦理管理态度的影响,结果见表 2-8。球对称检验结果显示近似卡方值为 9.972,P 为 0.076,大于 0.05,所以球形假设可以接受,无须校正,表 2-8 中主效应和交互效应的检验采用 Sphericity Assumed 结果。由表 2-8 可知,行为类型与心理距离对伦理管理态度的作用均显著。

表 2-8 心理距离、行为类型与伦理管理态度的方差分析

来源	平方和	自由度	均方	F 值	P 值
A(行为类型)	36.162	3	12.054	50.394	0.000
AB(交互效应)	1.491	6	0.248	1.039	0.402
误差 E(A)	36.597	153	0.239		
B(心理距离)	48.361	2	24.181	20.897	0.000
误差 E(B)	59.014	51	1.157		
总和	181.625	215			

以伦理管理态度的均值作线图,得到如图 2-11 所示"心理距离"与"行为类型"对伦理管理态度的交互效应示意图。从图 2-11 可以看出,被试对于无任何关系的"第三方行为"的伦理管理态度最强硬,其次是对"未来供应商行为",对"目前供应商行为"的伦理管理态度最宽容。

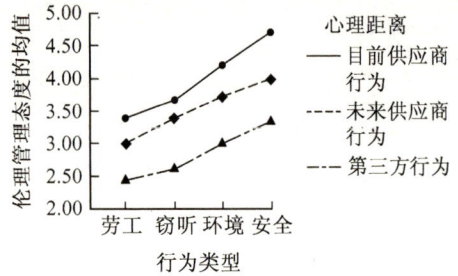

图 2-11　心理距离、行为类型与伦理管理态度

此外,被试对不同类型的不符合伦理规范行为的伦理管理态度也存在显著差异:对"安全"问题的伦理管理最严格,其次是"环境"问题,然后是"窃听"行为,伦理管理最不严格的是"劳工"问题。

(4) 心理距离、解释水平与伦理管理:伦理判断的中介作用

本实验根据 Baron 与 Kenny 总结的中介效应检验程序进行检验。采用 SPSS 软件对各变量进行回归分析的结果如图 2-12 所示。图 2-12 的回归系数中,除了 -0.059 这一系数的 P 值为 0.232 以外,其他所有回归关系的 P 值均小于 0.001。

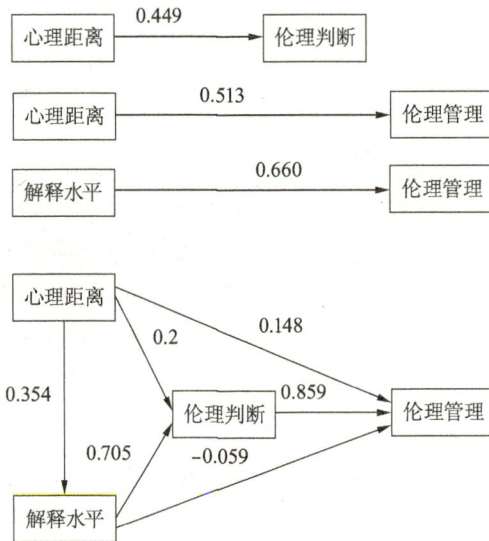

图 2-12　解释水平与伦理判断的中介效应

图 2-12 所示的回归结果表明,在加入解释水平这一变量后,心理距离对伦理判断的回归系数由 0.449 下降为 0.2,而心理距离对解释水平及解释水平对伦理判断的影响均显著,回归系数分别为 0.345 与 0.705,说明解释水平

对心理距离与伦理判断之间的关系具有部分中介作用；在加入伦理判断这一变量后，心理距离对伦理管理的回归系数由 0.513 下降为 0.148，而心理距离对伦理判断及伦理判断对伦理管理的影响均显著，回归系数分别为 0.2 与 0.859，说明伦理判断对心理距离与伦理管理之间的关系具有部分中介作用；在加入了伦理判断这一变量后，解释水平对伦理管理原本显著的影响（回归系数为 0.660）变得不再显著，而解释水平对伦理判断及伦理判断对伦理管理的影响却显著，回归系数分别为 0.705 与 0.859，说明伦理判断对解释水平与伦理管理之间的关系具有完全的中介作用。

　　本实验采用心理学双因素混合实验设计与伦理模拟情景法设计了 3 个版本的 4 种模拟伦理小场景，以 54 名有管理经验的 MBA 学员与管理专业博士生为被试进行了实验研究，探索了心理距离对企业对供应商不符合伦理规范的行为的解释水平、伦理判断与伦理管理的影响。结果表明企业与供应商的心理距离近，对其不符合伦理规范的行为的解释水平低，对其不符合伦理规范的行为的判断与管理不够严格。

第3章 危机性产业衰退传导的外部条件

在明确了危机性产业衰退传导中的微观主体及其行为模式后,本书接着研究危机性产业衰退传导的外部条件。外部条件是产业系统中微观主体的行为环境,直接影响微观主体的主观判断和行为选择。二战结束后,世界经济格局发生了翻天覆地的变化,产业链本身的分工与合作也越来越专业化与网络化,这些外部条件的变化直接影响危机性产业衰退的传导。本章首先从产业链本身与世界经济格局内外2个层面来明确危机性产业衰退传导的外部条件,然后从世界贸易网络与世界投资网络2个角度分析危机性产业衰退传导的外部条件的变化,最后比较讨论不同层面外部条件在危机性产业衰退国际传导过程中的不同效应。

3.1 危机性产业衰退传导的外部条件范畴

冷战结束后,世界经济格局发生了根本性的变化,具体体现在"世界多极化"、"经济全球化"与"区域一体化"几个方面。此外,产业链内部的分工也越来越专业化、网络化。本书将从产业链本身与世界经济格局2个层面分析产业衰退传导的外部条件。

3.1.1 外部条件的核心层——全球价值链

全球价值链是指为实现商品或服务价值而连接生产、销售、回收处理等过程的全球性跨企业网络组织,涉及从原料采购和运输、半成品和成品的生产和分销,直至最终消费和回收处理的整个过程,包括所有参与者和生产销售等活动的组织及其价值、利润分配。当前散布于全球的处于价值链上的企业进行着设计、产品开发、生产制造、营销、交货、消费、售后服务、循环利用等各种增值活动。从组织规模看,全球价值链包括参与了某种产品或服务的生产性活动的全部主体;从地理分布来看,全球价值链必须具有全球性;从参与的主体看,全球价值链包括一体化企业、零售商、领导厂商、交钥匙供应商和零部件供应商(Sturgeon,2003)。全球生产网络是全球价值链发展的高级形式,包括纵、横 2 个维度。产品越复杂,其生产包括的工序越多,纵向维度更长,产业越庞大,专业化分工越有可能获得规模经济,横向维度也会更发达,因而也更有可能形成规模宏大、结构复杂的生产网络。

　　全球价值链因交易的复杂程度、交易的标准性、供应商的竞争能力不同而采取不同的治理模式。Powell 等(1996)将生产网络的治理结构分为 3 种:市场、网络和层级组织。Borrus 和 Zysman(1997)将亚洲生产网络分为四类:以日本、韩国为代表的垂直封闭式网络,以美国为代表的垂直开放式网络,以中国台湾地区为代表的水平开放式网络,以海外华人为代表的水平封闭式网络。Gereffi(1994)区分了两类全球商品链:购买者驱动型和生产者驱动型。Gereffi 等(2003)结合价值链理论、交易成本经济学、技术能力与企业学习等理论,提出比较严谨、完整的全球价值链治理方式,按照价值链中主体之间的协调和力量不对称程度从低到高将其依次排列为市场、模块型、关系型、领导型和层级制治理方式。在市场治理方式下,交易比较简单,供应商能力较强,不需要购买者投入太多,且资产的专用性较低时,双方只要通过价格和契约就可以很好地控制交易的不确定性,不需要太多的协调;在模块型治理方式下,产品较复杂,供应商的能力较强,其资产专用程度较高,买卖双方的数量虽然有限,但仍有一定的市场灵活性,更换合作伙伴较容易,能够通过标准化契约来较好地降低交易成本,需要的协调成本也不高;在关系型治理方式下,交易复杂,双方需要交换的信息量大且复杂,供应商的能力较强,领导厂商和供应商之间有很强的互相依赖性,需要较多的协调;在领导型治理方式下,产品复杂,供应商的能力较低,需要大量投入和技术支持,供应商的资产具有专用化,供应商对领导厂商的依赖性非常强,领导厂商通过对供应商的高度控制来实现治理,同时通过提供各种支持使供应商愿意保持合作关系;在层级制治理方式下,交易可能涉及领导厂商的核心能力如隐性知识、知识产权等,领导厂商无法通过契约来控制机会主义行为,只能采用纵向一体化的企业内治理方式。

3.1.2　外部条件的外围层——全球化、多极化与一体化

1) 经济全球化

　　经济全球化是指世界经济活动超越国界,通过对外贸易、资本流动、技术转移、提供服务、相互依存、相互联系而形成的全球范围的有机经济整体。经济全球化具体表现在生产全球化、贸易全球化、金融全球化与企业经营全球化。随着生产领域的国际分工与协作的增强,垂直型国际分工与水平型国际

分工交织在一起,世界性的生产网络逐步形成,生产全球化已成定型。随着流通领域中国际交换的范围、规模与程度的增强,贸易自由化程度越来越高,贸易全球化快速发展。近年来,国际直接投资规模超过了国际贸易,国际金融市场已经形成,金融越来越自由化,金融创新活动不断涌现,金融全球化越来越深入。这不仅体现在金融市场的全球化与金融交易的全球化,还体现在金融机构的全球化与金融监管的全球化。跨国公司从事各领域生产经营活动,已成为国际投资、贸易与金融活动的主体,其分支机构遍布世界各地,企业经营全球化格局俨然形成。

随着经济全球化的深入,生产要素以空前的速度和规模在世界范围内流动,生产全球化体系逐步形成,投资外向化日益凸显,贸易自由化的范围扩大,金融国际化的进程加速,科学技术在世界范围内得到广泛传播和应用。经济全球化对世界经济的发展具有巨大的推动作用,但是,经济全球化不仅把市场经济的矛盾及资本的动机和目的扩展到世界范围,也把一国经济政治发展的不平衡及一国资本主义发展中的两极分化扩展到世界范围,因而对世界经济的发展也存在着消极作用。

随着经济全球化的不断深化发展,贸易、生产、投资与金融日益全球化,世界各国经济利益不端深化交融。经济全球化作为深化经济发展的趋势是一把双刃剑,它既给产业发展带来前所未有的机遇,也给产业发展带来了风险和调整,蕴含着难以避免的危机,同时也放大了某些负面效应,并提供了这些负面效应的国际传导机制。经济全球化使得世界经济相互依存度提高,在带来活力和机遇的同时,也给危机性产业衰退的国际传导提供了条件。经济全球化既可以把一国经济的优势、效率或风险、危机传导并扩散到外部世界,也可以把世界的各种经济优势、效率或风险、危机吸纳并汇集到本国。这种扩散和传导机制,使得各国经济越来越相互依存、相互影响。

2)世界多极化

20世纪90年代初,由于苏联解体,东欧形势剧变,美、苏2个超级大国垄断国际政治的局面被打破,世界各种力量出现新的分化、组合。世界正在形成若干个政治经济力量中心,美国、欧盟、日本、俄罗斯、中国等大国和国际组织在国际社会中扮演着重要角色。美国成为唯一的超级大国,并极力构建以自己为主导的单极世界;欧盟内部合作进一步加强,提高了欧盟的国际地位;日本将两极格局的瓦解视为跻身政治大国的大好时机,主动参与国际事务,加快谋求政治大国地位的步伐;俄罗斯联邦取代苏联在联合国的地位,并拥有足以同美国相匹敌的军事力量;中国作为最大的发展中国家,随着改革开放和经济实力的迅速增强,国际地位与影响力日益提高。

世界多极化是指一定时期内对国际关系有重要影响的国家和国家集团等基本政治力量相互作用而朝着形成多极格局发展的一种趋势,是对主要政治力量在全球实力分布状态的反映。多极化发展并不是偶然的,它孕育于两极格局的演变之中。两极格局终结后,并没有出现单极格局,世界正在走向多极化,这是当今国际形势的一个突出特点。伴随着世界多极化的发展,国际竞争越来越激烈。面对急剧变化的世界,许多国家都在调整目标,力图为自己确立有利态势。美国极力维护其世界唯一超级大国地位,日本和德国正努力跻身政治大国行列,中国坚定地走中国特色社会主义道路。世界多极化是针对世界格局而言的。世界格局是指具有世界影响的力量(国家)或力量中心(国家集团)的布局及其相互作用的战略结构状态,多极化则是当今世界格局表现的一个主要特征。所谓世界影响,其构成包含经济、政治、军事、科技乃至文化等多方面的综合因素,而不仅是政治因素。

3)区域一体化

一体化是指多个原来相互独立的主权实体通过某种方式逐步结合成为一个单一实体的过程,其本质为将 2 个或 2 个以上的互不相同、互不协调的事项,采取适当的方式、方法或措施,有机地融合为一个整体,形成协同效力,以实现组织策划目标的一项措施。一体化过程既涉及国家间经济,也涉及政治、法律和文化,或整个社会的融合,是政治、经济、法律、社会、文化的一种全面的互动过程。由于它涉及主权实体间的相互融合,并最终成为一个在世界上具有主体资格的单一实体,因而不同于一般意义上的国家间合作,涉及的也不仅仅是一般的国家间政治或经济关系。所谓"区域"是指一个能够进行多边经济合作的地理范围,这一范围往往大于一个主权国家的地理范围。根据经济地理的观点,世界可以分为许多地带,并由各个具有不同经济特色的地区组成,但这些经济地区同国家地区并非总是同一区域。区域经济一体化是为了调和 2 个地区之间的关系,主张同一地区享有其他与地区不同的特殊条件,消除国境造成的经济交往中的障碍。区域经济一体化的直接动因是联合一致抗衡外部强大势力。无论是发达国家的经济一体化,还是发展中国家的经济一体化,其根本原因都在于维护自身的经济、贸易利益,为本国经济的发展和综合国力的提高创造更加良好的外部环境。

从 20 世纪 90 年代至今,一股经济一体化的新浪潮形成了。此轮区域经济一体化浪潮不仅反映了经济全球化深入发展的新特点,而且反映了世界多极化曲折发展的新趋势。全球范围内区域经济一体化迅速发展,内容不断深入,成员不断扩展。新一轮的一体化不仅包括货物贸易自由化,而且包括服务贸易自由化、农产品贸易自由化、投资自由化、贸易争端解决机制、统一的竞争政策、统一的知识产权保护标准、共同的环境标准、共同的劳工标准,甚至提出要具备共同的民主理念等。当今世界上一体化程度比较高的地区包括欧盟、北美自由贸易区和东南亚国家联盟,其达成的协定中都涉及标准、物流、海关合作、服务、知识产权、投资、争端解决机制、劳工权益和竞争政策等条款。

3.2　外部条件的变化——以世界贸易与投资网络为例

次贷危机对世界经济造成严重的影响,随后全球经济陷入了衰退。同时,这场危机也给世界经济格局造成重大影响(康绍邦,2010)。危机爆发后,美国的地位受到挑战,新兴发展国家的经济地位有所上升。危机的爆发会影响世界经济格局,危机前后各国的经济地位会发生显著的变化。贸易与投资是各国经济的重要组成部分,本书将构建近十年来世界贸易网络与投资网络矩阵数据,分析危机前后世界经济全球化、多极化与区域经济一体化的变化。

3.2.1　世界贸易网络格局的变化

贸易网络是产业衰退传导中的重要外部条件,危机爆发前后,世界贸易网络格局及各国的贸易地位发生了显著的变化。本书采用社会网络分析方法,研究新世纪世界贸易格局的变化及次贷危机的影响。

1) 世界贸易网络的描述性分析

社会网络是由多个点(代表社会行动者)和各点之间的连线(代表行动者之间的关系)组成的集合。根据关系的强度是否有差异,社会网络可分为无权网络与加权网络。无权网络只能反映节点之间的连接方式或网络的拓扑特性,不能描述节点之间相互作用的强度,即网络的节点与节点之间只用是否有连接表示,而不管这种连接关系的强弱。加权网络不仅能更好地体现真实网络的特点,而且能反映网络中节点之间的相互作用细节。权重的加入,能够令网络模型进一步接近实际网络的真实情况,使网络指标反映的现实情况更为深入。

一个无权网络用一个 $N \times N$ 邻接矩阵 A 表示,矩阵的每个元素 a_{ij} 表示节点 i 与节点 j 之间是否存在关系,如果节点 i 与节点 j 之间存在关系,则 $a_{ij}=1$;若不存在关系,则 $a_{ij}=0$。对于无向边的情况,$a_{ij}=a_{ji}$。一个加权网络可以用一个加权的 $N \times N$ 邻接矩阵 W 表示,矩阵的每个元素 w_{ij} 表示节点 i 与节点 j 之间边的权值大小。对于无向边的情况,$w_{ij}=w_{ji}$。

本书中用来描述贸易关系的贸易数据来自联合国商品贸易统计数据库(COMTRADE)。本书选取了 2000—2009 年共 10 年的世界各国的进出口数据,以此计算世界贸易加权网络各条边的权值。因为不是所有的国家都会在联合国报告进出口数据,因而本书的世界贸易网络只包含了 COMTRADE 数据库中的国家及地区,因此本书各时点的贸易网络中包含的节点数目 N 稍有差别,但这不影响对各国贸易地位及世界贸易格局的分析。

本书用矩阵 $\boldsymbol{A}^t$ 描述 t 时期的无权贸易网络,用 $\boldsymbol{W}^t$ 描述 t 时期的加权贸易网络,其中 $t=2000,2001,\cdots,2009$。对于矩阵 $\boldsymbol{A}^t$ 中的元素 a_{ij}^t,如果两国之间存在贸易往来,即 i 国对 j 国的出口或 i 国从 j 国的进口大于 0 时,则 $a_{ij}^t=1$;如果 i 国对 j 国的出口与 i 国从 j 国的进口均为 0 时,则 $a_{ij}^t=0$。而加权网络矩阵 w^t 中的元素 w_{ij}^t 值用 i 国与 j 国之间的进出口贸易值来表示,具体地,$w_{ij}^t=\frac{1}{2}e_{ij}^t+m_{ij}^t$,其中,$e_{ij}^t$ 为 t 时期 i 国对 j 国的出口值,m_{ij}^t 为 t 时期 i 国从 j 国的进口值。为了使所有的 $w_{ij}^t\in[0,1]$,本书各加权矩阵中所有的值都除以矩阵 $\boldsymbol{W}^t$ 中的最大值,这样做并不影响世界贸易网络的分析结果。另外,由于各国的统计口径存在差异,因而根据 COMTRADE 数据库中数据计算出来的 $\boldsymbol{W}^t$ 不对称,但是 w_{ij}^t 与 w_{ji}^t 相差很小,所以本书对矩阵 $\boldsymbol{W}^t$ 按照最大值法做了对称化处理。

(1)密度

密度(density)用以测量社会网络中各个节点之间联络的紧密程度。整体网络密度等于"实际存在的关系总数"除以"理论上最多可能存在的关系总数"。对于无权无向网络,如果网络中实际关系数目为 M,那么整体网络密度为 $\frac{2M}{N(N-1)}$。本书采用 Ucinet 6 软件对 2000—2009 年共 10 年的无权网络矩阵($\boldsymbol{A}^t$)进行密度计算,结果见表 3-1。

表 3-1 世界贸易网络的密度

时点	2000 年	2001 年	2002 年	2003 年	2004 年	2005 年	2006 年	2007 年	2008 年	2009 年
密度	0.830 3	0.840 0	0.846 2	0.852 3	0.865 8	0.866 0	0.900 9	**0.782 7**	0.921 6	0.933 3

由表 3-1 可知,2000—2009 年,世界贸易关系网络的密度逐渐增大,但是 2007 年的关系网络密度下降明显,从 0.900 9 下降到 0.782 7。这表明,美国 2007 年的次贷危机对世界贸易的影响快,且程度大。但是到了 2008 年及 2009 年,网络的密度又恢复到危机前的水平,且还有较明显的上升,这说明世界各国的贸易关系恢复迅速。

(2)中心性

① 一级中心性指标,描述的是节点本身与其他节点关系的紧密程度或关

系强度,具体包括点度数、点强度与差异性。

a. 点度数(degree)是与该节点相连的其他点的个数。世界贸易网络中各个国家的点度数即为与该国存在贸易往来的国家数。绝对点度数的计算公式如式(3-1)所示。

$$d_i = \sum_j a_{ij} \tag{3-1}$$

当网络规模不同时,不同网络中点的绝对点度数没有可比性,因此本书采用相对点度数,即绝对点度数与网络中最大可能的度数($N-1$)之比。

对 2000 年、2003 年及 2006—2009 年世界各国相对点度数的核密度估计结果如图 3-1 所示[①]。

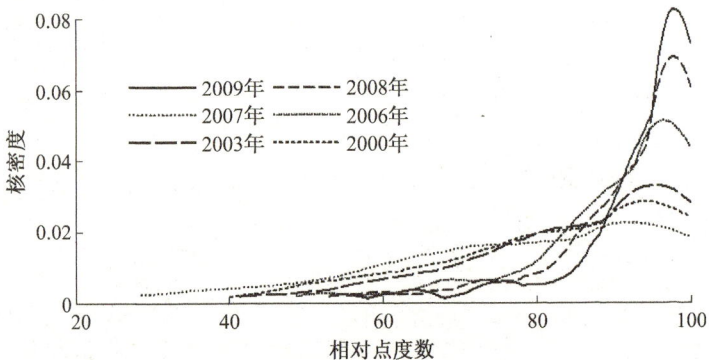

图 3-1 相对点度数的核密度估计

总体而言,这 10 年中点度数的核密度估计图都是左偏的,说明大多数国家的贸易伙伴非常多,几乎都与其他国家产生贸易关系,只有少数国家的贸易伙伴数量很少。从图 3-1 还可以看出,这 10 年间的度数分布状况发生了明显的改变:首先,左边的尾巴越来越短平,峰越来越尖;其次,高度数分布密度逐年上升,2000 年的核密度峰值为 0.025~0.030,2003 年为 0.03~0.04,2006 年超过了 0.05,2008 年超过了 0.06,而 2009 年则超过了 0.08。逐年变平的左尾反映了贸易伙伴少的国家的比例在逐渐萎缩。整体分布逐渐向右侧收拢,反映了整体贸易关系的增加,表明在这 10 年中世界贸易关系整体更紧密。但是,2007 年是一个例外,这一年的贸易关系急剧萎缩,甚至低于 2000 年。2007 年的核密度峰值小于 0.025,核密度分布整体也向左偏移了,左边的尾巴也最长。这表明,次贷危机在 2007 年就使世界贸易关系受到重创,贸易

---

① 选择 2000 年、2003 年、2006—2009 年 4 个时点是为了分析 2000—2009 这 10 年中贸易格局的变化趋势,而选择 2006—2009 年这 4 个时点,是为了分析次贷危机前后世界贸易格局的变化,下同。

关系一下子回落到 2000 年之前。但是贸易关系在 2008 年迅速恢复,且其紧密度高于 2006 年。

b. 点强度(strength)也称为节点的权重,是无权网络中节点 i 的度数的推广。世界贸易网络中各个国家的点强度反映该国与其他国家之间的贸易强度。点强度既考虑了节点的近邻数,又考虑了该节点与近邻之间的权重,其计算方法如式(3-2)所示。

$$s_i = \sum_j w_{ij} \tag{3-2}$$

对 2000 年、2003 年及 2006—2009 年世界各国点强度分布的核密度估计结果如图 3-2 所示。总体而言,这 10 年中点强度的核密度分布图是右偏的,说明大多数国家的贸易强度很小,只有少数几个贸易大国的贸易强度很大。从图 3-2 还可以看出,虽然各年的峰都很尖,但核密度峰值还是有所下降的:2000 年的峰值大于 7,2003 年为 6～7,2006 年降到了 4～5 以下,但是,受次贷危机的影响,2007 年与 2006 年靠得很近,几乎没有下降;到了 2008 年降至 3 左右,而到了 2009 年则降至 2 左右,这说明贸易强度很小的国家数目在不断减少,也就说明贸易小国与贸易大国之间的差距虽然还是很大,但一直在缩小。

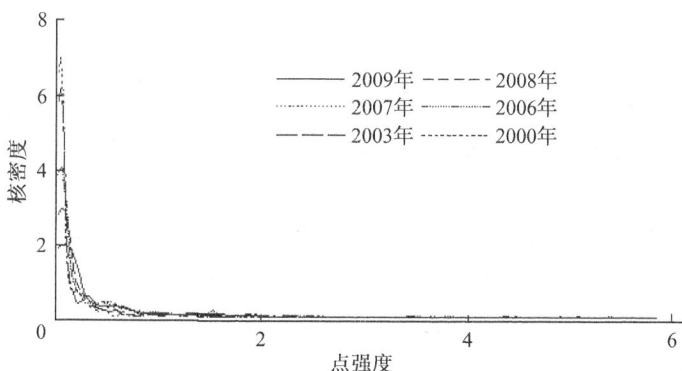

图 3-2　点强度的核密度估计

c. 节点所连接的边上权重分布的差异性(disparity)描述了与节点 i 相连的边上权重分布的离散程度。世界贸易网络中节点的差异性反映了一国对外贸易是集中在少数几个国家还是分散于很多国家。差异性的计算公式如式(3-3)所示。

$$h_i = \frac{(N-1)\sum_j \left(\frac{w_{ij}}{s_i}\right)^2 - 1}{N-2} \tag{3-3}$$

对于节点 i 的 d_i 条边,如果所有权重相差不大,权边分布比较均匀,则 h_i 与 d_i 的倒数成正比;如果只有一条边的权重起主要作用,则 h_i 的值接近于 1。

对 2000 年、2003 年及 2006—2009 年世界各国权重差异性的核密度估计结果如图 3-3 所示。总体上来说,这 10 年中差异性的核密度分布图是右偏的,说明大多数国家的贸易分散于其他各国,权重差异性很小;只有少数几个国家的贸易集中度高,差异性很大。从图 3-3 还可以看出,整体上核密度峰值变化不大,只在 2007 年略有下降,在其他各年略有上升,说明各国的贸易越来越分散。

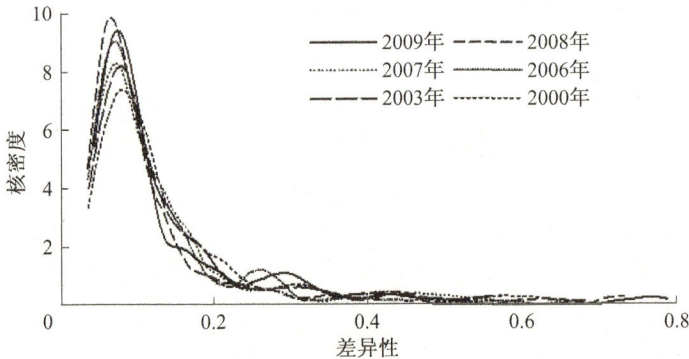

图 3-3　差异性的核密度估计

② 二级中心性指标,描述的是与节点相连的其他节点之间的紧密程度,具体包括聚集系数、加权聚集系数、近邻平均度、加权近邻平均度、平均近邻强度等指标。

聚集系数(clustering coefficient,CC)用来衡量网络节点聚类的情况。在世界贸易网络中,一国的贸易伙伴之间很可能也存在贸易关系,聚集系数就是用来度量网络的这种性质。节点 i 的聚集系数是指它所有相邻节点之间连边的数目占可能的最大连边数目的比例。加权网络聚集系数(weighted clustering coefficient,WCC)是在无权网络聚集系数基础上发展而来的,本书采用 Onnela 等(2005)、Saramaki 等(2007)及 Fagiolo(2007)的计算方法,考虑了三角形三条边上权重的几何平均值,具体如式(3-4)所示。

$$WCC_i = \frac{\frac{1}{2}\sum_{j\neq 1}\sum_{h\neq(i,j)} w_{ij}^{\frac{1}{3}} w_{jh}^{\frac{1}{3}} w_{jh}^{\frac{1}{3}}}{\frac{1}{2}d_i(d_i-1)} \tag{3-4}$$

采用 Ucinet 6 软件计算 2000—2009 年世界各国的聚集系数,并通过矩阵运算计算加权聚集系数,每年各国的均值见表 3-2。结果显示,每年聚集系数均接近于 1,这表明一国的贸易伙伴之间也存在紧密的贸易关系。从表 3-2 还可以看出,聚集系数在 2007 年有所下降,其他各年均呈上升趋势,而加权聚集系数即使在 2007 年也有所上升。

近邻平均度与加权近邻平均度测量的不是节点本身的中心性,而是与之相连的其他节点的中心性。节点 i 的近邻平均度(average nearest-neighbor degree,ANND)是与节点 i 相连的所有节点的度数的平均值,计算方法如式(3-5)所示。世界贸易网络中一国的近邻平均度反映的是与该国存在贸易关系的所有国家的点度数的均值。

$$ANND_i = \frac{1}{d_i} \sum_j a_{ij} d_j = \frac{1}{d_i} \sum_j \sum_h a_{ij} a_{jh} \qquad (3\text{-}5)$$

加权近邻平均度(weighted average nearest-neighbor degree,WANND)是用归一化的权重 w_{ij}/s_i 计算出的局域的加权近邻平均度,计算方法如式(3-6)所示。

$$WANND_i = \frac{1}{s_i} \sum_j w_{ij} d_j = \frac{1}{s_i} \sum_j \sum_h w_{ij} a_{jh} \qquad (3\text{-}6)$$

针对 2000—2009 年世界各国之间的贸易关系数据,通过矩阵运算计算出各年各国的近邻平均度及加权近邻平均度。因为各年的世界贸易网络中所包含的国家数不同,为了方便不同年份的比较,所以做了标准化处理,即除以网络中最大可能的度数。标准化后每年各国的近邻平均度及加权近邻平均度均值如表 3-2 所示。计算结果表明这 10 年间,除 2007 年,近邻平均度与加权近邻平均度都一直在上升,说明各国的贸易伙伴数目总体上来说逐年增加,只有 2007 年因次贷危机,整体的贸易伙伴数有所下降。从表 3-2 中还可以看出,每年的加权近邻平均度均大于未加权的近邻平均度,这表明具有较大权重的边倾向于连接具有较大度值的节点,也就说明贸易强度大的国家倾向于与贸易伙伴数目多的国家做贸易。

平均近邻强度(average of nearest-neighbor strengths,ANNS)测量的不是节点本身的强度,而是与之相连的其他节点的强度的高低。世界贸易网络中一国的平均近邻强度反映的是与该国存在贸易关系的所有国家的点强度的均值。节点 i 的平均近邻强度是与节点 i 相连的所有节点的强度的平均值,计算方法如式(3-7)所示。

$$ANNS_i = \frac{1}{d_i} \sum_j a_{ij} s_j = \frac{1}{d_i} \sum_j \sum_h a_{ij} w_{jh} \qquad (3\text{-}7)$$

针对 2000—2009 年世界各国之间的贸易关系数据,通过矩阵运算计算出每年各国的平均近邻强度的均值如表 3-2 所示。结果表明,这 10 年间,除 2008 年,平均近邻强度一直趋于上升,说明各国的贸易相对强度一直在增加,而到 2008 年,整体的贸易强度有所下降。

表 3-2 2000—2009 年二级中心性指标均值

年份	聚集系数	加权聚集系数	标准近邻平均度	标准加权近邻平均度	平均近邻强度
2000	0.891	0.000 26	86.439	97.770	0.246
2001	0.897	0.000 26	87.207	98.039	0.246
2002	0.900	0.000 28	87.639	98.031	0.261
2003	0.903	0.000 31	88.100	98.224	0.284
2004	0.910	0.000 34	89.071	98.312	0.300
2005	0.913	0.000 34	89.190	98.235	0.302
2006	0.930	0.000 43	91.690	98.816	0.327
2007	**0.880**	0.000 51	**83.648**	**96.167**	0.420
2008	0.942	0.000 62	93.287	99.055	**0.398**
2009	0.952	0.000 96	94.373	99.296	0.460

　　二级中心性分析的结果表明,聚集系数、近邻平均度与加权近邻平均度在 2007 年就开始下滑,而平均近邻强度在 2008 年才出现下滑(如表 3-2 中粗体所示),说明 2007 年次贷危机首先影响的是贸易关系的紧密程度,然后才影响各国之间的贸易强度。虽然危机给贸易带来的影响很迅速,但世界贸易网络关系与强度的恢复也比较迅速,贸易关系紧密度在 2007 年下降,到 2008 年就已恢复并超过危机前的水平;贸易相对强度在 2008 年下降,到 2009 年就已恢复并超过危机前的水平。

　　(3) 中心性指标的相关性分析

　　对 2000—2009 年世界各国的点度数、点强度及差异性等一级中心性指标值做相关分析,得出 10 年各指标的相关系数见表 3-3,其中 D-S 列为各年的点度数与点强度的相关系数,D-H 列为各年的点度数与差异性的相关系数,S-H 列为各年点强度与差异性的相关系数。从表 3-3 的数据可以看出,点度数与点强度呈正相关,整体上看,贸易伙伴多的国家贸易强度也较大,但相关系数不大,在 0.3 至 0.4 之间,这表明不是所有的贸易伙伴多的国家都具有较大的贸易强度。点度数与差异性呈显著负相关,但点强度与差异性相关性不显著,表明贸易伙伴越多的国家权重分布差异性越小。

　　对 2000—2009 年世界各国的一级中心性指标(点度数、点强度)与二级中心性指标(近邻平均度、平均近邻强度、聚集系数与加权聚集系数)做相关分析,得出 10 年各指标的相关系数见表 3-3,其中 D-ANND 列为各年的点度数与近邻平均度的相关系数,S-ANNS 列为各年的点强度与平均近邻强度的相关系数,D-CC 列为各年点度数与聚集系数的相关系数,S-WCC 列为各年点强度与加权聚集系数的相关系数。

表 3-3 中的数据显示,点度数与近邻平均度之间的相关系数均为负,且负相关程度非常高,相关系数接近 -1。这表明世界贸易网络为负向匹配网络(disassortative network),即度数值高的节点倾向于与度数值低的节点相连接,贸易伙伴多的国家倾向于与贸易伙伴少的国家发生贸易。这与早先 Serrano 等(2003)及 Garlaschelli 等(2004)的研究结果一致。点强度与平均近邻强度之间也是负相关关系,表明贸易强度大的国家的贸易伙伴的平均贸易强度低,但点强度与平均近邻强度负相关的程度要低于点度数与近邻平均度之间的负相关程度,仅为 -0.3 左右。这又说明存在一些国家自身贸易强度较高,其贸易伙伴的贸易强度也较高。

无权网络中点度数与聚集系数的相关性分析结果与加权网络中点强度与加权聚集系数的相关性分析结果截然相反,前者呈显著负相关,后者呈显著正相关,相关系数的绝对值均接近于 1。这表明拥有较多贸易伙伴的国家的聚集度低,而贸易强度较大的国家的加权聚集系数也大。这反映了网络的一个主要性质,即极少数的节点拥有大量的连接,称为"富人俱乐部(rich-club)"现象(Saramaki et al,2007)。但是这种"富人俱乐部"现象只存在于点强度大的节点之间,而点度数大的节点之间不存在此现象,说明贸易强度大的国家之间贸易关系紧密,因此,贸易强度大的少数国家聚集在一起,组成"富人俱乐部"。

表 3-3　2000—2009 年中心性指标的相关性

年份	一级中心性指标间的相关系数			一级与二级中心性指标间的相关系数			
	D-S	D-H	S-H	D-ANND	S-ANNS	D-CC	S-WCC
2000	0.370	−0.368	−0.063	−0.976	−0.367	−0.960	0.950
2001	0.358	−0.462	−0.062	−0.975	−0.352	−0.952	0.953
2002	0.360	−0.386	−0.065	−0.968	−0.356	−0.944	0.955
2003	0.363	−0.321	−0.091	−0.963	−0.362	−0.939	0.961
2004	0.356	−0.373	−0.094	−0.958	−0.358	−0.928	0.962
2005	0.353	−0.426	−0.094	−0.957	−0.344	−0.914	0.961
2006	0.344	−0.431	−0.105	−0.932	−0.373	−0.895	0.963
2007	0.433	−0.512	−0.121	−0.951	−0.383	−0.926	0.961
2008	0.333	−0.586	−0.136	−0.932	−0.399	−0.899	0.968
2009	0.305	−0.531	−0.131	−0.884	−0.319	−0.810	0.970

2）世界贸易网络核心-边缘分析

（1）整体核心-边缘分析

Goyal（2006）指出若一个网络的点度数呈偏态分布，且点度数与点强度呈正相关，该网络就存在核心-边缘结构。上述分析表明，世界贸易网络中的点度数呈偏态分布，且点度数与点强度呈正相关，相关系数大于0.3，这说明世界贸易网络中存在核心-边缘结构。关于世界经济体系的研究也一直将世界经济体系分为3个地带，即核心区、半边缘区与边缘区。随着世界经济的发展，"核心-半边缘-边缘"的层次结构虽然整体上没有改变，但层次结构却一直在发生变化与重组。核心区、半边缘区与边缘区的国家不断变更，这种变化会影响世界贸易的格局及世界经济的发展。

本书采用加权矩阵 W 数据，构建连续的核心-边缘模型，分析2000—2009年这10年中世界贸易的核心-边缘结构如何变化。采用Ucinet 6软件估计出每年各国的核心度（coreness），从而对世界各国的贸易地位有一个量化的认识。根据核心度计算结果，本书把核心度大于0.1的国家或地区归于核心区，核心度在0.01~0.1的国家或地区归于半边缘区，核心度小于0.01的国家或地区归于边缘区。各区域的国家或地区数目见表3-4。

表3-4　2000—2009年核心、半边缘及边缘区的国家或地区数目

	2000年	2001年	2002年	2003年	2004年	2005年	2006年	2007年	2008年	2009年
核心	4	4	5	6	6	6	6	6	10	11
半边缘	21	21	23	25	26	27	34	36	36	30
边缘	133	137	134	132	130	129	115	110	100	75

由表3-4可知，处于边缘区的国家或地区数目在逐年减少，处于半边缘区的在逐年增加，处于核心区的也在逐年增加。到2009年核心度大于0.1的国家或地区数目已达到11个，而在2000年与2001年只有4个。每年的核心国家或地区见表3-5（按核心度大小排列）。

表3-5　2000—2009年核心区国家或地区

年份	核心区的国家或地区
2000	美国、加拿大、墨西哥、日本
2001	美国、加拿大、墨西哥、日本
2002	美国、加拿大、墨西哥、日本、中国
2003	美国、加拿大、墨西哥、中国、日本、德国

年份	核心区的国家或地区
2004	美国、加拿大、中国、墨西哥、日本、德国
2005	美国、加拿大、中国、墨西哥、日本、德国
2006	美国、加拿大、中国、墨西哥、日本、德国
2007	美国、加拿大、中国、墨西哥、日本、德国
2008	美国、中国、加拿大、德国、日本、墨西哥、中国香港、英国、法国、韩国
2009	美国、中国、加拿大、日本、德国、墨西哥、中国香港、韩国、英国、法国、荷兰

需要指出的是,核心度与中心度不一致,核心度是中心度的一种,但反之不成立。中心度高的行动者不一定具有较高的核心度,这是因为中心度高的行动者之间可能没有关系,因此其核心度可能较低;而核心度较高的国家一定有较高的中心度。在世界贸易网络中,点度数高或点强度大的国家的核心度并不总是高的,也就是说各国的核心度排名与点度数及点强度的排名并不完全一致。贸易总量大的国家,核心度并不一定高,而核心度大的国家一定是贸易强度大的国家。

(2) 三大经济体与新兴经济体的核心度变化趋势比较

2000—2009 年这 10 年中,中国加入世贸组织、欧元正式流通、美国发生次贷危机,这些事件是否影响主要经济体的核心度? 美国、日本与德国三大经济体及以中国、俄罗斯、印度、巴西为代表的新兴经济体的核心度如何变化? 本书选取了北美自由贸易区三国(美国、加拿大与墨西哥)、日本、欧盟中 3 个主要国家(德国、英国与法国)、金砖四国(中国、俄罗斯、印度、巴西)这 11 个国家,分析其核心度的变化趋势,结果见表 3-6。

表 3-6　2000—2009 年三大经济体与新兴经济体的核心度

年份	美国	加拿大	墨西哥	日本	德国	英国	法国	中国	印度	俄罗斯	巴西
2000	0.952	0.204	0.134	0.114	0.059	0.051	0.034	0.071	0.008	0.007	0.016
2001	0.945	0.220	0.140	0.115	0.069	0.058	0.040	0.085	0.009	0.007	0.019
2002	0.930	0.240	0.152	0.127	0.081	0.064	0.045	0.116	0.012	0.009	0.020
2003	0.895	0.279	0.168	0.148	0.111	0.080	0.059	0.165	0.016	0.015	0.023
2004	0.864	0.300	0.176	0.164	0.132	0.090	0.071	0.210	0.020	0.021	0.028
2005	0.862	0.302	0.173	0.158	0.126	0.084	0.067	0.230	0.022	0.024	0.029

年份	美国	加拿大	墨西哥	日本	德国	英国	法国	中国	印度	俄罗斯	巴西
2006	0.839	0.301	0.183	0.167	0.143	0.091	0.074	0.266	0.027	0.031	0.032
2007	0.843	0.288	0.186	0.168	0.142	0.090	0.068	0.262	0.028	0.027	0.028
2008	0.745	0.310	0.192	0.196	0.199	0.115	0.108	0.354	0.045	0.059	0.050
2009	0.685	0.274	0.190	0.212	0.210	0.121	0.116	0.450	0.052	0.050	0.051

从表 3-6 可以看出，美国的核心度在这 10 年中一直下降，其中两次较大幅度的下滑出现在 2003 年与 2008 年。由于 2001 年中国入世，2002 年欧元流通后中国、德国、英国与法国的核心度上升，再加上俄罗斯与印度核心度的上升，所以在 2003 年美国的核心度第一次大幅下滑。2007 年的次贷危机使美国的核心度在 2008 年与 2009 年出现了更大幅度的下滑。北美自由贸易区的加拿大核心度到 2005 年为止一直呈小幅上升趋势，但 2006 年就出现小幅下降，2007 年的降幅较大，2008 年虽有小幅上升，但 2009 年又下降，且低于 2007 年的水平。北美自由贸易区的墨西哥虽然在 2007 年次贷危机后还有小幅增加，但到 2009 年也出现了小幅下降。

日本的核心度在这 10 年间一直稳中有升，只在 2005 年出现略微下滑。在 2007 年次贷危机后的 2008 年与 2009 年，日本的核心度有较大幅度的上升。

德国、英国与法国 3 个欧盟国家在 2000—2009 年中，除了在 2005 年有略微下滑外，一直处于上升态势。期间，两次大幅上升分别出现在 2003 年与 2008 年。2002 年 1 月 1 日欧元正式流通，提升了欧盟成员方的贸易地位，使得德国、英国与法国的贸易核心度显著提升。虽然英国没有加入欧元区，但作为欧盟成员方，其贸易核心度也同样在 2003 年显著提升。2007 年次贷危机后，三国的核心度均有较大的增幅。比较德国与英国的情况，虽然两国都在增加，但由于英国没有加入欧元区，故增幅存在差异，英国的增幅较小。在 2000 年时，两国的核心度相当，英国只比德国低 0.008，而到了 2009 年，英国比德国低将近 0.1。

中国在这 10 年中，除了 2007 年核心度有略微的下降外，一直稳步上升，且上升幅度较大。中国于 2001 年 12 月 11 日正式成为世贸组织成员后，在 2002 年核心度就出现了较大的提升。在 2007 年次贷危机后的 2008 年与 2009 年的增幅更大，将近 0.1。

近几年，特别是次贷危机后，新兴经济体对世界经济的带动有目共睹。作为金砖四国成员的俄罗斯、印度、巴西在世界贸易网络中的核心度也有所上升。次贷危机后的 2008 年与 2009 年,3 个国家的核心度均显著提升,增幅接近 100%。印度是表 3-6 所有国家中唯一一个在这 10 年中每年核心度均上升的国家,即使在 2007 年的次贷危机中都没有下降。受次贷危机的影响,巴西仅在 2007 年出现小幅下降,俄罗斯仅在 2007 年与 2009 年出现小幅下降。

总之,这 10 年中,美国的贸易核心度逐年下降,加拿大与墨西哥在次贷危机后也有或多或少的下降。表 3-6 中其他 8 个国家的核心度在次贷危机后的两年均上升,日本、德国与法国增幅明显;金砖四国的增幅尤其显著,接近 100%;相比之下,英国的核心度虽然有所上升,但增幅不大。核心度的具体变化趋势如图 3-4 所示。

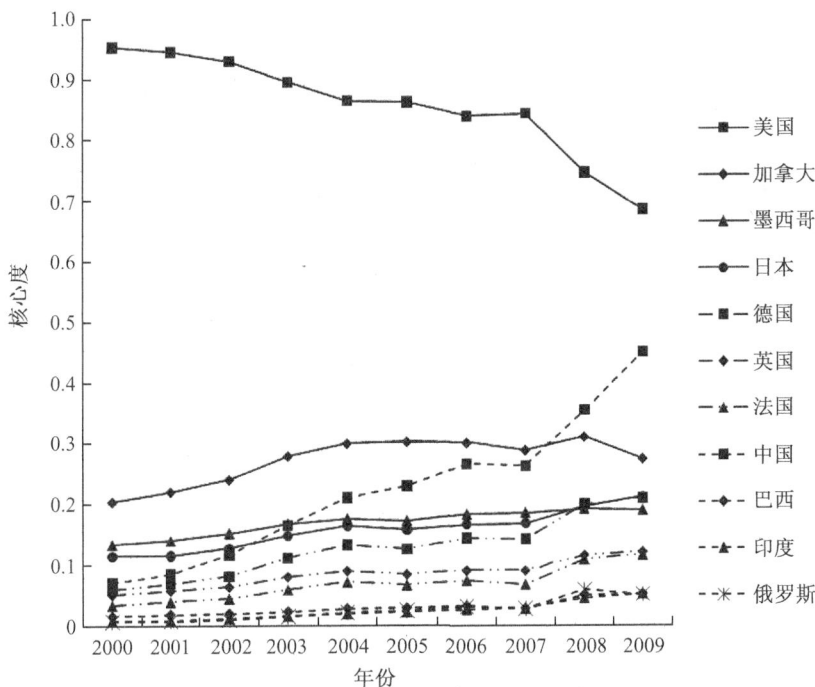

图 3-4　三大经济体与新兴经济体的核心度变化趋势

3) 世界贸易网络的块模型

把一个网络中的各个行动者按照一定标准分成几个离散的子集,这些子集则被称为"块"或"聚类"或"位置"。社会网络分析中的块模型是对网络的一种简化描述,研究的是网络的总体特点,是"块"之间的关系。块模型的构建涉及 2 个步骤:第一步是对行动者进行分区,即把行动者分到各个位置中去;第二步是根据某种标准确定各个块的取值,即各个块是 1-块还是 0-块。本书采用 CONCOR 迭代相关收敛法对各国进行分区,并采用 a-密度指标标准确定 1-块与 0-块,其中 a 是整个网络的平均密度。

  本书采用 Ucinet 软件把世界贸易网络中行动者分成 4 个分区。第一分区以美国、中国香港与韩国等为代表,第二分区以加拿大、墨西哥与中国等为代表,第三分区以德国、英国与法国等欧盟国家为代表,第四分区是其他国家。从 2000 年到 2009 年,这 4 个分区的大体模式没有发生根本的变化,但每个分区拥有的国家或地区比例发生了显著变化,如图 3-5 所示。2000—2009年,4 个分区拥有的国家或地区也发生了变化,见表 3-7。表 3-7 中选择性地列出了 2000 年、2003 年及 2006—2009 年各分区中核心度排名前 10 的国家或地区,其中粗体表示的国家或地区为核心度整体排名前 20 的国家或地区。

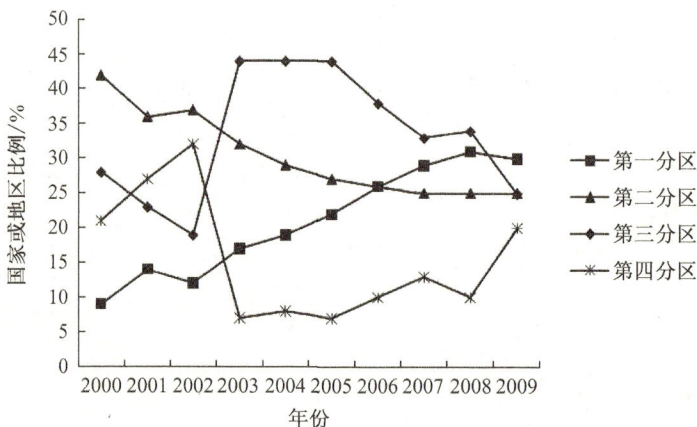

图 3-5 4 个分区拥有国家或地区比例的变化趋势

  从图 3-5 可以看出,以美国为代表的第一分区的国家或地区数目在逐年增加,说明世界贸易网络中与美国"位置"类似的国家或地区越来越多,而第二分区的国家或地区比例越来越小。2003 年以后,中国香港、韩国、新加坡、马来西亚、泰国等国家或地区加入了第一分区。欧元正式流通后的 2003 年,以欧盟成员方为代表的第三分区拥有的国家或地区比例大幅增加,但次贷危机后,第三分区的国家或地区比例又有所下降。第四分区的情况与第三分区相呼应,2003 年第四分区的国家或地区数锐减,俄罗斯等国家从第四分区转到了第三分区。2003—2006 年,第四分区的国家或地区比例一直在 10% 之内,大多是博兹瓦纳、纳米比亚、赞比亚、加纳、津巴布韦、博兹瓦纳、毛里求斯、塞纳加尔、莫桑比克、乌干达、马里、马拉维等非洲国家。2007 年次贷危机后,第四分区的国家或地区数又开始增加,即第三分区的一些国家重回第四分区。到 2009 年,4 个分区拥有的国家或地区比例已非常接近,此时,俄罗斯、奥地利、土耳其、捷克、芬兰、哈萨克斯坦、希腊、罗马尼亚、斯洛文尼亚、白俄罗斯等国从第三分区又回到了第四分区。

表 3-7 4 个分区中核心度排名前 10 的国家或地区

年份	分区	核心度排名前 10 的国家或地区
2000	1	美国、阿联酋、巴拿马、越南、卡塔尔、阿曼、巴布亚新几内亚、纳米比亚、史瓦济兰、马拉维
	2	**加拿大、墨西哥、日本、中国、韩国、中国香港、新加坡、马来西亚、巴西、泰国**
	3	**德国、英国、法国、意大利、荷兰、比利时、瑞士、西班牙、瑞典、挪威**
	4	俄罗斯、奥地利、土耳其、芬兰、丹麦、波兰、匈牙利、捷克、希腊、乌克兰
2003	1	**美国、中国香港、韩国、新加坡、马来西亚、泰国、澳大利亚、菲律宾、印度尼西亚、南非**
	2	**加拿大、墨西哥、中国、日本、爱尔兰**、巴西、沙特阿拉伯、印度、**爱尔兰**、委内瑞拉
	3	**德国、英国、法国、意大利、荷兰、比利时、西班牙、瑞士、瑞典**、俄罗斯
	4	博兹瓦纳、纳米比亚、赞比亚、巴勒斯坦、多米尼克、中非、布隆迪、蒙特塞拉特、所罗门群岛、几内亚比绍
2006	1	**美国、日本、中国香港、韩国、新加坡、马来西亚、沙特阿拉伯、泰国、澳大利亚、印度**
	2	**加拿大、中国、墨西哥、巴西**、委内瑞拉、以色列、尼日利亚、智利、阿尔及利亚、哥伦比亚
	3	**德国、英国、法国、荷兰、意大利、比利时、西班牙、俄罗斯、瑞士、爱尔兰**
	4	加纳、津巴布韦、博兹瓦纳、毛里求斯、纳米比亚、塞纳加尔、莫桑比克、乌干达、马里、马拉维
2007	1	**美国、中国香港、韩国、新加坡、马来西亚、澳大利亚、印度、泰国**、阿联酋、印度尼西亚
	2	**加拿大、中国、墨西哥、日本、沙特阿拉伯**、巴西、爱尔兰、尼日利亚、阿尔及利亚、以色列
	3	**德国、英国、荷兰、法国、意大利、比利时、西班牙、瑞士、俄罗斯**、奥地利
	4	科特迪瓦、博兹瓦纳、塞纳加尔、毛里求斯、纳米比亚、新喀里多尼亚、赞比亚、法属波利尼西亚、毛里塔尼亚、马里
2008	1	**美国、日本、中国香港、韩国、新加坡、沙特阿拉伯、马来西亚、印度、澳大利亚、泰国**
	2	**中国、加拿大、墨西哥、巴西**、委内瑞拉、尼日利亚、以色列、智利、阿尔及利亚、哥伦比亚
	3	**德国、英国、法国、荷兰、意大利、比利时、俄罗斯、西班牙、瑞士、爱尔兰**
	4	摩洛哥、科特迪瓦、博兹瓦纳、毛里求斯、莫桑比克、塞纳加尔、新喀里多尼亚、马拉维、巴勒斯坦、塞舌尔

年份	分区	核心度排名前 10 的国家或地区
2009	1	美国、日本、中国香港、韩国、新加坡、澳大利亚、马来西亚、印度、泰国、沙特阿拉伯
	2	中国、加拿大、墨西哥、巴西、委内瑞拉、以色列、智利、尼日利亚、哥伦比亚、阿根廷
	3	德国、英国、法国、荷兰、比利时、意大利、瑞士、爱尔兰、瑞典、挪威
	4	俄罗斯、奥地利、土耳其、捷克、芬兰、哈萨克斯坦、希腊、罗马尼亚、斯洛文尼亚、白俄罗斯

按照 a-密度指标标准,把 Ucinet 软件分析得出的密度矩阵转化由 1-块与 0-块组成的像矩阵,其中密度大于整体密度的为 1-块,密度小于整体密度的为 0-块,见表 3-8。只有 2000 年的像矩阵不同,2003 年及 2006—2009 年的像矩阵都相同。

表 3-8　世界贸易关系的像矩阵

2000 年	1	2	3	4	2003 年、2006—2009 年	1	2	3	4
第一分区	0	1	1	0	第一分区	1	1	0	0
第二分区	1	1	0	0	第二分区	1	0	0	0
第三分区	1	0	0	0	第三分区	0	0	1	0
第四分区	0	0	0	0	第四分区	0	0	0	0

从表 3-8 可知,在 2000 年,以美国为首的第一分区拥有的国家或地区数目很少,内部贸易关系不紧密,其密度低于网络整体密度。以加拿大、墨西哥、日本、中国、韩国等为首的第二分区的国家或地区较多,不但内部关系紧密,而且与第一分区国家或地区之间的贸易关系也很紧密。以德国、英国、法国、意大利等为首的第三分区内部贸易关系紧密,且与第一分区的国家或地区之间的贸易关系也紧密。第四分区内部贸易不紧密,与其他分区的国家或地区之间的贸易关系也不紧密。

2003 年以后,第一分区的国家或地区数目明显增多,内部贸易关系也随之紧密起来,且与第二分区的国家或地区之间的贸易关系也比较紧密。第二分区的国家或地区内部贸易关系不再紧密,而与第一分区的贸易关系密度超过了网络整体密度。以欧元区国家为首的第三分区则内部贸易关系紧密,与其他分区的关系则不紧密。第四分区的情况则延续了 2000 年的情形,内部贸易关系仍不紧密,与其他分区的国家或地区之间的贸易关系也不紧密。

　　本书采用无权网络与加权网络分析了 2000—2009 年 10 年间世界贸易网络结构的动态变化趋势及次贷危机的影响,具体得出如下结论。

　　第一,世界贸易网络统计量呈偏态分布,点度数核密度分布左偏,点强度核密度分布右偏,差异性核密度分布右偏。点度数核密度估计图的左边拖着长长的尾巴,表明大多数国家或地区的贸易伙伴很多,贸易伙伴不多及贸易伙伴很少的国家或地区均不多;点强度核密度估计图的右边拖着长长的尾巴,表明大多数国家或地区相对贸易强度都很小,贸易强度大的国家或地区只有极少数;比较点度数与点强度的分布,可知虽然大多数国家或地区的贸易伙伴多,但只有少数国家或地区的贸易强度大;差异性核密度估计图右边拖着长长的尾巴,表明大多数国家或地区的贸易分布的差异性很小,只有少数几个国家或地区差异性大、贸易集中度高。

　　第二,受次贷危机的影响,世界贸易关系的萎缩先于世界贸易量的萎缩。虽然直接的贸易统计数据显示,从 2008 年第三季度到 2009 年第一季度,世界贸易出现了“大崩溃”,但是,贸易关系萎缩却是发生在 2007 年。世界贸易整体网络密度、聚集系数、近邻平均度与加权近邻平均度等反映贸易关系紧密度的指标在 2007 年就已出现下降,而平均近邻强度到 2008 年才开始下降。可见,次贷危机首先影响贸易关系紧密度,随后才影响贸易关系的强度。

　　第三,一级中心性指标之间的相关性分析显示,点度数与点强度呈正相关,而与差异性呈显著负相关,说明贸易伙伴多的国家或地区贸易强度也较大,权重分布差异性小。一级中心性指标与二级中心性指标的相关性分析显示,点度数与近邻平均度及点强度与平均近邻强度的相关系数均为负,表明世界贸易网络为负向匹配网络;点度数与聚集系数呈显著负相关,说明拥有较多贸易伙伴的国家或地区的聚集度低;而点强度与加权聚集系数呈显著正相关,说明贸易强度较大的国家或地区加权聚集系数也大,即国际贸易网络存在“富人俱乐部”现象。

　　第四,次贷危机后,各国或地区的核心度发生了显著的变化。北美自由贸易区的美国、加拿大与墨西哥的核心度在次贷危机后均呈下降的趋势,其中美国的核心度在最近 10 年中一直下降,次贷危机后下降更明显,而墨西哥核心度的下降不明显。日本的核心度一直稳中有升,尤其是次贷危机后有较大的升幅。欧盟的德国、英国与法国总体上核心度都呈上升趋势,英国因没有加入欧元区,其升幅要明显小于德国与法国。作为新兴经济体的中国的核心度在这 10 年中一直上升,且上升幅度较大;金砖四国中的其他三国,即印度、俄罗斯与巴西在次贷危机后增幅也很显著,2009 年的核心度接近 2007 年的 2 倍。

第五,块模型分析结果显示,4个分区拥有的国家或地区比例及具体的国家或地区均发生了显著的变化,具体表现在以美国为首的第一分区的国家或地区数目在增加,而以加拿大、中国、墨西哥与巴西等为首的第二分区的国家或地区数目在显著减少。到 2003 年,中国香港、韩国、新加坡、马来西亚、泰国等国家或地区已从第二分区转向第一分区;次贷危机爆发后,这一趋势也未改变。第三分区与第四分区的情形则有所不同,从 2000 年到 2003 年,俄罗斯等国家或地区从第四分区转到第三分区,第四分区只剩下非洲一些国家,拥有的国家比例不到 10%;而次贷危机后,俄罗斯等国又从第三分区重回第四分区,使得第四分区拥有的国家比例达到 20%。到 2009 年,4 个分区拥有的国家或地区比例已比较接近。

3.2.2 世界各国外商直接投资网络与世界贸易网络的关系

本书主要运用的是社会网络分析方法中的两类关系矩阵的假设检验,即QAP 分析方法。QAP 是一种对 2 个方阵中各个格值的相似性进行比较的方法,通过比较各个格值而得出 2 个矩阵之间的相关系数。因为许多标准的统计程序(如 OLS 等)要求各个观察项之间相互独立,否则就不能进行参数估计和统计检验,同时也会计算出错误的标准差,而且关系数据各个观察值之间不相互独立,利用 QAP 分析方法可以解决此类问题。本书建立了世界各国FDI 流入与出口和进口的关系矩阵,通过社会网络 Ucinet 软件的 QAP 分析方法,先对对外直接投资矩阵和贸易矩阵进行 QAP 相关分析,即研究世界各国的直接投资矩阵与进出口矩阵之间是否分别相关。之后,再利用 QAP 回归分析,分别对对外直接投资和进、出口之间的回归关系进行比较分析。

本书中世界各国的国际直接投资的数据来源于国际贸易中心(ITC)的投资数据库,其中对外直接投资分为直接投资的流入和流出 2 个方面,即各国对外直接投资和外商直接投资。为了保证统计口径的一致,本书使用外商直接投资的数据,即采用 FDI 流入的数据,在分析整理了世界 200 多个国家的数据后,本书最后选取了存在对外直接投资和对世界经济影响比较大的 133 个国家作为研究对象,并将该数据库中 2008—2012 年的 133 个国家的外商直接投资的国别数据整理成外商直接投资关系矩阵数据。本书中世界各国进出口的贸易数据来自联合国商品贸易统计数据库(COMTRADE)。与外商直接投资的数据相对应,本书选取了 2008—2012 年的 133 个国家的进、出口数据,并将其整理成与外商直接投资相对应的关系矩阵数据,以此进行社会网络的关系与关系层次的假设检验。

1) QAP 相关分析

QAP 相关分析可以研究 2 种"关系"矩阵之间是否相关。本书首先利用 Ucinet 中的 QAP 命令,分别对 2008—2012 年整理的 133 个国家的外商直接投资矩阵数据和对应的各国进口、出口矩阵数据来进行 QAP 相关分析。首先对各国外商直接投资和进口的 QAP 进行相关分析,分析结果见表 3-9。

表 3-9　外商直接投资与进口的 QAP 分析结果

年份	相关系数	显著性水平	均值	标准差	概率≥0	概率≤0
2008	0.248	0.000	−0.000	0.009	0.000	1.000
2009	0.247	0.000	−0.000	0.009	0.000	1.000
2010	0.265	0.000	−0.000	0.011	0.000	1.000
2011	0.260	0.000	−0.000	0.009	0.000	1.000
2012	0.216	0.000	−0.000	0.008	0.000	1.000

从分析结果可以看出,外商直接投资与进口的相关系数为正数,可见二者存在正的促进作用。从表 3-9 中可以看出,外商直接投资与进口的显著性水平都等于 0.000,可见结果是很显著的。这里的均值是根据 5 000 次随机置换计算出来的相关系数的均值,都等于−0.000;2008—2012 年标准差分别为 0.009,0.009,0.011,0.009,0.008;概率≥0 表明这些随机计算出来的相关系数大于或等于实际相关系数的概率接近 0;概率≤0 表明这些随机计算出来的相关系数小于或等于实际相关系数的概率接近 1。

分析了外商直接投资与进口的关系后,再对外商直接投资和出口进行分析,实证分析结果见表 3-10。

表 3-10　外商直接投资与出口的 QAP 分析结果

年份	相关系数	显著性水平	均值	标准差	概率≥0	概率≤0
2008	0.316	0.000	0.000	0.011	0.000	1.000
2009	0.359	0.000	0.000	0.009	0.000	1.000
2010	0.391	0.000	−0.000	0.009	0.000	1.000
2011	0.350	0.000	0.000	0.010	0.000	1.000
2012	0.375	0.000	0.000	0.010	0.000	1.000

从分析结果可以看出,2008—2012 年外商直接投资与出口的相关系数也为正数,分别为 0.361,0.359,0.391,0.350,0.375,并且该关系在统计意义上

是显著的,即可以认为各国的"外商直接投资关系"与"出口关系"在统计意义上是相关联的。

东道国接受了外商直接投资以后会拉动进出口贸易的增长,这主要是因为投资国在对外直接投资的同时,也会带动相关的资本、技术和管理经验的转移,在一定程度上会增加对相关中间品和一些生产要素的进口,从而导致东道国进口的增加。而各国在接受了外商直接投资以后,不仅会提高东道国的技术装备水平和工艺,同时也会提高东道国产品的国际竞争力,在满足了东道国的市场后,会导致产品出口量的增加,从而可以扩大对外贸易,即外商直接投资对出口是互补的。从表3-9和表3-10可以看出,外商直接投资与进出口都存在正的相关性,即各国的对外直接投资是贸易创造型的;外商直接投资与出口的相关系数均大于与进口的相关系数,由此可见,外商直接投资对出口的影响尤为显著。各国在引进外资后对本国出口的影响要大于对进口的影响。

2) QAP 回归分析

进行了 QAP 相关分析后,发现对外直接投资和进出口之间都存在正的相关系数,只能确定是相关的,而通过运用 QAP 回归分析方法则可以研究矩阵之间的回归关系,并且对判定系数 R^2 的显著性进行评价。本书将整理好的 2008—2012 年的 133 个国家的对外直接投资和进、出口的矩阵利用 Ucinet 软件进行 QAP 回归分析,分别研究进、出口对对外直接投资的影响和对外直接投资对进、出口的影响。

(1) 进、出口对对外直接投资的影响分析

首先分析进、出口对对外直接投资的影响。以对外直接投资的关系矩阵为因变量,进口、出口的关系矩阵为自变量,分别对 2008—2012 年的数据进行 QAP 回归分析。分析结果包括 2 个部分,其中第一部分介绍了模型的拟合情况,结果见表3-11。

表 3-11　QAP 回归分析结果

年份	R^2	调整 R^2	概率	观察项
2008	0.100	0.100	0.000	17 556
2009	0.136	0.136	0.000	17 556
2010	0.161	0.161	0.000	17 556
2011	0.066	0.066	0.000	17 556
2012	0.085	0.085	0.000	17 556

从分析结果可知,2008 年计算出来的确定系数为 0.100,调整的确定系数是 0.100。这说明当知道"进口"、"出口"与"对外直接投资"变量存在线性关系的时候,可以用进口、出口这 2 个矩阵数据解释"对外直接投资"变异的10%。概率是指该次随机置换产生的判定系数不小于实际观察到的判定系数,它是单尾检验的概率,这个值接近于 0。从 2009 年、2010 年的分析结果可以看出,进口、出口这 2 个矩阵数据分别能解释"对外直接投资"变异的13.6%和 16.1%。观察项的数目是由 133 个国家构成的 133 行 133 列矩阵,所以会有 133×(133-1)=17 556 个观察项。

分析结果的第二部分给出了截距、每个自变量的非标准化回归系数、标准化回归系数和统计显著性检验的结果等。2008—2010 年的显著性水平见表 3-12。

表 3-12　显著性水平

	2008 年	2009 年	2010 年	2011 年	2012 年
出口	0.000	0.000	0.000	0.000	0.000
进口	0.006	0.000	0.000	0.000	0.000

从表 3-12 可以看出,进、出口对对外直接投资的影响都是显著的,即对外直接投资会受到进、出口的影响。但出口的显著性最高,显著地推动着对外直接投资。这是因为东道国出口的是具有一定竞争力的产品,可以在国家市场上形成"竞争效应",同时也会提高本国产品的认知度,让世界其他国家加深对本国的政治、经济、文化等制度层面的认知,在一定程度上可以吸引外资的流入,从而使外商直接投资增加。

(2) 对外直接投资对进、出口的影响分析

首先分析对外直接投资对进口的影响。以 2008—2012 年进口关系矩阵为因变量,对外直接投资关系矩阵为自变量,进行 QAP 回归分析,分析结果见表 3-13。

表 3-13　回归分析结果

年份	R^2	调整 R^2	概率	观察项
2008	0.061	0.061	0.000	17 556
2009	0.061	0.061	0.000	17 556
2010	0.070	0.070	0.000	17 556
2011	0.025	0.025	0.000	17 556
2012	0.024	0.024	0.000	17 556

由 Ucinet 软件处理结果可知,当知道 2008—2012 年"对外直接投资"与"进口"变量存在线性关系的时候,可以用"对外直接投资"矩阵数据分别解释"进口"变异的 6.1%,6.1%,7.0%,2.5%,2.4%。同时,处理结果的显著性水平均为 0,即"对外直接投资"自变量的回归系数在统计意义上均是显著的。

再分析对外直接投资对出口的影响。同理,以 2008—2012 年出口关系矩阵为因变量,对外直接投资关系矩阵为自变量来进行 QAP 回归分析,结果见表 3-14。

表 3-14　回归分析结果

年份	R^2	调整 R^2	概率	观察项
2008	0.100	0.100	0.000	17 556
2009	0.129	0.129	0.000	17 556
2010	0.153	0.153	0.000	17 556
2011	0.061	0.061	0.000	17 556
2012	0.074	0.074	0.000	17 556

从分析结果可知,当知道 2008—2010 年"对外直接投资"与"出口"变量存在线性关系的时候,可以用"对外直接投资"矩阵数据分别解释"出口"变异的 10.0%,12.9%,15.3%,6.1%,7.4%。同时,处理结果的显著性水平均为 0,即"对外直接投资"自变量的回归系数在统计意义上均是"显著"的。通过分析可以发现,对外直接投资对出口的影响比进口的影响要大,即东道国在接受了外商直接投资后,对东道国出口的影响要比进口的影响显著。

本书基于社会网络分析方法,构建了 2008—2012 年 133 个国家的外商直接投资和进、出口网络矩阵,对外商直接投资与贸易之间的关系进行了 QAP 相关分析和回归分析,具体得出如下结论:

第一,QAP 相关分析的相关系数均为正数,这表明外商直接投资与双边贸易存在明显的正相关关系。首先,跨国公司在对外直接投资时,会带动相关的资本品和中间产品的进口,而东道国在接受了外商直接投资以后,会对本国的进、出口产生正的效应。外商直接投资可以带动技术、管理经验、知识的整体性转移,使外商直接投资与当地资本进一步结合,促进东道国的相关产业纳入跨国公司的水平和垂直的分工网络,从而提升东道国产品的国际竞争力,带动东道国的出口贸易增长。

第二,QAP 回归分析中,本书首先分析了进、出口对外商直接投资的影响,结果认为进、出口是对外直接投资变化的原因。通过分析可以看出,进、出口对外商直接投资都存在一定的影响,但出口对外商直接投资的影响要大于进口对外商直接投资的影响。出口显著地推动着外商直接投资,出口与对外直接投资存在着稳定的均衡关系,即东道国出口贸易的增长可以带来外商直接投资的增加。这主要是由于东道国出口贸易的增长一方面是本国产品国际竞争力提高的体现,这会导致在国外市场形成"竞争效应",有利于吸引外资;另一方面,产品的出口会导致本国相关产品和资源的短缺现象,在当今经济一体化进程加快的今天,必定会吸引外资的流入。所以,东道国出口量的增加必定会引起外商直接投资的增加。

第三,本书又分别分析了东道国在接受了外商直接投资以后,对进、出口的影响。通过分析可以发现,外商直接投资对进、出口均有影响,但对出口的影响要明显大于对进口的影响。外商直接投资与出口存在正相关的关系,但对进口的影响却并不显著。东道国在接受了外商直接投资以后,会因为海外子公司的机械设备和中间产品的进口而创造出更多的出口。这一结论与QAP 相关分析的实证结果也是一致的。

第四,在对外商直接投资与进、出口的关系分析清楚以后,可以得出结论:从国家的角度来看,二者存在明显的正效应。伴随着经济一体化的发展,这对我国企业在参与国际竞争的过程中具有重要的参考价值。近几年,我国的对外直接投资量在逐年增加,这既是我国综合国力提高的体现,也是我国企业国际竞争力提高、跨国公司积极寻求海外市场的表现。但本书的研究结果表明,对外直接投资有 2 个方向,各国在重视本国企业的海外直接投资的同时,也应该积极吸引外资,即接受跨国公司的直接投资,这不仅会带动本国更多的出口,同时出口的增长也会带动更多外资的流入,从而形成良性循环。因此,这对我国的启示是要积极利用外资,重视对外资的引进,利用国外先进的技术、管理经验,倡导贸易自由化,实现真正意义上的对外开放,从而推动我国经济持续快速增长。

3.3 危机性产业衰退传导中外部条件的效应分析

3.3.1 全球价值链与危机性产业衰退的传导

1) 全球价值链内部协作方式与嵌入关系对危机性产业衰退的传导

随着国际分工的日益深化,各国分工由原来的产业间、产品间分工转变成现在的产业内、产品内分工。全球价值链分工以跨国公司为主导,以生产经营活动的价值链为对象,将研发、创新、设计、原材料、零部件、生产制造、装配、营销、物流、售后服务等价值链的各个环节配置于世界各地任何可以获得最大利润的地方,各个国家基于要素禀赋差异等产生的竞争优势嵌入全球价值链的各个环节。这种全球价值链分工体系,使得危机爆发后,产业的衰退在世界范围内传导。全球价值链内部的协作方式与相互关系既给产业链嵌入企业传导了压力与动力,危机爆发时,也给企业传导了衰退。这些传导机制涉及内部交易、技术标准、关系资源与规模经济等。

2) 全球价值链治理模式与危机性产业衰退传导

价值链治理是指通过价值链来实现公司之间的关系和制度安排,进而实现价值链不同经济活动和不同环节间的协调(池仁勇 等,2006)。不同治理模式下危机性产业衰退传导的进程与结果有着显著的差异:模块型治理模式中,各厂商是优势互补的关系,而非控制关系,厂商的市场适应能力较强,投资的专用性程度较低,具有很强的空间转移能力,因而各厂商应对危机的能力强,危机性产业衰退传导的进程慢、程度小;关系型治理模式中,一般以中小企业为主,凭借信誉、相互信任而聚集,表现出较强的社会同构性、空间临近性、家族和种族性等特征,由于单个经济行为主体规模较小,对市场需求的识别能力较弱,其市场适应能力的强弱是以空间集聚为前提的,相比之下,其空间转移能力较弱,因而抗危机的能力差,危机性产业衰退传导的进程快、程度深;领导型治理模式的显著特征是众多中小厂商依附于几个大中型厂商,这些大中型厂商对中小型厂商具有很强的监督和控制力,这种依附关系的改变需要较高的变更成本,危机爆发后,小厂商极易受到冲击,较易传导衰退。

3.3.2　全球化、多极化、一体化与危机性产业衰退传导

世界多极化、经济全球化与区域一体化是当今世界经济的三大趋势,这三者不仅体现在世界贸易网络中,也体现在直接投资网络中。本书采用社会网络的分析方法对近10年的世界贸易网络矩阵数据进行了分析,结果表明世界贸易网络很好地体现了全球化、多极化与一体化:世界贸易网络密度越来越大,大多数国家的贸易伙伴很多,贸易全球化明显;贸易强度较大的国家加权聚集系数也大,即国际贸易网络存在"富人俱乐部"现象,存在贸易一体化;块模型分析结果显示,贸易网络中存在明显的"块",表明贸易网络也出现了多极化。

危机的爆发对世界贸易格局产生了显著的影响:世界贸易整体网络密度、聚集系数、近邻平均度与加权近邻平均度等反映贸易关系紧密度的指标在2007年的次贷危机中出现了下降,而平均近邻强度在随后的2008年也开始下降,次贷危机首先影响了贸易关系紧密度,随后影响了贸易关系的强度;

危机后各国的核心度发生了显著的变化,北美自由贸易区的美国、加拿大与墨西哥的核心度在次贷危机后均呈下降的趋势,日本的核心度一直稳中有升,欧盟的德国、英国与法国总体上的核心度都呈上升趋势,金砖四国的核心度在次贷危机后增幅也很显著;危机后 4 个分区拥有的国家或地区比例及具体的国家或地区均发生了显著的变化,以美国为首的第一分区的国家或地区数目在增加,而以加拿大、中国、墨西哥与巴西等为首的第二分区的国家或地区数目在显著减少,2000—2003 年,俄罗斯等国家或地区从第四分区转到第三分区,第四分区只剩下非洲一些国家,而次贷危机后,俄罗斯等国或地区又从第三分区重回第四分区,到 2009 年,4 个分区拥有的国家或地区比例已比较接近。

危机的爆发,动态化了贸易网络的全球化、一体化与多极化,表明贸易网络不仅受危机的影响,也能传导危机。有学者研究证实了贸易网络结构影响危机或衰退的国际传导。Forbes(2002) 与 Abeysinghe 等(2005)指出,一个国家的经济衰退可以通过各个层次的贸易关系与乘数作用轻而易举地传递到贸易关系与之不是很密切的国家。贸易关系决定一国依赖他国的程度或影响他国的程度。一国的中心度越高,该国受网络的影响越大,且影响网络的能力越强。中心度高的国家的经济波动更容易传递到网络中的其他国家。Kali 和 Reyes(2007)及 Serrano 等(2007)的研究指出,用世界贸易网络(WTW)的特征可以解释金融与经济危机的国际传导,任何一个国家的衰退均可轻易扰乱世界贸易网络中各国的生产与消费。Kali 和 Reyes(2010)通过国际贸易数据构建了世界贸易复杂网络,研究各国在贸易网络中连接度与金融危机的关系。研究发现,如果危机源国家融入世界贸易网络的程度高,则危机在传播中会被放大;而如果被危机传染国家融入世界贸易网络的程度高,则更容易驱散危机。Schiavo 等(2010)利用 2001—2004 年的数据比较研究了国际贸易网络与国际金融网络,发现两者均存在核心-边缘结构,但国际贸易网络比国际金融网络紧密,并指出正是这种网络结构特点导致金融危机在发达国家之间传导要比在新兴市场国家之间的传导速度快。

第4章　危机性产业衰退国际传导机理研究

深入研究危机性产业衰退国际传导的机理，系统梳理危机性产业衰退国际传导的方式和途径，是开展实证分析和提出对策建议的重要前提，将为本书后续的研究工作提供不可或缺的理论依据。

纵观国内外的研究成果，与危机性产业衰退国际传导直接相关的文献为数甚少，但与此相联系的金融危机国际传导的研究已相对成熟。本章将以金融危机传导渠道为理论分析基础，进一步分析危机性产业衰退国际传导机理。

4.1　金融危机国际传导渠道分析

金融危机的国际传导需要通过一定的渠道和作用机制实现。国内外学者针对金融危机国际传导展开了大量卓有成效的研究，取得了丰富的研究成果。多数的学者认为，金融危机主要通过贸易渠道、金融渠道进行传导。以此为基础，国外学者对金融危机国际传导渠道的研究进行了拓展和补充，使对这一问题的研究日趋成熟和完善。

4.1.1　国际贸易传导渠道

金融危机的国际贸易传导渠道又称为贸易溢出效应，是指金融危机使与危机发生国有贸易联系的国家面临经济基本面的恶化，金融危机通过贸易渠道实现国际传导。国际贸易是现代国家间经济交往的重要组成部分，全球国际贸易日益呈现出高速增长的趋势，它推动全球经济的一体化和全球经济的发展，使各国经济建立了前所未有的密切联系。各国既能从以国际贸易为纽带的经济联系中受益，同时又必须承担相应的风险。这种风险使本国经济暴露在国际经济波动的冲击之下，国际贸易也成为金融危机传导的主要渠道。

金融危机的国际贸易传导可概括为以下2种模式。

（1）直接双边传导，又称为贸易伙伴型传导，发生在有紧密贸易联系的2个国家之间。当一国发生金融危机，通常以本国货币的大幅贬值为表象特征。一旦本币贬值,将使得本国对其贸易伙伴国的出口优势增加,换言之,即增加了贸易伙伴国对本国的进口。另外,由于金融危机的发生,本国经济将不可避免地陷入衰退,进一步导致对内和对外需求的大幅萎缩,导致本国对贸易伙伴国进口的下降,即贸易伙伴国对该国出口下降。综合上述两方面因素对贸易伙伴国带来的进口增加、出口下降的结果,可知贸易伙伴国贸易条件发生恶化,表现为外汇储备下降,贸易赤字增加,最终影响贸易伙伴国的经济基本面。当贸易伙伴国经济基本面发生恶化,市场对其货币贬值的预期将会增加,贸易伙伴国将可能成为投机者和国际游资货币冲击的对象,进而导致金融危机的发生。同时,贸易伙伴国为扭转经济恶化的趋势,可能采取扩张性的货币政策,而这也极易引起国际游资的冲击,导致金融危机的发生。

(2) 间接多边传导,又称为竞争型传导,其传导机制可概括为以下几方面:

第一,多国产品同时在同一市场出口,产品属于竞争关系;

第二,其中的一国爆发金融危机,货币大幅贬值;

第三,其他国家产品的出口竞争力由于该国货币的贬值而下降;

第四,为了保持原有的出口份额,其他国家可能实施竞争性贬值;

第五,一旦其他国家货币贬值,将可能成为投机者冲击的对象,进而可能引发多国出现金融危机。

Gerlach 和 Smets(1994)研究了贸易联系途径,如果一国的贸易伙伴或竞争对手发生货币贬值,则投资者预期改变,可能增加一国的脆弱性,其中的主要原因是每个国家为了保持竞争力都有贬值的动力。投资者知道中央银行很难抵制贬值的诱惑,在别国贬值的情况下若不贬值,可能会使本国遭受投机性攻击。Glick 和 Rose(1999)用 1971 年、1973 年、1992 年、1994 年和 1997年 5 次不同金融危机的数据为样本,采用 Probit 模型进行分析,发现与危机国贸易联系越密切,危机发生的概率就越大,从实证的角度证实了贸易是重要的金融危机传导渠道。

4.1.2　金融传导渠道

随着金融一体化的发展,各国金融市场的开放度不断提高,金融联系日益密切,资本流动更加频繁,金融渠道在危机传导中的作用日益显现。金融传导渠道通常包括直接传导和间接传导 2 种模式。

(1) 直接传导模式是指一国爆发金融危机后,货币大幅贬值,出现货币流动性不足。为了规避风险,金融中介机构可能通过资本流动渠道清算与该国联系紧密的其他国家的资产,从而引发其他国家资本大规模抽逃,引起其他国家金融动荡。同时,在该国有投资头寸的投资者为减少和规避风险,通常会出售与该国资产收益率密切相关的资产,引起其他国家资本外逃。在2种因素的共同作用下,其他国家可能出现金融动荡,进而爆发金融危机。

(2) 间接传导模式是指爆发金融危机的国家与另一国家没有直接的金融投资联系,但都与第三国有金融联系。该国爆发金融危机后,出于安全的考虑,第三国不仅从该国撤资,也从与该国无直接联系的另一国撤资,导致另一国资本流动性不足。如果该国抵御风险能力较弱,则有可能爆发金融危机。

4.1.3 国际资本流动传导

国际资本流动传导主要是指国际短期资本的流动导致的金融危机从一国向他国扩散。国际短期资本的主要组成部分是国际游资,是指为追逐高额利润而在各国之间流动游走的资本,包括各种炒作外汇的短期资金、可随时变现的债券和股票、银行抵押或贴现票据、短期投资基金等。国际游资虽然可以加速金融市场活跃度,调节国际金融市场的资金余缺,但它投机性强、流动性强、冲击作用大,对其难以有效监控,对一国金融市场可能带来不可忽视的负面影响。

国际游资的传播途径包括以下几个方面:

第一,国际游资通常以外币形态在不同国家之间流动,它会按照对不同国家汇价的不同的预期,在国际外汇市场上进行投机炒作。结果会使当事国汇率出现异常波动,甚至大幅震荡,使当事国爆发金融危机。由于各国间货币的密切联系,该国的汇率波动会迅速传播到其他国家,引起危机的蔓延。

第二,当短期资本成为一国外汇储备的主要组成部分,那么该国国际收支稳定性将十分脆弱。一方面,短期资本会由于外部环境的变化而撤离,使得该国的国际储备严重不足,难以进行国际支付和偿债,进而威胁到该国的经济基本面;另一方面,该国政治、经济形势发生变化,或者出现突发重大事件,同样会引起游资的波动,进而通过同样的渠道使该国经济产生波动,最终引发经济危机。

第三,国际游资的大幅涌入和大幅撤离,会减弱一国货币政策的实际作用效果,增加该国货币管理当局稳定经济的难度,弱化利率的杠杆效果并影响该国宏观调控的预期效果,导致通货膨胀加剧,并传导至其他国家。

第四,如果国际游资对一国证券市场进行过度的投机性投资,会导致该国证券市场出现泡沫。在不断攀升的证券价格的引诱下,更多的投资者将被卷入其中,使泡沫不断扩大。一旦国际游资在获得高额利润后迅速撤离,将使证券市场价格迅速下跌,泡沫破灭。同时,投资者的恐慌情绪会进一步加速证券市场价格的下跌速度,进而诱使该国爆发严重的金融危机。

第五,国际游资会对一定的区域进行投机,而不仅仅针对某一国家,其投机行为具有相似性和连带性。当某国由于国际游资的投机产生金融危机时,该区域的其他国家会由于国际游资相似的投机行为也爆发金融危机。

4.1.4　国际负债传导

国际负债传导也是金融危机国际传导的一条重要渠道,主要发生在有债券债务关系的国家之间。一方面,当金融危机发生时,若一国对其外债使用、管理不善导致外债超过一定比例,就会陷入债务危机中,出现流动性缺乏,资金周转困难,难以偿还债权国债务。这样,债务国的金融危机通过国际负债传导扩散至债权国,导致许多经济基础良好的债权国出现危机。另一方面,当债权国爆发金融危机时,为了规避风险,债权国通常会从与债务国经济发展水平相似的国家抽逃资金,这种撤资行为又会引发其他国家陷入金融动荡,甚至会进一步波及该国的债务国,最终引发区域性的金融危机。

4.2　危机性产业衰退的国际传导机制

危机性产业衰退的国际传导是由于外部冲击引起的产业衰退,通过多种渠道和途径在国际进行传导的过程。国际经济波动或全球金融危机极易导致一国危机性产业衰退的发生,进而通过多种方式传导至其他国家。因此,危机性产业衰退的国际传导与金融危机的国际传导具有密切的关联性与一定的相似性。下面将以上述金融危机国际传导分析为基础,进一步探讨危机性产业衰退的国际传导机制。

4.2.1　溢出传导机制

溢出传导机制是危机性产业衰退传导的重要机制,包括贸易溢出传导和金融溢出传导。

1) 贸易溢出传导

贸易溢出效应(trade spillovers effect)是指一国投机性冲击造成的货币危机恶化了另一个(或几个)与其贸易关系密切的国家的宏观基本面,从而可能导致另一个(或几个)国家遭受投机性冲击压力。

如前所述,贸易渠道是国际金融危机的主要传导渠道之一。在危机性产业衰退的国际传导中,贸易渠道同样也是重要的传导渠道。传导机制主要包括四类:价格竞争力因素、总需求因素、物价水平因素及政策目标冲突因素。

（1）价格竞争力因素

价格竞争力引发的传导又称为价格效应。当一国出现危机性产业衰退，可能导致本国实际购买力水平下降，相对于其他国家而言货币出现贬值，即出口更具备价格竞争力。这样对该国出口有利，同时意味着与其具有高度贸易联系的贸易伙伴国的进口增加，使其国际收支恶化。由此，贸易伙伴国的出口在经济发展中的贡献不断下降，其产品在国际市场中的竞争优势不断弱化，可能导致整体国际竞争力的削弱，当出现外部冲击时难以有效抵御，使本国也陷入危机之中。

按照经典的西方经济学理论，当出口需求价格弹性和进口需求价格弹性之和大于1时，本币贬值会导致出口增加、进口减少。对于多数工业化国家而言，这一结论基本成立，已有的实证研究也基本证明了这一点。因此，价格效应可能成为危机性产业衰退的一条重要渠道。

（2）总需求因素

总需求引发的衰退传导又称为收入效应。通常情况下，当一国出现危机性产业衰退时，本国居民的实际购买力会有所降低，本国的总需求水平会出现下降。进口需求作为总需求的重要组成部分，同样受到危机性产业衰退的影响而出现下降。对于与该国具有密切联系的贸易伙伴国而言，对该国的出口下降会直接影响自身经济发展。如果该国危机性产业衰退持续的时间较长，对贸易伙伴国的影响将更大。尤其对出口在国民经济中占据重要地位的贸易伙伴国而言，更容易受该国危机性产业衰退的波及，使本国经济受到严重冲击，出现衰退。

如果价格效应和收入效应产生叠加，一方面会使该国经常账户恶化，即贸易顺差减少而贸易逆差扩大；另一方面由于该国产品国际竞争力的下降，该国外汇储备将会减少。由此，该国不仅经济增长放缓，而且抵御外部风险的能力也大为降低，这样，该国出现经济衰退的可能性将极大地增加。

（3）物价水平因素

一国发生危机性产业衰退，通常会使国内货币出现贬值。对其贸易伙伴国而言，由于该国的货币贬值，不仅会使贸易伙伴国进口增加，而且会导致贸易伙伴国国内产品价格下降。由此，贸易伙伴国对外币需求增加，但对于本国货币需求出现下降，这将导致贸易伙伴国外汇储备下降，不利于其抵御投资外部投机的冲击。因此，物价水平因素引发的贸易国对本币需求的下降，以及外币需求的增加是贸易国本币贬值的信号，容易使贸易国受到投机冲击，进而产生经济危机。

（4）政策目标冲突因素

当一国由于上述的收入效应和价格效应导致其贸易伙伴国出口下降、进口增加,出现贸易条件恶化时,贸易伙伴国经济增长放缓,外汇储备下降,抵御外部游资冲击的能力下降,容易引发经济危机。尤其是贸易部门,受到的冲击和影响最大。为了解决增长放缓、出口下降、失业率上升等问题,贸易伙伴国通常可能采取宽松的财政政策和货币政策以刺激经济的发展。但是,如果该贸易伙伴国采取的是固定汇率制,则宽松的货币政策和财政政策与之相矛盾。当贸易国出现内外政策不协调时,就会成为国际游资投机攻击的对象。

在贸易溢出传导的几种机制中,价格效应和收入效应是直接通过贸易联系引发实体产业衰退,物价水平因素和政策目标冲突是通过贸易联系产生的影响,造成贸易国国内价格水平下降及失业率上升而导致衰退的传导。因此,在直接双边贸易溢出中,根本的影响是价格效应和收入效应。这两类效应引起的贸易国进口增加和出口减少是实现实体产业衰退传导的基本渠道。贸易国是否采取了相应的措施来应对这两类效应带来的影响,取决于这些影响对贸易国造成的损失的大小。因此,物价水平因素和政策目标冲突因素这两类传导机制的作用因国而异。一般而言,贸易伙伴国价格水平下降及失业率上升到足以引起政府重视的程度才能实现成功传导,物价水平因素和政策目标冲突才是有效的传导途径。当两国间的贸易量在整个进出口贸易中占很大份额,或当出口在一国国民经济中占重要地位时,这 2 种机制的作用就较为显著。

2）金融溢出传导

金融溢出效应是指一国发生危机造成市场流动性不足后,通过国际金融市场、银行体系或机构投资者的运作,引发国际资本流动致使另一个国家或地区的市场流动性不足,形成危机并且引发经济衰退的跨国传导。美国作为世界上金融系统最完善、金融机构最发达的国家,曾被认为是最安全的投资市场。但危机爆发后,一方面,美国金融机构被迫对投资组合进行调整,撤回大量海外资本,加剧了全球短期资本流动的波动性;另一方面,为达到最低资本金充足率和保证金要求,持有美国不良资产的外国金融机构开始收缩贷款,使危机进一步在国家间传导。

一般说来,实体产业的衰退主要是通过金融市场和实体投资市场两类市场上的资本流动在各国间进行传导。资本的跨国流动使得一国金融市场或实体投资市场的任何波动都可能传导至世界其他国家。若 A、B 两国都稳定,则不会产生流动性冲击,也不会产生因流动性不足导致危机传导。而若 A 国发生危机、B 国稳定,或者 A、B 两国都发生危机,那么在这 2 种情况下,流动性冲击才会产生。一个国家发生危机后,投资者在该市场上遭遇巨大的资本损失,流动性急剧下降,面临破产威胁,因此只好在其他尚未出现危机的国家出售资产,获得流动性,调回危机发生国救急,结果导致关联国市场发生动荡。也就是说,当一个市场由于受到冲击失去了流动性,而与它无关的另一市场依然可以流动时,投资者将在与它无关的另一市场大量出售他们持有的资产,因为与它无关的另一市场对投资者来说,依然是有效的市场。投资者的行为导致了危机从受冲击市场传染到另一市场,并且引发了受传染市场产业的衰退。由于金融危机从虚拟经济逐渐蔓延到实体经济,在全球需求疲软的情况下,贸易和投资也开始出现问题。由于跨国公司母国的投资环境发生巨大变化,为抽调资金应急,一些新兴发展中国家出现了资金回流现象,其中作为全球最大投资地之一的中国也未能幸免。在中国,首先受到冲击的是房地产业,由于受国际金融危机的影响,一些外资纷纷离场,特别是一些海外基金,开始撤资套现,产生了一定的社会影响,加剧了国内房地产业的疲软。

4.2.2　汇率传导机制

一国货币汇率变动将直接影响该国的进出口贸易,并进而影响实体经济和整个国民经济。一国货币贬值会对该国的外贸带来双重影响:一是因本国出口商品价格下降而增加出口量;二是因进口商品价格上升而减少进口量。当危机发源国出现本币贬值后,危机便会循着汇率与外贸的传导机制向外扩散。若 A 国为危机发源国,B 国为受危机影响国,当 A 国发生了危机,货币贬值,其商品无论在 A 国、B 国,还是第三国市场上,都具有了价格竞争力。面对这种竞争压力,B 国只能有 2 种选择:使本国货币相应贬值,或不贬值。如果选择前者,B 国虽然保持了对 A 国的贸易竞争力,但可能随之也产生一些负面影响,如股市、汇市震荡等。如果 B 国选择保持本币稳定,则 B 国货币相对于 A 国货币币值被高估,不利于出口,进而影响经济增长。自 2005 年 7 月以来,虽然人民币对美元已经累计升值 20%,但在 2007 年 11 月之前名义有效汇率变动却较平缓,表明人民币对其他货币并没有出现明显的升值,甚至对欧元、日元还出现小幅贬值;而后名义有效汇率出现了明显较大幅度的升值。伴随着名义有效汇率的变动,我国进出口贸易也发生了重大变化:从2008 年年初开始,出口出现了较大幅度下滑,与此同时,进口有所上升;但至2008 年 5 月以后,进、出口增速均下降。这是由于美国金融危机引致的经济衰退,传染到欧盟等其他经济体,进而使这些经济体增速减缓,欧元等货币因之贬值,从而使人民币名义有效汇率升值。汇率的变化削弱了我国外向型企业出口利润的增长,增加了出口成本。

4.2.3　产业联动传导机制

虽然世界各国产业结构特征不尽相同,但随着经济全球化的不断深入,各国之间贸易和投资额的不断增加,各国产业之间的联系日益密切。当一国出现危机性产业衰退,会通过产业间的联动波及其他国家,进而引发其他国家产生实体经济的衰退。产业联动的传导主要有两条途径:一是通过存货的加速原理引起其他国家经济衰退;二是产业的结构性震荡传播到其他国家,进而引起实体经济衰退。

存货的加速原理的作用机制表现为随着一国经济的衰退,对产品和服务的需求不断下降,企业库存数量不断增加。为了应对危机,降低库存成本,企业通常会减少原料采购、裁汰冗员、减少产量以降低成本。对该企业的上游供应商而言,同样存在类似的情况,也同样会采用类似的手段以应对危机。这一循环不断蔓延持续,会使越来越多的产业和行业卷入危机之中,形成恶性循环,进一步加深危机的程度。同时,社会信贷资金链条在衰退过程中极易出现断裂,也会加速危机的蔓延程度。

产业的结构性震荡的作用机制表现为与该国产业结构相似的其他国家受到该国产业衰退的波及,产业结构出现失衡。国际资本对其他国家市场发起与该国相类似的投机性冲击,导致其他国家经济发生动荡,进而产生经济衰退。

4.2.4　净传染传导机制

所谓净传染传导是指危机性产业衰退是由宏观基本面数据不能解释的原因所引起的,即不以经济接触为基础的传导渠道被称为净传染传导。根据国家间相似范围的不同,净传染可被划分为经济相似净传染、政治相似净传染和文化相似净传染。

经济相似净传染是指国家间具有类似的经济政策和发展策略,一国发生危机性产业衰退,导致投资者预期其他状况类似的国家也会产生危机,于是投资者对其他国家也发起冲击,使得危机性产业衰退得以蔓延。Obstfeld(1994)提出的政府债务的多重均衡模型很好地说明了这一点。此外,Radelet和 Sachs(1998)提出的基于失业的多重均衡模型、基于流动性问题的多重均衡模型,以及 Krugman(1999)提出的基于公司负债表和转移问题的多重均衡模型等都解释了经济相似净传染的存在性。

政治相似净传染是指投资者根据该国历史行为、宏观政策和决策偏好形成与当前决策相反的预期,并大量抛售持有的资产,给货币贬值施加压力,则可能迫使政府改变当前政策并引发衰退。同时,投资者预期其他具有相似政治体制的国家也会采取相同政策,导致危机向这些国家扩散。一般而言,政治相似净传染主要发生在政治和经济同盟国之间。

文化相似净传染是指一些国家具有相同或相似的文化背景,如东亚文化圈、欧美文化圈等。投资者倾向于认为这些国家的经济政策具有相似性。当其中的某一国发生危机性产业衰退,将会导致投资者对其他国家产生相同预期,从而给他国产业发展带来危害。例如,1982年拉丁美洲爆发债务危机,与此同时,菲律宾同样存在严重的债务问题。由于菲律宾与拉美多数国家都曾经是西班牙的殖民地,投机者认为它与拉美国家有类似的经济政策,因而对菲律宾采取了与拉美国家类似的攻击,加剧了菲律宾的危机的程度。

净传染渠道的核心是投资者心理预期的改变。该理论首次提出心理因素对金融危机的传递起到巨大的作用,主要涉及自我实现(self-fulfilling)和多重均衡理论(multiple equilibriums)。更进一步,这一危机的传导机制又可从羊群效应和示范效应2个角度进行分析。

1)羊群效应

羊群效应是指投资者所具有的一种从众心理,即投资者常常根据市场上其他投资者的行为决定自己的选择。羊群效应的产生主要有以下2个原因:

一是搜集和处理信息存在成本。由于对市场上大多数小投资者来说,搜集和处理信息的成本较高,特别是独立搜集和处理某个国家的信息的成本就更为高昂。所以,他们的最优策略就是追随那些拥有较多信息和较强信息处理能力的机构投资者进行自身的资产选择。这样一来,大机构投资者撤出在某国的投资,就将导致小投资者追随他们一起撤出投资,从而大大加剧该市场的波动,导致产业衰退的发生或传导。但是,大机构投资者从一国市场撤资,并不一定是由于该国市场本身的问题,也可能是其在他国投资受到损失后,为补充流动性或达到资本充足率和保证金的要求所采取的措施。在这种情况下,危机和产业衰退就经由预期途径由一国传导至其他国家。

二是机构投资者的声誉问题。声誉问题对于某些机构投资者,特别是基金的管理者,是非常重要的考察指标。由于机构投资者的声誉取决于其投资绩效同市场平均绩效相比较的结果,而非绝对绩效,这就将导致即使某个市场的情况有利于投资,但投资者因为担心其投资决策的失误使其声誉下降,于是会避免最先采取行动,而是选择较为安全的从众策略。选择从众策略不仅安全,并且会降低其建立声誉的成本,而这也将导致或加快危机的发生或传导。另外,即使某一投资者能够正确认识一国的形势,但是在其他投资者都选择撤出在该国投资的情况下,其理性的策略仍是跟随其他投资者撤出投资。比如,A 国发生货币危机,市场上大多数的投资者都预期与 A 国具有相似特点的 B 国也会爆发货币危机。这时,即使市场中的某个投资者正确认识到 A、B 两国的差异,但在大多数投资者从 B 国撤出投资的情况下,其理性选择仍是跟随大多数投资者的选择。这样,危机和衰退就由于市场预期的改变,通过羊群效应的作用传导至他国市场。

　　2) 示范效应

　　示范效应是指一国发生金融危机后,若投资者较为充分地掌握危机发生国与其所投资国家经济、金融方面的相关信息,则会根据这些信息将其所投资国家与危机发生国进行比较,进而重新估计其所投资国家的风险,并据此改变自己的资产组合。这一效应是通过危机发生后投资者对各种金融风险重新估价的过程实现的。例如,A 国发生金融危机后,恶化了与其存在实际经济联系的 B 国的经济状况,引发了 B 国的金融危机,投资者便会预期在与 A 国联系紧密且与 B 国经济形势类似的 C 国也会发生投机冲击。于是,当 C 国的经济状况还未真正开始恶化时,投资者理性的策略仍是撤出其在 C 国的投资,这就最终导致 A 国的危机由于市场预期的改变,通过示范效应的作用传导至 C 国。在 2008 年次贷危机引发的全球金融风暴中,预期这一危机的传导途径也显得日益重要。以危机在美国和欧洲国家间的传导过程为例,无论是从与欧洲工薪收入缓步增长相伴随的消费水平下降,还是从 2008 年危机前后银行同业拆借市场的利率波动情况来看,欧洲经济衰退的原因似乎都应是预期的改变带来的冲击。而这一过程,又是通过羊群效应和示范效应的作用实现的。

4.2.5　政策传导机制

　　各国政府为保护本国的经济不受外来产品的侵犯,设置了贸易壁垒。然而,过度的贸易保护并不利于一国经济的发展,而世界贸易组织正是以倡导自由贸易为宗旨。加入 WTO 后,我国对外出口遇到的情况是关税壁垒逐步弱化,纺织品配额也逐步取消。但是,所遇到的其他贸易壁垒限制却比以前更严重,这表现在以下几方面:

　　(1) 国外针对中国产品的反倾销力度加大。对我国实施反倾销的国家,不仅有欧美、澳大利亚、加拿大、日本等发达国家,也有像土耳其、埃及、印度、韩国这样一些发展中国家;所涉及的产品既有日用品,也有机电,既有制造品,也有矿产和养殖品。有资料显示,20 世纪 90 年代以来,我国反倾销案件占世界总量的 1/7～1/6。而加入 WTO 后,这一比例大大提高,中国已经成为国外反倾销的主要目标国家。

（2）技术性贸易壁垒已经成为我国产品出口的主要障碍。广义的技术性贸易壁垒包括技术法规、技术标准与合格评定程序,产品检疫、检验制度与措施,包装和标签规定,信息技术壁垒及绿色壁垒5个方面。我国出口产品所面临的技术性贸易壁垒主要来自美国、欧盟和日本;所涉及的行业主要有农业、纺织服装业、轻工、机电、五矿化工和医疗保健业。有资料显示,我国有70%的出口企业和40%的出口产品遭遇技术性贸易壁垒的限制。

（3）绿色贸易壁垒。它是指环境(非关税)壁垒,是国际社会为保护人类、动植物及生态环境的健康和安全而采取的直接或间接限制,甚至是禁止某些商品进出口的法律、法规和政策措施。该贸易壁垒的实质是发达国家依赖其科技人员和环保水平,通过立法手段,制定严格的强制性技术标准,从而把来自发展中国家的产品拒之门外。

（4）中国出口产品还受到以美国"特别301条款"为代表的知识产权保护的限制,以及来自欧美等国的对华特别产品过渡性保障机制立法的限制。正是由于以上各种贸易壁垒的存在,中国的出口才会面临越来越大的压力。以纺织业为例,我国纺织商会在危机发生后的2010年对200家大型纺织出口企业调查显示,当年上半年这些企业出口订单均下降20%~30%。同时,国际贸易保护不断升级。当年第一季度,美国消费品安全委员会发布的召回通报涉及我国纺织服装类产品数量同比增长近两成,欧盟非食品类快速预警系统通报的我国产品数量增长6.3倍。愈演愈烈的贸易保护主义措施,已经成为中国对外贸易最大的威胁。

4.3　危机性产业衰退传导模型分析

对于上述危机性产业衰退可能的传导机制,可借助相应的数理模型进行分析。DSGE 模型(dynamic stochastic general equilibrium model),即动态随机一般均衡模型,可以用来模拟宏观经济中各种类型的冲击和传导机制,是分析危机性产业衰退较为合适的分析工具。本节参照 Long 和 Plosser(1983,1987)及王佳(2011)的研究研果,梳理出动态随机一般均衡模型在冲击传导分析中的应用过程,并形成其在危机性产业衰退国际传导中的应用思路。

1）动态随机一般均衡模型的基本分析

（1）模型假设

模型一般假设经济体由一个具有无限期生命的代表性个人组成,代表性个人有给定的初始禀赋、生产技术和偏好。经济体有 M 个生产部门,生产出的 M 种产品既可作为消费品,也可用于下一期各个部门生产的中间投入,这里没有引入资本品,每种产品都属于易腐品,即等同于具有 100% 的折旧率。在每一期 t,代表性个人决定当期休闲的时间和分别投入 M 个部门的劳动时间 $\{n_1(t), n_2(t), \cdots, n_m(t)\}$,通过劳动投入、上一期决定的中间投入和第 t 期实现的生产技术水平 $\{A_1(t), A_2(t), \cdots, A_m(t)\}$ 生产出 M 种产品 $\{y_1(t), y_2(t), \cdots, y_m(t)\}$,并决定生产出的 M 种产品分别用于消费的量 $\{c_1(t), c_2(t), \cdots, c_m(t)\}$ 和第 j 个部门产出的用于第 i 个部门 $t+1$ 期生产的中间投入量 $\{x_{ij}(t)\}$,以最大化代表性个人一生的期望效用。

代表性个人每期的效用函数形式采用消费与休闲可分的对数效用函数:

$$U(t) = \sum_{j=1}^{M} \theta_j \log c_j(t) + \gamma \log \left[1 - \sum_{j=1}^{M} n_j(t) \right] \tag{4-1}$$

这里假设代表性个人每期拥有一单位时间禀赋用于劳动和休闲, $1 - \sum_{j=1}^{M} n_j(t)$ 表示代表性个人每期用于休闲的时间 t。γ 和 θ_j 反映了代表性个人对休闲和消费品的相对偏好大小。$\gamma > 0$,表示休闲具有正的效用。$\theta \geqslant 0$,当 $\theta_j = 0$ 时表明第 j 种产的消费不会带来效用,但是可以作为中间投入使用。效用的贴现因子用 β 表示。

模型的生产函数采用规模报酬不变的柯布-道格拉斯形式:

$$y_i(t) = A_j(t) n_j(t)^{d_j} \prod_{i=1}^{M} x_{ij}(t-1)^{a_{ji}} \tag{4-2}$$

式中,$d_j > 0, a_{ji} > 0, d_j + \sum_{i=1}^{M} a_{ji} = 1 \ (i, j = 1, 2, \cdots, M)$,表示生产过程是规模报酬不变的。$A_j(t)$ 表示第 t 期第 j 个部门的生产技术水平,服从对数一阶自回归 AR(1) 过程:

$$\log A_j(t) = p \log [A_j(t-1)] + \varepsilon_j(t) \tag{4-3}$$

式中,$-1 < p < 1$,表明是平稳的随机过程。$\varepsilon_j(t)$ 是第 t 期第 j 个部门受到的随机技术冲击,这里的技术冲击包括除中间投入和劳动投入外影响产出变化的各种因素,因此可以视为外生冲击,$\varepsilon_j(t)$ 为零均值、同方差的独立分布序列,且任意 $i \neq j$ 的序列 $\varepsilon_j(t)$ 和 $\varepsilon_i(t)$ 相互独立。

当 $A_j(t)$ 由于受到随机冲击 $\varepsilon_j(t)$ 而发生变化时,由于 $A_j(t)$ 服从一阶自回归过程,$\varepsilon_j(t)$ 对 $A_j(t)$ 的影响会持续一段时间后逐步衰减到 0,因此在这段时间内,$A_j(t)$ 的变化都会影响第 j 个部门的产出。由于第 j 个部门的产出将为各个部门的生产提供中间投入,并且 $A_j(t)$ 的变化也使得第 j 个部门生产过程中对各种中间投入和劳动投入的需求发生变化,通过这种投入产出关系,外生冲击随时间推移逐步传导到各部门的产出和总产出。但是外生冲击对产出的影响不仅仅限于上述传统投入产出分析中所描述的关系。由于本章建立的模型中,代表性个人是以最大化一生的期望效用为目标的,因此代表性个人的最优选择行为也会影响外生冲击对产出的影响,并且这种影响只有在建立了微观基础的动态投入产出模型中才能较好地刻画。

代表性个人的最优化问题可以表示为带期望符号和约束条件的函数求极值问题:

$$\max E_0 \sum_{t=0}^{\infty} \beta^t \left\{ \sum_{j=1}^{M} \theta_j \log c_j(t) + \gamma \log \left[1 - \sum_{j=1}^{M} n_j(t) \right] \right\} \tag{4-4}$$

满足约束条件:

$$c_j(t) + \sum_{i=1}^{M} x_{ij}(t) = y_j(t) \tag{4-5}$$

$$y_j(t) = A_j(t) n_j(t)^{d_j} \prod_{i=1}^{M} x_{ji}(t-1)^{a_{ji}} \tag{4-6}$$

(2) 模型求解

采用拉格朗日乘数法求解代表性个人有约束条件的效用最大化问题。拉格朗日函数为

$$L = E_0 \sum_{t=0}^{\infty} \beta^t \left\{ \sum_{j=1}^{M} \theta_j \log c_j(t) + \gamma \log \left[1 - \sum_{j=1}^{M} n_j(t) \right] + \right.$$

$$\left. \lambda_j(t) \left[A_j(t) n_j(t)^{d_j} \prod_{i=1}^{M} x_{ji}(t-1)^{a_{ji}} - c_j(t) - \sum_{i=1}^{M} x_{ij}(t) \right] \right\} \quad (j = 1, 2, \cdots, M)$$

$$\tag{4-7}$$

根据拉格朗日乘数法解出一阶条件(first-order condition):

$$\frac{\theta_j}{c_j(t)} = \lambda_j(t) \tag{4-8}$$

$$\lambda_j(t) d_j A_j(t) n_j(t)^{d_j-1} \prod_{i=1}^{M} x_{ji}(t-1)^{a_{ji}} = \frac{\gamma}{1 - \sum_{i=1}^{M} n_i(t)} \tag{4-9}$$

$$\lambda_j(t) = \beta E_t \frac{\lambda_i(t+1) a_{ij} A_i(t+1) n_i(t+1)^{d_i} \prod_{j=1}^{M} x_{ij}(t)^{a_{ij}}}{x_{ij}(t)} \tag{4-10}$$

$$c_j(t) + \sum_{i=1}^{M} x_{ij}(t) = A_j(t) n_j(t)^{d_j} \prod_{i=1}^{M} x_{ji}(t-1)^{a_{ji}} \tag{4-11}$$

通过猜解的形式,可以求出模型的显式解。首先猜测解的形式为

$$c_j(t) = \tau_j y_j(t) \tag{4-12}$$

将式(4-12)代入式(4-10),由于跨期的变量正好消掉,因此期望符号可以去掉从而得到

$$x_{ij}(t) = \frac{\beta\theta_i\tau_j a_{ij}}{\theta_j\tau_i} y_j(t) \tag{4-13}$$

将式(4-13)代入式(4-11),可以推导得到

$$\tau_j = \frac{\theta_j}{\theta_j + \beta \sum_{i=1}^{M} \frac{\theta_i}{\tau_i} a_{ij}} \tag{4-14}$$

定义

$$\eta_j = \theta_j + \beta \sum_{i=1}^{M} \frac{\theta_i}{\tau_i} a_{ij} = \frac{\theta_j}{\tau_j} \tag{4-15}$$

可以得到

$$\eta_j = \theta_j + \beta \sum_{i=1}^{M} \eta_i a_{ij} \tag{4-16}$$

将式(4-16)表示为矩阵形式

$$\boldsymbol{\eta} = \boldsymbol{\theta} + \beta \boldsymbol{A}\boldsymbol{\eta}$$

则可以解出

$$\boldsymbol{\eta} = (\boldsymbol{I} - \beta\boldsymbol{A})^{-1}\boldsymbol{\theta}$$

将式(4-12)和式(4-15)代入式(4-9),可以得到

$$d_j\eta_i \left[1 - \sum_{i=1}^{M} n_i(t) \right] = \gamma n_j(t) \tag{4-17}$$

进一步可以求解出代表性个人的最优劳动投入决策

$$n_i(t) = \frac{\eta_i d_i}{\gamma + \sum_{j=1}^{M} \eta_j d_j} \tag{4-18}$$

将式(4-16)代入式(4-12)和式(4-13),可以得到代表性个人最优的消费决策和最优的中间投入决策为

$$c_i(t) = \frac{\theta_i}{\eta_i} y_i(t) \tag{4-19}$$

$$x_{ij}(t) = \frac{\beta\eta_i a_{ij}}{\eta_j} y_j(t) \tag{4-20}$$

式(4-18)至式(4-20)给出了代表性个人最优决策的显式解。从模型的显式解可以看到,每个部门的劳动投入时间都是不随时间和产出改变的固定值,每个部门的产品用于消费和中间投入的量都与该部门的产出成正比。劳动投入是不随时间、产出变化而改变的常数,这一结果与现实有一定差距。Long 和 Plosser 指出,这是采用了特定形式的效用函数和生产函数的结果。

最优的劳动投入由式(4-9)决定,式(4-9)表示当增加一单位劳动投入增加的边际产出所带来的效用与由于减少了休闲所降低的边际效用相等时,劳动投入是最优的。式(4-9)等号右边表示增加一单位劳动投入由于减少了休闲所降低的边际效用,与产出水平无关。因此只有当产出对式(4-9)等号左边没有影响时,才能得到不随产出变化的劳动投入。由于产出增加可以使各要素投入增加,从而增加劳动投入的边际产量,同时由于消费增加导致影子价格 λ 下降,即产品带来的边际效用下降,从而使 2 种效应可以相互抵消。而正是由于效用函数和生产函数的特定形式使这 2 种效应相互抵消了,因此解出的最优劳动投入是常数。

根据模型求出的显式解,容易得到产出的动态变化规律。将式(4-18)、式(4-20)代入式(4-2)对所有变量取对数,并在等式两边减去相应变量稳态值的对数,可以得到产出的动态递归方程组。如果此时模型无法解出显式解,根据 Blanchard 给出的求解含有理性预期的线性差分方程组的方法,对均衡条件在稳态值附近进行对数线性化,模型可解出唯一的鞍点路径,将鞍点路径代回动态系统可以最终得到模型的解。

2) 动态随机一般均衡模型在危机性产业衰退国际传导分析中的应用

借鉴动态随机一般均衡模型的基本分析过程,可进一步分析危机性产业衰退的传导机制和冲击效应。首先,根据研究问题的需要,确定危机性产业衰退涉及国内外劳动者的基本情况(生产技术、个人偏好等)、主要产业部门,以及可能的传导渠道(国际贸易、国际金融、国际负债等),构建危机性产业衰退国际传导的动态随机一般均衡模型,充分体现溢出传导机制、汇率传导机制、产业联动传导机制、净传染传导机制和政策传导机制的作用效果,利用已有的数据对模型中的参数进行校准,获得分析所必需的参数。其次,运用Matlab或其他统计分析软件编写应用程序,求出脉冲响应的数值模拟结果,即不同产业部门通过不同的传导渠道受到外生冲击时各部门产出和总产出的变化序列,通过数值和图形比较,得出不同传导渠道对部门的传导强度的大小。同时,可利用对各参数的敏感性检验,验证模型的合理性和稳健性。

第5章 危机性产业衰退国际传导的实证分析

——以美国经济衰退对中国的传导为例

2007年,以新世纪财务公司倒闭为标志,美国房地产市场爆发了次贷危机。在随后的1年中,次贷危机迅速波及全球资本市场、信贷市场,进而演变为全球性金融危机。纵观20世纪以来全球经济发展历程,本次危机的影响和冲击程度远远超过了20世纪90年代北欧银行危机、日本股市泡沫和1997年东南亚金融危机,是自1929年经济危机以来最严重的危机。

本次金融危机除了对全球金融市场产生巨大的负面冲击以外,最终蔓延并扩散到实体经济,引发了实体经济衰退。美国劳工部的报告显示,2008年12月,全美非农部门工作岗位削减52.4万个,失业率上升至7.2%,为16年来的最高点。在美国经济衰退的冲击下,世界主要经济体均出现了不同程度的衰退。欧盟统计局的数据显示,2008年第二和第三季度,欧元区经济连续下滑0.2%,出现了1999年欧元区成立以来的首次经济衰退。日本内阁府公布的数据显示,2008年第二和第三季度,经济出现负增长,也已开始步入经济衰退。中国在美国经济衰退的冲击下,2008年进出口出现负增长,吸收的FDI大幅下滑,GDP增速明显放缓,实体经济也出现了明显的衰退。

本章就是在此背景下,系统研究美国经济衰退对中国实体经济的冲击效应和传导机制,对危机性产业衰退的传导进行实证分析。

5.1 相关文献回顾

国外直接研究经济衰退的冲击效应和传导机制的文献相对不多,与之相关的研究主要涉及经济波动的国际传导,包括国际传导渠道、原因和影响因素等。例如,Cantor等(1988)、Baxter和Crucini(1995)等学者研究认为,国际商品贸易和国际金融交易是经济波动的主要传导渠道。Canova等(1993)利用10个工业化国家的数据并采用4种不同的滤波方法,发现贸易在经济波动传导中的作用是显著的。Doavid(1993)利用58个国家1970—1985年的数据,发现国际贸易波动对 GDP 具有冲击效应。Sherman 等(1996)认为经济波动跨国传导的主要渠道是国际贸易、国际金融体系和资本流动,而国际贸易是其中最主要的因素;贸易、投资和金融一体化程度的提高将导致经济周期波动更容易传导。Frankel 等(1998)、Gruben 等(2002)认为国际贸易与国际经济波动呈正相关。Jean(2004)研究发现商品贸易、金融开放和经济专业化也是经济波动国际传导的渠道。Jansen 等(2004)认为国际直接投资是国际经济波动的重要传导机制。Calderon 等(2007)发现贸易强度与经济周期有明显的相关性,但发展中国家两者的相关性比发达国家小。Burstein 等(2008)研究发现国际经济波动在 2 个核心区之间的相关性比核心区与周边区的相关性小,核心区与周边区的贸易更容易实现生产共享。

国内学者的相关研究主要集中在中美经济波动及传导机制上。例如,湛柏明等(2003)通过对 2000 年以来美国对外贸易和中美贸易现状的分析,阐述了美国经济波动对中国经济的影响。陈全功等(2003)认为中国经济对美国的依赖程度不断提高,美国经济的波动对中国宏观经济影响日益增大,应该重视自我增长因素的发展,减弱美国对我国经济的负面影响。张兵(2006)通过考察中美两国经济增长率之间的相关系数,发现两国经济周期波动在某些历史时期具有较强的同步性,中美两国贸易和直接投资联系是经济周期同步性出现的纽带和基本传导渠道。廖晓燕(2007)从中美贸易角度实证分析了中美经济波动的相关性,认为中美经济波动的主要传导渠道是中国从美国的进口。冯永琦(2010)利用 1999—2009 年的季度数据,运用 VAR 模型和 H-P 滤波,研究发现进出口贸易对美国经济波动具有明显的传导作用,而美国对华直接投资和中国对美直接投资对中美经济波动的传导作用不显著。杨万平等(2010)运用基于 VAR 模型的广义脉冲响应函数与方差分解分析了美国经济波动对中国经济冲击的长期传导机制和短期动态影响特征,发现美国经济波动主要通过影响中国对美国出口的途径对中国经济增长造成冲击。安辉等(2011)通过构建包含中美经济变量的向量自回归模型,分析了美国经济紧缩通过外商直接投资渠道对中国实体经济所产生的影响,认为美国经济收缩将引发我国吸引外商直接投资和出口下降,进一步影响中国经济的产出水平。

可以看出,虽然在研究范围、研究方法及研究结论上存在差异,但有关经济波动国际传导的多数研究都证实了国际贸易和国际直接投资是重要的实体传导渠道。在实证分析中,大多采用 VAR 模型,通过脉冲响应函数分析经济波动的冲击效应和传导机制。这为本章的实证研究提供了重要的借鉴。

本章采用经济波动国际传导的分析思路,利用中美之间的实体经济变量数据研究美国经济衰退对中国实体经济的冲击效应和传导机制。与已有的文献相比,本章的拓展主要体现在以下几个方面:第一,将中国 GDP 和中国固定资产投资同时作为中国实体经济的代理变量,以全面反映中国经济的特点。第二,利用施加过度识别约束的 SVAR 模型进行实证分析。VAR 模型是传导机制分析中常用的方法,其优点在于将所有研究变量视为内生变量,能避免传统计量模型内外生变量设定的偏误,同时脉冲响应函数的分析结果无论对经济衰退或繁荣的冲击效应均具有解释力;缺点在于 VAR 模型以各个变量的滞后项作为解释变量,无法反映各变量的同期相关关系。与 VAR 模型相比,SVAR 模型克服了普通 VAR 模型无法模拟各内生变量同期相关关系的不足,对 SVAR 模型同期相关矩阵进行过度识别估计能使多数的估计参数通过显著性检验,而模型的有效性可以通过施加过度识别约束得以保证;同时,SVAR 模型可以得到正交化的脉冲响应函数,即可单独考虑各变量的冲击对其他变量的影响,因而能较好地反映客观实际。第三,综合考虑汇率波动、价格指数及季节因素的影响。对于各变量数据,采用季度价格指数将各变量的名义值进行平减,利用季度平均汇率换算成统一货币,并进行 Census X12 季节调整,以期得到更为准确客观的结论。

5.2　数据的选取和模型的构建

5.2.1　数据的选取和处理

在多数文献中,各国 GDP 是常用的实体经济代理指标。本章参照这一做法,选取中国国内生产总值 CGDP 和美国国内生产总值 UGDP 分别代表两国实体经济。此外,本章还选取中国固定资产投资 INVEST 作为中国实体经济的另一个代理变量,原因主要是考虑到固定资产投资的重要作用。张军(2002)认为,中国 20 多年的工业化是按照资本驱动的增长模式进行的,而资本的形成主要依赖于固定资产投资的持续增长。因此,将 CGDP 和 INVEST 同时作为中国实体经济的代理指标,有助于更加全面地反映中国实体经济的特点。对于实体经济可能的传导渠道,本章参照上述国内外研究成果,选取的变量包括美国对中国出口 EX、美国从中国进口 IM、美国对中国直接投资 FDI。其中,EX 和 IM 是美国经济衰退可能的贸易传导渠道,FDI 是可能的投资传导渠道。之所以没有考虑中国对美国的直接投资,主要是由于与其他各指标相比,这一指标的统计时间较晚,并且规模较小,不具备构建模型的条件。为了尽可能多地扩大样本容量,本章采用了季度数据。考虑到数据的可获性,本章将样本区间设定为 1994 年第一季度至 2011 年第二季度。这一样本区间包括了 2001 年"9·11"恐怖袭击突发性事件引起的美国经济衰退和 2008 年美国金融危机引发的经济衰退,可以较为全面地反映出衰退传导的特点和规律。以下对这些变量数据进行详细说明。

(1) 中国国内生产总值 CGDP。CGDP 季度数据来源于国家统计局数据库。该数据库公布了历年名义累计季度 GDP 数值及按上一期价格水平计算的同比增长率。根据 1994 年第一季度 GDP 数值和同比增长率,本章计算出以 1994 年为基期的历年实际累计季度 GDP 数值,最终计算出以 1994 年第一季度为基期的实际 GDP 季度数值,同时可以计算出以 1994 年第一季度为基期的中国 GDP 季度价格平减指数。对实际季度 GDP 采用 X12 做季节调整,单位为亿元。

(2) 美国国内生产总值 UGDP。UGDP 季度数据来源于美国商务部经济分析局(BEA)数据库。该数据库公布了历年名义季度 GDP 和以 2005 年价格水平计算的实际季度 GDP,并已经做了季节调整,单位为 10 亿美元。本章根据这两组数据,计算出以 1994 年第一季度为基期的美国 GDP 季度价格平减指数,再用该指数对名义季度 GDP 数据进行平减,得到以 1994 年第一季度为基期的实际 GDP。为了与 CGDP 统一货币单位,利用 IFS 数据库提供的美元对人民币季度平均汇率进行换算,单位为亿元。

(3) 中国固定资产投资 INVEST。INVEST 季度数据来源于国家统计局数据库。本章首先根据国家统计局数据库公布的历年名义累计季度固定资产投资数值,计算出历年名义季度固定资产投资。由于难以获得固定资产投资季度平减指数,本章利用上面计算得到的中国 GDP 季度平减指数平减,得到以 1994 年第一季度为基期的实际季度固定资产投资,再用 X12 做季节调整,单位为亿元。

(4) 美国对中国出口 EX 和从中国进口 IM。EX 和 IM 季度数据来源于美国商务部经济分析局数据库和 IMF 的 DOTS 数据库。这 2 个数据库提供了各季度的 EX 和 IM 名义数据,单位为百万美元。为得到 EX 和 IM 的实际数据,本章首先将 IFS 数据库提供的以 2005 年为基期的美国季度出口指数和进口指数,换算为 1994 年第一季度为基期的季度出口指数和进口指数,再利用这 2 个指数平减 EX 和 IM,最后,利用汇率折算成亿元人民币,并做 X12 季节调整。

(5) 美国对中国直接投资 FDI。FDI 季度数据来源于美国商务部经济分析局数据库。该数据库公布了各季度 FDI 名义值,单位为百万美元。观察各季度 FDI 名义值发现,有的季度出现负值,表明增量为负,必须对其进行处理。考虑到 FDI 具有类似资本的属性，采用存量 FDI 可能较为合理，因此，本章首先利用上面计算得到的以 1994 年第一季度为基期的美国 GDP 季度平减指数对季度 FDI 名义值进行平减；其次，采用类似资本存量的计算方法，利用永续盘存法计算出 FDI 存量数值，折旧率设为 10%。最后进行汇率调整和X12 季节调整，单位为亿元。

5.2.2 VAR 模型

1）6 变量 VAR 模型

本章首先采用上述 6 个变量各自的自然对数 $\ln CGDP$、$\ln UGDP$、$\ln INVEST$、$\ln EX$、$\ln IM$ 和 $\ln FDI$ 建立 VAR 模型。采用常用的 2 种检验方法：ADF 单位根检验和 PP 单位根检验对各变量进行平稳性检验，结果见表5-1。

表 5-1 6 变量平稳性检验

变量	ADF 单位根检验			PP 单位根检验			结论
	(c,t,p)	t 统计量	P 值	(c,t,p)	t 统计量	P 值	
$\ln CGDP$	$(0,0,0)$	26.125	1.000	$(0,0,0)$	24.266	1.000	非平稳
$d\ln CGDP$	$(c,0,1)$	-7.601	0.000	$(c,0,1)$	-7.601	0.000	平稳
$\ln UGDP$	$(c,0,1)$	-1.539	0.508	$(c,0,0)$	-1.690	0.432	非平稳
$d\ln UGDP$	$(c,t,1)$	-3.655	0.033	$(c,t,1)$	-3.655	0.033	平稳
$\ln INVEST$	$(c,t,0)$	-1.685	0.748	$(c,t,0)$	-1.522	0.813	非平稳
$d\ln INVEST$	$(c,0,1)$	-10.144	0.000	$(c,0,1)$	-10.355	0.000	平稳
$\ln EX$	$(c,t,0)$	-3.441	0.054	$(c,t,0)$	-3.221	0.089	平稳
$\ln IM$	$(c,0,1)$	-2.718	0.233	$(c,t,0)$	-2.345	0.405	非平稳
$d\ln IM$	$(c,0,1)$	-5.823	0.000	$(c,0,1)$	-5.855	0.000	平稳
$\ln FDI$	$(c,t,0)$	-4.675	0.002	$(c,t,0)$	-4.690	0.002	平稳

注：(c,t,p) 中 c 表示截距项，t 表示时间趋势，p 表示滞后阶数；c 和 t 的选择根据单位根方程系数的显著性判断，滞后阶数 p 的选择依据 AIC 准则。

可以看出，无论是 ADF 单位根检验还是 PP 单位根检验，其结论是一致的：$\ln CGDP$、$\ln UGDP$、$\ln INVEST$ 和 $\ln IM$ 是非平稳的，但其一阶差分是平稳的，即都是 $I(1)$ 序列；$\ln EX$、$\ln FDI$ 是平稳的 $I(0)$ 序列。关于 VAR 模型对于数据平稳性的要求，越来越多的学者认为，各序列平稳或单整阶数相同是建立变量之间协整关系和误差修正模型(ECM)的必要条件,而对于普通的 VAR 模型而言,这些条件不是必需的,但是合理的 VAR 模型需要通过各种检验。因此,对于包含平稳和非平稳的混合序列,本章仍然采用水平变量建立 VAR 模型,并通过稳定性检验、Granger 检验等验证 VAR 模型的合理性。

对 6 变量 VAR 模型,采用 LR、AIC 等 5 种常用的滞后期判断标准。结果发现选择 1 阶滞后或 2 阶滞后较为合适,结果见表 5-2。

表 5-2　6 变量 VAR 模型滞后期检验

滞后期	logL	LR	FPE	AIC	SC	HQ
0	287.617 5	NA	7.92×10^{-12}	−8.534	−8.335	−8.455
1	829.169	968.228	1.77×10^{-18}	−23.854	−22.460*	−23.303*
2	867.231 6	61.131	1.71×10^{-18}*	−23.916*	−21.328	−22.894
3	888.301	30.008	2.88×10^{-18}	−23.464	−19.682	−21.969
4	933.661 3	56.357*	2.48×10^{-18}	−23.747	−18.771	−21.781

注:根据不同标准,最佳滞后期不同;* 表示符合各种标准的最佳滞后期。

采用 VAR 特征根检验,结果发现 1 阶滞后 VAR 模型有 2 个特征根模大于 1,位于单位圆外,表明该模型并不稳定;2 阶滞后 VAR 模型所有特征根模均小于 1,表明模型是稳定的。因此滞后阶数确定为 2,结果如图 5-1 和图 5-2 所示。

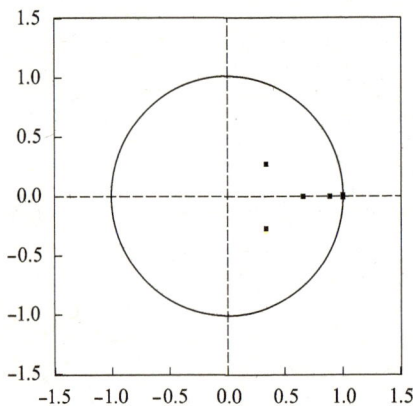

图 5-1　6 变量 1 阶 VAR 稳定性检验

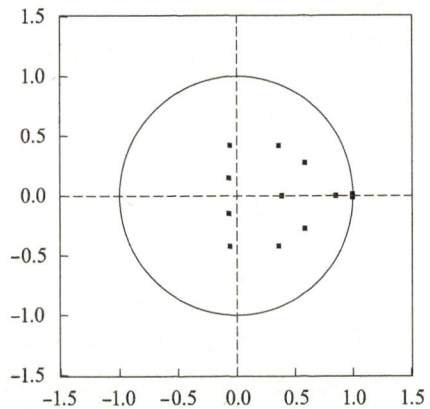

图 5-2　6 变量 2 阶 VAR 稳定性检验

对 6 变量 2 阶滞后 VAR 模型进行 Granger 检验确定内外生变量。结果发现,$\ln IM$ 作为滞后解释变量,在其他 5 个变量作为因变量的回归方程中,均不能拒绝原假设,见表 5-3。

表 5-3　6 变量 VAR 模型关于 $\ln IM$ 的 Granger 检验结果

原假设	χ^2 值	自由度	P 值
$\ln CGDP$ 方程:$\ln IM$ 不是 $\ln CGDP$ 的 Granger 原因	0.327	2	0.849
$\ln UGDP$ 方程:$\ln IM$ 不是 $\ln UGDP$ 的 Granger 原因	1.363	2	0.506
$\ln FDI$ 方程:$\ln IM$ 不是 $\ln FDI$ 的 Granger 原因	1.599	2	0.450
$\ln EX$ 方程:$\ln IM$ 不是 $\ln EX$ 的 Granger 原因	0.781	2	0.677
$\ln INVEST$ 方程:$\ln IM$ 不是 $\ln INVEST$ 的 Granger 原因	3.027	2	0.220

其他各变量作为滞后解释变量,至少在一个方程中能拒绝原假设。因此,可以将 $\ln IM$ 视为外生变量,VAR 模型需要在不考虑 $\ln IM$ 变量的情况下重新构建。

2)5 变量 VAR 模型

滞后期检验结果发现,对于 5 变量 VAR 模型,选择 1 阶滞后或 4 阶滞后较为合适,结果见表 5-4。

表 5-4　5 变量 VAR 模型滞后期检验

滞后期	$\log L$	LR	FPE	AIC	SC	HQ
0	212.266	NA	1.29×10^{-9}	-6.281	-6.115	-6.215
1	703.254	892.705	9.52×10^{-16}	-20.402	-19.406^*	-20.008^*
2	733.600	50.577	$8.20 \times 10^{-16*}$	-20.564	-18.739	-19.843
3	749.265	23.735	1.13×10^{-15}	-20.281	-17.627	-19.232
4	786.144	50.290^*	8.38×10^{-16}	-20.641^*	-17.157	-19.264

注:* 表示显著性小于 0.1。

采用 AR 特征根检验,结果发现 1 阶滞后 VAR 模型有 2 个特征根模大于 1,位于单位圆外,表明该模型并不稳定;4 阶滞后 VAR 模型所有特征根模均小于 1,表明模型是稳定的。因此滞后阶数确定为 4,结果如图 5-3 和图 5-4 所示。

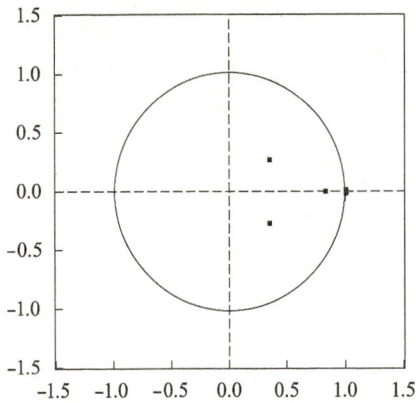

图 5-3　5 变量 1 阶 VAR 稳定性检验

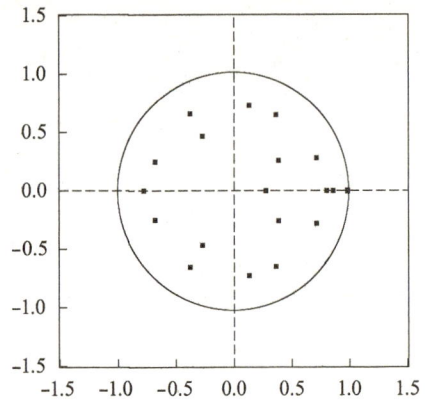

图 5-4　5 变量 4 阶 VAR 稳定性检验

对 5 变量 4 阶 VAR 模型进行 Granger 检验。5 个变量分别作为滞后解释变量，至少在 1 个方程中拒绝原假设，结果见表 5-5。

表 5-5　5 变量 VAR 模型 Granger 检验结果

原假设		χ^2 值	自由度	P 值
lnCGDP 方程	ln$UGDP$ 不是 ln$CGDP$ 的 Granger 原因	11.356	4	0.023
	lnEX 不是 ln$CGDP$ 的 Granger 原因	9.124	4	0.058
lnUGDP 方程	lnFDI 不是 ln$UGDP$ 的 Granger 原因	8.626	4	0.071
lnFDI 方程	ln$UGDP$ 不是 lnFDI 的 Granger 原因	10.264	4	0.036
	lnEX 不是 lnFDI 的 Granger 原因	12.494	4	0.014
	ln$INVEST$ 不是 lnFDI 的 Granger 原因	10.099	4	0.039
lnEX 方程	ln$UGDP$ 不是 lnEX 的 Granger 原因	10.464	4	0.033
lnINVEST 方程	lnEX 不是 ln$INVEST$ 的 Granger 原因	14.856	4	0.005

因此，5 个变量可以作为内生变量。最终 VAR 模型确定为 5 变量 4 阶 VAR 模型。

5.2.3　SVAR 模型

由于 VAR 模型的解释变量都是各个变量的滞后项，因此，VAR 模型无法反映出各个变量之间的同期相关关系。为此，本章在 5 变量 4 阶 VAR 模型的基础上，建立能反映各变量同期相关关系的结构 VAR(SVAR)模型，利用 SVAR 模型进一步分析各变量之间的关系。

5 变量 4 阶滞后 SVAR 模型的结构式可以表示为

$$AX_t = \Gamma_1 X_{t-1} + \Gamma_2 X_{t-2} + \Gamma_3 X_{t-3} + \Gamma_4 X_{t-4} + u_t \qquad (5\text{-}1)$$

式中，$A = \begin{bmatrix} 1 & -a_{12} & \cdots & -a_{15} \\ -a_{21} & 1 & \cdots & -a_{25} \\ \vdots & \vdots & & \vdots \\ -a_{51} & -a_{52} & \cdots & 1 \end{bmatrix}$ 为同期相关矩阵；$\Gamma_i =$

$\begin{bmatrix} \gamma_{11}^{(i)} & \gamma_{12}^{(i)} & \cdots & \gamma_{15}^{(i)} \\ \gamma_{21}^{(i)} & \gamma_{22}^{(i)} & \cdots & \gamma_{25}^{(i)} \\ \vdots & \vdots & & \vdots \\ \gamma_{51}^{(i)} & \gamma_{52}^{(i)} & \cdots & \gamma_{55}^{(i)} \end{bmatrix}$ 为系数矩阵（$i = 1, 2, 3, 4$）；$X_t = (\ln CGDP_t, \ln UGDP_t,$

$\ln FDI_t, \ln EX_t, \ln INVEST_t)'$ 代表各内生变量；$u_t = (u_t^{\ln CGDP}, u_t^{\ln UGDP}, u_t^{\ln FDI},$ $u_t^{\ln EX}, u_t^{\ln INVEST})'$ 为结构式的扰动项，表示中国 GDP、美国 GDP、美国对中国直接投资、美国对中国出口和中国固定资产投资的结构性冲击。为了获得冲击的标准偏差，假定各变量的随机扰动项均为白噪声序列，相互正交，协方差为 0，即 $u_t \sim VWN(0, I_n)$。一般而言，结构式扰动项不能直接获得，需要通过简化式的扰动项计算获得。

假设同期相关矩阵 A 可逆，可以由结构式得到简化式：

$$\begin{aligned} X_t &= A^{-1}\Gamma_1 X_{t-1} + A^{-1}\Gamma_2 X_{t-2} + A^{-1}\Gamma_3 X_{t-3} + A^{-1}\Gamma_4 X_{t-4} + A^{-1}u_t \\ &= C_1 X_{t-1} + C_2 X_{t-2} + C_3 X_{t-3} + C_4 X_{t-4} + \varepsilon_t \end{aligned} \qquad (5\text{-}2)$$

式中，$C_i = A^{-1}\Gamma_i$（$i = 1, 2, 3, 4$），$\varepsilon_t = (\varepsilon_t^{\ln CGDP}, \varepsilon_t^{\ln UGDP}, \varepsilon_t^{\ln FDI}, \varepsilon_t^{\ln EX}, \varepsilon_t^{\ln INVEST})'$，为简化式的扰动项。可以看出，每个变量简化式方程的扰动来自于结构性冲击，并且是结构扰动项的线性组合。因此，可以通过 $\varepsilon_t = A^{-1}u_t$ 计算出结构性冲击，而关键对在于同期相关矩阵 A 的估计。

Amisano 等（1997）对 SVAR 模型的参数估计进行了详细的分析。根据他们的研究成果，对于形如 $A\varepsilon_t = Bu_t$ 的 AB 型 SVAR 模型，如果矩阵 A 和 B 的所有参数都是未知的，那么模型将不可识别，因此必须对矩阵中的某些参数进行约束。对具有 k 个内生变量的 AB 型 SVAR 模型，需要对模型至少施加 $2k^2 - k(k+1)/2$ 个约束才能进行有效识别。事实上，在多数的 SVAR 模型中，对于矩阵 A 和 B 已经施加了一定的约束。在本章的模型中，同期相关矩阵 A 的对角线元素均为 1，即施加了 k 个约束，矩阵 B 为单位矩阵，矩阵中所有的元素都施加了约束，因而约束的个数为 k^2。因此，对模型至少需要施加约束的个数为 $2k^2 - k(k+1)/2 - (k+k^2)$。此时，模型恰好识别，可以通过完全信息极大似然法（FIML）估计出矩阵 A 的未知参数。但是，多数情况下模型恰好识别时，估计得到的未知参数未必都能通过显著性检验。如果有参数不能通过显著性检验,表明模型设定存在问题,随后的结构脉冲响应函数分析也可能产生偏误。此时,可以考虑对矩阵施加更多的约束,以代替部分不显著的未知参数,这就产生了过渡识别。当出现过渡识别时,在对矩阵参数进行估计时需要施加过渡识别约束,约束是否有效可以通过 LR 检验加以判断。

在对矩阵进行约束时,需要结合多种因素加以综合考虑。通常考虑的因素包括各方程残差的同期相关性、参数估计值的显著性水平及实际的经济意义,等等。综合这些因素,对同期相关矩阵 A 的约束如下。

约束条件 1:考虑到美国经济规模巨大并具有外向性,假设当期中国 GDP 受到当期美国 GDP 的影响;同时,由于中国国内固定资产投资与 GDP 有密切联系,当期中国 GDP 也会受到固定资产投资的影响。而美国对中国 FDI 和美国对中国出口对于中国 GDP 的影响可能有一定滞后性,因而假设当期中国 GDP 不受当期美国对中国 FDI 和美国对中国出口的影响,即 $a_{13} = a_{14} = 0$。

约束条件 2:假设当期美国 GDP 受到当期中国 GDP 的影响,不受当期美国对中国直接投资、美国对中国出口及中国固定资产投资的影响,即 $a_{23} = a_{24} = a_{25} = 0$。

约束条件 3:假设当期美国对中国直接投资受到当期美国对中国出口的影响,不受当期中国 GDP、美国 GDP 和中国固定资产投资的影响,即 $a_{31} = a_{32} = a_{35} = 0$。

约束条件 4:假设当期美国对中国出口受到当期美国对中国直接投资和当期中国固定资产投资影响,不受当期中国 GDP 和美国 GDP 的影响,即 $a_{41} = a_{42} = 0$。

约束条件 5:假设当期中国固定资产投资受到当期中国 GDP 和美国 GDP 的影响,不受当期美国对中国直接投资和美国对中国出口的影响,即 $a_{53} = a_{54} = 0$。

因此,简化式扰动项 $\boldsymbol{\varepsilon}_t$ 与结构冲击 $\boldsymbol{u}_t$ 的线性关系可以表示为以下方程:

$$\varepsilon_t^{\ln CGDP} = a_{12}\varepsilon_t^{\ln UGDP} + a_{15}\varepsilon_t^{\ln INVEST} + u_t^{\ln CGDP} \tag{5-3}$$

$$\varepsilon_t^{\ln UGDP} = a_{21}\varepsilon_t^{\ln CGDP} + u_t^{\ln UGDP} \tag{5-4}$$

$$\varepsilon_t^{\ln FDI} = a_{34}\varepsilon_t^{\ln EX} + u_t^{\ln FDI} \tag{5-5}$$

$$\varepsilon_t^{\ln EX} = a_{43}\varepsilon_t^{\ln FDI} + a_{45}\varepsilon_t^{\ln INVEST} + u_t^{\ln EX} \tag{5-6}$$

$$\varepsilon_t^{\ln INVEST} = a_{51}\varepsilon_t^{\ln CGDP} + a_{52}\varepsilon_t^{\ln UGDP} + u_t^{\ln INVEST} \tag{5-7}$$

在上述假设下,该模型是过渡识别的。对矩阵 A 施加过渡识别约束,估计结果见表 5-6。

从表 5-6 可知,各个未知参数的估计值都至少在 10% 的水平上是显著的,同时 LR 过渡识别检验结果中 P 值大于 0.1,表示即使在 10% 的显著性水平上也不能拒绝过渡识别约束的原假设,表明过渡识别约束是有效的。因此,可以采用上述 SVAR 模型分析各变量之间的关系。

表 5-6　同期相关矩阵 A 的估计结果

	$\ln CGDP$	$\ln UGDP$	$\ln FDI$	$\ln EX$	$\ln INVEST$
$\ln CGDP$	1	33.672 (17.068)**	0	0	25.968 (2.264)***
$\ln UGDP$	159.936 (13.941)***	1	0	0	0
$\ln FDI$	0	0	1	16.623 (1.451)***	0
$\ln EX$	0	0	6.681 (0.586)***	1	8.568 (3.221)***
$\ln INVEST$	33.102 (19.897)*	139.261 (12.234)***	0	0	1

LR 过渡识别检验:$\chi^2(7)=6.549$;$P=0.477$

注:括号内数值为标准差;*** 、** 和 * 分别代表 1%、5% 和 10% 的显著性水平。

5.3　冲击效应和传导机制检验

在 SVAR 模型构建之后,可以利用结构脉冲响应函数的曲线形状和响应数值的大小分析美国经济衰退对中国实体经济的冲击效应和传导机制。首先,从总体上考察美国 GDP 对表征中国实体经济的 2 个变量:中国 GDP 和中国固定资产投资的冲击效应。其次,对传导机制进行分析,即对可能的 2 个传导渠道:美国对中国直接投资和美国对中国出口,分析它们是否会对中国的实体经济产生显著的传导作用。

5.3.1　美国经济衰退对中国实体经济的冲击效应

1) 美国 GDP 对中国 GDP 的冲击效应

图 5-5 所示为 $\ln CGDP$ 对 $\ln UGDP$ 结构冲击的脉冲响应函数曲线。对于 $\ln UGDP$ 施加 1 个单位标准差的正向结构冲击,$\ln CGDP$ 在第一季度达到了最大的正向响应 0.624 3%。随着时间的推移,响应程度逐渐下降,趋于收

敛,但始终保持为正向响应。累计脉冲响应数值达到 4.809 3%。SVAR 模型的同期相关矩阵显示,lnUGDP 对 lnCGDP 同期影响系数为 33.672,即美国 GDP 增加 1%,会使中国 GDP 同期增长 33.672%,可见美国 GDP 对中国 GDP 的当期影响非常显著。综合结构脉冲响应函数和 SVAR 模型同期相关矩阵的结果,可以得出结论:美国 GDP 对中国 GDP 的同向冲击效应是显著的,并且当期

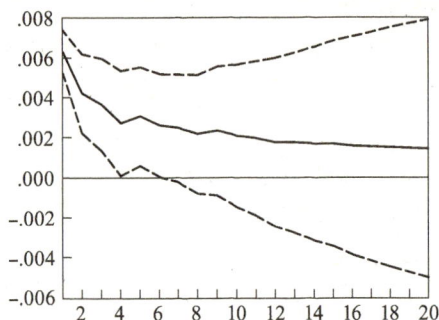

图 5-5 lnCGDP 对 lnUGDP 结构冲击的
脉冲响应函数曲线

的冲击效应更为明显。而这一结论与实际情况也较为吻合:美国经济衰退对中国实体经济的冲击在 2008 年最为明显,随后的负面影响逐渐减弱。

2) 美国 GDP 对中国固定资产投资的冲击效应

图 5-6 所示为 lnINVEST 对 lnUGDP 结构冲击的脉冲响应函数曲线。对于 lnUGDP 施加 1 个单位标准差的正向结构冲击,ln INVEST 从第一季度微弱的正向响应迅速转变为第二季度负向响应,并在第四季度达到负向响应的最大值1.089 4%。随后,负向响应在第五季度减弱,在第六季度转变为正向响应,并在第七季度达到正向响应的最大值0.617 4%。以后各期,虽然响应有一定波动,但都是正向响应,累计脉冲响应数值达到 2.760 7%。由此可以看出,在短期内,中国固定资产投资对美国 GDP 正向冲击的响应有一定的波动,但就长期而言,正向响应仍然较为显著。

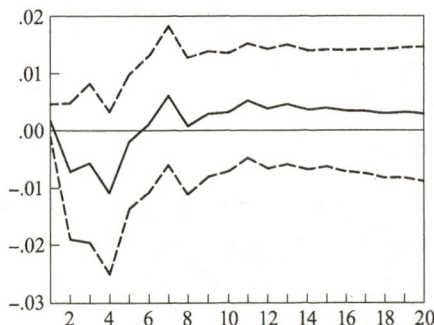

图 5-6 lnINVEST 对 lnUGDP 结构冲击的
脉冲响应函数曲线

因此,美国 GDP 对于中国 GDP 和固定资产投资的同向冲击效应都是显著的。根据这一结果,当美国爆发经济危机引发实体经济衰退时,应该会对中国实体经济产生明显的负面冲击,而这也是与客观实际情况吻合的。在此基础上,下面进一步对传导机制进行分析。

5.3.2 美国经济衰退对中国实体经济的传导机制

1) 基于美国对中国出口的传导渠道分析

美国 GDP 对美国对中国出口的冲击效应如图 5-7 所示。对于 lnUGDP 施加 1 个单位标准差的正向结构冲击，lnEX 在第二季度达到正向响应的最大值 1.018%，即 lnEX 对于 lnUGDP 的正向响应存在一个季度的滞后。第三季度开始正向响应下降，并在第四季度转变为负向响应。第五到第八季度的响应在正负响应之间波动，第九季度开始，转变为持续和稳定的正向效应，累计响应数值为 2.125 7%。因此，美国 GDP 对于美国对中国出口具有显著的同向冲击。

美国对中国出口对于中国 GDP 的冲击效应如图 5-8 所示。对于 lnEX 施加 1 个单位标准差的结构冲击，lnCGDP 的响应在第一季度为 0，从第二季度开始，以后各期的响应均为正，并在第二十季度达到最大值 0.485 2%，累计脉冲响应数值为 6.683 4%，这表明美国对中国出口对于中国 GDP 的同向冲击非常显著。

美国对中国出口对于中国固定资产投资的冲击效应如图 5-9 所示。对于 lnEX 施加 1 个单位标准差的正向结构冲击，lnINVEST 的响应在第一季度为 0，从第二季度开始迅速上升，并在第五季度和第八季度出现两次正向响应的高峰，分别为 1.282 8% 和 1.292 7%。以后各期正向响应虽

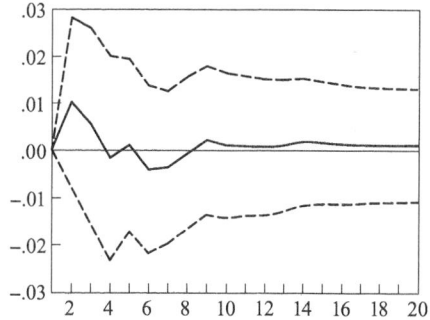

图 5-7　lnEX 对 lnUGDP 结构冲击的脉冲响应函数曲线

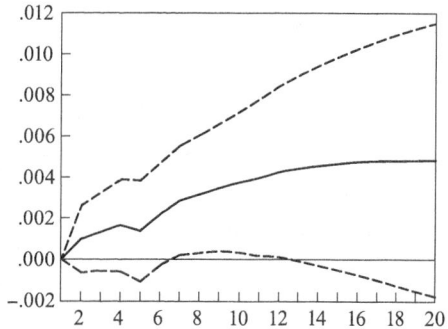

图 5-8　lnCGDP 对 lnEX 结构冲击的脉冲响应函数曲线

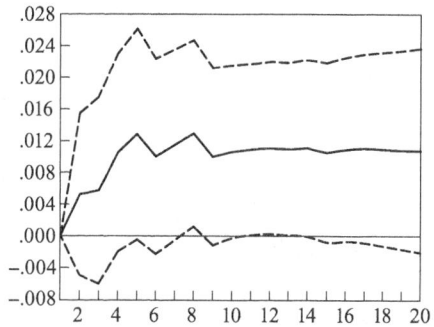

图 5-9　lnINVEST 对 lnEX 结构冲击的脉冲响应函数曲线

然有所下降,但基本保持在 1% 左右,累计脉冲响应数值为 25.057 9%。可以看出,与对中国的 GDP 的冲击相比,美国对中国出口对于中国固定资产投资的同向冲击效应更加显著。

综合上述分析,当美国 GDP 波动时,会通过美国对中国出口这一渠道,对中国的 GDP 和固定资产投资产生显著的同向冲击。因此,美国对中国出口渠道是美国经济衰退的一条重要实体传导渠道。

2)基于美国对中国直接投资的传导渠道分析

美国 GDP 对于美国对中国直接投资的冲击效应如图 5-10 所示。对于 lnUGDP 施加 1 个单位标准差的正向结构冲击,lnFDI 在第二季度达到负向响应最大值 2.249 4%,在第三季度迅速转变为正向响应,并在第五季度达到正向响应的最大值 3.694 8%;随后响应在正负之间波动,并逐渐趋向于 0。从图形可以看出,lnFDI 对 lnUGDP 冲击的同向响应主要体现在第三到第六季度的短

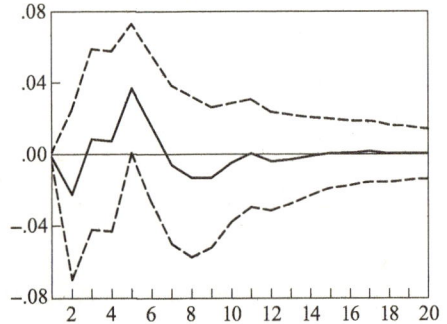

图 5-10 lnFDI 对 lnUGDP 结构冲击的脉冲响应函数曲线

期,累计脉冲响应数值为 0.267 4%,可见 lnFDI 对 lnUGDP 冲击的响应总体是同向的,但与 lnEX 对 lnUGDP 冲击的响应相比要小得多。

美国对中国直接投资对于中国 GDP 的冲击效应如图 5-11 所示。对于 lnFDI 施加 1 个单位标准差的正向结构冲击,lnCGDP 的响应在第三季度达到负向响应最大值 0.290 6%。随后负向响应持续减弱,并在第七季度转变为正向响应;以后各期,正向响应持续增加,累计脉冲响应数值为 4.099 4%。可见,美国对中国直接投资对于中国 GDP 的同向冲击效应存在大约 6 个季度的时滞,并且长期冲击效应较为显著。

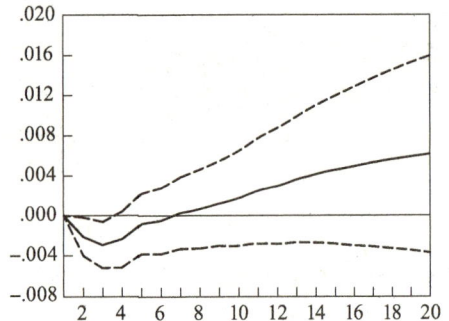

图 5-11 lnCGDP 对 lnFDI 结构冲击的脉冲响应函数曲线

美国对中国直接投资对于中国固定资产投资的冲击效应如图 5-12 所示。对于 lnFDI 施加 1 个单位标准差的正向结构冲击,lnINVEST 的响应从第一

季度到第四季度在正负之间波动,并
在第四季度达到负向响应最大值
0.945 5%;随后在第五季度迅速转变
为正向响应,并最终趋于稳定,正向响
应大约存在 1 年的时滞。累计脉冲响
应数值 14.316 8%,可见同向冲击的
长期效应是稳定和持久的。

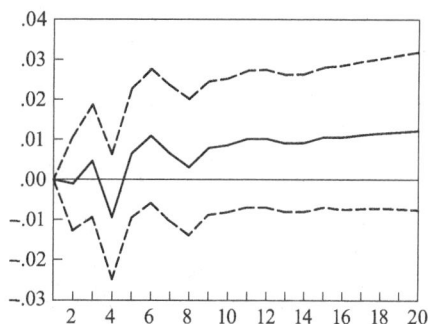

图 5-12 ln*INVEST* 对 ln*FDI* 结构冲击的
脉冲响应函数曲线

因此,无论是中国的 GDP 还是固
定资产投资,对于美国对中国直接投
资正向冲击的正向响应都是显著的。
因此,美国对中国直接投资也是美国
经济衰退的另一条实体传导渠道。将这一渠道与美国对中国出口渠道的冲
击效应进行对比,结果见表 5-7。

表 5-7　两条传导渠道冲击效应比较

基于美国对中国出口渠道的冲击效应	ln*EX* 对 ln*UGDP* 结构冲击响应累计值	2.125 7%
	ln*CGDP* 对 ln*EX* 结构冲击的响应累计值	6.683 4%
	ln*INVEST* 对 ln*EX* 结构冲击响应累计值	25.0579%
基于美国对中国直接投资渠道的冲击效应	ln*FDI* 对 ln*UGDP* 结构冲击响应累计值	0.267 4%
	ln*CGDP* 对 ln*FDI* 结构冲击响应累计值	4.099 4%
	ln*INVEST* 对 ln*FDI* 结构冲击响应累计值	14.316 8%

可以看出,基于美国对中国直接投资渠道的冲击效应均小于相应的美国
对中国出口渠道的冲击效应,因此这一渠道的传导作用相对较弱。

5.4　结论和对策建议

本章通过建立施加过渡识别约束的 SVAR 模型,利用结构脉冲响应函数
分析了美国经济衰退对中国实体经济的冲击效应和传导机制,主要形成了以
下结论:第一,美国经济衰退对中国 GDP 和固定资产投资具有显著的负面冲
击效应;第二,美国经济衰退对中国 GDP 和固定资产投资的实体传导渠道包
括美国对中国出口和美国对中国直接投资;第三,与美国对中国出口渠道相
比,基于美国对中国直接投资传导渠道的传导效应相对较弱。由于结构脉冲
响应函数的结果无论对于经济衰退和繁荣的冲击都具有解释力,因此,基于

冲击和传导渠道两面性的考虑,结合以上结论,提出如下对策建议。

1)坚持扩大内需方针,增强自身实力

在开放的条件下,一国实体经济很容易受到外部的冲击而引发衰退,本章的实证分析已经对这一点做了验证。因此,首先必须考虑如何减少外部冲击的负面影响。在当前经济形势下,扩大内需仍然是有效应对金融危机、增强自身经济发展动力、保持经济长期平稳较快发展的重要举措。具体而言,应该通过财政政策和收入再分配政策增加低收入者收入,提高中等收入者比重,鼓励创业就业,进而拉动最终消费需求;通过加大基础设施投资、鼓励扩大民间投资等措施,拉动投资需求。总而言之,要通过自身经济实力的增强,减少外部冲击的干扰。

2)改变出口商品结构,提高出口商品附加值

实证分析结果显示,美国从中国进口,即中国对美国出口并不是主要的实体传导渠道。如果从贸易流量上看,中国对美国长期保持贸易顺差,似乎中国对美国出口应该是重要的传导渠道之一。但是,如果从中国对美国出口的商品结构去考察,就容易解释本章的结论。中国对美国出口的商品以资源性产品、劳动密集型的低附加值工业制成品和半成品、日用消费品为主,而劳动密集型产品又占有较大比重。总体而言,这些商品需求收入弹性较低,当美国爆发金融危机导致国民收入明显下降时,对中国进口商品的需求幅度下降不多,因而不会通过这一渠道对中国实体经济产生明显的负面冲击。根据2008年12月海关统计数据,中国进出口总值1833.3亿美元,同比下降11%,其中进口下降21.3%,出口下降2.8%,与进口相比,出口的下降幅度要小得多,可见这一结论与客观实际较为吻合。

但是,如果考虑到传导渠道的两面性,我国应该着力改变目前的出口商品结构,增加出口商品附加值,提高资本密集型和技术密集型商品出口的比重;当美国经济复苏时,可以通过大量增加对中国商品的需求促进中国实体经济增长。同时,这一出口战略也是增强我国商品国际竞争力的重要举措。

3)进一步增加从美国进口商品技术含量

实证分析结果显示,美国对中国出口,即中国从美国进口是重要的实体传导渠道。从进口对实体经济的作用机理分析,可以对这一结论做出解释。一般而言,东道国增加技术先进商品的进口能导致国内市场竞争深化,促使企业优胜劣汰,优化本国市场结构,诱导国内新兴产业的成长,更能够通过技术外溢提高本国的全要素生产率,从而促进国内经济增长。考察美国对中国出口商品结构,可以发现美国对中国出口的商品主要以资本密集型、技术密集型和高新技术工业制成品为主,包括机械与运输设备、工业原料和化工产

品,这些进口商品在上述机制作用下对中国经济产生了积极的促进作用。而美国金融危机的爆发导致美国对华出口大幅下降,同样也通过这一渠道对中国实体经济产生明显的负面冲击。

但我们同时也应该看到,出于政治原因的考虑,美国政府在对华高科技产品出口方面采取种种限制措施,在一定程度上抑制了这一渠道正向作用的发挥。因此,应该采取政治、经济、外交等手段,进一步扩大美国对中国出口规模,增加从美国进口商品的技术含量,充分发挥这一渠道的正向促进作用。

4) 加强对美国在华投资企业的监管与引导

实证分析结果显示,美国对中国直接投资是另一条实体传导渠道,但作用相对较弱,这可以从美国对华投资的特点进行分析。美国对华投资主体多为大型跨国公司,拥有较先进的技术经验和管理体制;为了克服市场不完全的不利影响并保持垄断优势,美国在华投资企业中独资企业比重较高,这使得国内企业难以通过学习、模仿等手段获得美国企业较为先进的技术,是制约技术溢出效应发挥的不利因素之一。此外,由于美国在华投资企业整体实力较强,为了实现全球化经营的战略意图,其生产所需的原材料多数都采用全球采购的方式获得,在中国国内采购的比重偏低,使中国国内企业也难以通过产业前后向关联的方式获得美国企业的技术溢出。在上述因素的影响下,基于美国对中国直接投资渠道对中国实体经济的冲击作用较弱,为了提高引资效果,应采取措施,加强国内企业与美资企业的合作和交流,提高美资企业在华采购比例,促进技术溢出效应的发挥。虽然这一渠道的冲击作用较弱,但 2008 年金融危机爆发后,美国在华投资出现了大量裁员和资本的非正常撤资,对中国经济仍然产生了一定的负面影响。因此,应健全和完善与外商投资相关的政策体系和法律体系,建立外商投资风险预防机制,对在华投资企业实行有效的监督和管理。

第6章　危机性产业衰退传导对本土区域产业发展的影响研究

当前国际产业的相互联系日益紧密,一旦局部发生衰退,其影响将在短期内迅速向全球蔓延。始于 2007 年的美国金融危机不仅波及实体经济,而且沿国际产业链的分工布局在全球实体产业间迅速蔓延,导致全球经济衰退。从 2012 年美国财政悬崖和全球实体产业调整的趋势来看,美国金融危机的后续影响和国际的传导效应远未结束,并将在全球范围内长期存在。作为"世界工厂"的中国企业,大部分处于国际产业链的低端,极易成为危机性产业衰退国际传导的基本载体。

产业衰退是产业从兴盛走向不景气进而走向衰败的过程。产业衰退有自然衰退和偶然衰退 2 种类型。自然衰退是衰退自然而然地到来,是内在因素主导下发生的衰退,体现出一种客观必然性。偶然衰退是外在特殊因素起决定性作用而导致的结果。按照衰退性质的不同,将产业衰退划分成自然性衰退、结构性衰退和危机性衰退三类。

6.1　危机性产业衰退传导对本土区域产业发展影响的表现形式

危机性产业衰退是指当可能危及产业安全与稳定的外部事件发生时,由于有限理性与有限道德的放大作用,引起产业恐慌与产业链的非正常运转,导致在一段时期内出现暂时性的产业停滞或衰退的现象。

6.1.1　危机性外部事件

危机性外部事件主要来自于本土以外的,由于经济、外交、政策法令或社会的原因所造成的重大突发事件,主要有爆发快、传播广和打击大等特点,例如世界性的金融危机或是一国对他国采取贸易限制措施等。

1) 世界性金融危机

世界性金融危机指的是金融资产或金融机构或金融市场的危机,具体表现为金融资产价格大幅下跌或金融机构倒闭或濒临倒闭或某个金融市场如股市或债市暴跌等。由于金融资产的流动性非常强,因此金融的国际性非常强。金融危机的导火索可以是任何国家的金融产品、市场和机构等。比如1930 年引发西方经济大萧条的金融危机,1997 年亚洲金融危机和 2007 年爆发的美国次贷危机等。

(1) 1929—1933 年世界经济危机

这次经济危机是从美国开始的。1929 年 10 月 24 日,美国纽约股市暴跌,1929 年 10 月 28 日,美国纽约华尔街证券交易所股市崩溃,大危机由此开始。紧接着就是银行倒闭、生产下降、工厂破产、工人失业。大危机从美国迅速蔓延到整个欧洲和除苏联、蒙古以外的全世界。

工业生产大幅度下降。危机时期,西方工业生产下降 37.2%,其中美国下降 40.6%,法国下降 28.4%,英国下降 16%,日本下降 8.4%,主要国家的生产退回到 20 世纪初或 19 世纪末的水平。

企业大批破产,工人大量失业,经济损失严重。危机时期,美国倒闭的企业数达 14 万家(另外还有近 1 万家银行),德国为 6 万家,英国为 3.2 万家。西方的全失业工人超过 3 000 万,加上半失业者达 4 000 万~4 500 万。1932 年,按完全失业工人计算的失业率,德国为 43.8%,美国为 32%,英国为 22%。由于股价暴跌和生产停工而遭受的经济损失达 2 600 亿美元,超过第一次世界大战造成的损失。

世界商品市场急剧萎缩,关税战、贸易战加剧。美国于 1930 年将应税进口商品平均税率提高到 53.2%;英国从 1932 年起实行帝国特惠制;德国限制进口量;法国实行进口配额制。结果,1929—1933 年间资本主义世界贸易额缩小 2/3,退到 1919 年的水平。

世界货币秩序遭到破坏,金本位制崩溃。1931 年 7 月,德国实行外汇管制;同年 9 月,英国率先放弃金本位制,英镑汇率自由浮动;美国于 1933 年限制黄金出口和私人拥有黄金,实行美元贬值;法国于 1933 年筹组金集团,失败后于 1936 年也放弃了金本位制。到 20 世纪 30 年代中期,几乎所有国家都放弃了金本位制,逐渐形成英镑区、美元区和法郎区,由此统一的资本主义世界货币体系瓦解了。20 世纪 30 年代的大危机对资本主义世界经济是个沉重的打击。世界工业生产直到 1936 年才恢复到 1928 年的水平。

(2) 1997 年亚洲金融危机

1997 年 7 月 2 日,泰国宣布放弃固定汇率制,实行浮动汇率制,引发了一场遍及东南亚的金融风暴。亚洲各国大批企业破产、银行倒闭、股市崩溃、房价下跌、汇率贬值、失业率上升,人民生活受到严重影响,经济遭受严重打击,造成经济衰退。除此之外,更冲击到俄罗斯和拉丁美洲。

危机迫使除了港币之外的所有东南亚主要货币在短期内急剧贬值,以及东南亚各国货币体系和股市的崩溃。以 1998 年 3 月底与 1997 年 7 月初的汇率做比较,各国股市都缩水 1/3 以上。各国货币对美元的汇率跌幅在 10%～70%以上,受打击最大的是泰铢、韩元、印尼盾和马来西亚令吉,分别贬值 39%、36%、72%和 40%。

危机引发了大批外资撤逃和国内通货膨胀。据估计,印尼、马来西亚、韩国、泰国和菲律宾私人资本净流入由 1996 年的 938 亿美元转为 1998 年的净流出 246 亿美元,仅私人资本一项的资金逆转就超过 1 000 亿美元。

危机导致大批企业、金融机构破产和倒闭。例如,泰国和印尼分别关闭了 56 家和 17 家金融机构,韩国排名前 20 家的企业集团中有 4 家破产,日本则有包括山一证券在内的多家全国性金融机构出现大量亏损和破产倒闭,信用等级普遍下降。泰国发生危机 1 年后,破产停业公司、企业超过万家,失业人数达 270 万;印尼失业人数达 2 000 万。

(3) 2007 年美国次贷危机

美国次贷危机是因次级抵押贷款机构破产、投资基金被迫关闭、股市剧烈震荡引起的风暴,它导致全球主要金融市场出现流动性不足的危机。美国次贷危机从 2006 年春季开始逐步显现,到 2007 年 8 月席卷美国、欧盟和日本等世界主要金融市场。美国次贷危机引发的全球金融危机对世界经济和国际格局的影响深远且复杂。

次贷危机导致美国经济陷入衰退。美国 2007—2012 年经济增长率在 3%左右,仅为金融危机前的一半。危机导致了大量失业,2007 年 12 月美国的失业率升至 5%;而新增就业人口仅 1.8 万,是 2003 年 8 月以来的最低水平。

次贷危机酿成全球危机的传导渠道之一是国际贸易,美国经济下滑和市场疲软通过国际贸易渠道影响全球经济。美国是全球最重要的进口市场,美国经济陷入衰退降低了美国的进口需求,导致其他国家出口减缓,进而影响这些国家的 GDP 增长。这对那些依靠净出口拉动经济增长的国家或地区如德国、加拿大、墨西哥、东亚新兴市场国家、石油输出国等的影响尤为显著。此外,美元大幅贬值损害其他国家出口商品的国际竞争力,特别是那些与美国出口商品构成同质性竞争关系的国家和地区,如欧盟和日本。

2）贸易限制措施

贸易限制措施是指国家广泛利用各种措施对进口和经营领域与范围进行限制,保护本国的产品和服务在本国市场上免受外国产品和服务的竞争,并对本国出口的产品和服务给予优待与补贴。国家对于贸易活动进行干预,限制外国商品、服务和有关要素参与本国市场竞争。其中最为典型的就是"两反一保"。"两反一保"即倾销与反倾销、补贴与反补贴、保障措施和特别保障措施。"两反一保"是世界贸易组织允许的由成员方为保护国内同类产品产业免遭进口产品造成损害而采取的限制进口的政府行为。

世界贸易组织发布的 2013 年 5 月中旬至 11 月中旬《二十国集团贸易措施报告》显示,在这 6 个月里,二十国集团成员采取了 116 项新的贸易限制性措施,主要表现为贸易救济,尤其是发起反倾销调查、提高关税及更为严厉的海关程序。这些措施对被实施国家和地区的相关产业造成了巨大影响。

美国从 2006 年开始对中国进行了反倾销、反补贴合并调查,发起了 31 个案件,其中 24 个案件对中国出口到美国的商品征收了双重的高额关税,阻止中国商品出口到美国。2013 年 10 月 21 日,美国国际贸易委员会决定对原产于中国、日本、韩国的光盘驱动器及其同类组件发起 337 调查。2013 年 10 月 25 日,美国商务部发布公告,决定对原产于中国的取向电工钢发起反倾销、反补贴调查,同时对捷克、德国、日本、韩国、波兰和俄罗斯等国的取向电工钢启动反倾销调查。

欧盟自 2009 年以来也对中国发起了多起双反调查,涉及化工、食品、机械、新能源等多个行业。2013 年 2 月 28 日,欧委会发布公告,对原产于中国的光伏玻璃发起反倾销调查。据初步统计,涉案企业达 200 余家。该案是继光伏产品双反后,对我国光伏产品上游原材料发起的反倾销调查,意在全面限制我国光伏全产业链产品对欧出口。

与反倾销相比,"特保"措施的门槛低、弹性大、易实施,只要进口国认为来自中国的产品对其造成"市场扰乱",即可启动"特保"措施。自 2002 年 5 月西班牙向欧盟委员会提出了对中国柑橘罐头实施特别保障措施的申请以来,我国已进入遭遇"特保"的多发期。机电、纺织等行业先后遭遇了美国、欧盟等国家发起的多起"特保"调查,对我国一些行业的出口构成了严重阻碍。2006 年 4 月 6 日欧盟委员会公布了对中国纺织服装类产品实施"特保"措施的方针,明确了欧盟启动纺织品"特保"措施的必要条件、相关程序和相应措施。根据实施方针,欧盟将对从中国进口的各类纺织服装类产品设立预警区,一旦进口数量进入预警区,欧盟委员会将会自行或应成员方政府要求开展调查,并与中国方面进行非正式磋商。在发起"特保"措施的国家中,美国发起"特保"的势头猛烈,先后对我国出口的轴承传动器,缝纫机针,座椅升降装置和针织布、胸衣、袍服三大类纺织品实施特别保障措施。

6.1.2 危机性产业衰退传导对本土区域产业发展的影响

危机性外部事件主要通过金融渠道、贸易渠道、政策渠道、心理渠道影响本土区域产业发展。

1) 危机性产业衰退传导对本土区域产业发展影响的特点

由于危机性产业衰退是由外部的危机性事件的发生,引起产业恐慌与产业链的非正常运转,导致在一段时期内出现暂时性的产业停滞或衰退的现象,所以它与自然的产业衰退有很大的区别。

(1) 危机性外部事件会在短期内迅速影响本土区域产业的发展

产业具有生命周期,包括成长期、成熟期和衰退期,因此自然的产业衰退是一个完整的、必经的过程。危机性产业衰退是由有可能引起产业恐慌与产业链的非正常运转的外部事件造成的,而危机性外部事件具有爆发性、针对性(贸易限制措施),能够在短时间内对相关的产业部门造成较大影响,即使该产业没有进入衰退期,还处于成长期或成熟期,也会造成该产业短期内衰退。

2007年爆发的次贷危机引起美国经济及全球经济增长的放缓,对中国经济的影响不容忽视。2007年,由于美国和欧洲的进口需求疲软,我国月度出口增长率从2007年2月的51.6%下降至12月的21.7%。美国次贷危机造成我国出口增长下降,一方面引起了我国经济增长在一定程度上放缓;同时,由于我国经济增长放缓,社会对劳动力的需求小于劳动力的供给,整个社会的就业压力增加。

2011年11月9日美国商务部宣布对中国输美太阳能电池(板)开展反倾销和反补贴的"双反"调查,并于2012年10月做出终裁,对中国产晶体硅光伏电池及组件征收18.32%～249.96%的反倾销税,以及14.78%～15.97%的反补贴税。这一裁决立即对中国输美光伏产品造成打击。以多晶硅为例,自2011年9月以来,国内80%的企业已停产,影响波及整个行业超过500亿元的投资。调查显示,2012年中国约有1/3的光伏企业处于停产、半停产状态,多家企业倒闭。美国自中国大陆进口的光伏产品价值从2011年的31亿美元减少至2013年的14.5亿美元。随后,欧盟委员会于2012年9月6日发布公告,对从中国进口的光伏板、光伏电池及其他光伏组件发起反倾销调查。这一系列贸易限制措施对我国光伏产业产生了巨大的冲击。

(2) 危机性外部事件对本土区域产业发展的危害性较大

由于产业有一个清晰的生命周期,当该产业进入衰退期以后,产业中的厂商对自然性衰退有心理预期,可以预先做出未来发展规划,而且产业在发展期和成熟期获得的利润也能在一定程度上弥补产业衰退造成的利润下降。

危机性产业衰退是由可能引起产业恐慌和产业链失调的外部事件造成的。危机性外部事件具有突发性,如世界性的金融危机、贸易限制措施或战争等,本土厂商是无法预见的;而且危机性外部事件破坏性较大。

(3) 危机性产业衰退的后果是不同的

自然衰退的产业将会消失,被新产品替代,如家用缝纫机、卡带游戏机等。而危机性产业衰退不同,当危及产业安全与稳定的外部事件消除后,衰退的产业有可能恢复。

2) 危机性产业衰退传导对本土区域产业发展影响的表现形式

危机性外部事件会通过金融渠道、贸易渠道、政策渠道、心理渠道影响本土区域产业发展,导致 GDP 增速放缓、相关产业产量下降、利润率降低、出口额缩减,以及失业率升高等。

(1) 危机性产业衰退传导影响本土实体经济的发展

次贷危机引发的金融危机是美国 20 世纪 30 年代"大萧条"以来最为严重的一次金融危机。2007 年 8 月美国次贷危机全面爆发以后,全球金融体系受到重大影响,也冲击到了实体经济,引起美国经济及全球经济增长的放缓。以中国为例,2007 年中国 GDP 比上年增长 14.16%;受美国次贷危机的影响,2008—2013 年中国 GDP 增幅分别下降为 9.63%、9.21%、10.45%、9.30%、7.65% 和 7.67%。2008 年中国利用 FDI 比上年增长 21.59%,2009 年利用 FDI 同比下降了 3.62%。

(2) 危机性产业衰退传导影响本土对外贸易的发展

国际市场需求是影响出口的决定性因素。当前,各国经济增长都出现了不同程度的放缓,经济的不景气直接影响人们的购买力和对经济发展前景的信心。

以金融危机为例,2007 年,由于美国和欧洲的进口需求疲软,我国月度出口增长率已从 2007 年 2 月的 51.6% 下降至 12 月的 21.7%。2008 年出口增长额下降至 7.3%,2009 年甚至出现负增长(-18.54%)。2010 年和 2011 年中国出口增长率略有回升,但 2012 年和 2013 年出口增长率仍不足 10%。

除了对整体经济产生影响外,一些贸易限制措施对具体产业出口的影响也是极大的。美国自 2006 年 11 月以来对我国发起"双反"调查共 23 起,特别是金融危机爆发以来,仅 2009 年美国就对我国发起 10 起"双反"调查。2012 年

10 月 10 日,美国商务部对从中国进口的光伏产品做出反倾销、反补贴终裁,征收 14.78%~15.97% 的反补贴税和 18.32%~249.96% 的反倾销税。具体的征税对象包括中国产晶体硅光伏电池、电池板、层压板、面板及建筑一体化材料等,极大地影响了中国输美光伏产品(如表 6-1 和图 6-1 所示)。2012 年 11 月 8 日,欧盟正式启动对华光伏产品反补贴调查。2013 年 6 月 4 日,欧盟委员会宣布,自 6 月 6 日起,欧盟将执行 11.8% 的临时税率,8 月 6 日后税率将涨至 47.6%,其间平均税率为 37.2%~67.9%。

表 6-1　2011—2013 年中国(大陆)输美电池组件情况

万美元

年份	2011	2012	2013
输美金额	312 457.8	208 275.3	149 453.1

资料来源:硅业在线赢硅网(http://www.windosi.com/)。

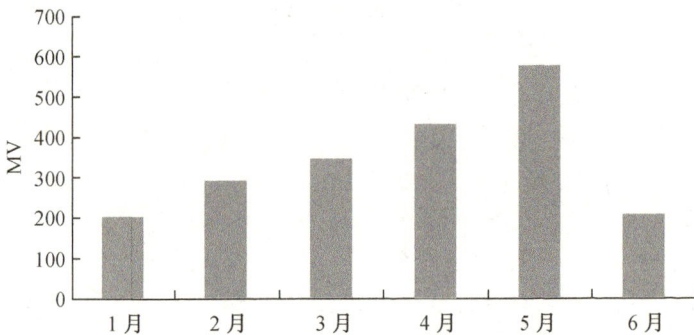

图 6-1　2014 年 1—6 月中国组件出口美国情况

资料来源:硅业在线赢硅网(http://www.windosi.com/)。

(3)危机性产业衰退传导影响本土就业形势的发展

由于我国经济增长放缓,因而社会对劳动力的需求小于劳动力的供给,这使得整个社会的就业压力增加。而大量的中小型加工企业的倒闭,也加剧了失业的严峻形势。以第二产业就业人数为例,2007 年第二产业就业人数比上年增长 6.84%;受大环境的影响,2008 年和 2009 年第二产业就业人数增长率下降至 1%,城镇登记失业率有所上升。2010 年至 2014 年 6 月,第二产业就业人数的增长率都在 3% 左右,较危机前下降了一半。

6.2　危机性产业衰退传导对本土区域产业发展影响的度量

6.2.1　危机性产业衰退传导对本土区域产业发展影响的度量指标体系

危机性外部事件的爆发,可能会造成本土区域产业衰退。亚瑟·伯恩斯将产业衰退描述为"产业的增长百分率随着年龄的增长而趋于下降"。企业战略专家波特教授从战略分析的角度,将衰退产业定义为"在持续的一段时间里产品销售量绝对下降的产业"。综合国内外学者的观点,本书构建了度量危机性产业衰退传导对本土区域产业发展影响的指标体系,如图 6-2 所示。

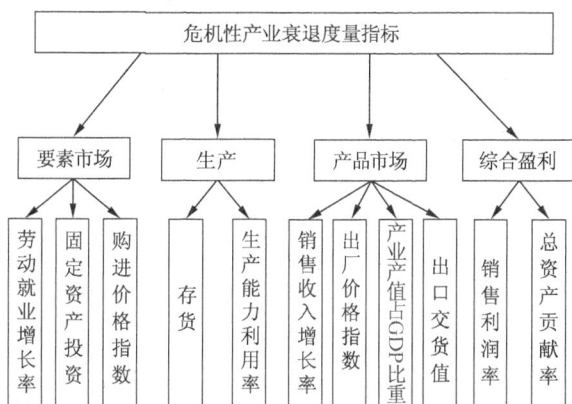

图 6-2　危机性产业衰退度量指标体系

度量危机性产业衰退传导对本土区域产业发展影响的指标可以从要素市场、生产、产品市场和综合盈利 4 个角度进行分类。

1)要素市场角度

从要素市场角度考虑危机性产业衰退传导对本土区域产业发展的影响指标包括劳动就业增长率、固定资产投资和工业生产者购进价格指数。

(1)劳动就业增长率指标

劳动就业增长率指标反映报告期内就业率变动情况。危机性产业衰退传导作用会使本土区域产业短期内萎缩,由于产能的降低,部分产业工人失业,劳动就业增长率不断降低。

(2)固定资产投资指标

固定资产投资指标是以货币形式表现的在一定时期内建造和购置固定

115

资产的工作量及与此有关的费用的总称。该指标是反映固定资产投资规模、结构和发展速度的综合性指标,又是观察工程进度和考核投资效果的重要依据。受危机性产业衰退传导的产业,由于投资渠道和心理预期渠道的影响,短期内会减少对固定资产的投资。

（3）工业生产者购进价格指数

工业生产者购进价格指数是反映工业企业作为生产投入,而从物资交易市场和能源、原材料生产企业购买原材料、燃料和动力产品时,所支付的价格水平变动趋势和程度的统计指标,是扣除工业企业物质消耗成本中的价格变动影响的重要依据。由于危机性产业衰退的传导作用,本土区域产业生产能力降低,原材料和能源消耗随之降低。

2）生产角度

从生产角度考察危机性产业衰退传导对本土区域产业发展的影响指标包括生产能力利用率指标、存货指标。

（1）生产能力利用率指标

生产能力利用率是指企业一个生产项目实际投产运营时生产能力与设计生产能力的比值,它的计算公式为（实际产能／设计产能）×100%。该指标越接近百分之百,说明生产能力利用越充分,实际产出与潜在产出之差越小,经济发展质量越高;反之,说明有部分生产能力被闲置,实际经济发展速度小于潜在经济发展速度,经济发展质量有待提高。

危机性外部事件爆发并通过金融渠道、贸易渠道、政策渠道、心理渠道影响本土区域实体经济的发展。本土经济发展速度放缓,再加上国外需求规模的缩减,导致本土区域很多企业开工不足,生产能力利用率低下。

（2）存货指标

存货是指企业在日常活动中持有以备出售的产成品或商品、处在生产过程中的在产品、在生产过程或提供劳务过程中耗用的材料或物料等,通常包括原材料、在产品、半成品、产成品、商品及周转材料等。由于危机性产业衰退的传导作用,受危机事件影响的产业产品需求增长率下降较快,相关产业产能过剩,产品销售困难,库存增加。

3）产品市场角度

（1）市场占有率指标

市场占有率是指一个企业的销售量（或销售额）在市场同类产品中所占的比重。市场占有率的高低能够在一定程度上说明企业的成长性。当某类产品的市场占有率在一段时间内持续下降,说明该产业成长受到了冲击。

（2）销售收入增长率指标

产业衰退的基本特征就是产品需求下降或停滞，但不能简单理解为销售收入的绝对下降。产业衰退是个动态的概念，因此可以从销售收入增加率的角度来衡量某种产业的成长性。当受到外部危机性事件的冲击时，相关产业的需求量会下降，销售收入增长率随之放缓，甚至出现负增长。

（3）工业生产者出厂价格指数

工业生产者出厂价格指数是反映一定时期内全部工业产品出厂价格总水平的变动趋势和程度的相对数，包括工业企业售给本企业以外所有单位的各种产品和直接售给居民用于生活消费的产品。从该指数可以观察出厂价格变动对工业总产值及增加值的影响。

受外部危机性事件传导而衰退的产业，其产品需求量在短期内会处于下降趋势，受市场经济规律的制约，工业产品价格水平下降。

（4）出口交货值

出口交货值是指工业企业交给外贸部门或自营（委托）出口（包括销往中国香港、中国澳门、中国台湾），用外汇价格结算的产品价值，以及外商来样、来料加工、来件装配和补偿贸易等生产的产品价值。

由于危机性产业衰退可以通过贸易渠道传导，使国际市场需求在短期内大幅下降（如光伏产品），影响本土区域产业的发展，因而会导致出口交货值增长率下降。

4）综合盈利角度

（1）销售利润率

销售利润率持续下降也是衰退产业的特征之一。因为衰退产业中生产能力过剩、需求不足使企业竞相压价（垄断产业除外），最终导致产品价格小于边际成本甚至可能发生价格低于平均成本的恶性竞争，过度竞争必然使产业利润率下降甚至出现行业性亏损。计算方法是一定时期的销售利润总额与销售收入总额的比率。它表明单位销售收入获得的利润，反映销售收入和利润的关系。

（2）总资产贡献率

总资产贡献率反映企业全部资产的获利能力，是企业经营业绩和管理水平的集中体现，是评价和考核企业盈利能力的核心指标。计算公式为

$$总资产贡献率（\%）= \frac{利润总额＋税金总额＋利息支出}{平均资产总额} \times 100\%$$

受危机性产业衰退传导的产业，其总资产贡献率也会不断下降。

6.2.2 危机性产业衰退传导对本土区域产业发展影响的实证分析

根据上面构建的指标体系,结合我国 39 个产业部门,选用产业产品销售收入增长率、产业产值占 GDP 比重、销售利润率、出口交货值增长率分析我国产业遭受危机性产业衰退传导的影响。

1) 危机性产业衰退传导对本土区域产业发展影响的概况

随着改革开放的深入,特别是 2001 年 12 月 11 日中国正式成为 WTO 成员,中国抓住世界经济高度融合的契机,凭借自身的发展优势,实体经济得到了巨大的发展。经过三十多年的高速增长,中国超过日本,成为仅次于美国之后的世界第二大经济体。

由于金融危机的蔓延,加之美国、加拿大、欧盟等诸多国家对我国一些出口量较大的产业实施了"两反一保"等贸易限制措施,我国实体经济和相关产业遭受冲击。2010 年以后,由于我国政府致力于危机的治理,再加上提倡企业的升级转型,我国实体经济有所回暖。

(1)全国规模以上工业企业销售产值增长率持续下降

由于危机性产业衰退传导的作用,从 2007 年到 2011 年,我国大部分产业受到了金融危机的冲击,国内外需求的减少导致规模以上工业企业的销售产值增长率持续下降,特别是纺织服装业、化工业等出口份额较大的产业(见表 6-2)。

由于全国行业数据较多,下面选取煤炭产业、石油产业、纺织业、化工产业等为例作图,如图 6-3 所示。从图 6-3 中可以看出,在 2008 年、2009 年这些产业工业企业销售产值增速下降,主要是由于 2007 年爆发的美国次贷危机迅速席卷全球,影响了本土工业企业销售产值的增长。

(2)全国多家工业企业倒闭或亏损

金融危机首先波及沿海外向型企业。由于《劳动合同法》实施后用工成本的上升,以及人民币升值后出口利润的降低,代工制造的低成本优势几近丧失,大量的代工制造企业已经出现了经营困难。金融危机导致需求下降、出口下降,一些企业缺乏抗风险的能力,在市场严峻的挑战下倒闭。通过抽样调查,到 2008 年年底全国中小企业中歇业、停产或倒闭的约占 7.5%。规模以上的工业企业大多也出现了亏损(见表 6-3),其中纺织业、通用设备制造业、化工业、机电行业企业亏损数增加较为明显。这些都是我国出口份额较大的产业,容易受到外部经济恶化的冲击。除此之外,我国光伏产业受到国外贸易限制措施的重创,以多晶硅为例,从 2011 年 9 月开始,国内 80% 的企业相继停产,影响波及整个行业超过 500 亿元的投资。调查显示,到 2012 年中国约有 1/3 的光伏企业处于停产、半停产状态,多家企业倒闭。

（3）全国规模以上工业企业出口交货值增速放缓

从 2008 年开始,受金融危机的影响,我国大部分工业企业的出口额增长减缓。规模以上工业企业在 2008 年、2009 年出口大幅度降低,甚至出现负增长(见表 6-4),特别是纺织业。2010 年后出口形势有所回暖,但大部分产业仍然达不到危机前的增长水平。

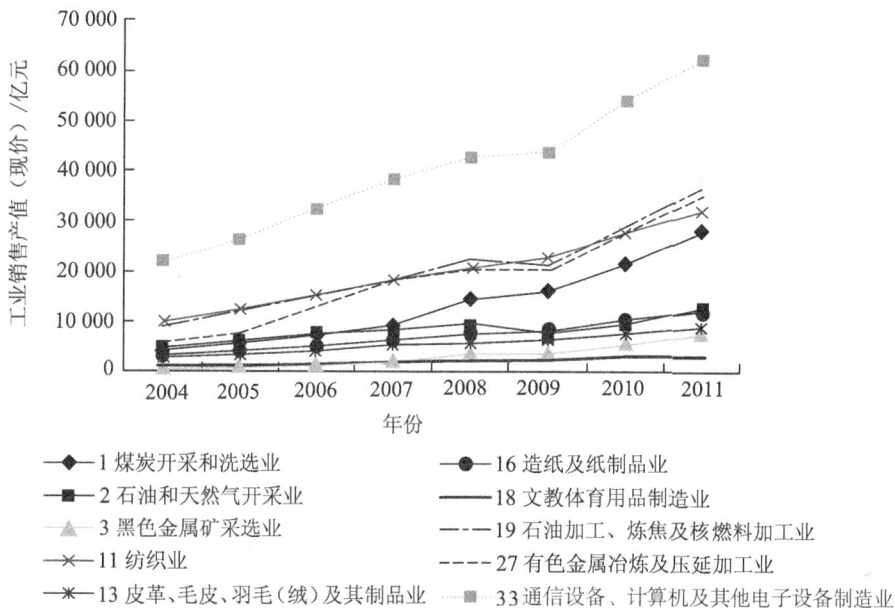

图 6-3　煤炭等行业规模以上工业企业销售产值曲线

表 6-2　全国规模以上工业企业销售产值

序号	行业	工业销售产值（现价）/亿元							
		2004 年	2005 年	2006 年	2007 年	2008 年	2009 年	2010 年	2011 年
	规模以上工业企业	197 805.15	246 946.37	310 828.58	397 626.73	494 733.65	536 134.06	684 735.2	827 796.99
1	煤炭开采和洗选业	4 010.69	5 630.35	7 107.1	9 024.71	14 372.34	16 021.72	21 538.61	28 296.02
2	石油和天然气开采业	4 569.41	6 275.71	7 688.54	8 260.96	9 486.11	7 474.29	9 819.15	12 774.55
3	黑色金属矿采选业	708.33	960.08	1 353.41	2 077.81	3 600.22	3 610.81	5 803.16	7 679.56
4	有色金属矿采选业	789.34	1 118.65	1 638.2	2 229.97	2 634.33	2 713.75	3 695.82	4 892.88
5	非金属矿采选业	579.57	739.73	1 007.03	1 336.09	1 818.51	2 229.22	2 994.72	3 772.32
6	其他采矿业	5.76	8.3	5.11	10.82	10.23	13.51	30.48	16.19
7	农副食品加工业	8 154.99	10 405.56	12 722.34	17 134.78	23 373.92	27 362.87	34 228.93	43 272.65
8	食品制造业	2 813.01	3 697.5	4 612.91	5 920.08	7 461.37	9 001.45	11 049.45	13 795.29
9	饮料制造业	2 389.4	3 020.69	3 825.15	4 962.96	6 068.51	7 259.52	8 915.26	11 542.05
10	烟草制品业	2 589.48	2 881.3	3 213.93	3 791.72	4 440.62	4 908.78	5 846.4	6 839.57
11	纺织业	10 125.79	12 408.2	15 012.96	18 322.13	20 908.03	22 486.61	27 972.91	32 068.29
12	纺织服装、鞋、帽制造业	3 889.16	4 849.34	5 986.04	7 404.41	9 161.78	10 163.81	11 992.48	13 193.69
13	皮革、毛皮、羽毛（绒）及其制品业	2 693.48	3 390.05	4 062.49	5 037.08	5 757.81	6 268.44	7 724.8	8 728.17
14	木材加工及木、竹、藤、棕、草制品业	1 346.82	1 771.78	2 360.35	3 432	4 662.56	5 610.58	7 208.9	8 772.1
15	家具制造业	1 130.89	1 398.35	1 834.04	2 369.84	3 003.72	3 363.3	4 305.23	4 976.72
16	造纸及纸制品业	3 280.88	4 063.31	4 952.35	6 226.18	7 651.68	8 110.39	10 246.3	11 815.18
17	印刷和记录媒介的复制业	1 167.97	1 408.36	1 664.98	2 068.9	2 627.34	2 901.92	3 501.26	3 793.34
18	文教体育用品制造业	1 192.68	1 453.4	1 724.09	2 047.92	2 429.68	2 580.37	3 073.59	3 142.11
19	石油加工、炼焦及核燃料加工业	8 842.95	11 886.98	15 018.66	17 745.55	22 292.05	21 207.27	28 901.13	36 525.65

续表

序号	行业	工业销售产值（现价）/亿元							
		2004 年	2005 年	2006 年	2007 年	2008 年	2009 年	2010 年	2011 年
20	化学原料及化学制品制造业	12 611.58	16 035.9	20 016	26 203.18	33 054.85	35 996.92	46 854.79	59 478.3
21	医药制造业	3 067.47	4 003.14	4 764.23	6 003.96	7 481.92	9 021.74	11 168.5	14 262.31
22	化学纤维制造业	1 905.33	2 564.28	3 151.73	4 006.79	3 876.63	3 779.85	4 868.2	6 507.62
23	橡胶制品业	1 786.75	2 139.31	2 673.03	3 402.06	4 144	4 680.28	5 803.94	7 219.5
24	塑料制品业	4 118.41	4 952.39	6 244.26	7 944.04	9 671.19	10 697.78	13 598.22	15 270.29
25	非金属矿物制品业	7 347.86	8 966.17	11 447.79	15 196.73	20 376.74	24 279.04	31 326.46	39 285.23
26	黑色金属冶炼及压延加工业	16 693.3	21 035.94	25 121.41	33 405.39	43 925.06	41 737.49	51 167.55	63 136.66
27	有色金属冶炼及压延加工业	5 915.24	7 786.85	12 708.93	17 748.66	20 345.16	20 085.55	27 557.16	35 091.06
28	金属制品业	5 033.14	6 440.93	8 347.94	11 214.28	14 653.98	15 620.82	19 649.67	22 882.48
29	通用设备制造业	8 261.02	10 331.81	13 451.55	17 962.89	23 998.78	26 714.99	34 262.9	39 992.18
30	专用设备制造业	4 924.47	5 894.54	7 724.74	10 294.86	14 002.6	16 350.95	20 878.51	25 354.42
31	交通运输设备制造业	13 547.95	15 616.71	19 941.96	26 549.42	32 867.03	40 793.04	54 512.62	62 256.41
32	电气机械及器材制造业	10 954.22	13 564.89	17 776.96	23 398.19	29 643.84	32 558.56	42 057.21	50 141.59
33	通信设备、计算机及其他电子设备制造业	21 810.9	26 403.64	32 362.74	38 538.18	42 928.17	43 680.24	54 190.95	62 567.28
34	仪器仪表及文化、办公用机械制造业	2 159.3	2 736.76	3 471.54	4 238.64	4 824.93	4 976.78	6 267.36	7 444.16
35	工艺品及其他制造业	1 598.55	1 997.7	2 478.85	3 300.83	3 956.91	4 346.26	5 511.61	7 031.4
36	废弃资源和废旧材料回收加工业	197.16	282.63	408.64	670.6	1 096.91	1 423.39	2 270.27	2 555.69
37	电力、热力的生产和供应业	14 682.79	17 746.03	21 518.15	26 367.78	29 749.94	33 316.91	40 449.23	47 164.67
38	燃气生产和供应业	413.51	517.25	732.57	999.13	1 490.03	1 799.92	2 383.88	3 110.92
39	水的生产和供应业	495.62	561.87	695.88	777.21	884.19	984.99	1 107.59	1 148.45

资料来源：中国统计局网站（http://data.stats.gov.cn/workspace/index? m=hgnd）。

表 6-3 全国亏损工业企业（规模以上）单位数

亏损企业单位数/个

序号	行业	2004 年	2005 年	2006 年	2007 年	2008 年	2009 年	2010 年	2011 年
	规模以上工业企业	58 203	48 305	47 135	45 648	65 393	59 868	45 379	30 456
1	煤炭开采和洗选业	634	634	894	983	1 045	1 383	1 115	892
2	石油和天然气开采业	33	15	18	16	38	55	48	42
3	黑色金属矿采选业	210	341	423	255	517	840	402	268
4	有色金属矿采选业	171	177	203	236	439	406	283	137
5	非金属矿采选业	289	243	277	258	288	386	284	128
6	其他采矿业	1	2	2	3	3	2	6	2
7	农副食品加工业	2 740	2 193	2 091	1 934	2 318	1 974	1 644	1 118
8	食品制造业	1 347	1 093	1 042	982	1 178	1 040	960	552
9	饮料制造业	862	710	714	653	720	676	588	420
10	烟草制品业	33	23	11	7	7	5	11	8
11	纺织业	5 375	3 607	3 620	3 703	5 079	4 143	2 874	2 109
12	纺织服装、鞋、帽制造业	2 760	2 202	2 066	2 365	3 320	2 807	2 130	1 050
13	皮革、毛皮、羽毛（绒）及其制品业	1090	865	851	886	1 174	1 028	718	428
14	木材加工及木、竹、藤、棕、草制品业	909	744	762	807	1 054	968	742	368
15	家具制造业	611	514	529	603	982	817	619	392
16	造纸及纸制品业	1 594	1 334	1 247	1 224	1 642	1 396	1 070	667
17	印刷和记录媒介的复制业	1 279	1 041	990	789	1 035	987	770	353
18	文教体育用品制造业	703	591	600	662	994	788	596	317
19	石油加工、炼焦及核燃料加工业	469	540	561	384	519	491	396	389

续表

序号	行业	亏损企业单位数/个							
		2004 年	2005 年	2006 年	2007 年	2008 年	2009 年	2010 年	2011 年
20	化学原料及化学制品制造业	3 660	3 150	2 981	2 915	3 977	3 880	2 954	2 083
21	医药制造业	1 232	1 147	1 248	1 145	1 185	1 015	873	547
22	化学纤维制造业	450	291	262	242	415	265	148	234
23	橡胶制品业	625	463	432	458	675	513	414	265
24	塑料制品业	2 538	1 962	2 015	2 100	3 069	2 565	2 097	1 220
25	非金属矿物制品业	4 246	4 159	3 802	3 391	4 207	4 131	3 330	2 160
26	黑色金属冶炼及压延加工业	1 644	1 731	1 614	1 085	1 772	1 753	1 155	1 131
27	有色金属冶炼及压延加工业	1 138	1 026	939	1 074	1 759	1 401	934	885
28	金属制品业	2 506	1 977	1 943	2 048	3 421	3 322	2 405	1 433
29	通用设备制造业	3 436	2 601	2 505	2 517	4 243	4 175	2 916	1 606
30	专用设备制造业	2 209	1 677	1 628	1 582	2 720	2 594	1 851	1 057
31	交通运输设备制造业	2 514	2 107	2 061	1 957	2 985	2 544	2 110	1 546
32	电气机械及器材制造业	3 116	2 528	2 437	2 417	3 863	3 591	2 711	2 051
33	通信设备、计算机及其他电子设备制造业	2 421	2 084	2 006	2 223	3 377	3 041	2 327	1 824
34	仪器仪表及文化、办公用机械制造业	806	632	641	649	903	826	579	343
35	工艺品及其他制造业	849	691	723	848	1 215	1 042	746	394
36	废弃资源和废旧材料回收加工业	72	78	46	56	305	230	169	157
37	电力、热力的生产和供应业	2 119	1 766	1 633	1 382	2 059	1 897	1 599	1 467
38	燃气生产和供应业	196	162	154	128	151	132	107	96
39	水的生产和供应业	1 316	1 204	1 164	681	740	759	698	317

资料来源：中国统计局网站（http://data.stats.gov.cn/workspace/index? m=hgnd）。

表6-4　全国规模以上工业企业出口交货值

出口交货值/亿元

序号	行业	2004年	2005年	2006年	2007年	2008年	2009年	2010年	2011年
	规模以上工业企业	40 484.17	47 741.19	60 559.65	73 393.39	82 498.38	72 051.75	89 910.12	99 612.37
1	煤炭开采和洗选业	186.97	219.53	212.47	161.44	160.99	71.06	128.71	57.52
2	石油和天然气开采业	120.91	205.1	222.62	163.86	240.79	121.16	90.32	72.43
3	黑色金属矿采选业	4.95	5.21	7.24	7.82	4.36	3.81	0.25	7.36
4	有色金属矿采选业	31.07	68.68	70.72	20.62	12.85	7.05	11.91	7.13
5	非金属矿采选业	42.38	36.73	41.12	35.15	37	27.09	31.7	32.38
6	其他采矿业	0.21	0.22	0.11	0.06	0.07			1.7
7	农副食品加工业	990.56	1 080.91	1 351.23	1 473.35	1 693.81	1 705.73	1 982.52	2 249.78
8	食品制造业	330.38	404.33	479.48	558.76	653.95	632.29	744.51	864.86
9	饮料制造业	106.62	128.01	164.88	175.42	184.11	169.1	181.27	202.79
10	烟草制品业	25.25	25.41	26.75	24.5	21.23	23.69	27.72	31.01
11	纺织业	3 040.34	3 336.03	3 694.37	3 984.09	4 055.9	3 732.25	4 620.54	4 959.61
12	纺织服装、鞋、帽制造业	2 138.82	2 323.48	2 691.09	3 158.29	3 293.85	3 145.84	3 344.63	3 218.48
13	皮革、毛皮、羽毛（绒）及其制品业	1 566.66	1 714.1	1 941.48	2 173.05	2 130.66	1 956.82	2 311.64	2 390.99
14	木材加工及木、竹、藤、棕、草制品业	315.41	383.48	479.32	568.3	596.56	591.38	648.18	708.43
15	家具制造业	642.13	731.28	870.22	1 032.38	1 109.88	992.92	1 203.19	1 246.91
16	造纸及纸制品业	255.99	310.51	446.87	521.66	536.24	450.82	666	613.03
17	印刷和记录媒介的复制业	115.34	156.85	172.69	221.96	261.6	258.63	293.26	300.5
18	文教体育用品制造业	830.66	940.03	1 078.49	1 252.07	1 377.9	1 267.35	1 358.2	1 410.38
19	石油加工、炼焦及核燃料加工业	228.28	329.39	283.68	354.12	372.01	351.85	381.98	359.88

续表

序号	行业	出口交货值/亿元							
		2004 年	2005 年	2006 年	2007 年	2008 年	2009 年	2010 年	2011 年
20	化学原料及化学制品制造业	1 251.09	1 557.83	1 895.35	2 442.67	2 843.88	2 264.65	3 103.33	3 603.35
21	医药制造业	343.44	439.28	538.69	639.43	746.74	747.17	948.58	1 030.48
22	化学纤维制造业	85.5	161.04	216.76	345.56	330.43	250.32	331.04	437.74
23	橡胶制品业	465.54	562.36	701.23	855.26	961.83	895.49	1 049.07	1 306.22
24	塑料制品业	1 102.16	1 282.49	1 511.5	1 789.69	1 977.78	1 714.29	2 144.99	2 147.24
25	非金属矿物制品业	764.6	929.56	1 129.49	1 341.02	1 442.7	1 251.34	1 536.57	1 637.49
26	黑色金属冶炼及压延加工业	947.71	1 158.23	1 788.93	2 486.36	3 004.37	979.37	1 706.55	2 148.61
27	有色金属冶炼及压延加工业	619.54	699.38	1135.38	1 160	1 155.09	741.27	1 065.76	1 382.02
28	金属制品业	1 549.11	1 746.86	2 164.49	2 781.69	3 092.37	2 133.39	2 758.49	3 016.62
29	通用设备制造业	1 389.33	1 717.85	2 165.19	2 833.93	3 450.11	2 736.25	3 286.23	3 832.8
30	专用设备制造业	603.98	750.85	1 108.32	1 417.32	1 891.33	1 534.1	1 994.82	2 321.23
31	交通运输设备制造业	1 352.59	1 865.82	2 708.27	3 778.53	5 088.7	4 771.85	5 938.81	6 813.78
32	电气机械及器材制造业	3 154.48	3 728.01	4 616.21	5 892.37	6 855.66	6 070.31	7 982.66	9 477.85
33	通信设备,计算机及其他电子设备制造业	13 752.15	16 164.2	21 606.52	26 260.18	29 179.46	27 224	34 250.31	37 469.14
34	仪器仪表及文化,办公用机械制造业	1 185.22	1 476.62	1 767.69	1 996.98	2 082.09	1 699.82	2 047.8	2 188.42
35	工艺品及其他制造业	851.99	973.57	1 134.56	1 365.34	1 546.35	1 376.44	1 619.98	1 884.65
36	废弃资源和废旧材料回收加工业	0.88	4.01	4.17	4.91	4.99	2.94	5.44	19.69
37	电力,热力的生产和供应业	86.7	116.72	96.79	68.1	55.81	95.89	67.44	69.17
38	燃气生产和供应业	4.46	5.3	7.68	21.64	17.61	24.98	15.36	59.76
39	水的生产和供应业	0.75	1.96	27.59	25.5	27.36	29.03	30.35	30.91

资料来源:中国统计局网站(http://data.stats.gov.cn/workspace/index? m=hgnd)。

　　本书选取煤炭开采和洗选业、石油和天然气开采业、造纸及纸制品业、石油加工业、化学纤维制造业等为代表考察出口交货值的变化情况,如图 6-4 所示。从图 6-4 可以看出,这些产业受 2008 年金融危机影响,出口交货值有较大幅度的下降。另外,纺织服装业出口交货值也有较大幅度的下降,由于数值与其他行业相差较大,故未在图 6-4 中体现。

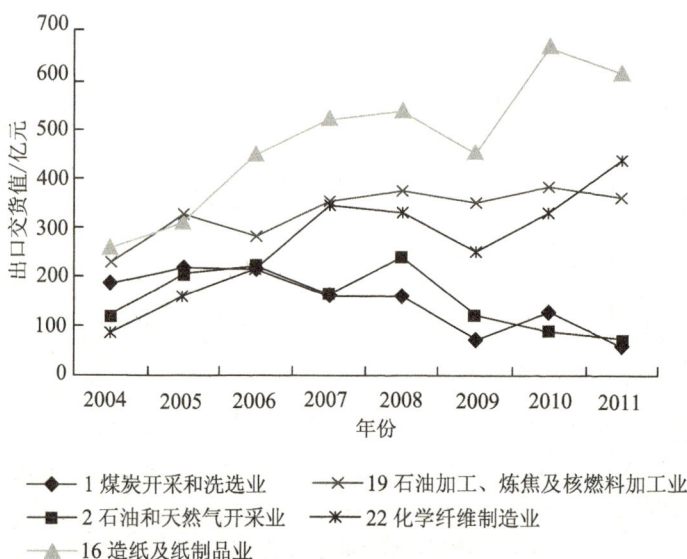

图 6-4　煤炭等行业规模以上工业企业出口交货值曲线

　　2) 本土区域产业成长性分析

　　下面选用工业销售产值增长率、产业产值占 GDP 比重、销售利润率、出口交货值增长率分析我国产业遭受危机性产业衰退传导的影响,结果见表 6-5。

表 6-5　我国制造业 36 个产业的成长性分析

序	工业销售产值增长率/%							产业产值占 GDP 比重/%							销售利润率/%							出口交货值增长率/%						
	2005年	2006年	2007年	2008年	2009年	2010年	2011年	2005年	2006年	2007年	2008年	2009年	2010年	2011年	2005年	2006年	2007年	2008年	2009年	2010年	2011年	2005年	2006年	2007年	2008年	2009年	2010年	2011年
1	40.38	26.23	26.98	59.26	11.48	34.43	31.37	3.04	3.29	3.4	4.58	4.7	5.36	5.98	9.96	9.72	11.33	16.34	13.78	16	16.12	17.41	-3.22	-24.02	-0.28	-55.86	81.13	-55.31
2	37.34	22.51	14.83	31.37	-21.21	31.37	30.1	3.39	3.55	3.11	3.02	2.19	2.45	2.7	47.13	47.5	16.8	48.5	33.66	30.83	15.76	69.63	8.54	46.95	-49.68	-25.45	-19.81	
3	35.54	40.97	53.52	73.27	0.29	60.72	32.33	0.52	0.76	0.78	1.15	1.06	1.45	1.62	42.8	12.74	19.2	19.45	12.17	15.39	16.66	38.96	2.97	8.01	-44.25	-12.61	-93.44	2844
4	41.72	46.44	36.12	18.13	3.01	36.19	32.39	0.6	0.76	0.84	0.84	0.8	0.92	1.03	14.3	21.7	8.16	15.46	12.5	15.48	9.22	5.25	121.05	-70.84	-37.68	-45.14	68.94	-40.13
5	27.63	36.13	32.68	36.11	22.58	34.34	25.97	0.4	0.47	0.5	0.58	0.65	0.75	0.8	18.73	7.84	7.97	9.29	8.33	9.22	9.49	-13.33	11.95	-14.52	5.26	-26.78	17.02	2.15
6	44.1	38.43	111.74	-5.45	32.06	125.61	-46.88	0	0	0	0	0.01		0	12.77	3.91	3.88	5.19	4.37	6.5	8.71	4.76	-50	-45.45	16.67			
7	27.6	22.26	34.68	36.41	17.07	26.42	26.42	5.63	5.88	6.45	7.44	8.03	8.52	9.15	3.83	4.44	5.22	5.19	5.49	6.85	6.46	9.12	25.01	9.04	14.96	0.7	16.23	13.48
8	31.44	24.76	28.34	26.03	20.64	22.75	24.85	2	2.13	2.23	2.38	2.64	2.75	2.92	5.58	4.4	6.66	6.56	7.96	9.19	8.93	22.38	18.59	16.53	17.04	-3.31	17.75	16.16
9	26.42	26.63	29.75	22.28	19.63	22.81	29.46	1.63	1.77	1.87	1.93	2.13	2.22	2.44	6.66	5.92	6.98	9.21	10.04	9.19	11.4	20.06	28.8	6.39	4.95	-8.15	7.2	11.87
10	11.27	11.54	17.98	17.11	10.54	19.1	19.46	1.56	1.46	1.43	1.41	1.44	1.46	1.45	7.33	7.85	8.98	16.06	13.25	11.12	5.66	0.63	5.27	-8.41	-13.35	11.59	17.01	11.87
11	22.52	20.99	22.04	14.11	7.55	24.4	14.64	6.71	6.94	6.89	6.66	6.6	6.97	6.78	4.18	3.76	16.04	4.44	16.06	12.55	6.04	9.73	10.74	7.84	1.8	-7.98	23.8	7.34
12	24.69	23.44	23.69	23.73	10.94	17.99	10.02	2.62	2.77	2.79	2.92	2.98	2.99	2.79	3.52	4.57	4.18	5.32	4.85	6.07	6.1	15.82	8.63	17.36	4.29	-4.49	6.32	-3.77
13	25.86	19.84	23.99	14.31	8.87	23.23	12.99	1.83	1.88	1.89	1.83	1.84	1.92	1.84	4.25	4.09	4.82	5.79	6.01	7.1	7.22	13.27	9.41	11.93	-1.95	-8.16	18.13	3.43
14	31.55	33.22	35.86	26.03	20.33	22.75	21.68	0.96	1.09	1.29	1.48	1.65	1.85	1.85	4.65	4.4	5.07	4.66	6.52	7.92	8.19	18.56	21.58	18.56	4.97	-0.87	9.6	9.3
15	23.65	31.16	29.21	26.75	11.97	28.01	15.6	0.76	0.85	0.89	0.96	0.99	1.07	1.05	4.43	4.97	5.62	4.66	6.16	7.15	7.33	19	13.88	18.63	7.51	-10.54	21.18	3.63
16	21.88	25.72	21.88	22.9	5.99	26.34	15.31	2.2	2.29	2.34	2.44	2.38	2.55	2.5	4.78	4.69	4.6	5.68	6.22	6.54	6.85	43.91	21.3	16.74	2.79	-15.93	47.73	-7.95
17	20.58	18.22	24.26	26.99	10.45	20.65	8.34	0.76	0.77	0.77	0.84	0.85	0.77	0.8	6.12	5.3	6.12	7.64	8.15	7.1	6.44	35.99	10.1	28.53	17.86	-1.14	13.39	2.47
18	21.86	18.62	18.64	25.62	6.2	19.11	2.23	0.79	0.77	0.77	0.77	0.76	0.77	0.66	6.62	6.95	7.53	8.83	9.22		5.6	16.09	14.73	16.05	-8.02	7.17	5.6	
19	34.42	26.35	18.16	25.62	-4.87	36.28	26.38	6.43	6.94	6.68	7.1	6.22	7.2	7.72	3.61	3.22	3.58	4.5	4.39	5.39	1.16	-13.88	44.29	24.83	5.05	-5.42	8.56	-5.79
20	27.15	24.82	30.91	26.15	8.9	30.16	26.94	8.67	9.25	9.86	10.53	10.56	11.67	12.57	1.22	-2.08	1.22	-4.5	3.22	4.23	7.45	21.67	24.52	28.88	16.43	-20.37	37.03	16.11
21	30.5	19.01	26.02	19.01	20.58	23.8	27.7	2.16	2.38	2.26	2.38	2.65	2.78	3.01	6.18	5.69	7	5.81	6.07	4.52	11.26	18.7	27.91	18.7	16.78	-0.06	26.96	8.63
22	34.58	22.91	27.13	24.62	-2.5	28.79	33.68	1.39	1.46	1.51	1.23	1.11	1.21	1.38	8.45	7.82	4.02	10.6	11.02	7.38	5.66	34.6	88.35	59.42	-4.38	-24.24	32.25	32.23
23	19.73	24.95	27.27	21.81	10.61	24.01	24.39	1.16	1.24	1.28	1.32	1.37	1.45	1.53	1.8	2.21	2.21	4.36	4.52	6.87	6.04	24.69	20.8	21.97	12.46	-6.9	17.15	24.51
24	20.25	26.09	27.22	21.74	10.61	27.11	12.3	2.68	2.89	2.99	3.08	3.14	3.39	3.23	4.92	4.29	5.23	5.29	5.66	6.84	6.66	16.36	17.86	18.4	10.51	-13.32	25.12	0.1
25	22.02	19.42	32.75	34.09	19.15	29.03	25.41	4.85	5.29	5.72	6.49	7.12	7.8	8.3	4.36	4.34	5.07	5.4	4.69	5.4	5.88	21.57	21.51	18.73	7.58	-13.26	22.79	6.57
26	31.64	63.21	39.66	11.49	-1.28	37.2	23.39	11.37	11.61	12.57	13.99	12.24	12.74	13.35	4.69	5.4	6.25	7.27	7.65	6.13	9.13	22.21	54.45	38.99	20.83	-67.4	74.25	25.9
27	27.97	29.61	34.34	30.67	6.6	25.79	27.34	4.21	5.88	6.68	6.48	5.89	6.86	7.42	5.07	5.48	6.25	4.17	4.6	4.2	3.55	12.89	62.34	2.17	-0.42	-35.83	43.77	29.67
28	25.07	31.05	33.54	33.6	11.32	28.25	16.45	3.48	3.86	4.22	4.67	4.58	4.89	4.84	5.48	4.88	6.63	5.12	4.6	3.3	6.75	12.77	23.65	28.51	11.17	-31.01	29.3	9.36
29	30.2	29.61	30.2	33.6	6.6	24.01	16.72	5.59	6.22	6.76	7.64	7.84	8.53	8.45	4.88	6.05	6.63	6.62	5.5	5.88	5.89	24.32	26.04	30.89	21.74	-20.69	30.03	16.63
30	19.7	27.7	16.77	16.02	16.77	27.69	21.44	3.19	3.87	3.87	4.46	4.8	5.2	5.36	5.51	6.2	7.52	6.47	7.25	6.95	7.64	47.61	27.88	33.44	-18.89	30.03	16.36	
31	15.27	31.05	33.13	23.8	24.12	33.63	14.21	8.44	8.22	9.99	10.47	9.55	10.47	10.6	4.25	4.72	5.27	6.1	7.51	7.41	8.8	45.15	37.94	39.52	-6.23	24.46	14.73	
32	23.83	31.62	31.05	26.69	9.83	29.17	19.22	7.33	14.96	14.5	13.67	12.81	13.67	13.22	4.72	3.38	3.75	3.59	4.02	5.3	4.52	18.18	23.83	27.65	21.54	-11.46	31.5	18.73
33	21.06	22.57	19.08	11.39	1.75	24.06	15.46	1.08	1.15	1.24	1.54	1.59	1.56	1.57	3.75	3.52	3.75	6.57	7.56	8.58	8.23	17.54	33.67	21.54	12.97	-18.36	25.81	9.4
34	26.74	26.85	13.83	25.93		24.6	20.47	1.6		1.26	1.27	1.37	1.49		4.55	5.86	6.57	7.56	5.75	6.72	6.6	24.59	19.71	20.34	13.26	-10.99	20.47	6.87
35	24.97	24.09	33.16	19.88	9.84	26.81	27.57	0.19	0.35	0.25	0.42		0.57	0.54	3.67	4.66	5.1	5.67	4.66	6.34	6.28	14.27	16.54	20.34	-10.99	17.69	16.34	
36	43.35	44.58	64.11	63.57	29.76	59.5	12.57								2.88	3.48	3.64	3.67				355.68	3.99	17.75	1.63	-41.08	85.03	261.95

注：①序号所代表产业同表 6-2；②电力、热力的生产和供应业、燃气生产和供应业、水的生产和供应业属于国家垄断行业，故排除在外。
资料来源：根据中国统计局网站和相关数据整理。

根据表 6-5 的数据,分析得出以下结论:

(1) 由于受到金融危机的冲击,我国实体经济呈现出明显的衰退特征。一是 GDP 整体增速滑落,2007 年我国名义 GDP 增速为 22.88%,2008 年和 2009 年滑落至 18.15% 和 8.55%。二是规模以上工业产业产值增长率普遍回落,其中序号 2、10、11、13、16、18、19、22、26、27、28、33、34 等产业的增长率均低于同期名义 GDP 增长率。

(2) 金融危机爆发期间,我国制造业内部各产业产值占 GDP 比重从数据上看似乎变化不明显;但实际上,一方面由于近年来我国产业结构的调整优化,制造业总体产值占 GDP 比重已有所下降,另一方面按 36 个细分产业考察其占 GDP 的比重,即使某个产业产值有较大变动,反映其在整个 GPD 中占比的数据变化并不明显。从这个意义上看,序号为 2、4、11、13、16、18、19、22、26、27、28、33、34 的产业产值占 GDP 比重均有不同程度的下降。

(3) 由于不同产业对金融危机的反映时滞有差异,我国规模以上工业企业销售利润率在 2008 年和 2009 年先后表现出不同程度的下降,主要包括序号为 2、3、4、5、6、10、14、18、19、22、23、26、27、30、33 的若干产业。

(4) 如前所述,受金融危机的影响,我国大部分工业企业的出口额增长速率减缓。2008 年有超出 80% 的工业企业出口交货值增长率低于同期出口商品总额增长率,2009 年约有 40% 低于同期出口商品总额增长率。出口交货值下浮较大的主要包括序号为 1、2、3、4、5、6、10、11、13、16、22、26、27、28、36 等产业。

综上分析可以发现,能源相关产业,采矿及金属冶炼业,烟草制品业,织业,皮革、毛皮、羽毛(绒)及其制品业,造纸及纸制品业,文教体育用品制造业,化学纤维制造业,通信设备、计算机及其他电子设备制造业,仪器仪表及文化和办公用机械制造业等产业受到危机性外部事件的影响较大,产生了较为明显的的产业衰退。

6.3　危机性产业衰退对本土产业影响的个案分析——以纺织业为例

纺织业在我国的国民经济发展中一直占据着重要地位,棉纱、棉布、呢绒、丝织品、化纤、服装等产量均居世界第一位。按统计分类,纺织行业包括纺织业,纺织服装、鞋、帽制造业,化学纤维制造业等,服装出口多年来始终保持世界第一位。随着改革开放和加入 WTO 以来,中国已成为全球纺织领域中最引人注目的国家之一。同时,纺织产业也是中国入世后的强势出口产业,2008 年约占全球纺织品服装出口总额的 30％。

虽然我国纺织业的国际地位一直保持不变,但是最近几年一直在衰退,2007 年次美国次贷危机爆发引起的金融危机又加剧了其衰退的程度。所以,以纺织行业作为研究对象具有代表性。

6.3.1　金融危机对我国纺织业发展的影响

美国次贷危机从 2006 年春季开始逐步显现,到 2007 年 8 月席卷美国、欧盟和日本等世界主要金融市场。美国是全球最重要的进口市场,其经济陷入衰退会降低美国的进口需求,导致其他国家出口减缓,进而影响这些国家的GDP 增长。就中国而言,以对纺织业的冲击最为明显。

1) 纺织业在我国制造业中的比重下降

纺织工业协会数据显示,中国纺织服装企业有 13 万家(含中国香港、中国澳门),从纺织产品的原材料产地到生产企业,再到流通销售区域,上下游产业链所涉及的从业人口总数大约为 1.7 亿人。表 6-6 为我国纺织业主要经济指标及其在制造业中的比重。

表 6-6　危机前后中国纺织业主要经济指标及其在制造业中的比重

年份	全部从业人员平均人数		工业总产值（当年价格）		产品销售收入		利润总额	
	万人	比重/％	亿元	比重/％	亿元	比重/％	亿元	比重/％
2003	496.3	10.23	7 730.9	6.13	7 466.1	6.11	243.5	4.05
2004	519.2	9.95	9 692.8	5.80	9 346.8	5.73	279.8	3.37
2005	580.9	9.94	12 517.7	5.80	12 148.3	5.75	422.3	4.48
2006	604.8	9.71	15 293.5	5.59	14 822.3	5.55	535.5	4.33
2007	631.5	9.47	18 774.9	5.31	16 258.9	5.26	618.8	3.82
2008	614.6	8.69	21 272.5	4.93	18 562.2	4.87	675.0	4.19
2009	603.5	8.08	24 398.9	4.72	20 115.4	4.58	732.7	3.89

资料来源:中国国家统计局(http://data.stats.gov.cn/)。

从表 6-6 中可以看出,纺织业从业人数虽然每年都在增加,但在整个制造业中的比重呈递减趋势。同样地,工业总产值与产品销售收入在整个制造业中的比重也是呈现明显的递减趋势,利润总额也是不稳定的。

2) 出口增速明显下降

2007—2009 年中国纺织服装出口增速明显下降。2007 年为 25.08％,

2008 年是 18.77％,2009 年下降到 5.89％。2009 年中国纺织服装出口总额
为 1 537.17 亿美元,同比上涨 5.89％,较 2008 年同期回落 13.84 个百分点,
为近 6 年的最低。纺织服装出口放缓对行业就业及经营带来了很大影响。据
统计,2008 年,全国纺织业实际就业人数减少 8.6 万人,而 2007 年同期新增
20 万人。按工业和贸易统计计算,纺织品全年出口每下降 10％,行业的销售
收入将下降 6.3％,就业岗位相应减少 60 万个左右。

3) 大批企业亏损和倒闭

多年来,中国纺织行业受到国际、国内各方面因素的影响,其生存和发展
已受到了严峻的考验。特别是 2008 年,国内众多纺织企业纷纷陷入关车、停
产、倒闭的困境,大批纺织工人的基本生活失去了保障。纺织行业到了"10 年
以来最为艰难"的关口。例如,2008 年 1—2 月在浙江省 7 792 家纺织企业中,
有 2 368 家亏损;2008 年 4 月,山东樱花集团因资不抵债,被如意集团收购;
2008 年 6 月,郑州国棉因资金链断裂,不得不卖地求生;2008 年 9 月,郑州三
大国有纺织企业因经营困难而整体转让;2009 年 10 月,中国最大的纺织印染
企业——新加坡上市的浙江江龙控股因资金周转不灵,积欠账款达 20 亿元人
民币,濒临破产。

6.3.2 我国纺织业衰退国际传导的实证分析

运用 VAR(vector auto regression)系统中的 Granger 因果检验和脉冲响
应分析来验证产业衰退的国际传导渠道,分别选取指标来代表贸易传导渠
道、金融传导渠道和预期传导渠道。首先验证这些指标是否影响我国纺织业
衰退的原因,然后再验证这些因素对我国纺织业衰退的冲击性的大小及持续
时间的长短。利用方差分解进一步说明各个因素对我国纺织业衰退的影响
强度。

1) 检验方法

向量自回归(VAR)模型可同时考虑几个时间序列,所有变量都被看作是
内生的,因此可以考虑建立向量自回归(VAR)模型来检验产业衰退的传染效
应。VAR 系统是 Sims 于 1980 年提出的一种新型宏观经济计量模型,它由一
组动态联立方程构造而成。与一般联立方程组模型不同,VAR 系统将所考虑
的经济变量纳入一个系统,能够反映系统的完全信息。VAR 系统中包含的所
有变量都视为内生变量,避免了划分内生变量和外生变量及识别模型等复杂
问题,从而解决了以回归分析为基础的研究方法的(潜在的)内生性问题。在
VAR 系统中,经济理论的作用仅限于选择变量和确定变量的滞后长度,从而
将经济理论对统计推断的限制减少到最低。VAR 系统的解释变量全部都是

滞后变量,因而可以描述变量之间的动态联系。此外,VAR 系统还有独特的分析功能,如对变量之间的 Granger 因果关系进行检验、进行脉冲响应(impulse responses)分析等。

Granger 因果检验和脉冲响应分析并不是建立在参数估计基础上的,因此它能避免传统的基于参数估计的检验方法中忽略变量、内生变量和异方差性等问题。正是由于 VAR 模型具有上述优点和功能,所以它很适合用于检验产业衰退的传染效应。

通过分析金融危机发生期间美国指标与我国纺织业波动性之间 Granger 因果关系的变化,可以判断是否存在传染效应。脉冲响应分析是指系统对某一变量的一个冲击所做出的反映,可用于动态描述某国危机对其他国家产业冲击的强度和冲击持续的时间。

(1) Granger 因果检验

对 $\{X_t\}$ 和 $\{Y_t\}$ 2 个时间序列,依据 Granger 的定义,如果相对于仅用 X_t 的过去值来预测 Y_t 时,X_t 的过去值能用来改进对 Y_t 的预测,即如果 X_t 的过去值能统计地改进对 Y_t 的预测,则称 X_t 因果于(Granger-causes)Y_t。Granger 因果检验不仅能对变量之间的长期关系进行检验,而且也能对变量之间的短期关系进行检验。对不存在单位根的 2 个平稳序列,可以定义如下方程:

$$Y_t = \alpha_0 + \sum_{i=1}^{k} \alpha_i y_{t-i} + \sum_{j=1}^{m} \beta_j X_{t-j} \tag{6-1}$$

检验从 X_t 到 Y_t 的因果关系,即为检验 β_j 的零假设。

原假设 $H_0: \beta_j = 0, j = 1, 2, \cdots, m$

假设 $H_1: \beta_j \neq 0, \forall j, 1 \leqslant j \leqslant m$

如果接受原假设,则不存在 X_t 到 Y_t 的因果关系;反之,则存在 X_t 到 Y_t 的因果关系。

(2) VAR 模型建立

考虑一个 p 阶向量自回归(VAR)模型:

$$\boldsymbol{Y}_t = \boldsymbol{B} + \boldsymbol{A}_1 \boldsymbol{Y}_{t-1} + \cdots + \boldsymbol{A}_p \boldsymbol{Y}_{t-p} + \boldsymbol{\varepsilon}_t \tag{6-2}$$

式中,$\boldsymbol{Y}_t$ 是由内生变量组成的 k 维向量,$\boldsymbol{A}_i$ 是系数矩阵,$\boldsymbol{B}$ 是常数向量,$\boldsymbol{\varepsilon}_t$ 是 k 维误差向量,其协方差矩阵为 $\boldsymbol{\Omega}$。

一般地,如果式(6-2)是可逆的,则它能表示成一个向量移动平均模型(VMA):

$$\boldsymbol{Y}_t = \boldsymbol{C} + \sum_{S=0}^{\infty} \boldsymbol{\Psi}_S \boldsymbol{\varepsilon}_{t-x} \tag{6-3}$$

式中,$\boldsymbol{\Psi}_S$ 是系数矩阵,$\boldsymbol{C}$ 是常数向量,它们可由式(6-2)中的 $\boldsymbol{A}_i$ 和 $\boldsymbol{B}$ 求出。

根据式(6-3)可以看出，系数矩阵 $\boldsymbol{\Psi}_S$ 的第 i 行第 j 列元素表示变量 i 对由变量 j 产生的单位冲击的 S 期滞后反映，即 VAR 系统中变量 i 对变量 j 的 S 期脉冲响应。

这里隐含了一个假设，即误差向量 $\boldsymbol{\varepsilon}_t$ 的各分量之间不相关。但一般情况下上述假设并不成立，也就是说向量 $\boldsymbol{\varepsilon}_t$ 不是标准的向量白噪声，$\boldsymbol{\Omega}$ 也不是对角阵。为此，常做如下变换：

由于误差向量的协方差矩阵 $\boldsymbol{\Omega}$ 是正定的，因此存在一个非奇异矩阵 $\boldsymbol{P}$，使得 $\boldsymbol{PP'}=\boldsymbol{\Omega}$，于是式(6-3)可以表示为

$$Y_i=C+\sum_{S=0}^{\infty}(\boldsymbol{\Psi}_S\boldsymbol{P})(\boldsymbol{P}^{-1}\boldsymbol{\varepsilon}_{t-s})=C+\sum_{S=0}^{\infty}(\boldsymbol{\Psi}_S\boldsymbol{P})\boldsymbol{\omega}_{t-s} \tag{6-4}$$

经过变换，原误差向量 $\boldsymbol{\varepsilon}_t$ 变成标准的向量白噪声 $\boldsymbol{\omega}_t$。此时，系数矩阵 $\boldsymbol{\Psi}_S\boldsymbol{P}$ 的第 i 行第 j 列元素表示系统中变量 i 对变量 j 的一个标准误差的正交化冲击的 S 期脉冲响应。

（3）脉冲响应函数

脉冲响应函数(impulse response function)用以反映在扰动项加上一个单位标准差的信息冲击(innovation)所导致的对内生变量当前值和未来值的影响。

考察 3 变量的 VAR(2)模型：

$$\begin{cases} x_t=a_1x_{t-1}+a_2x_{t-2}+b_1y_{t-1}+b_2y_{t-2}+c_1z_{t-1}+c_2z_{t-2}+\varepsilon_{1t} \\ y_t=d_1x_{t-1}+d_2x_{t-2}+e_1y_{t-1}+e_2y_{t-2}+f_1z_{t-1}+f_2z_{t-2}+\varepsilon_{2t} \quad (t=1,2,\cdots,T) \\ z_t=g_1x_{t-1}+g_2x_{t-2}+h_1y_{t-1}+h_2y_{t-2}+i_1z_{t-1}+i_2z_{t-2}+\varepsilon_{3t} \end{cases}$$

$$\tag{6-5}$$

式中，$a_i,b_i,c_i,d_i,e_i,f_i,g_i,h_i,i_i$ 是参数，扰动项 $\boldsymbol{\varepsilon}_{it}=(\varepsilon_{1t},\varepsilon_{2t},\varepsilon_{3t})$ 是白噪声向量。假定上述 VAR 系统从第 0 期开始活动，设

$$x_{-1}=x_{-2}=y_{-1}=y_{-2}=z_{-1}=z_{-2}=0$$

又设在第 0 期给 x 定了扰动项并且其后均为 0，即称此为第 0 期给以脉冲，x_t,y_t,z_t 对此脉冲的响应如下：

当 $t=0$ 时，

$$\begin{cases} x_0=1 \\ y_0=1 \\ z_0=0 \end{cases}$$

将此结果代入式(6-5)，得当 $t=1$ 时，

$$\begin{cases} x_1=a_1 \\ y_1=d_1 \\ z_1=g_1 \end{cases}$$

再将此结果代入式(6-5),得当 $t=2$ 时,

$$\begin{cases} x_2 = a_1^2 + a_2 + b_1 d_1 + c_1 g_1 \\ y_2 = d_1 a_1 + d_2 + e_1 d_1 + f_1 g_1 \\ z_2 = g_1 a_1 + g_2 + h_1 d_1 + i_1 g_1 \end{cases}$$

重复这样的迭代过程,可以求得如下结果: $x_0, x_1, x_2, x_3, \cdots$; $y_0, y_1, y_2, y_3, \cdots$; $z_0, z_1, z_2, z_3, \cdots$。其中, $x_0, x_1, x_2, x_3, \cdots$ 称为由 x 的脉冲响应引起的 x 的响应函数; $y_0, y_1, y_2, y_3, \cdots$ 称为由 x 的脉冲响应引起的 y 的响应函数; $z_0, z_1, z_2, z_3, \cdots$ 称为由 x 的脉冲响应引起的 z 的响应函数。

同理,当 $\varepsilon_{10}=0, \varepsilon_{20}=1, \varepsilon_{30}=0$ 和当 $\varepsilon_{10}=0, \varepsilon_{20}=0, \varepsilon_{30}=1$ 时,可以求得由 y 的脉冲引起的各变量的响应函数和由 z 的脉冲引起的各变量的响应函数。

2) 样本的选择、数据来源及处理

考虑到美国是我国纺织产品的主要进口国之一,我国纺织产品的数量在美国本土市场占有很大的比例,2005 年达到 44%,2006 年达到 71%,2008 年为 44.93%,2009 年为 42.46%。此次金融危机又是从美国开始蔓延,故本书选取美国的一些指标作为金融危机指标的代理指标。为了能反映金融危机对我国纺织业产生的影响,本书选择的样本数据均为月度数据。考虑到美国次贷危机是在 2007 年发生的,同时兼顾到样本容量问题,因此本书选取的样本时间为 2007 年 1 月到 2010 年 3 月的月度数据。之所以用月度数据是因为 2008 年为金融危机爆发时间,往前取一年,往后到 2010 年 3 月,用月度数据更能说明问题。以下为本书所选择的指标:

(1) 我国纺织品对美国出口额(FZEX)。我国纺织品对美国出口额代表我国纺织业总体发展情况,将其作为因变量,来研究有哪些因素会影响我国纺织品对美国的出口。之所以用我国纺织品对美国出口额代表我国纺织业总体情况,一方面是由于我国纺织业服装的对外依存度高达 70% 以上,我国纺织业发展的总体情况主要还是表现在其出口方面;另一方面是由于美国是我国纺织品出口额最大的国家。

(2) 美国消费者信心指数(CCI)。美国消费者信心指数的重要性在于它可以反映消费者对目前和未来 6 个月当地经济、工作和家庭收入的信心状况。一般经济理论认为如果消费者的信心增长,他们就更愿意花钱买东西、旅游、投资,因此信心增长对企业和经济是有好处的。由于消费在美国经济中占有 2/3 以上的比例,消费者信心指数对整体经济就显得更为重要。

(3) 月度人民币对美元的实际汇率(E)。月度人民币对美元实际汇率的数据来自中国人民银行。汇率作为两国货币的相对价格,其偏离均衡水平的波动必然会影响两国商品的相对价格,继而对贸易产生影响。

（4）美国居民可支配收入（PDI）。居民可支配收入就是指在家庭总收入中,除去一切必要花费之外,居民可随意支配的部分。一般来说,在其他条件不变的情况下,消费者的收入越高,对商品的需求越大。但随着人们收入水平的不断提高,消费需求结构会发生变化,即随着收入的提高,人们对有些商品的需求会增加,而对有些商品的需求会减少。经济学把需求数量的变动与消费者收入同方向变化的物品称为正常品,把需求数量的变动与消费者收入反方向变化的物品称为劣等品。

（5）美国服装零售总额（ACR）。美国服装商品零售总额的数据来自美国商务部网站。数据表明,从 2008 年 6 月到 2009 年 1 月美国服装零售总额一直处于下降状态,并且此后一直处于对服装的低消费状态。这可以反映出金融危机时期美国消费者的服装需求和偏好。

对样本数据的统计描述表明,在国际金融危机背景下,美国国内市场情况确实有所恶化,而且人民币汇率还出现了较大的波动;与此对应,我国纺织品出口明显下降。然而,金融危机是否对我国纺织业产生了实质性影响,这还需要对样本数据做进一步的实证检验。

3）单位根检验

单位根检验（unit root test）是检验时间序列是否具有平稳性的一种方法。所谓时间序列的非平稳性就是指时间序列的统计规律随着时间的位移而发生变化,即生成变量时间序列数据的随机过程的特征随时间而变化。由 Granger 因果关系的定义可知,所检验的时间序列必须保证严格平稳的前提,否则容易出现“伪回归”,所以在进行 Granger 因果检验之前应先进行单位根检验。目前常用的检验方法是 Dickey-Fuller 的 ADF（augmented dickey fuller test）单位根检验,检验公式如下:

$$\Delta x_t = a_0 + a_1 t + a_2 x_{t-1} + \sum_{i=1}^m a_{3i} \Delta x_{t-i} + u_i \tag{6-6}$$

做假设检验:

$$H_0 : a_1 = 0, H_1 : a_2 < 0$$

如果接受原假设 H_0,而拒绝 H_1,说明序列 x_t 存在单位根,是非平稳的;否则说明序列 x_t 不存在单位根,是平稳的。对于非平稳变量,还需检验其高阶差分的稳定性,如果变量的 d 阶差分是平稳的,则称此变量是 $I(d)$ 的。式（6-6）中的滞后长度 m 根据 Schwert 提出的公式来确定:

$$m = \text{Int}\{4(N/100)^{\frac{1}{4}}\} \tag{6-7}$$

利用时间序列数据进行建模时,如果序列是非平稳的,那么会出现“伪回归”问题,即回归后得到的残差序列是非平稳序列。出现“伪回归”说明因变量除了能被解释变量解释的部分外,其余的部分变化仍然不规则,随着时间的变化有越来越大的偏离因变量均值的趋势,这样的模型是不能用来预测未来信息的。由于现实经济中的许多经济变量往往不是平稳的时间序列,采用传统的计量经济学方法分析容易产生"伪回归"问题。因此,首先要对各变量的平稳性进行检验。本书采用 ADF 检验法,分别就每个变量的时间序列数据的水平和一阶差分形式进行检验,其中检验过程中滞后期的确定采用国际SIC 准则。

时序数列取对数之后一般不会改变其时序性质,且对数化后的数据容易得到平稳序列,因此在回归中本书对各项数据进行了对数化处理。分别以$\ln FZEX$、$\ln CCI$、$\ln ACR$、$\ln E$ 和 $\ln PDI$ 来表示。通过 Eviews 6.0 利用 ADF检验法对这几个时间序列及其差分序列进行单位根检验,检验结果见表 6-7。

表 6-7　ADF 检验结果

检验变量	检验类型(c,t,k)	ADF 值	5%临界值	P 值	结论
$\ln FZEX$	$(c,t,0)$	-3.287718	-3.533083	0.0837	不平稳
$D(\ln FZEX)$	$(c,t,0)$	-7.445135	-3.536601	0	平稳
$\ln CCI$	$(c,t,0)$	-2.526684	-3.533083	0.3143	不平稳
$D(\ln CCI)$	$(c,t,2)$	-5.685887	-3.544284	0.0002	平稳
$\ln ACR$	$(c,t,0)$	-1.712242	-3.533083	0.7262	不平稳
$D(\ln ACR)$	$(c,t,0)$	-6.610547	-3.536601	0	平稳
$\ln E$	$(c,t,0)$	-0.699313	-3.536601	0.9657	不平稳
$D(\ln E)$	$(0,0,0)$	-2.401359	-1.950117	0.0177	平稳
$\ln PDI$	$(c,t,0)$	-2.467832	-3.522083	0.3413	不平稳
$D(\ln PDI)$	$(c,t,0)$	-6.864606	-3.536601	0	平稳

注:① 检验形式中的 c 和 t 表示带有常数项和趋势项,k 表示滞后阶数;
② D 表示变量序列的一阶差分。

分析后发现经过对数和一阶差分后,其回报序列的 ADF 值都小于 5%显著性水平下的临界值,单位根假设都已经被拒绝了,残差序列稳定,不存在序列相关,转化为平稳的时间序列。

4）变量的协整关系检验

本书使用 Johansen 和 Juselius(1990)提出的多变量系统极大似然估计法对变量进行协整检验。该检验是一种基于向量自回归(VAR)模型的检验方法,是进行多变量协整检验的较好方法。

(1) 滞后阶数的选择

在进行协整检验之前先确定 VAR 模型的最大滞后阶数 p，如果滞后期数太小，误差的自相关会很严重并导致参数的非一致估计；但滞后阶数 p 又不能过大，p 值过大会导致自由度减小，直接影响模型参数估计量的有效性。故使用 AIC 和 SC 信息准则和似然比统计量(LR)作为选择最优滞后阶数的判断标准。

表 6-8 是通过 Eviess 5.0 计算得出的无约束 VAR 模型在各种法则下的最大滞后阶数。可以看出，为了确定合适的滞后阶数，应从中选择尽可能大的滞后阶数，因此综合各种信息标准确定滞后阶数为 3 阶。

表 6-8 滞后阶数的选择

滞后	log L	LR	FPE	AIC	SC	HQ
0	261.050 4	NA	7.38e-12	−14.280 58	−14.104 63	−14.219 17
1	376.808 5	199.361 1	2.91e-14*	−19.822 69*	−18.942 96*	−19.515 64*
2	389.465 1	18.984 88	3.64e-14	−19.636 95	−18.053 43	−19.084 26
3	401.063 5	14.820 21*	5.10e-14	−19.392 42	−17.105 11	−18.594 09

注：* 表示从每一列标准中选取的滞后阶数。

(2) 协整检验分析

表 6-9 采用采用特征根迹统计量来检验 $\ln FZEX$、$\ln ACR$、$\ln CCI$、$\ln E$ 和 $\ln PDI$ 这 5 个变量之间是否存在协整关系，相应的检验统计量为：

$$\eta_t = -T \sum_{i=r+1}^{k} \ln(1-\lambda) \quad (r=0,1,\cdots,k-1)$$

式中，η_t 为特征根迹统计量。依次检验这一系列统计量的显著性，直到 $t=k$ 时统计量小于 Johansen 分布临界值，则接受原假设，即认为序列不存在协整向量，那么原序列存在 $k-1$ 个协整向量。

表 6-9 协整检验结果(迹统计量检验)

原假设	特征根	统计量	临界值	概率
None*	0.577 855	88.580 59	69.818 89	0.000 8
At most 1*	0.531 158	56.671 59	47.856 13	0.006 0
At most 2	0.384 883	28.644 46	29.797 07	0.067 5
At most 3	0.179 523	10.664 56	15.494 71	0.233 0
At most 4	0.086 399	3.343 388	3.841 466	0.067 5

注：* 表示在 5% 的显著性水平下拒绝原假设。

由迹统计量检验结果可知,在 0.05 的显著性水平下,当 $t=2$ 时,有临界值 29.797 07 大于统计量 28.644 46,拒绝原假设,所以这 5 个变量存在协整关系。

采用最大特征值来进行变量之间协整关系的检验,检验的统计量形式如下:

$$\varepsilon_r = -T\ln(1-\lambda_{r+i}) \quad (r=0,1,\cdots,k-1)$$

ε_r 是最大特征根统计量。原假设是序列不存在协整向量,检验从 $r=0$ 开始,直到统计量 ε_r 小于临界值时,停止检验,认为序列存在 $k-1$ 协整向量。检验结果见表 6-10。

表 6-10　协整检验结果(最大特征值检验)

原假设	特征根	统计量	临界值	概率
None	0.577 855	31.909 00	33.876 87	0.084 3
At most 1*	0.531 158	28.027 12	27.584 34	0.043 9
At most 2	0.384 883	17.979 90	21.131 62	0.130 6
At most 3	0.179 523	7.321 173	14.264 60	0.451 9
At most 4	0.086 399	3.343 388	3.841 466	0.067 5

注:* 表示在 5% 的显著性水平下拒绝原假设。

由最大特征值检验结果可知,在 0.05 的显著性水平下,当 $r=2$ 时,临界值 21.131 62 大于统计量 17.979 90,拒绝原假设,说明变量之间存在协整关系。

上述 2 个检验都认为变量之间存在协整关系,可以认为我国纺织产品对美国出口和其他几个变量之间存在着长期稳定的均衡关系,验证了建立向量自回归模型分析美国指标对我国纺织出口影响的可行性。

5) Granger 因果检验

根据我国对美国纺织品出口的实际情况,用 Granger 因果检验公式来检验美国消费者信心指数、美国居民可支配收入、美国服装零售总额、人民币兑美元实际汇率和我国对美国纺织出口额之间是否存在 Granger 因果关系。检验结果见表 6-11。

表 6-11　Granger 因果检验结果

原假设	滞后	F 统计量	概率	结论
lnCCI 不是 lnFZEX 的 Granger 原因	3	3.390 57	0.023 28	拒绝
lnFZEX 不是 lnCCI 的 Granger 原因	3	0.311 19	0.867 86	接受
lnACR 不是 lnFZEX 的 Granger 原因	3	3.801 4	0.057 48	拒绝

原假设	滞后	F 统计量	概率	结论
ln$FZEX$ 不是 lnACR 的 Granger 原因	2	4.769 6	0.086 67	拒绝
ln$E$ 不是 ln$FZEX$ 的 Granger 原因	3	5.259 2	0.001 02	拒绝
ln$FZEX$ 不是 ln$E$ 的 Granger 原因	3	0.302 37	0.823 41	接受
lnPDI 不是 ln$FZEX$ 的 Granger 原因	3	0.531 14	0.713 92	接受
ln$FZEX$ 不是 lnPDI 的 Granger 原因	3	1.737 31	0.172 08	接受

根据 Granger 因果检验结果,可以得到以下结论:

(1)美国消费者信心指数是引起我国对美纺织出口变化的 Granger 原因,并且这个 Granger 原因不是相互的。消费者信心指数是消费者对未来经济形式的一种预测,要么积极购买,要么持币观望,金融危机期间大多数人都是增加储蓄减少投资,所以对纺织服装也有较大影响。

(2)美国纺织服装销售额是引起我国对美纺织出口变化的 Granger 原因,并且这个 Granger 原因是相互的。这说明一方面我国对美纺织服装的出口影响美国纺织服装的销售,这是因为美国本土的纺织品服装有 40%～50% 来自于中国。另一方面,美国的纺织服装销售情况也会影响我国对美的出口,这是因为我国对美出口的纺织品占了总出口的 30% 左右,金融危机首先在美国爆发,直接影响纺织服装的销售,大量产品积压无法销售,这势必会影响我国纺织品的出口。

(3)人民币兑美元的实际汇率是引起我国对美纺织出口变化的 Granger 原因,并且这个 Granger 原因不是相互的。近年来人民币对美元一直升值,美国居民购买纺织服装的价格相对上升,这使我国纺织业的出口日益困难。

(4)美国居民可支配收入不是引起我国对美纺织出口变化的 Granger 原因。这可能是因为美国人对纺织服装的要求是一种必需品,即使在经济危机收入减少的情况下也不会减少对纺织服装的消费支出。

6)基于 VAR 模型的脉冲响应函数分析

在分析 VAR 模型时,往往不分析一个变量的变化对另一个变量的影响如何,而是分析当一个误差项发生变化,或者说模型受到某种冲击时对系统的动态影响。这种分析方法称为脉冲响应函数方法。脉冲响应函数就是描述一个内生变量对误差冲击的反应,它可以用于衡量来自随机扰动项的一个标准差冲击对内生变量即期和远期取值的影响。

(1)VAR 模型的平稳性判定。如果被估计的 VAR 模型所有的根模的倒数小于 1,即位于单位圆内,则所建立的 VAR 模型是稳定的。如果模型不稳定，则脉冲响应函数的标准误差不是有效的。图 6-5 所示为检验结果，可以看出所有的根均在单位圆内，本书所建立的 VAR 模型是稳定的。

（2）脉冲响应函数分析。本书应用脉冲响应函数描述在美国服装销售总额、美国消费者信心指数、美国居民可支配收入和人民币兑美元汇率的随机误差项上施加一个标准差大小的新息(in-novation)，研究这个冲击会对我国纺织产品的出口产生怎样的影

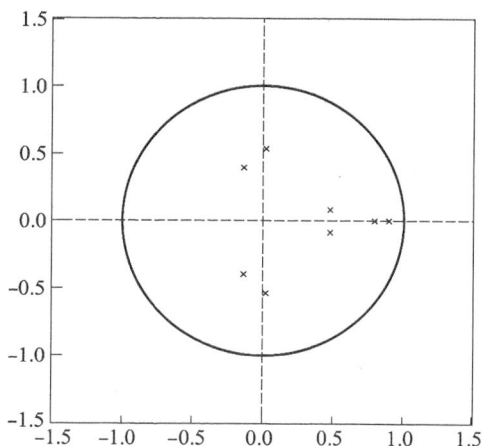

图 6-5　VAR 模型的平稳性判定结果

响。图 6-6 所示为脉冲响应函数结果。图中横轴表示滞后的期间数（单位：月），

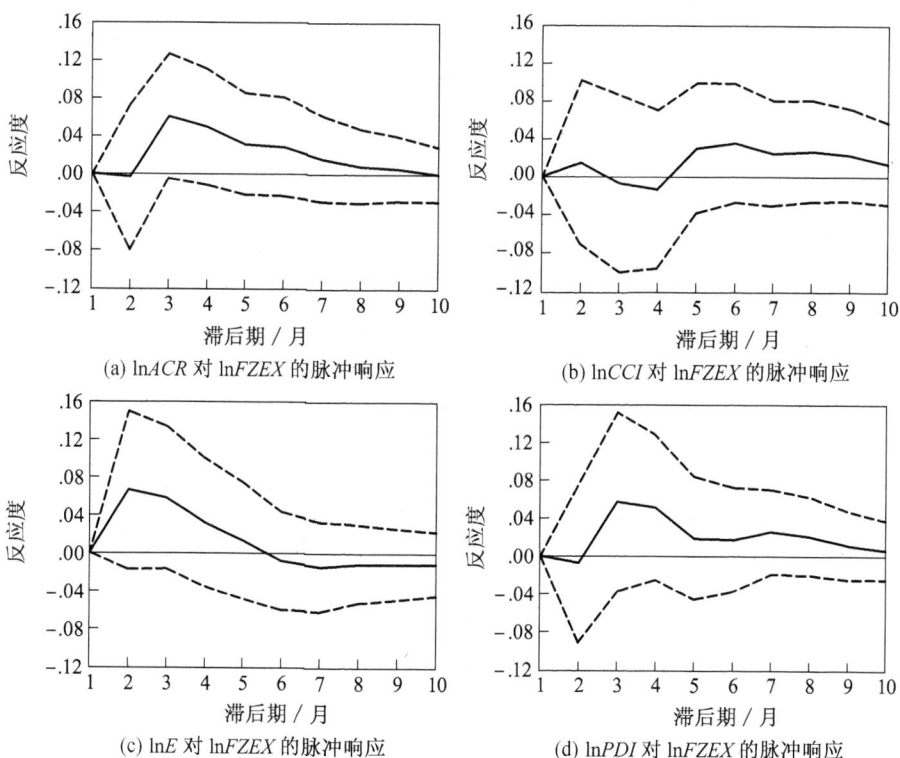

(a) ln*ACR* 对 ln*FZEX* 的脉冲响应

(b) ln*CCI* 对 ln*FZEX* 的脉冲响应

(c) ln*E* 对 ln*FZEX* 的脉冲响应

(d) ln*PDI* 对 ln*FZEX* 的脉冲响应

图 6-6　脉冲响应函数结果

纵轴表示我国纺织对美国出口额对其他指标的反应度。

从图 6-6 中可以看出：

① 美国服装零售总额对我国纺织品的出口产生正向冲击。在第三期的冲击效应达到最大，随后逐渐趋于水平收敛于 0。这是因为美国的服装零售总额增加后会有一批新的生产商或零售商进入纺织服装领域，新进入的厂商就有了新的投入，这反映到我国纺织服装的出口上就有一定的滞后期，而后趋于平稳收敛于 0 就是过度竞争的结果，厂商纷纷退出这一行业。

② 美国消费者信心指数对我国纺织服装出口的冲击还是比较复杂的，有正向的也有负向的，最后趋于平稳收敛于 0。这是因为消费者信心指数反映了消费者对未来经济形势的一种预测，这种预测和现实难免会有误差。在前三期对冲击的反应是正向的，之后为负，再后来为正向并且在第六期达到最大。这可能是因为在初期人们对纺织服装的预期较好、投入比较大，虽然纺织服装不是耐用消费品，但还是要经过一段时间才能有新一轮的投资，这样经过一段时间后才能又成为正向的。

③ 我国纺织服装的出口对汇率冲击有较强烈的反应，在第二期就达到最大，之后下降，到第六期变为负，之后又趋于水平。汇率的提高、人民币贬值使出口增加、利润增加、企业数量迅速增加，加快了竞争，第五期已经达到了饱和，无法盈利，前一段时间生产的产品开始转为内销，内销比重加大、出口减少。

④ 我国纺织产品的出口对美国居民可支配收入的冲击反应在第二期为负，之后全部为正向反应，在第三期达到最高值，最后趋于水平。这可能是因为居民可支配收入减少后，开始并不会减少对纺织服装的购买，毕竟它是一种生活必需品；而随着时间的推移，其他的支出会增加，对纺织服装这种非快速消费品来说，支出就会降低。

7) 方差分解

方差分解是通过分析每一个结构冲击对内生变量变化的贡献度，进一步评价不同结构冲击的重要性。因此，方差分解给出了对 VAR 模型中的变量产生影响的每个随机扰动的相对重要的信息。脉冲响应函数是随着时间的推移，观察模型中的各变量对于冲击是如何反应的，然而对于只是简单地说明变量间的影响关系又稍稍过了一些。表 6-12 与图 6-7 所示为用方差分解分析我国对美国纺织品出口受到各种指标影响的大小。

表 6-12　变量 LnFZEX 方差分解结果

滞后期/月	标准差	ln*FZEX*	ln*CCI*	ln*ACR*	ln*PDI*	ln*E*
1	0.227 201	100.000 0	0.000 000	0.000 000	0.000 000	0.000 000
2	0.255 223	92.827 58	0.310 044	0.057 088	0.168 621	6.636 667
3	0.276 010	80.263 98	0.290 259	4.901 334	3.962 909	10.581 52
4	0.288 357	74.406 95	0.282 845	7.580 331	6.584 185	11.145 69
5	0.292 579	72.275 40	1.767 585	8.112 188	6.785 102	11.059 72
6	0.296 981	70.306 30	3.563 825	8.397 824	6.935 599	10.796 45
7	0.300 069	68.973 37	4.330 234	8.367 760	7.556 128	10.772 51
8	0.302 641	67.997 19	5.129 193	8.238 077	7.925 586	10.709 96
9	0.304 262	67.441 31	5.680 147	8.151 628	7.991 280	10.735 63
10	0.304 977	67.204 50	5.857 344	8.121 628	8.000 775	10.815 76

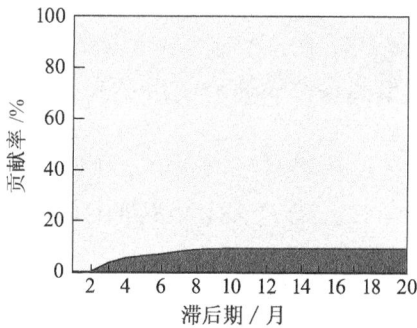

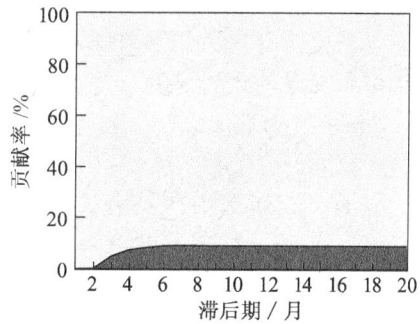

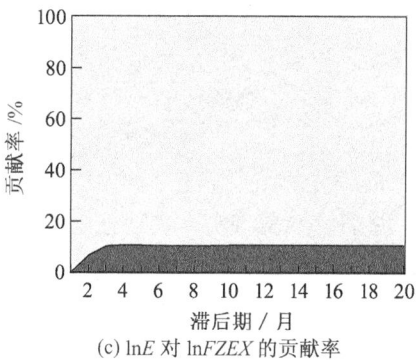

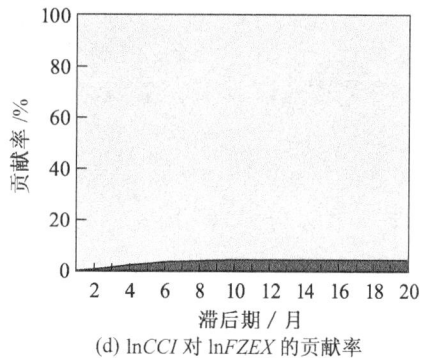

(a) ln*PDI* 对 ln*FZEX* 的贡献率

(b) ln*ACR* 对 ln*FZEX* 的贡献率

(c) ln*E* 对 ln*FZEX* 的贡献率

(d) ln*CCI* 对 ln*FZEX* 的贡献率

图 6-7　方差分解结果

（1）美国服装零售总额和美国居民可支配收入都是在第二期后才开始影响我国纺织产品对美国的出口，说明这2个指标对我国纺织品对美出口的影响具有滞后性，且这2个指标对我国的纺织品出口的贡献率都在10％左右，并且很稳定。

（2）汇率从开始就影响我国纺织品对美的出口，只不过前期不明显，第三期之后汇率的贡献率一直维持在10％左右。

（3）美国消费者信心指数在第四期才开始影响我国纺织品对美国的出口，并且这种影响很小，只有5％左右。

6.3.3 结 论

本书运用VAR系统的Granger因果检验、脉冲响应函数分析及方差分解实证检验了产业衰退的国际传导效应。Granger因果关系表明，美国纺织服装的销售额、消费者信心指数和汇率都是导致我国对美纺织品出口减少的Granger原因，即我国纺织业衰退的Granger原因，而美国居民可支配收入不是我国纺织业衰退的Granger原因。脉冲响应函数分析则表明了这些指标对我国纺织业冲击的强度和时间。方差分解则进一步地证明了这些指标对我国纺织业衰退冲击的强度。其中消费者信心指数的影响是最小的，而其他3个指标的影响程度大致一样。

6.4 危机性产业衰退传导使本土区域产业受到冲击的原因分析

6.4.1 经济的周期性波动与歧视性贸易限制措施的影响

任何一个国家或企业的发展都无法避开大的经济环境，特别是在今天全球经济高度融合、飞速发展的时代。

1）经济周期的波动

在经济全球化和经济一体化不断加强的当今世界经济中，以国际分工为基础、以发达国家的跨国公司为主导的资源的全球配置，使世界各国经济更加紧密联系和相互融合在一起，发达国家的经济周期影响并主导世界经济周期。

经济周期也称商业周期、景气循环，一般是指经济活动沿着经济发展的总体趋势所经历的有规律的扩张和收缩。经济周期的特点是国民总产出、总收入、总就业量的波动，它以大多数经济部门的扩张与收缩为标志。一个周期由繁荣、衰退、萧条、复苏 4 个阶段组成。经济周期是不可避免的,危机发生时,企业利润下降、竞争激烈、投资减少、生产下降,部分企业甚至倒闭,以致经济进入萧条阶段;萧条时期,大量资源闲置,大量企业倒闭,生产处于停滞,失业率达到最高水平;萧条过后,经济开始复苏,企业开始更新固定资本投资,投资增加,失业率下降,个人收入提高,生产逐渐恢复;繁荣时期,需求旺盛,资源得到充分利用,生产扩大,投资活跃,失业率降到最低水平,收入提高;繁荣过后,经济又会面临下一轮衰退,从而循环往复,构成一个又一个的经济周期。

从 2007 年下半年起,以美国房地产泡沫破裂、次贷危机出现及演变为金融危机为标志,世界经济面临原材料、粮食、能源等价格高涨,通货膨胀风险加大,流动性过剩与信用紧缩并存,实体经济增长受到冲击等诸多挑战,世界经济繁荣周期发生转折,本轮经济增长已经进入调整期。而经济危机则通过贸易渠道、金融渠道、投资渠道和心理预期渠道从爆发国向世界其他国家传导。

中国是一个高度开放的国家,自改革开放以后积极参与国际分工和合作,同世界上许多国家都有经济往来,特别是与欧美等发达国家有很高的贸易依存度。而这次美国爆发次贷危机以后,欧洲爆发欧债危机以后,美国、欧盟多国国内经济衰退,需求大幅下降,导致中国出口到这些国家和地区的产品量锐减。同时,中国国内经济增速放缓,人民币不断升值,给中国实体经济造成不小的冲击。

2) 歧视性的贸易限制措施

贸易歧视是指在国际贸易中,某些国家为了维护所谓的本国利益和经济安全,采用关税壁垒、技术壁垒、绿色壁垒、进出口管制政策、政府补贴、借口反倾销、知识产权保护等,对政治对立或非市场经济国家采取不公平的、歧视性的贸易制裁或限制作为。例如,美国针对知识产权问题对华多项产品启动337 调查,美国、欧盟对华光伏产品进行"双反"调查,欧盟的 ROHS 指令等,都对我国产业安全和发展产生很大冲击。

中国长期以来是国外贸易限制措施的最大受害者。中国企业频繁遭受反倾销、反补贴、各种保障措施,以及技术、环境、劳工等贸易壁垒的限制,涉案金额猛增,国内企业蒙受了巨额损失,贸易摩擦进入了高发期。1995—2005 年,WTO 成员向中国发起的反倾销、反补贴、保障措施和特保措施调查达到 716 件。中国已连续 10 年成为遭受反倾销调查最多的国家,涉案损失每年高达 300 亿～400 亿美元。商务部贸易救济调查局提供的最新统计数据显示,2014 年上半年,中国共遭受 18 个国家和地区发起的贸易救济调查 53 起,涉案金额 52.9 亿美元,分别较去年同期增长 20.4％和 136％。其中,6 月份单月案件就有 17 起,环比激增 128％,创下上半年单月案件数量和环比增幅两项新高。国外对华发起贸易救济调查共涉及冶金、化工、建材、纺织、机械等 9 个行业,其中,化工、冶金和金属制品是国外对华反倾销调查的重点产品领域,金属产品则是补贴调查的重点。此外,高新技术领域摩擦增多。

随着中国产品占国际市场份额的不断扩大,作为贸易大国,中国遭遇贸易救济调查的机会也较以往增多。加上各国面临社会就业压力等因素的影响,贸易保护主义近年有所抬头。而且中国对外贸易增长方式本来就是粗放型的,外贸规模的扩大必然对他国市场进行更多挤占,贸易摩擦次数随之增加。

以光伏产业为例,近年来我国光伏产业快速发展,已经形成了较为完善的光伏制造产业体系。我国的光伏产业自 2004 年连续 5 年的年增长率超过 100％。2007 年中国就已成为太阳能电池第一生产大国。2010 年,中国光伏电池产量已超过全球总产量的 50％。2011 年中国光伏企业的总出货量中,美国市场约占 15％,欧盟市场约占 75％。由于我国光伏等新能源产业在短时间内发展势头迅猛,在国际市场上占有较大优势,而新能源是全球第三次产业革命的核心,我国光伏产业的兴起给欧美国家光伏发展造成威胁。加之我国是劳动密集型国家,企业生产价格优势显著,欧美等国一些规模较大的光伏企业破产,他们将这一结果的矛头指向我国光伏企业,认为是我国光伏产品的倾销所致,并向美国商务部和欧盟委员会提出对我国光伏产品进行反倾销、反补贴调查与惩罚。

6.4.2　本土区域产业缺陷与危机性产业衰退国际传导的"共振"

当可能导致产业恐慌或产业链中断的危机性外部事件在一国或地区爆发时,危机会沿着贸易渠道、金融渠道、投资渠道和预期渠道迅速向他国传导,冲击他国实体经济的发展,使他国的实体经济或相关产业出现衰退。但是,这些遭受危机性外部事件冲击的产业衰退的程度是不同的。造成这种差异的原因主要来自于不同国家自身的产业发展状况,即本土区域产业缺陷会与危机性产业衰退的国际传导产生"共振"的效应。具有产业缺陷,如产业结构不合理、产业层次较低、缺乏创新能力等的行业,更易受到危机性产业衰退的国际传导。

1) 本土区域产业结构不完善

进入 21 世纪以来,我国产业结构持续优化。第一产业增长相对缓慢;第二产业增长快速;第三产业突破以商贸、餐饮为主的单一发展格局,加速了金融、保险、研发、咨询等行业的发展。与此同时,第一产业就业比重明显下降,第二产业就业比重增长缓慢,第三产业的就业比重增长速度高于第二产业的增长速度。总体上看,我国产业结构在保持"二、三、一型"基础上不断地优化。但是,无论从静态还是动态的角度来分析我国现阶段的产业结构,许多问题仍然存在,如图 6-8 所示。例如,2013 年,从我国三次产业结构的产值来看,第一产业增加值为 56 957 亿元,占 GDP 比重 10.0%;第二产业增加值为 249 684.42 亿元,占 GDP 比重 43.9%;第三产业增加值为 262 203.79 亿元,占 GDP 比重 49.1%。而在发达国家 GDP 构成中,第一产业所占比重一般不超过 5%,第二产业一般不超过 30%,而第三产业所占比重却是最大的,一般为 65% 以上。与发达国家相比,我国产业结构仍有优化的空间。

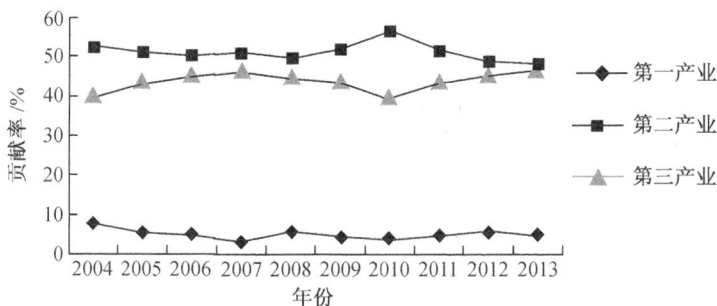

图 6-8　3 种产业对 GDP 的贡献率

资料来源:《中国统计年鉴(2004—2013 年)》。

　　第二产业比重过高,而第三产业比重有待上升,这样的产业结构与发达国家相比仍然有不小的差距。虽然长期以来第二产业是我国的支柱产业,但是,我国第二产业主要是劳动密集型的低端制造业,价格优势是实现贸易顺差的主要因素,保证了中国经济的高速增长,也为中国赢得了"世界工厂"的美誉。近年来,随着世界经济滑坡,国内经济增长速度放缓,人民币不断升值,国内劳动力成本和原材料价格一路上涨,使得这种价格优势降低,第二产业的出口受到制约。一旦外部经济发生改变,就会迅速影响本土区域产业的发展。

　　2) 本土区域产业创新能力较弱

　　创新理论是由 J·A·熊彼特(1883—1950 年)首先提出来的。在他看来,经济发展是经济生活中本身所发生的非连续化变化与运动,是某种破坏均衡而又恢复均衡的力量发生作用的结果,这种推动经济发展的内在力量就是"创新"。"创新"是将生产要素引入生产过程中,所以创新是指企业家对生产要素的新组合,即把一种从来没有过的生产要素和生产条件的新组合引入生产体系之中。它包括5个方面内容:引进一种新产品或提供一种产品的新质量;采用一种新技术、新的生产方法;开辟一个新市场;获得一种原材料新的供给来源;实行一种新的企业组织形式。

我国大部分的产业缺乏创新能力,企业生产中大多只追求成本优势,这虽然是我国产品在国际市场上的比较优势,但我国产品缺乏在创新研发上的投入。一旦这种价格优势消失,例如,经济危机导致成本上升,或是进口国进行双反调查等,产业的发展就会出现瓶颈。另外,我国的产业科技含量较低,产业的替代性很大,例如,越南等东南亚国家,在一些劳动密集型产业的生产上和我国有高度的重合性和替代性,所以这种低端的价格优势从长远来看是不具竞争力的。因此,在面对2007年次贷危机和欧盟对华光伏产品的"双反"调查,大量的中小型企业停产或倒闭,很大一部分原因是因为中小企业研发投入不够,缺乏创新。例如,长期以来光伏产业所谓的"创新"项目遍地开花,其实却充斥着低水平重复建设和恶性竞争,很多中小企业是从其他产业临时转行而来,缺乏研发能力,产品缺乏竞争力。即使是大中型企业,创新能力与发达国家相比仍然具有很大差距(见表6-13)。目前,我国大中型工业企业研发经费占销售收入的比例平均不到1%,而发达国家大中型工业企业则占到5%左右。

表6-13　大中型工业企业研究与试验发展经费支出

年份	大中型工业企业研究与试验发展经费支出/亿元	研究与试验发展经费支出与主营业务收入之比/%
2004	954.49	0.7
2005	1 250.29	0.8
2006	1 630.19	0.8
2007	2 112.46	0.8
2008	2 681.31	0.8
2009	3 210.23	1
2010	4 015.40	0.9
2011	5 030.70	0.9
2012	5 992.32	1

资料来源:根据《中国统计年鉴(2004—2013年)》计算而得。

反之,敢于创新的企业,就能在全球经济增速放缓的大背景下逆流而上。例如,近年来我国光伏产业接连遭遇来自欧美的"双反"调查,本土光伏产业短期内一蹶不振。然而在光伏行业里有一家企业——保威新能源，就是依靠创新、逆流而上的成功典型。在成立之初，保威就定位要成为一家具有全球视野的创新型光伏系统集成商。面对行业的竞争者，保威独创了一系列精细化标准，以配合海外市场的发展，如在项目管理上做到科学调度，提高工程施工的效率，降低整体项目成本。例如，当前国内很多大型地面电站所使用的光伏支架是一模一样的，而保威在海外项目中设计的电站方案则考虑了外围和内围的风力系数。因此，2014 年 5 月保威成为中国第一家通过德国风洞测试的光伏产品设计和提供商。风洞测试可以提供不同条件下精确的荷载数据，由此验证光伏支架结构的强度，提升可靠度。此外，风洞测试精确展示了不同情况下光伏电站不同位置处的风力系数，有助于降低光伏支架系统的成本。

　　成立之初保威新能源选择从整个光伏产业链最不起眼的支架切入，通过建立独特的商业模式，让公司业务建立在产品服务之上，而非单纯的制造业。通过设计、服务、创新，保威使其业务在全球范围内百花齐放。据悉，保威已在日本、南非和巴基斯坦建立本土化分支机构，与 ABB、西门子、REC、施耐德、JAsolar 等业界知名光伏企业建立长期合作的战略伙伴关系。目前，保威已为全球超过 25 个国家和地区的太阳能电站提供专业的产品和电站施工服务，业务范畴包括电气设计、结构设计、产品供应、施工安装及运营维护。日本政府一直实行高补贴、高投入、高收益的光伏政策，使之成为光伏行业中最排外的市场，全球光伏业者能进入日本市场者寥寥无几。而保威凭借自己的创新能力，于 2012 年 2 月最终达成与日本最大的居民屋顶光伏电站系统商高达 80 MW 的支架合约。

　　3) 本土区域产业技术水平低下，处于产业链的低端

　　长期以来，我国的加工制造业一直处于产业链的低端。中国贸易顺差基本来自于加工贸易。统计显示，2001 年以来，中国加工贸易顺差逐年提高，特别是 2005 年后加工贸易顺差发展较快，到 2008 年加工贸易顺差达到 2 967.8 亿美元；2009 年加工贸易顺差仍然保持在 2 646.4 亿美元；2010 年，随着全球经济回暖，这一数据又增加到 3 229 亿美元。相比之下，近 10 年来，一般贸易和其他贸易除了个别年份外，几乎均为逆差。究其原因，主要是当前中国的加工贸易大多由外资企业或外资参与的合资企业所把持。数据显示，自 2008 年开始，加工贸易利用外资已连续数年占中国实际利用外资金额的一半。加工贸易企业的转型升级，最重要的是上游技术研发和下游销售渠道，但在这两大重要环节上，国内加工贸易企业却严重依赖跨国公司。一旦外部经济环境有风吹草动，就会直接影响加工贸易的发展。

再以光伏产业为例。伴随着全球对能源、环境危机的日益关注,光伏产业在过去 10 年中经历了一个快速发展阶段。2002—2011 年这 10 年间,全球光伏产业的年平均增长率是 53%。而中国光伏产业的发展,则更超出人们的想象。2003—2007 年这 5 年间,中国光伏产业的年平均增长率为 191.3%。2003 年,我国太阳能电池产量是 12 MW,2004 年为 50 MW。而到了 2005 年,产量一下猛增到 139 MW,2006 年达到 400 MW。2007 年,中国太阳能电池产量首次达到 1 088 MW,超过日本(920 MW)和欧洲(1 062.8 MW),一跃成为世界太阳能电池的第一大生产国。才用了不到 10 年的时间,中国就打造了一个世界级的产业。即使是遭遇了世界金融危机,2011 年中国的光伏产业仍然势头不减。多晶硅产量达到 8.4 万吨;太阳能组件产量达到 21 GW,同比增长 100%,占全球总产量的 60%;行业总产值超过 3 000 亿元。

中国光伏产业发展势头迅猛,却突然遭遇打击。这其中有欧美贸易保护主义的原因,也有自身技术创新不足、没做好产业规划,以及错估市场、盲目扩张等其他原因。中国光伏产业的困境在于,产业中的制造设备、原料和市场"两头"在外,即九成以上的原材料依赖进口,且九成以上的产品需要出口国外。由于制作太阳能电池板需要纯度高达 99.999 9% 以上的高纯度多晶硅,国内的提纯技术在早期尚未达到,因此多晶硅的供应一度被国外垄断。2008 年 10 月,多晶硅价格在电池组件供不应求及多晶硅国内产能严重不足的共同作用下一路飙升,从每公斤 50 美元上涨至 500 美元。在国内光伏用户市场尚处于萌芽状态时,欧洲作为全球光伏发电的第一大主要市场,安装量占世界总量的 60% 以上,表现出巨大的市场需求。过去 5 年间,中国光伏产业的产量连续保持世界第一,占据欧洲超过一半的市场。2011 年,中国出口约 358 亿美元光伏产品,其中向欧盟出口了总价值 210 亿欧元(约合 265 亿美元、1 665 亿元人民币)的太阳能面板和相关部件,出口量占中国光伏出口总量的七成。2012 年我国太阳能光伏产品对欧洲的出口额虽然同比下降 45%,只有 111.9 亿美元,但这仍占我国光伏产品总出口额 233 亿美元一半以上的份额。

面对这样"两头"在外的发展态势,我国光伏产业很难独善其身。欧美对我国光伏产品展开"双反"调查,很快对我国光伏产业的发展造成极大冲击。2012 年,我国多晶硅产业全线亏损,80% 以上的多晶硅企业停产,其中两家破产。2012 年 8 月,美国投资机构 Maxim Group 发布研究报告称,中国前十大太阳能公司的债务累计已经达到 175 亿美元,整个行业接近破产边缘。

4)政府缺乏有效的监管,缺少合理的产业规划,造成相关产业产能过剩

长期以来,地方政府的政绩与 GDP 挂钩,使得地方政府为寻求政绩盲目

地吸引外资,开工建设,缺乏合理的产业规划。同时,政府对产业发展缺乏有效监管,使企业无序竞争,造成产能过剩。在遭遇危机性产业衰退国际传导时,这些产业极易受到冲击。

在我国光伏产业的发展过程中,一直缺乏有效的规划和引导,这为行业盲目扩张和无序竞争提供了条件。当前我国光伏行业陷入困境,很大一部分原因是由行业自身缺乏规范管理,企业盲目扩张和无序竞争造成的。行业标准缺失是导致我国光伏行业陷入困境的另一原因。目前,我国光伏行业的相关标准基本处于缺失状态,只要有钱就可以做光伏,这就导致很多其他行业的投资者一窝蜂地涌入光伏行业,成为产能急剧扩张的重要推手。行业的暴利引得国内企业对光伏产业趋之若鹜,仅江浙一带,就有许多纺织企业转行投资光伏产业。地方政府为了追求 GDP 和政绩也大力支持光伏产业的发展,新的开工项目不胜枚举。2008 年,我国光伏企业数量不到 100 家,而近年来数量陡增,竟达到了 500 家。产能过剩、盲目上马项目已影响到光伏行业的健康发展。仅江苏省 13 个地级市均建有光伏产业园,大型光伏企业 20 多家,数以百计的为中小企业。放眼全国,有 600 多个城市把光伏产业作为战略性新兴产业。而在中国西部地区某些城市,出现了动辄几十平方公里的光伏电站规划用地。据统计,目前国内除了西藏,其他省份都提出过多晶硅的发展规划,且都是千亿工程。据欧洲光伏工业协会统计数据,2012 和 2013 年光伏市场需求为 20 GW～40 GW。而据赛迪智库光伏所不完全统计,2012 年我国 156 家电池组件企业的太阳能电池产能已超过 40 GW。供需失衡的必然结果就是产品降价、利润降低、企业倒闭。

5) 缺乏风险防范意识和有效的预警系统

全球性金融危机爆发以来,世界各国出于恢复经济增长的需要,推崇贸易保护主义的倾向越来越明显,各种贸易保护措施纷纷出台。据联合国贸发会议指出,金融危机之后,来自 20 国集团经济体的贸易限制措施有增无减,使现行限制措施进一步增加,而取消现行限制措施的步伐则非常缓慢。据估计,危机开始以来实行的限制措施,包括增加关税和实行非关税措施,其贸易覆盖面为世界商品贸易的 2.9%。2012 年实施的各类限制措施数量是危机前的 3 倍。中国作为一个发展中大国,近年来已成为全球贸易保护主义最"青睐"的对象。2003 年至 2012 年 9 月,中国共遭受国外贸易救济调查案件 758 起,涉案金额 684 亿美元。中国已连续 17 年成为全球遭受反倾销调查最多、连续 6 年遭受反补贴调查最多的国家。国外的经验表明,维护产业安全,不是某个部门或某个企业自己的事,需要各有关方面的共同努力,政府、产业界及企业间的密切配合至关重要。在美国,商务部对出口美国的多类产品进行实时监测,每月把监测到的产品的数量和价格与国内外同类产品的数量和价格进行对比;同时,还将这些产品的生产企业与国内同类产品企业的生产经营状况进行比较,监测是否有异常情况,为产业保护寻找依据。

面对如此频繁的贸易限制措施,政府和企业缺乏风险防范意识,没有建立起有效的预警系统,导致出现我国一旦遭受国外贸易救济案件调查就被动的局面,相关产业深受牵连。具体表现在:

(1)缺乏危机前风险防范意识

我国政府和企业缺乏风险防范意识和识别风险的能力,盲目乐观。政府在经济发展过程中只注重单纯的 GDP 增长,而企业也受短期利润的刺激,盲目上马新项目,简单扩大生产,因此,我国大部分产业缺乏有效的规划和控制。这种无节制的增长,极易造成产能过剩和无序竞争,最终导致与贸易伙伴国的贸易摩擦。我国光伏产业就是典型的缺乏风险意识的例子。由于光伏产业能带来巨大的利润,并且属于国家"十二五"规划中优先发展的战略性新兴产业,因此,全国各地光伏产业纷纷上马,光伏产业园遍地开花。在利益追逐下,政府和企业都对光伏行业的风险估计不足,盲目的扩张最终导致国外纷纷对我国光伏产品进行"双反"调查,使得光伏产业迅速进入寒冬。

(2)缺乏危机时有效的应对措施

受利益的驱使,中国很多产业在发展初期一哄而上,形成恶性竞争,在危机爆发前缺乏风险防范意识。而在危机爆发后,又缺乏及时有效的应对措施,一旦外部冲击出现,本土区域产业往往无力招架。长期以来,中国是国外贸易限制措施的主要受害者,遭受国外贸易限制措施的企业,由于不熟悉相关的国际法律法规,缺乏来自行业协会和政府的有效支持,往往不积极应诉,或陷入一旦应诉便大多败诉的局面,涉案企业被迫撤出目标市场,并牵连相关产业,造成巨大损失。

(3)缺乏危机后的有效治理

危机性产业衰退的特点是传导效应会在短时间内对本土区域产业造成较大的影响,使得产业发展暂时中断或停滞。而一旦这类外部冲击压力解除,产业的衰退趋势将逐渐趋缓,并进一步回暖。但是,由于缺乏科学的产业规划和产业退出机制,产业资源亟待整合。再加上相关的政策、金融政策扶持不到位,行业协会协调作用的缺失,使得危机过后本该回暖的行业中,不少中小企业被迫退出市场。

6.5　小　结

本章研究了危机性产业衰退国际传导对本土区域产业发展的影响。危机性产业衰退是指当可能危及产业安全与稳定的外部事件发生时,由于有限理性与有限道德的放大作用,引起产业恐慌与产业链的非正常运转,导致在一段时期内出现暂时性的产业停滞或衰退的现象。本章主要考察近年来对中国产业发展影响较大的危机性外部事件,包括由2007年美国次贷危机引发的全球金融危机,以及以欧美对华光伏产品进行"双反"调查为代表的贸易限制措施。

危机性产业衰退国际传导与一般产业衰退传导不同,具有爆发性强、危害性大,以及衰退后产业可恢复的特点。它通过贸易渠道、金融渠道、投资渠道和预期渠道,影响本土区域产业的发展,具体表现为实体经济下滑、贸易萎缩、企业停产倒闭、就业率持续下降等。

为度量危机性产业衰退国际传导对本土区域产业发展的影响,本章构建了评价指标体系,并选用产业产品销售收入增长率、产业产值占GDP比重、销售利润率、出口交货值增长率分析我国36个产业遭受危机性产业衰退传导的影响,得出我国黑色金属采矿业,纺织业,化学纤维制造业,通信设备、计算机及其他电子设备制造业等产业受到危机性产业衰退国际传导的影响,也出现了不同程度的产业衰退。

然后,以纺织业为例,对我国纺织业衰退国际传导进行具体分析,实证检验了产业衰退的国际传导效应。Granger因果关系表明,美国纺织服装的销售额、消费者信心指数和汇率都是导致我国对美纺织品出口减少的Granger原因,即我国纺织业衰退的Granger原因,而美国居民可支配收入不是我国纺织业衰退的Granger原因。脉冲响应函数分析则表明了这些指标对我国纺织业冲击的强度和时间。方差分解则进一步证明了这些指标对我国纺织业衰退冲击的强度。其中消费者信心指数的影响是最小的,而其他3个指标的影响程度大致一样。

最后,对危机性产业衰退国际传导影响本土区域产业发展的原因进行了剖析。从外部因素来看,世界经济周期的波动、对华歧视性的贸易限制措施及各国竞争利益的争夺,是我国相关产业遭受产业冲击的原因。但我国产业自身的缺陷也产生了"共振"效应,即加深了产业衰退的程度。这具体表现为我国产业结构不完善;产业创新能力较弱;产业技术水平低下,处于产业链的低端;政府缺乏有效的监管,缺少合理的产业规划,造成相关产业产能过剩;政府和企业缺乏风险防范意识,没有建立有效的产业安全预警系统等。

第7章　危机性产业衰退国际传导中区域产业调整的机理研究

随着经济全球化的不断深化,金融危机爆发、影响的形式和范围都有新的变化。金融危机的发生不再局限于过去的一个领域、一个地区、一个国家,而是涉及不同领域、影响多个地区,甚至是全球性的。而且,由外部环境变化(经济危机)所引发的某一产业的衰退可能通过产业之间的相互联系带动其他产业衰退,使产业所在国家或地区经济陷入发展困境,最终降低国家或地区的经济增长水平。危机性产业衰退国际传导中产业衰退的主要特征是"衰而未亡",即其自身虽然遭遇了发展的冲击与障碍,但未在经济生活中消亡。产业衰退只是意味着相对于其他产业或自身的发展过程而言,其对经济发展所做的贡献呈下降趋势,但它们并不会完全退出经济舞台,依然是本国产业结构中不可缺少的重要组成部分,对经济增长有重要影响。因此,危机性产业衰退国际传导中衰退产业能否顺利转型,闲置的资源要素能否从中顺利转移,关系着迫切需要资源投入的新兴产业能否获得成长时间和发展空间,很大程度上决定着一国的产业结构转换、升级进程和经济增长前景。因而,危机性产业衰退国际传导中产业调整是各个国家在每个经济发展阶段都必须予以关注的课题。

由此,在国际与国内产业纷纷调整优化的背景下,为了适应全球市场化和国内产业发展的系统性,各国或地区的产业也应当做出相应的变化,以应对危机性产业衰退国际传导中本区域内经济增长的持续性和稳定性。复杂适应系统(complex adaptive system,简称 CAS)主要用于研究一个包含若干个子系统的复杂系统中的个体,在面对外部环境突变时如何实现自身适应度的提升过程。危机性产业衰退国际传导中区域产业调整是一个复杂适应系统,是一个恒新性的系统。无论从时间还是从空间的角度看,这个复杂适应系统中的主体面临的环境总是处于永不重复的变化之中。尽管我们无法通过一个特定的规律来准确地推断经济学中产业调整的方向,但是,运用复杂适应系统却可以帮助我们充分认识相关的现象,发现现象背后的机制,以便及时做出许多有用的调整,辅助决策。由此,本章将区域产业调整视为一个"复杂适应系统",分析危机性产业衰退国际传导中区域产业调整的概念与特点,针对危机性产业衰退国际传导中区域产业调整的主体特征与适应机制,分析危机性产业衰退国际传导中区域产业调整的微观主体行为,进一步探讨危机性产业衰退国际传导中区域产业调整的影响因素与主要方式,为我国区域产业调整的深入研究奠定相关的理论基础。

7.1　危机性产业衰退国际传导中区域产业调整的系统特征

7.1.1　区域产业调整系统的复杂适应性

区域产业调整是一个复杂适应系统,也是一个多经济主体(包括政府、企业)的博弈过程,必须充分考虑各个不同主体的主动性,主体与环境、主体与其他主体的相互影响和相互作用。作为一个复杂适应系统,区域产业调整系统具有以下几个主要的特征:

(1) 主体的适应性

适应性行为可以定义为经济主体不断调整和修改其行为,并在变化的环境中不断改善处境的动态过程。在复杂适应系统中,具有不同基本心智模式且彼此独立的主体会主动探索并嵌入环境(也包含其他主体),并由此发展出一组心智模式。心智模式就是一种知识状态,这种知识状态会影响主体对于未来结果的预期,进而影响主体的行动决策,而此行动结果也会反过来改变主体的心智模式。主体正是通过不断地模仿和试错,从而出现适应性效率。图 7-1 所示为心智模式的作用机理。

在区域产业调整系统中通常有许多主体(企业、政府和个人等),它们会根据过去的经验及其对产业环境的看法而发展出一组策略,这组策略包含了许多的预期支付和行动准则,这些行动准则也就支配着其行为。当主体采取了行动之后,假若行动结果是有利的,那么就会强化既有的心智模型;假若行动得到的结果是不利的或是不符合主体预期的,那么就会造成心智模式的改变。主体也就是在这样的"双回路学习(double loop learning)"过程中去适应、修正、调整行为的。图 7-2 所示为组织学习的类型。

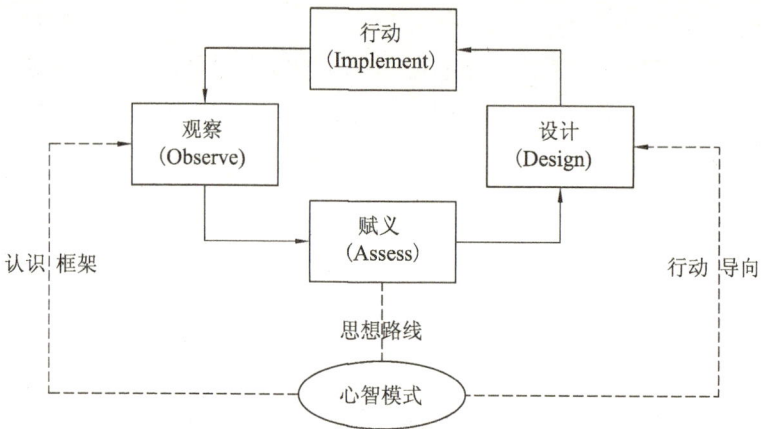

图 7-1　心智模式的作用机理

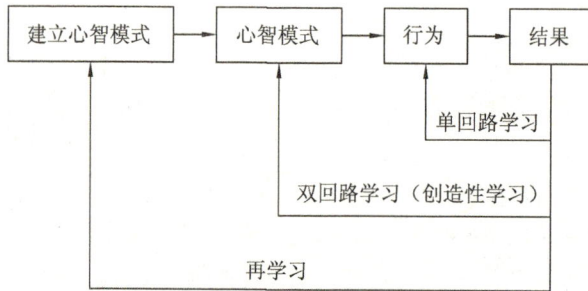

图 7-2　组织学习的类型

资料来源：Snell 和 Chak(1998)。

（2）动态性

区域产业调整系统中主体与其所处的环境之间及主体相互之间不断地进行物质、能量、信息的交流。由于主体的适应性和环境的时变性、不确定性、不可预测性，都不同程度地对区域产业调整系统的均衡性产生扰动。系统中的任何变化，如新企业的进入或既有企业的退出，同时产业所处的宏观系统环境的变化（如金融危机的爆发）也都会造成产业的重大改变，并刺激系统中的主体根据自身适时的心智模式重构系统中的合作伙伴与关联方式，引导系统向适应环境的方向发展变化。也就是说，产业调整系统是由主体与其所处环境互动出来的，只要在整个经济系统之中存在不稳定因素的吸引，就会通过产业调整系统内的主体的行为互动出现新的产业环境；如此反复下去，便形成了"间断均衡"的产业环境（产业长期稳定的结构被环境的变化，如创新所带来的变革所打断）。同时由于主体的不断学习、试错和适应性，因而每个复杂适应系统由于其复杂性和多样性而存在的小环境,都有可能被主体发现和利用。在区域产业调整系统中,主体(企业)通过竞争获取新知识及对新知识的利用,导致整个产业系统不断变化。通过引入和利用新的技术方式、运用新的不同生产方法、采用新的组织方式等简单的行动组合而产生的复杂行为,造就和推动了产业调整系统的复杂动态过程,使得区域产业调整系统保持其创新的动态性特征。

(3) 非线性

复杂适应系统具有多层次结构,系统中子系统种类繁多,子系统之间存在多种形式、多种层次的交互作用。这些作用使得系统之间形成复杂的非线性网络关系。线性和非线性的一个重要区别,就是非线性系统具有正、负反馈循环,负反馈意味着经济只有一个均衡点,而正反馈则允许多个均衡点,而且这些潜在的均衡点具有一定的偶然性和随机性。正反馈效应是系统复杂性的最典型表现。同时非线性系统中,整个系统与各组成部分之间不再是简单的加和关系,而是存在极其复杂的关系,各种关系对整个系统的演化和均衡都有着重要的影响。

区域产业调整系统是复杂的非线性系统,存在多个层次的子系统,各主体都具有各自的主观目的及各自不同的心智模式,使得区域产业调整系统的各组成部分相互之间发生着非线性相互作用,这就决定了区域产业调整系统均衡的随机性和动态性。同时在区域产业调整系统中,整个系统行为不再是部分行为的简单加和,任何主体的行为都可能由于"蝴蝶效应(是指事物对初始条件具有强烈的敏感依赖性)"而对整个系统的均衡产生影响。

(4) 自组织性

复杂适应系统包括无数主体之间相互作用及其与外部环境之间的相互作用,会表现出一定程度的秩序,但这种秩序并非预先规划好的,而是主体由于自组织性,使得系统涌现出秩序。自组织是一种自发性的过程,系统中的主体自我组织并且产生新的行为模式,这是一种由下而上的改变过程。而这种自组织在某种程度上表现出一定的规律性,宏观的变化和主体分化都可以从主体的行为规律中找到根源,因而整个宏观系统又存在一定的可预测性。区域产业调整系统作为自组织系统,其最主要的特征,就是微观层面的竞争性互动在客观上形成有序结构,其中主体具有不断向环境学习的能力和自适应性。主体在复杂环境中获取日益增强的自我控制力的过程,是在没有任何主体控制或没有任何外部控制作用于系统的情况下,产业内行为者之间自发相互作用的结果,出现的总体结果是有序和有益的。不论在产业总体水平上,还是主体水平上均为有序和有益。这并非任何人有意设计或计划的结果,而是无数个人通过生产、交易和消费,彼此相互作用、相互影响的结果。

（5）共同演化性

复杂适应系统是由许多不同心智模式的主体组成的,这些主体会在动态的网络关系中彼此交互作用;而且主体的行为选择发生在真实时间维度中,其行为及所处的环境被认为是不断变化的而且是不可逆转的,因而复杂适应系统会有"共同演化"的现象发生。这也就是说,单一的主体的演化会影响到其他主体的演化,并且影响到其他主体的策略和心智模式,最后会改变彼此的行为;同时因为主体对环境做出的适应性行为,也会造成环境的变化,最终使得系统中所有主体和环境产生"共同演化"。

在区域产业调整系统中,存在各种异质的企业、顾客、竞争者、替代者、上游供应商,而且这些企业、顾客、竞争者、替代者、上游供应商均具有发现和搜集信息的能力,具有适应、学习的能力,能够彼此互动且相互学习而形成错综复杂的动态网络关系。同时,由于不同的主体不断地实现变化和进步、不断重组和创新,其行为会对区域产业环境造成不可逆转的影响,从而使得整个区域产业系统得以"共同演化"。实际上,区域产业调整系统也是不断演化的结果,是演化过程的产物。

（6）路径依赖性

作为复杂适应系统,它还具有路径依赖的特点,即历史遗产或初始条件具有重要意义,以前的任意选择或偶然事件都对系统的演化具有约束作用。同时,主体调整以适应变化的环境和条件、系统组织本身的演化等许多现象,均表现出较强的路径依赖特点。

区域产业调整系统中的主体由于知识的不完全性和时间的不可逆转,以及收益递增、边干边学、网络外部性和技术溢出的影响,其心智模式和行动不可避免地受到过去决策的制约。加上技术和生产范式的出现、传播与扩散,默示知识及其在产业区域内的扩散等的路径依赖性,意味着区域产业系统将来的发展要受到当前系统行为和环境的影响。

7.1.2 危机性产业衰退国际传导中区域产业调整的内在特征

将区域产业调整视为一个复杂适应系统,由于其本身的复杂性,导致危机事件的多样性。应用复杂科学对区域产业调整系统进行分析,构成区域产业调整系统的适应性主体。在主体与主体之间、主体与环境之间存在着相互影响与作用,各种不确定性因素随时随地会对主体构成干扰,引发系统环境的变化;系统的诸多主体不断修改其行为规则,使系统不断分化,进而产生涌现的结果。由此,危机性产业衰退国际传导中的区域产业调整,实际上是在区域产业调整系统的初始条件发生改变(危机性产业衰退国际传导引发本土产业的衰退)时,通过改变区域产业调整主体行为的选择路径,使之符合经济发展目标的过程。因此,在危机性产业衰退国际传导中的区域产业调整具有如下特点:

第一,危机性产业衰退国际传导中的区域产业调整是一个由不同利益主体(政府与企业)组成的多主体系统,主体之间相互联系,所受到的其他因素的影响千差万别。这些影响又以非线性方式交织、融合,共同作用于区域产业调整系统,产生纷繁复杂的危机现象,如金融危机引发的各国和地区间产业的衰退。

第二,危机性产业衰退国际传导中的区域产业调整系统因初始条件改变而形成"蝴蝶效应"。区域产业调整作为一种非线性系统,整体的行为和性质与部分的行为和性质具有非加和性,这使得人们不易对它的发展变化做出预测,更无法对未来进行推算。在系统之中,众多的适应性主体与其他事物之间存在着相互作用,各种不确定性因素随时随地会对事物构成干扰,形成危机事件的初始条件,如危机性产业衰退国际传导中实体经济的衰退在国家间及地区间的蔓延。

第三,危机性产业衰退国际传导中区域产业调整系统的诸多主体不断修改其行为规则,形成"受限生成过程",进而产生涌现的结果。主体为了更好地适应其他主体,要不断地"学习"和"积累经验",修正相互作用的模式。在接受外界信息的时候,按照既有的规则,如果适应了其他主体,则主体不对规则做出修改;如果不能适应,则需要对规则进行修改。如果多个主体对规则进行修改,则通过相互作用形成网络,构成受限生成过程,形成新的主体、新规则、新系统,从而产生涌现现象。由此,在危机性产业衰退国际传导的产业冲击背景下,区域产业调整的主体将根据环境的变化采取适应性的选择行为。

7.2　危机性产业衰退国际传导中区域产业调整的微观主体分析

7.2.1　危机性产业衰退国际传导中区域产业调整的主体及其特征

将危机性产业衰退国际传导中的区域产业调整看作是一个初始条件变化的复杂适应系统,它是由大量分散的主体(包括企业和政府等)构成的系统。其中企业是区域产业调整的主体之一,优势企业代表着区域产业调整的变动方向,优势企业的扩张对区域产业的调整具有极强的带动作用(姚宗君,

2010)。政府作为区域产业调整的另一主体,通过制定区域产业政策对产业的演化进行引导,具体的引导对象是产业企业,体现的是政府对经济活动的干预(王云平,2007)。危机性产业衰退国际传导中区域产业调整的主体特征表现为以下几方面:

第一,主体是源于利益的主体。危机性产业衰退国际传导中区域产业调整涉及多个经济利益主体,这些主体代表了不同的利益层次。结合中国区域产业调整的实际,政府代表整体全局利益(追求社会公共利益最大化),企业代表集体利益(追求利润最大化)。

第二,主体具有自主性和适应性。在危机性产业衰退国际传导中,区域产业调整的主体与其他关联主体的相互作用及对外部环境选择的适应,既是促成区域产业演进的基本动力和根本原因,也是决定区域产业政策有效性的条件。

第三,基于产业主体适应性的个体行为。在主体间的相互作用及其与外部环境的适应下,区域产业呈现出从微观行为到宏观涌现的演化过程。

7.2.2 危机性产业衰退国际传导中区域产业调整的主体适应机制

从复杂适应系统方法论的视角出发,适应性就是主体之间的相互作用,这种相互作用不是单个主体之间的行为,而是复杂适应系统内所有的主体之间及主体与环境之间存在的复杂的、反复的相互作用。说主体具有适应性,就是说该主体具有相互作用的能力。在适应性主体的适应过程中,适应不仅是一种能力,而且也是主体生存和发展的一种基本行为模式。

在复杂适应系统视角下,适应性主体在刺激-反应机制作用下,会主动地按照规则行事。当危机性产业衰退国际传导中区域产业调整系统环境或其他主体行为发生变化,企业及政府等微观主体也会根据接收到的刺激(产业冲击)而改变自己以往的规则,以适应变化,从而保证自己利益的实现。危机性产业衰退国际传导中区域产业调整系统的主体主要由探测器、规则处理器和效应器构成并获得外部环境信息与其他主体信息。探测器获得外部环境和其他关联主体信息,通过规则管理器的处理,得出适应性对策,并将其传送给效应器,使主体对外部环境及其他适应性主体采取行动,同时外部环境及其他关联主体又选择性地影响该适应性主体信息的获取。由此,危机性产业衰退国际传导中区域产业调整主体的反应、决策等适应性行为通过刺激-反应模型中的探测器、规则处理器和效应器得以表征。图7-3所示为危机性产业衰退国际传导中区域产业调整主体的适应机制。

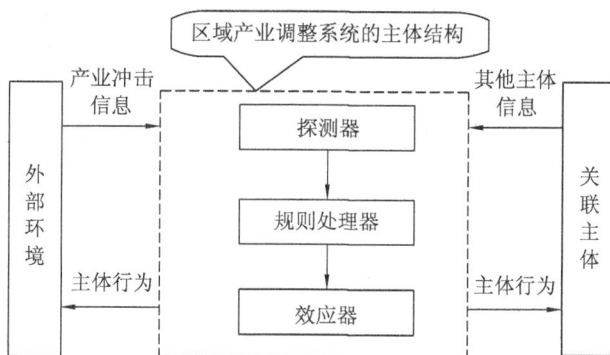

图 7-3 危机性产业衰退国际传导中区域产业调整主体的适应机制

7.2.3 危机性产业衰退国际传导中区域产业调整的微观主体行为

在复杂适应系统视角下，危机性产业衰退国际传导中区域产业调整的适应性主体(企业与政府)在刺激-反应机制作用下，会主动地按照规则行事。当危机性产业衰退国际传导中区域产业系统的外部环境或其他主体行为变化时，主体也会根据接收到的刺激改变自己以往的规则以适应变化，从而保证自己利益的实现。

（1）企业主体行为——自主创新

在复杂适应系统视角下，具有适应性的企业，遇到国际环境或其他合作伙伴发生变化时，会积极主动地调整自身行为，以适应环境变化。企业系统调整是一种适应性的智能活动，在危机性产业衰退国际传导的混沌经济环境中，企业系统主体感知外部环境的变化，对变化因素进行综合解析，并采取行动，因此导致系统的分岔、突变和涌现行为。企业系统主体采取了适应环境变化的行动，那么系统进入稳定状态。

复杂适应系统理论认为，企业是具有自身目的性和积极性的适应性主体，自主创新正是主体适应性的具体体现。系统中的主体，通过主动地适应环境的要求而发展自己。在危机性产业衰退国际传导中，企业主体适应环境的要求，主要是通过对自身的自主创新来实现的。在复杂适应系统中，主体是一个实体，它通过探测器感知环境，通过效应器作用于环境。同时，区域产业调整系统中的所有企业主体之间，也是相互影响、相互依赖的。从复杂系统的角度来看，区域产业调整系统中不同的企业主体通过不断地相互影响和适应，并从自身状况出发，进行自主创新，以适应系统的发展，导致各个主体向不同的方向发展。各个主体都从有益于自己的方面进行自主创新，从而带动区域产业调整系统的健康发展。所以，在危机性产业衰退国际传导的区域产业调整过程中,企业主体的自主创新是其适应性的行为选择。

金融危机以来,企业生存的国际环境恶化,订单锐减,贸易壁垒增多,出口市场缩小。与此同时,产品成本攀升,生产规模缩小。在这样的外部环境冲击下,具有适应性的企业主体会积极主动地适应环境变化,从而调整自身行为模式,以适应环境。比如,针对贸易壁垒的增多,企业会更加积极地开拓国内市场。

(2)政府主体行为——政策调控

政府对危机性产业衰退国际传导中区域产业调整的作用越来越突显,这不仅表现在政府不断通过自身的改革推动经济体制的变革,而且政府具有通过产业政策和相关配套政策调控经济的能力。这些能力包括充分的财政收入和支出能力、充分有效的财政和货币政策的辅助能力及相关的法律保障能力。产业政策是政府推进资源合理配置和加速产业结构高度化而采取的长期政策,而不是着眼于近期资源配置的解决。因而,对于危机性产业衰退国际传导中衰退产业的调整,也不应局限在一般地对其"促退",而是要从国民经济整体的发展需要出发,与其他产业政策相结合,保证区域经济持续增长与经济发展战略目标的实现。

危机性产业衰退国际传导中,当市场存在功能性缺陷,市场体系不发达、不完备,尤其是要素市场不发达的问题时,企业退出后会面临劳动力、实物资产、产权转移困难,从而构成退出壁垒。当上述障碍存在时,衰退产业的自我调整则难以通过市场作用顺利完成,因为资源流动不充分,或虽流动但流动时间过长或流动费用过大,资源难以在短期内实现优化分配和优化组合。由此,在市场机制失灵和调节作用小的领域,为弥补市场机制的缺陷或不足、促进衰退产业的顺利转型,政府应实行或加强政策调控。

从国际经验来看,大多数国家的政府都对产业结构的重大调整发挥干预作用。以日本为例,在日本产业政策体系中,产业调整政策常专指对衰退产业的政府干预政策。政府的作用可分为2个方面:一是协助和促进衰退产业顺利实现生产规模的缩减;二是协助和促进衰退产业的生产要素顺利实现跨产业的转移和向社会再生产过程的再投入。这2个过程通常都难以通过市场的作用顺利完成。我国作为一个发展中大国和体制转轨国家,市场机制的不完善更加明显,经济运行中普遍存在着非均衡现象,结构问题较为突出,加上技术相对落后和国际竞争力低下等原因,中国产业的结构调整,特别是对衰退产业的援助和调整,政府的作用不可替代。

7.3 危机性产业衰退国际传导中区域产业调整的影响因素

在危机性产业衰退国际传导的区域产业调整过程中,区域资源禀赋是决定产业结构演进的基础条件,技术创新是根本推动力,区域对外开放及市场需求结构是牵引动力。

7.3.1 对外开放

在经济全球化背景下,产业结构不断受到外部因素的影响,对外开放环境是危机性产业衰退国际传导中区域产业调整的重要环境。对外开放的主要形式是国际贸易与国际投资。国际贸易是通过本国产品出口刺激本国需求增长,以及外国产品进口以增加国内供给来影响本国产业结构。国际投资主要通过引进或对外直接投资对本国产业结构产生影响。

我国外贸的高速发展及其对我国经济增长的贡献率不断提高,也体现出我国对世界经济的依赖性不断增强。较高的对外贸易依存度,会导致中国经济运行及波动的程度易受国际经济波动的影响。当世界经济平稳快速发展时,我国经济能随着世界经济较快的发展;当世界经济出现动荡和不稳定因素时,我国经济受到的冲击也会较大。

随着中国加入 WTO,外贸比重加大,我国对外贸的依赖度也在不断增加,并逐渐成为一个对外依存度较大的国家,尤其对美国出口依赖度较大。根据中国历年统计年鉴,我国对美国出口贸易依存度从 2001 年到 2007 年,平均为 6.72%。由于美国爆发金融危机后美国国内的进口需求减少,因而我国的外贸出口衰退比较明显。2007 年我国进出口总额增长幅度开始呈现下降趋势,2009 年我国进出口第一次出现负增长,见表 7-1。

表 7-1 中国进出口增长情况

年份	进出口		出口		进口		差额/亿元
	总额/亿元	增速/%	总额/亿元	增速/%	总额/亿元	增速/%	
2006	17 604.39	23.8	9 689.78	27.2	7 914.61	19.9	1 775.17
2007	21 765.72	23.6	12 204.56	26.0	9 561.16	20.8	2 643.40
2008	25 632.60	17.8	14 306.93	17.3	11 325.67	18.5	2 981.26
2009	22 075.35	−13.9	12 016.12	−16.0	10 059.23	−11.2	1 956.89
2010	29 727.61	34.7	15 779.32	31.3	13 948.29	38.7	1 831.03
2011	267 74.41	24.6	13 922.70	22.7	12 851.72	26.7	1 070.98

资料来源:海关统计数据。

与此同时,我国经济增长率受投资增长率的影响较大,随着投资增长率的波动而波动,如图 7-4 所示;我国的产业结构(第三产业产出占总产出的比重)随着时间推移以较慢的速度优化调整;劳动报酬占 GDP 的比重的变化很小;由于投资紧缩的影响,我国投资占国内生产总值的比例逐步降低。可见,在不采取任何经济扶持的手段的情况下,复杂不稳定的国际经济环境会造成我国经济呈现出不稳定的增长态势,我国产业结构和国内生产总值项目结构也很难在短期内实现高度化和合理化。

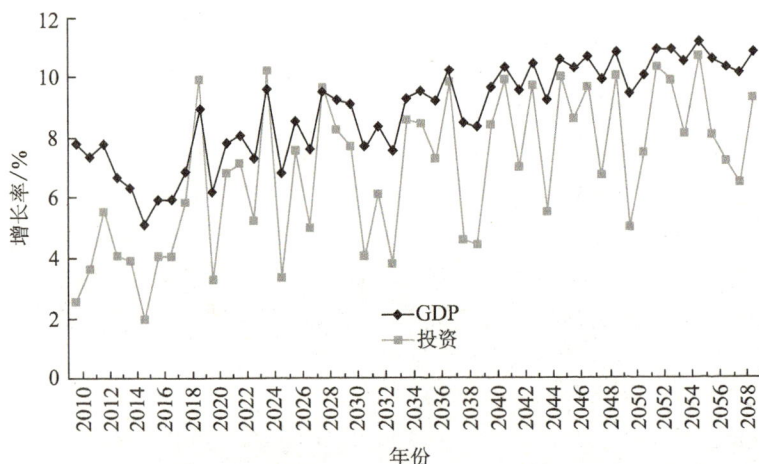

图 7-4 我国投资增长率和 GDP 增长率的变动

7.3.2 技术因素

技术创新是影响一个地区产业调整的重要因素,也是生产发展的巨大动力。技术创新实现经济效果的重要途径就是对产业发展及其结构的不断更新和改造。技术创新对危机性产业衰退国际传导中产业调整的影响可以从需求和供给 2 个方面分析。从需求方面看,技术创新会引起社会需求结构变动,使产业要素投入发生变化,进而推动各产业部门出现不同程度的调整,最终使危机性产业衰退国际传导中产业结构发生相应变动。从供给方面看,技术创新会影响各产业自身实际的生产过程,从而促使产业的要素投入配比产生变动,进而又导致各产业的产出水平发生变化,最终引起危机性产业衰退国际传导中产业结构发生相应的调整。

技术创新可以由一组跳跃的"S"形曲线来表示。如图 7-5 所示,曲线 S_1 表示原有技术范式下的技术进步轨迹,曲线 S_2 表示新技术范式下的技术进步轨迹。从 S_1 跃迁到 S_2 是技术创新的过程。原有技术范式下产品群的规模为

Q_1,技术创新下产品群的规模表示为 Q_2,则产业的规模为 $Q=Q_1+Q_2$。将 Q_1、Q_2 和 Q 表示在图上,产业发展呈现如图 7-5 中生命周期曲线 L 所示的周期性波动特征,即由形成期Ⅰ、成长期Ⅱ、成熟期Ⅲ、调整期Ⅳ和振兴期Ⅴ这 5 个阶段构成。

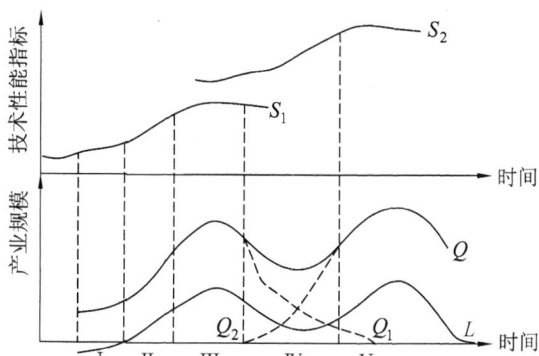

图 7-5　技术创新与产业发展变化曲线

根据产业发展的特征表现与生命周期的阶段特点可知,技术创新将带来产业调整再续生机的机遇。在不发生技术突变的原有技术范式条件下,由于受技术极限的限制,产业呈现出生命周期性特征,经过形成期、成长期、成熟期,最后进入衰退期。当发生技术创新时,技术进步可以使产业转到一个全新的或完全不同的知识领域,出现完全不同于原来的新技术范式。当技术创新与市场需求相吻合、形成新的技术范式时,产业经过一段时期的调整便可以起死回生。随着新技术范式下技术的不断成熟,配套资源不断跟上,新产品系列进入成长和成熟期,产业将迎来振兴时期。

实际上,技术创新与产业调整之间是相互影响、相互促进、相互制约的,两者是辩证统一的。一方面,技术创新推进产业结构的优化升级;另一方面,产业结构的优化升级也会通过相关产业的发展来推进产业技术创新与进步。由于产业结构会对科技创新的方向、速度和规模产生巨大影响,因而从这个意义上来说,产业结构能够"内生"地决定技术创新与进步。在技术创新与产业调整之间的良性相互作用机制下,技术创新与产业结构优化升级都呈现出加速发展态势。在技术创新过程中,一些受到危机性产业衰退国际传导冲击的传统产业以新的面貌出现在新的产业结构之中,得到全面的提升,新兴产业依赖技术进步得以形成。

7.3.3　市场因素

危机性产业衰退国际传导中,当一个企业爆发了市场需求风险时,产业链上的其他企业或整个行业也会发生相似的市场风险。然后,区域内的企业群也会发生类似的市场风险危机。市场需求风险的传导现象广泛存在于企业和市场中,在宏观层面上,市场需求风险传导存在于整个经济系统或产业链中;微观层面上,企业的投资、采购、生产、销售等方面均存在市场风险的传导现象。因而,企业市场风险的传导性是客观存在的,传导所造成的危害不容忽视。世界经济复苏放缓对全球贸易带来较大冲击,国际市场需求出现萎缩态势,见表 7-2。

表 7-2 2008—2013 年世界经济增长趋势

%

	2008 年	2009 年	2010 年	2011 年	2012 年	2013 年
世界经济	3.0	−1.1	5.1	3.8	3.3	3.6
发达国家	0.6	−3.4	3.0	1.6	1.3	1.5
美国	0.4	−2.7	2.4	1.8	2.2	2.1
新兴市场和发展中国家	6.0	1.7	7.4	6.2	5.3	5.6
世界贸易	3.0	−11.9	12.6	5.8	3.2	4.5

资料来源:IMF 世界经济展望,2013 年 10 月。

负面的市场预测是影响经济短期波动的直接原因,一方面,企业家在出现经济衰退和消费需求下降的预期时,会大幅度减少生产、减少对供应商的原料采购、解雇工人,以降低成本;另一方面,市场预期又间接影响了金融机构发放贷款的比例,影响了资本的有效流动。如图 7-6 所示,2008 年第四季度企业家信心指数达到最低,从 140.6 点跌到 94.6 点。随着政府刺激经济、抵制危机的政策相继出台,2009 年企业家信心指数呈现回升趋势,2011 年第四季度回到 128.2 点。

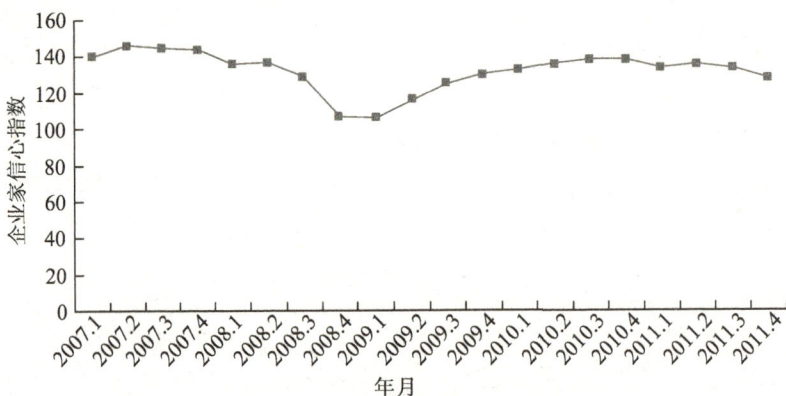

图 7-6 2007—2011 年各季度企业家信心指数

从短期来看,为了应对外部需求减弱,避免出口下降过大对经济造成太大的影响,我国应该大力发展内需以弥补外需减弱所带来的不利影响,从以前的单一外向型经济转向充分利用好国内、国外2个市场,将是危机性产业衰退国际传导影响下中国出口制造企业的主要出路。从长期来看,中国作为一个大国,在参与全球竞争的过程中,必须在不断的发展中提升经济的独立性,在减少对外部的依赖性的同时,也应该大力发展内需。可见,转变经济增长方式、大力发展国内需求市场,是我国面临危机性产业衰退国际传导中区域产业调整的现实选择。

7.3.4　资源禀赋

所谓资源禀赋,是指自然资源、劳动、技术和资本等生产要素之间的相对丰歉关系。各区域生产要素禀赋各不相同,各种生产要素的供给能力和供给价格也就不一样。因此,生产要素充裕对区域产业的持续增长会产生积极作用;反之,生产要素稀缺则会带来区域产业衰退的不利影响,甚至妨碍区域产业的健康成长。生产要素稀缺风险传导的特征如下:① 要素缺位,企业存在严重的短期行为;② 产业发展空间受到制约和限制,未来发展受限;③ 产业抗风险能力低,缺乏后劲;④ 风险潜伏期长,短期内看得见的危害不严重;⑤ 风险潜伏得较深,一旦转化为危机,危害严重。由此,资源禀赋对危机性产业衰退国际传导中区域产业的调整发挥着基础性作用。

按照资源禀赋结构发展的产业具有比较优势,而生产具有比较优势的产品最有竞争力,其利润率也会最高,资本积累最快。以追求利润极大化为目标的企业必然会按照其所处环境中的资源禀赋结构安排产品的生产。如图7-7所示,点 B 为发达国家,点 A 为发展中国家,其要素禀赋结构的不同决定了等成本线斜率不同,也使其达到相同产量时总产业中各行业的比例不同。若发展中国家不顾自身的资源禀赋结构,看到发达国家采用资本密集型技术,也机械地模仿照搬其产业结构,发展资本密集型行业就会使等成本线上移,那么它所获得的利润就比社会可接受的利润少了 CD 段,失去自生能力而需要外界的补贴。由此,资源禀赋结构决定了一国或一个区域的比较优势,从而决定了该国地区的最优产业结构,甚至同一产业中应选择的最优商品。

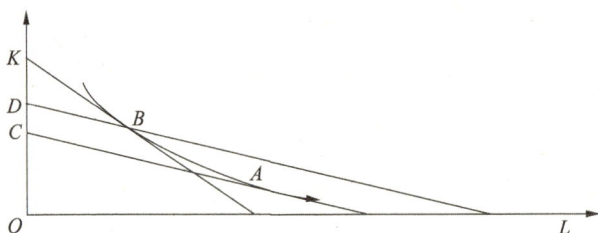

图 7-7　资源禀赋与区域产业结构关系

中国的经济增长消耗了大量的自然资源,举例来说,中国消耗了世界上总产量 25％的铁矿石、40％的水泥、25％的钢和 22％的铜。中国已经超过日本成为世界上第一大原油进口国。至关重要的是,中国对这些原材料的进口完全没有需求弹性,无论国际市场上的原材料价格如何波动,中国都需要进口这些原材料。一方面,中国的需求抬高了国际市场的原材料价格;另一方面,由于对进口原材料的需求旺盛,中国的经济是相对脆弱的。对一个区域而言,资源禀赋充裕程度将会导致产出的增加或降低,从而对危机性产业衰退国际传导中区域产业的兴衰产生深刻影响。

7.4　危机性产业衰退国际传导中区域产业调整的主要方式

产业衰退是产业发展规律的重要体现,在危机性产业衰退国际传导与本土产业自身缺陷的共同作用下,越来越多的传统产业步入衰退产业的行列,如金融危机冲击下我国纺织业的衰退。为缓解危机性产业衰退国际传导所带来的本土产业衰退,以及衰退产业自身调整所引起的社会震荡,提高资源再配置和转移的效率,区域产业调整的主体将根据外部环境变化和自身发展的需要,选择合适的产业调整方式。危机性产业衰退国际传导中区域产业调整方式大致可分为产业创新、产业转移、产业退出 3 种。

7.4.1　产业创新——产业技术结构调整

产业创新是危机性产业衰退国际传导中作为产业主体的企业克服产业衰退的根本途径,也是企业战略调整的出发点。产业创新是企业突破已结构化的产业的约束,运用技术创新、产品创新、市场创新或组合创新等来改变现有产业结构或创造全新产业的过程。产业创新是技术创新、产品创新、市场创新等的系统集成,是企业创新的最高层次和归属。

产业创新能力是企业在危机性产业衰退国际传导中持续发展的基本要素。一个企业如果缺乏产业创新能力,一旦产业衰退或产业环境变得不利于企业时,企业就会因产业的衰退而衰退,甚至成为衰退产业的陪葬品。如随着家电行业、摩托车行业等传统产业的衰退,大部分上市公司因缺乏产业创新能力而陷入了生存危机。企业为了实现持续发展,必须能够保持新旧产业或业务更替的管道畅通,一旦主营业务出现减退势头,便要不失时机地以新替旧。这就要求企业必须同时建立 3 个层面的产业或业务:第一,拓展和守卫在第一层面的目前主营业务(产业);第二,建立将要成为中期经济增长点的第二层面的目前主营业务(产业);第三,在第三层面中物色能确保公司长远发展的新兴产业。

金融危机给日本产业结构调整带来压力和动力,推动日本支柱产业的转型升级,如金融危机促进了日本传统支柱产业——汽车和家电产业转型升级。金融危机后,政府实施节能环保汽车补贴政策、环保家电积分制度和新能源汽车减税政策,刺激环保等产品国内需求,帮助日本的传统支柱产业——电器和汽车产业摆脱危机的同时加快产业转型升级。在这些补贴政策的支持下,日本国内电器和汽车产业得到一定的刺激,使得日本汽车企业在金融危机后积极开展环保节能汽车的研发,其电动汽车、混合动力汽车和天然气动力汽车灯技术水平已迈入了世界先进行列;同时也加大了投资和生产,日本汽车产业通过政府刺激自身研发创新,继续保持汽车和电器产业的国际竞争力。日本国内这些政策既促进了传统产业与新兴产业的结合,又引导了企业投入资金进行技术研发,从而使得日本电器和汽车产业在衰退过程中加快了转型升级步伐。

在区域产业调整过程中,有些行业的衰退是由于替代品技术水平优于衰退产业中企业的技术水平,导致该产业陷入衰退,如中国的 VCD 行业和美国的人造纤维行业就是典型的技术型衰退产业,前者受到替代品 DVD 的挑战而陷入衰退,后者受到尼龙和钢材的挑战而陷入衰退。对于技术型衰退产业,企业将选择依据技术发展的轨迹(Nelson et al 1974),在不改变所在产业的情况下对现有的技术加以发展的技术创新,如 VCD 厂商将 VCD 的技术加以发展成为 SVCD 和 CVD。技术创新可以使衰退产业中的企业在一段时间内抵消替代品的威胁,延缓衰退过程。

7.4.2　产业转移——产业空间区位调整

所谓危机性产业衰退国际传导中衰退产业的空间区位调整,就是指衰退产业根据外部环境变化和自身发展的需要,通过生产单元、销售单元、控制(决策)单元等产业基本功能单元的主动的空间迁移,对产业的生产区位、市场区位和决策区位进行全部或部分空间重构的行为与过程。危机性产业衰退国际传导中衰退产业空间区位调整的实质是危机状态中的衰退产业空间转移。从概念上看，危机性产业衰退国际传导中衰退产业空间区位调整包括生产区位调整、市场区位调整和决策区位调整三方面，其中，具有重要意义的是产业生产区位的调整。通常讲的衰退产业空间区位调整就是指产业的生产区位调整。

作为危机性产业衰退国际传导中衰退产业调整的重要方式，空间区位调整对衰退产业有着重要意义，主要表现在：第一，空间区位调整有助于延缓危机中的衰退产业衰退的时间和速度。作为产业演进的重要环境因素，空间区位对产业的效率和效益有着重要影响。危机性产业衰退国际传导中衰退产业的空间迁移作为一种顺应产业自身生命周期变化的主动性行为，能够缓解冲击的影响及改善生存环境、拓展生存空间、扩大市场份额、延续产业生命力、增强产业竞争力，从而延缓产业衰退的时间和速度。第二，空间区位调整有助于实现危机性产业衰退国际传导中衰退产业的优势再生。由于存在着区位地租级差性、区位要素成本级差性、区位产业收益级差性、产业区位集聚的外部经济性和区域资源重新配置的收益等，危机性产业衰退国际传导中衰退产业的空间区位调整能够获得转移所带来的收益即转移经济性。转移经济性的获得，有助于衰退产业实现从劣势向优势的转化，再生其潜在的比较优势，进而适应新的外部环境。

金融危机后，日本加快国际产业转移，其原因主要包括：一方面，由于美国次贷引起的金融危机，欧洲主权债务危机加剧，美元和欧元还将延续贬值，日元在未来很长一段时间内可能仍然存在升值空间。日元升值将使日本的制造业无法维持，不断升值的日元使得日本国内现有制造业不得不转移，从而规避金融风险所造成的经济利益损失。另一方面，日本产业向国外转移的另一个原因是瞄准了新兴市场国家的巨大市场。新兴市场国家经济发展潜力大，消费能力强，市场潜力巨大。因此，日本政府、商会组织和企业逐渐意识到只有转移现有国内制造产业，加大对科技创新的投入、加快对新兴技术和产业发展的布局，发展新产业，才能彻底走出产业发展的瓶颈。日本现有产业转移后，会产生新的支柱产业，这有利于日本产业升级改造和长远发展。可以说日本在危机性产业衰退中的产业转移是一箭双雕之计。

受国际金融危机影响，日本产业转移呈现以下几点特征：一是日本服务外包业务有所下降，加快了服务外包产业向人才资源丰富、劳动力成本较低的发展中国家转移；二是日本把劳动密集型产业和部分低附加值的产业转移到亚洲新兴经济体，主要包括重化工业和微电子等产业，日本国内则大力开发新能源、新材料等高新技术产业,将产业结构重心向高技术化方向发展带动,从而促进国内外产业结构的升级,促进其产业高级化进程。2008 年以后,日本所有产业中的 1/5 已向海外转移,主要包括电器产业、汽车产业和信息产业。其中电器产业超过 30%,汽车产业超过 50%。2008 年以来日本家电产业加大产业转移,将生产外包转移,日本国内只从事研发,以此来占据产品价值链的顶端。金融危机后的日本产业转移,相比以往,其规模更大且层次更高,其高端产业也逐步开始转移。加快产业创新是日本为应对危机性产业衰退正在努力的主要方向。

7.4.3 产业退出——产业援助政策调整

本土产业面临危机性产业衰退国际传导的外部冲击,以及市场需求进一步恶化会导致产业衰退的趋势难以逆转,它不利于产业结构的优化和升级,会影响国民经济持续健康发展,因而必须进行结构转换,衰退产业要选择适时退出。退出是相对进入而言的,有进入就有退出。所谓退出,是指一个企业从原来的业务领域中撤出来,即放弃生产或提供某一特定市场上的产品或服务。

衰退产业的退出援助政策是市场经济国家应用较多、作用显著的产业政策。特别是在结构变动明显、经济从高速增长转向稳定增长和受到明显外部冲击的时期,许多国家都为衰退产业的退出出台援助政策,以促进结构调整进程。危机性产业衰退国际传导中衰退产业的退出援助政策是政府主体适应性的选择结果。如果政府不能采取有效措施帮助一部分特别困难的企业退出,而是让它们继续留在不适合它们发展的行业内,长期低效率地使用有限资源,不仅会影响全行业的效率,而且会使自身的包袱越背越重,使今后的调整更加困难。

对于政府而言,如何促使资源要素从低效率的衰退产业转向优势产业仍是区域经济发展过程中面临的一个迫切需要解决的现实问题。如日本为了缩短衰退产业转型的"自然"演化过程,加快产业转型速度,在尽可能短的时间内推进产业结构的合理化和高级化,政府在衰退产业转型过程中实行了强有力的干预措施。可以说,日本走过的是一条不同于英、美等国主要依靠市场机制的"自然"演化作用推动衰退产业转型的道路。各国的经验表明,发挥政策的积极引导作用,有助于衰退产业的退出与优势产业的培育,有助于产业结构的调整与优化。

在转轨时期,我国市场机制还不完善,缺乏运行有效的市场退出机制,使得优胜劣汰机制难以正常发挥作用,行业结构难以动态调整。由此,在危机性产业衰退国际传导的外部冲击下,我国衰退产业的退出需要政府对要素资源的退出所引发的种种负效应问题进行适时干预,充分发挥政府对产业转型的积极引导作用。一方面要降低衰退产业的退出壁垒,形成一种推力,促使衰退产业尽快、合理退出;另一方面也要降低优势产业的进入门槛,形成一种拉力,促使衰退产业所占有的资源尽快实现向优势产业的有序流动。

第8章　危机性产业衰退国际传导中区域产业调整的实证研究

　　根据前一章的研究,危机性产业衰退国际传导下区域产业调整过程是一个复杂适应过程,采用多主体的仿真模拟分析与结构方程模型的多因多果分析是对区域产业调整进行实证研究的基本方法。据此,本章使用结构方程模型方法,实证研究这一调整过程。当前我国面临的经济衰退为使用结构方程模型方法对区域产业调整进行实证研究提供了良好的契机。

　　经济危机下区域产业调整的核心是产业结构调整和转型升级,涉及产业空间布局优化、服务体系构建、企业调整与竞争力提升、要素资源配置等从宏观到微观的多个层面多个方面。本章在区域产业调整和转型升级问题的大背景下,具体分析三类区域产业典型主体的调整与转型升级的机制,并予以实证分析,包括产业集群、龙头企业和中小企业,为区域产业调整和转型升级提供启示。一是中观层面的产业集群,产业集群是区域产业的重要载体,产业集群的调整对区域产业尤其是主导产业的调整和选择有显著影响;二是区域龙头企业,龙头企业是微观经济活动的重要决策主体,龙头企业的活动选择与区域经济发展和产业调整紧密相关;三是中小企业,中小企业在区域经济社会发展中具有重要的地位和作用,当前形势下中小企业所受冲击最为显著,它们的转型升级对区域产业复苏意义重大。

　　就实证分析而言,研究者2010年以来与江苏省宏观经济研究院合作持续考察了江苏100家特色产业基地危机下的调整过程,为产业集群调整与龙头企业活动的研究积累了经验材料。对区域中小企业的实证研究主要依据2009年对江苏南京化工产业中小企业的调研数据。由于所采用数据均发生在金融危机之后,数据分析结果能够解释危机性产业衰退国际传导中区域产业调整的一些特征。

8.1 产业集群动态能力对区域产业国际化的作用机制及实证研究

危机传导下的区域产业结构调整往往体现为产业的转型升级和主导产业的调整过程。理论上说,如果某一区域的产业能够形成集群,从而发挥产业集聚效应,则该地区的主导产业就可形成。根据实际情况,一个区域很难让所有的产业都按照集群发展,而某一产业一旦能够形成集群来发展,往往就可以作为区域主导产业来选择。因此,危机性产业衰退国际传导中的区域调整过程往往体现为已有产业集群进行产业调整,反过来提升区域主导产业国际化水平的过程。区域产业国际化水平的提升,是区域产业调整的重要方面。波特重新评估了集聚经济的重要性,提出集聚经济是区域产业国际竞争力的关键。产业集群对区域产业竞争力的作用可归纳为"集群效应",即"来源于一组具有强相关的竞争优势的结合,外在于单个企业,但内在于产业集群。"它的核心思想是认为位于产业集群内的企业具有不在集群内的企业所没有的特定优势,而优势则进一步由资源空间集聚所引起的外部经济性带来。大量实证研究表明,位于集群内企业的生产率和创新水平高于不在集群内的企业。在此基础上,研究者进而提出,资源集聚有利于提升集群与企业的国际竞争力。

地理接近的企业通过资源集聚效应获益的研究目前已日渐成熟,资源空间集聚外部性的形成的机制大致包括竞争压力、专业化分工、专用资源及共享公共基础设施、稠密网络与信誉机制及知识创新。这些机制对集群外部性的形成具有重要意义,然而这些机制如何进行协调和管理,尤其是在意大利产业区研究中得到大力倡导的以小企业为主导的被称为"新马歇尔式"集群的组织形式的普适性仍然存疑。因此,Markusen 总结了一系列不同的集群治理结构,指出区别于"新马歇尔式"集群结构的其他集群组织模式,如以大企业为主导的"轮轴式产业区"的存在合理性,但对于这一组织模式如何使得集群外部性得到发挥还没有更为清晰的分析。近年来,学者开始从进化论的视角看待集群,他们宣称不存在普适的集群组织模式,认为环境适应性、多样性、自组织性、路径依赖等是解释集群组织形式的关键。根据这一思路,企业异质性与角色理论得到研究者的强调,"龙头企业(leading firm)""核心企业(focal firm)""桥企业(bridge company)""守门者(gatekeeper)"等角色的大量研究表明,不同企业对集群的环境适应性具有不同作用,这些作用对于集群空间集聚的外部性的发挥至关重要,尤其是具有"中心-边缘"层次构造的集群组织模式在新经济形势下得到研究者的关注。研究过程中,学者逐步意识到企业角色理论与集群整体组织动态能力的关联,如 Catalan 与 Ramon-Muñoz 的研究指出,时尚产业国际市场中,西班牙的绝大多数著名企业是从 19 世纪 80 年代产业区中涌现的,这些企业既可能是从经典马歇尔式外部性中获益,也可能是利用了龙头企业的组织动态能力。

可见,对于集聚效应的深入研究逐步指向集群组织动态能力。近期研究表明,在环境变化速度日益加快和复杂程度日益加剧的条件下,动态能力是组织调整和适应的关键所在。研究者总结指出,组织动态能力通常体现为战略上的柔性和新奇性,即基于组织的关系结构和作用流程,对组织的资源、程序、结构进行重构的能力。动态能力的进化和演化的重要影响因素是环境,在环境迅速变化的条件下,组织动态能力的这种柔性和动态性体现得更为显著。研究者提出动态能力的实质是其资源基础通过重构使得组织更具竞争力,并称之为"构建新能力的能力"。动态能力的研究为集群资源的组织提供了重要参考。

8.1.1　集群动态能力的概念界定

要适应富于变化的全球化环境,集群需要进行技术、组织及产品的集成和创新以持续生存和发展,其本质是集群要素间的协调问题。Chandler 从企业的层次提出,企业的组织动态能力对外国市场的要求非常关键,并提出组织动态能力是基于 3 种类型的知识或能力,即技术、产品和管理。Grant 进而提出,组织动态能力是整合的结果。进化论经济学家 Nelson 和 Winter 则强调组织动态能力的累积学习视角,提出企业是有效惯例的出现和进化的组织,并且有效惯例就像基因一样,基因遗传是产业竞争中成功的一个关键来源。美国产业集群发展的最新研究表明,龙头企业易于衍生在其竞争领域有很好生存机会的同类竞争企业,因而组织复制与遗传是产业集群的原动力。可见集群中龙头企业涌现首先是因其在市场上获得成功,接着通过复制,形成与其竞争性的本地其他龙头企业。如美国硅谷的发展初期,诺贝尔奖得主 Shockley 的公司推行基于内向维度的封闭的高度集权的管理模式,类似于 128 号公路的"原子式"大企业模式,而企业网络的变革发生在对该公司管理方式不满的最优秀的 8 个人离开公司,并成立了 Fairchild Semiconductor 公司。新公司抛弃了等级制的内部管理模式,推行模块化的管理模式。这一有效模式在硅谷中得以复制,英特尔、惠普等硅谷龙头企业都从这一企业衍生而来。

需要指出的是,与企业内整合方式不同,产业集群是以具有自主产权的企业为节点的企业网络,具有自组织特征,其协调和整合方式具有自发性和涌现的特征,既不同于完全松散的"原子式"的市场协调机制,又不同于企业内部"层级制"的命令协调机制,而是介于市场和企业之间。研究者认为,在全球化背景下,由大企业作为龙头、具有"中心-边缘"层次构造的本地集群在协调机制上往往更为有效。如 Chandler 强调外国市场上的成功需要大企业的涌现,并认为与发展组织动态能力相伴,一些产业中的大企业能够成为企业网络的核心节点,即供应商与转包商围绕一个产业的大企业组织。这类集群可界定为"层次式"产业集群,以区别于"原子式"和"层级制"产业集群。这一协调机制的有效性得到近年来大量实证研究的支持。如对意大利产业集群的历史重新考察后发现,众多产业集群迅速被大企业所主导,而没有出现龙头企业的典型小企业产业区如 Carpi 的针织业集群,在 20 世纪 80 年代后期经历了急剧的衰退。类似地,最新实证研究指出,20 世纪 80 年代西班牙约一半纺织、服装和制鞋业演化为"中心-外围"产业区类型,大中型企业成为管理者。更为重要的是,这些龙头企业所在产业集群占据了 67% 的西班牙纺织、服装和制鞋业出口总额。

可见,集群组织动态能力的发展与龙头型大企业的涌现及"层次式"产业集群整合机制的形成高度相关。集群组织动态能力依赖于龙头企业对企业网络协调水平的提升,其整合机制具有自组织特征。可以认为龙头企业作用越突出,集群的组织动态能力就越强,整合协调方式就越接近于企业内部的"层级制"。反之,龙头企业作用越小,集群的组织动态能力就越弱,集群整合方式就越接近于市场机制,如"新马歇尔式"产业集群内小企业占据主导地位,龙头型大企业较少,可以认为集群组织动态能力发展得较弱。

8.1.2 集群优势及其对区域产业国际化的作用

集群研究者认为,相近或相关产业的企业能够从资源空间集聚的规模外部经济中获益,资源集聚也能够成为产业竞争优势的来源。规模经济性或外部性是指随着生产规模扩大而出现长期平均成本下降,从而能够取得一种成本优势。集群这一成本优势的获得可从竞争与专业化分工所带来的生产效率提升,公共基础设施、专用资源及稠密网络所带来运输成本、交易成本与信息搜索成本的降低中获得。近期,研究者进一步提出,资源集聚所带来的集群优势不仅是成本下降,而且通过特有的学习机制促进知识创新,有利于集群适应环境变化。据此,本节将集群优势区分为成本优势和创新优势,将集聚区分为主要与成本相关的自然资源、资本设备、劳动力、信息等的物质资源集聚,以及主要与知识创新有关的知识、人才、大学与科研院所等的智力资源集聚。两者在本节定量研究中有一定程度的交叉,除了衡量智力资源集聚的指标"研发人员数"包含在衡量物质资源集聚的"职工人数"之中,其他指标能够较好地相互区分,以衡量两类资源集聚。

1) 成本优势

成本优势形成机制已有大量研究基础,主要包括以下几个方面。

一是竞争作用。波特提出,企业间的激烈竞争是创新和产品分工的重要激励因素,也是提升区域产业国际竞争力的关键。在集群成长和专业化分工早期,竞争往往起着决定性作用。这些企业间不需要有亲密的关系或输入输出交易。但是,企业通过共同地理区位了解到竞争者的产品特点和他们使用的生产要素的质量和成本。地理接近性有利于持续的比较和调整。

二是专业化分工。受到资源稀缺性的制约,集群中的企业都是从包括研发、设计、制造、营销等生产服务链中截取部分阶段从事分工活动。这种分工专业化带来了各分工阶段效率的提高。正如马歇尔所述,集群中"假如一个人有一个新想法,就会被其他人所吸收并同他们的意见整合,进而成为新思想的来源。不久后,其他的辅助性交易得到发展,为其提供工具和材料、组织运输,并通过很多方法提高材料的经济性"。这说明一旦建立了专业化产业集群,就会发展出专业化服务的需求,这就激励供应商靠近这些企业以降低运输成本和交易成本,获得规模经济性。

三是专用资源与共享公用基础设施。交易成本理论提供了专有投资的类型:设备的位置专用性、物质资产专用性、人力资本专用性(如培训)、专用能力、品牌专用性和时间专用性等。在集群中,这样的专业资源和公用基础结构包括熟练劳动力市场、可得资本、资深供应商、专业服务企业和研发实验室等。波特进而提出,集群内的企业通过利用特定资源要素,如专业劳动者及中间产品的供给,相关支持产业及服务,公共机构如教育、培训的可接近性,从而提升其效率。

四是信誉机制与信息获取。20 世纪 70 年代在意大利经济复苏与增长的背景下,学者提出了产业地理集聚的新优势:小企业与本地机构的稠密网络提供灵活性。集群内的企业在专业化分工基础上必须寻求具有资源相互依赖性的合作伙伴,包括供应商和海外客户等。正如学者指出,组织面临这样的相互依赖性,原因在于它们需要资源,不仅是金钱,而且是需要专业技能等资源来接近特定类型的市场。然而企业对具有能力和值得信赖的潜在合作者的信息可能并没有掌握,使得合作面临极大风险。大规模稠密网络提高了声誉机制,为嵌入稠密网络中的本地集群企业提供了信任这一社会资本。集群内企业往往借助具有信誉机制的本地稠密网络进行合作伙伴信息搜寻,以降低合作及走向国际化市场的风险。

可见,劳动力、企业家、技术、信息等物质资源的空间集聚有利于集群企业降低成本,进而提升区域产业在国际市场上的竞争力。据此,本节提出以下假设:

假设 1: 物质资源集聚有利于区域产业成本降低。

假设 2: 集群的成本优势有利于区域产业国际化。

2)创新优势

集群内部的交易是集群成本优势的重要来源,然而学者发现,很长时间以来集群和集聚很少有强烈的内部输入-输出联系。如对美国宾夕法尼亚制造业部门的研究发现,只有很少比例的物质联系在区内发生。对美国老工业区和高技术生产区域的研究证实,区内输入-输出联系并非最为重要。即使是在硅谷,超过 45% 和 70% 的供应商和销售商都在区外。那么,如果不是基于区内输入-输出关系的成本优势,企业进入集群的激励是什么?研究者提出集群特有的知识创新优势是企业集聚的重要原因,集群创新背后是集群特有的学习与创新机制。总结而言,集群学习与创新机制包括相互联系的 2 个方面:

(1)"自播(local buzz)"机制

本地学习过程受到研究者的一贯重视,如 Maskell 强调传统的集聚效应,如降低交易成本和运输成本之外的知识和能力的作用,指出通过企业间分工的不断加深,集群企业提升了知识创造的能力。Bathelt 等将集群中这种基于本地面对面交流的学习称为"自播"机制,正如马歇尔描述的"产业空气"一样,企业可以以很低的成本接触本地知识库,因而该机制构成了集群企业的一大优势。

(2)"渠道(global pipelines)"机制

基于本地学习的"自播"机制有利于集群既有知识和经验的传播、消化和吸收,构成了集群学习优势的重要来源。然而,"自播"机制的利益有一定的"门槛(threshold)",超过这个"门槛","知识同化"的效应就会显示出来,尤其在全球化环境下这一效应将加速显现。与此相关,"渠道"机制受到研究者的重视,它是指企业与集群区域外企业的交流。Owen-Smith 和 Powell 对波士顿生物技术集群的研究表明,接触新知识不仅仅依赖于本地互动,而且经常要通过跨区域战略伙伴。类似地,硅谷在区域内建立了合作和知识共享的模块化生产网络,同时,又通过与美国国内和国际信息产业网络的联系,掌握着市场方面的大量信息,使硅谷成为全球信息产业的"HUB"。

借助这 2 个机制,区域产业可以在全球范围内搜索和学习更优的问题解决方案,并在本地有效地加以消化、吸收和利用,推动集群的技术、组织和产

品创新,进而提升国际化水平。据此本节提出如下假设:

假设3:智力资源集聚有利于形成集群创新优势。

假设4:集群的创新优势有利于区域产业国际化。

根据假设1、2、3和4,可以认为资源集聚通过成本与创新优势的中介作用提升区域产业国际化水平,进而有如下假设:

假设5:物质资源集聚通过成本优势的中介作用提升区域产业国际化水平。

假设6:智力资源集聚通过创新优势的中介作用提升区域产业国际化水平。

8.1.3 集群动态能力对集群优势发挥的作用

龙头企业不仅对衍生同类竞争领域竞争性龙头企业有影响,而且对集群其他层次的竞争与专业化分工具有重要影响。龙头企业往往是首先在市场上获得成功,也更多聚焦于品牌、研发等产业链高端环节,不仅能够衍生其他龙头企业,而且通过衍生、培育和选择供应商,进一步影响集群的分工专业化和竞争,使得竞争在不同的层次进行,避免陷入同质化的低价竞争的陷阱,从而对专有资源的形成、对信誉机制的建立起到重要推动作用。因此,集群组织动态能力往往体现为龙头企业这一整合作用的发挥。这一作用的发挥对物质资源通过竞争、分工、专有资源、信誉机制等外部经济性的发挥起着重要的调节作用。据此,得出如下假设:

假设7:集群动态能力调节物质资源集聚对集群成本优势的作用,即集群动态能力越强,物质资源集聚对集群成本优势的作用越强。

龙头企业同样对学习机制的建立和整合起着重要作用。经济全球化条件下,渠道的建立与外部知识探索对集群的发展至关重要。Grabher发现,建立和维持外部关系需要时间和努力,并且没有定期的联系和互动就不能持续。Bathelt等同样提出,建立全球渠道需要有目的、有步骤和有系统地建立信任,并且认为由于这个过程需要投资和资源,企业能够控制的渠道数量很可能与其规模成正比。因此,历史发展悠久、资源丰富的企业在时间、人员、资金、技术等方面具有优势,能够占据集群中的龙头位置。与此同时,龙头企业需要利用本地知识库将所探索的外部新知识在集群内传播、消化、吸收和利用。据此可以认为,龙头企业对"渠道"机制与"自播"机制的整合发挥着重要的调节作用,有利于集群创新优势的发挥与集群企业的国际化。因此,提出如下假设:

假设8:集群组织动态能力调节智力资源集聚对集群创新优势的作用,即组织动态能力越强,智力资源集聚对集群创新优势的作用越强。

可见,物质资源集聚与智力资源集聚通过成本优势与创新优势提升区域产业国际化水平,成本优势与创新优势起着中介作用;组织动态能力则对物质资源集聚与智力资源集聚转化为成本优势与创新优势起着调节作用。

8.1.4 集群动态能力作用的实证分析

1) 研究背景

经过改革开放 30 多年的发展,我国已经构建了较为完整的产业体系,目前,中国制造业占 GDP 的 48%,成为"世界工厂"。中国承接了全球价值链中的生产制造环节,但"中国制造"在全球价值链中仍处于较低的分工地位,已处于转型的岔路口。近年来,国家以推动战略性新兴产业和区域规划为两大主线,试图找到提升"中国制造"的新路径,推动持续的技术创新。特色产业基地作为落实这一转型发展思路的重要载体,是我国新型经济组织方式的重要探索。国内将特色产业基地界定为在一定地域范围内,在实施国家科技计划和开展自主创新活动的基础上,充分发挥对人才、技术、资本等资源集聚的优势,依托一批产业特色鲜明、上下游产业关联度较大、生产链比较完整、服务体系较为完善、创新能力较强的龙头骨干企业和与之衔接紧密的中小企业的高新技术产业集群或创新集群。

本节研究对象是江苏省特色产业基地。江苏省倡导园区建设多年,特色产业基地建设较为典型,强调资源地理集聚效应的发挥,目前规划建设的特色产业基地已达 100 家。2011—2012 年,研究者与江苏省宏观经济研究院合作进行了江苏省特色产业基地的调研,在前期首先对 3 个特色产业基地进行实地调研,以确定调查问题的合理性;在此基础上通过特色产业基地所在地方政府上报数据的方式,取得了江苏省特色产业基地建设的第一手资料。将江苏省特色产业基地作为实证研究对象的优势包括如下 3 个方面:一是江苏省外向型经济倡导多年,近年来实施"走出去"战略成果也较为突出,区域产业国际化水平应该较为显著;二是江苏省特色产业基地建设已经成为推动区域经济发展的典型,资源集聚情况较好,并且龙头企业在其中龙头作用也一直得到强调,并直接称其为"龙头企业";三是江苏省的特色产业基地处于同一个大区域,发展历史和环境条件较为接近,降低了其他因素影响可能导致的实证结果的偏差。

2) 变量测量

一般认为我国"走出去"战略有 2 个层次:一是商品和劳务输出;二是资本输出,即对外直接投资。研究者指出,经济全球化条件下发达国家高工资水平是制约我国制造业对外直接投资的主要因素,而贸易成本的降低使得国内企业更倾向于出口而不是对外直接投资。据此,本节以集群出口占销售额的比重来衡量"区域产业国际化水平";以销售成本率来衡量"成本优势",即以"集群成本总额/集群营业收入总额"来直接衡量"成本优势"。

本节各构念尽量采用成熟量表,对部分量表研究较少的构念将进行探索式因子分析。构念"创新优势"主要参考蒋春燕等(2008)关于新产品绩效和谢洪明等(2007)关于知识利用和技术创新的成熟量表,以"集群专利总数占全国行业比重""集群新产品总数占全国行业比重"这 2 个指标加以衡量。根据本节分析,集群动态能力大小与龙头企业协调作用发挥高度相关,而龙头企业在集群中的地位与产业或市场的集中程度高度相关。Catalan 和 Ramon-Muñoz 指出,通常采用的集聚系数(如 CR 与 HHi)来判断产业或市场的集中程度对企业数量较为敏感,而且不能提供集聚的完整信息,因此建议采用销售排名前 10% 的企业占集群销售的比重来判断集群是否属于"新马歇尔式"产业集群或是本节界定的"层次式"产业集群。据此,"集群动态能力"选取了"龙头企业数量占集群企业数量比重""龙头企业销售总额占集群总销售额比重""最大销售额企业销售额占集群总销售额比重"3 个指标衡量。

由于"物质资源集聚"与"智力资源集聚"2 个构念尚未有成熟量表进行衡量,拟通过其他显性指标进行探索性因子分析得到。"物质资源集聚"选取了"企业个数占全国行业比重""职工人数占全国行业比重"及"基地总销售额占全国行业比重"3 个指标衡量。原因在于企业是资源的重要组织者,企业数量行业内占比从一个方面反映了资源的集中程度。劳动力要素是集群的重要资源,而且专用的劳动力市场是规模经济的重要来源,因此使用"职工人数占全国行业比重"来反映"物质资源集聚"。"基地总销售额占全国行业比重"是反映资源在行业内的集中程度的相对指标。类似地,"智力资源集聚"选取了"研发机构数占全国行业比重""研发人员数占全国行业比重""研发投入占全国行业比重"3 个指标加以衡量。

3) 探索性因子分析与构念合理性评价

首先对衡量各构念的指标进行标准化处理,然后采用 SPSS 16.0 软件进行探索性因子分析。因子分析结果表明,KMO 值为 0.648,Bartlett 值为 755.549,在 0.001 水平上显著。排除因子负荷在 0.8 以下的测量指标,见表 8-1。旋转法共抽取 4 个特征值大于 1 的因子,累积方差解释率达到 78.743%;且构念的 Cronbach's α 值均超过 0.75,具有较好的内部一致性,表明可以进行进一步的验证性因子分析。

表 8-1　构念的测量模型

构念	测量指标	因子负荷	Cronbach's α
创新优势	集群企业专利总数占全国行业比重	0.840	0.785
	集群企业新产品总数占全国行业比重	0.767	
集群动态能力	龙头企业销售总额占集群总销售额比重	0.896	0.875
	最大销售额企业销售额占集群总销售额比重	0.868	
物质资源集聚	职工人数占全国行业比重	0.824	0.825
	基地总销售额占全国行业比重	0.852	
智力资源集聚	研发机构数占全国行业比重	0.824	0.943
	研发人员数占全国行业比重	0.957	
	研发投入占全国行业比重	0.972	

在进行验证性因子分析与假设验证之前,还需要计算二阶构念之间的相关系数矩阵。从表 8-2 可以看出,构念之间的最大相关系数为 0.713,低于 0.8 的阈值,说明测量模型均较好地测量了各自的构念,构念之间相关性不高,不影响构念之间的路径系数。同时,各构念的平均方差萃取量(AVE)均大于 0.5,组合信度(CR)均大于 0.7,说明构念量表具有较好的信度。各指标的因子载荷都超过了 0.6,并且在 0.001 的水平上显著,表明具有良好的收敛效度。另外,表 8-2 的结果显示各构念的 AVE 值均大于变量间相关系数的平方,表明指标具有较好的判别效度。据此,可对构建进行验证性因子分析。

表 8-2　构念描述性统计及效度

变量	AVE	物质资源集聚	集群动态能力	智力资源集聚	创新优势
物质资源集聚	0.702	1.000			
集群动态能力	0.778	0.161	1.000		
智力资源集聚	0.847	0.119	0.101	1.000	
创新优势	0.647	0.140	0.156	0.529	1.000

4）验证性因子分析与假设验证

运用结构方程模型方法(SEM)和 AMOS 7.0 统计软件分析数据,进行变量间关系的验证性因子分析。模型的总体拟合度指数见表 8-3,模型拟合卡方和自由度分别为 666.7 和 173,表明模型的拟合情况较好;GFI、$AGFI$、RFI

和 *IFI* 等统计量均高于 0.8 的可接受水平；统计量 *RMSEA* 为 0.012，低于
0.1 的可接受水平。三方面的统计量水平表明模型可以接受。

表 8-3　模型的总体拟合度指数

拟合度指数	χ^2	df	GFI	AGFI	NFI $\delta 1$	RFI $\rho 1$	IFI $\delta 2$	TLI $\rho 2$	CFI	RMSEA
数值	666.7	173	0.897	0.859	0.857	0.853	0.923	0.927	0.918	0.012

根据以上模型评价结果，可以进一步验证本章的理论假设。结构方程模
型中的变量间关系如图 8-1 所示。

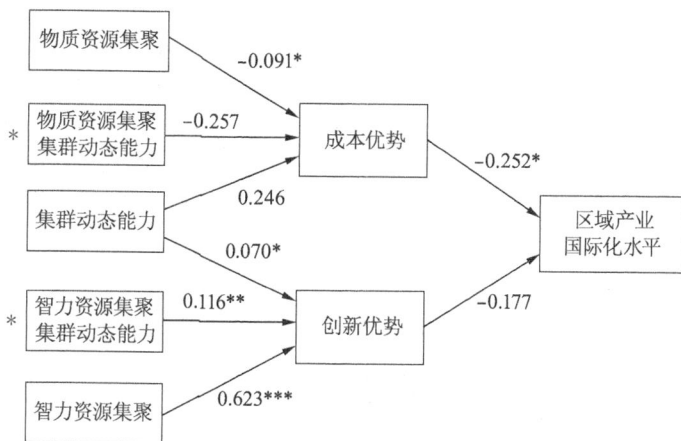

图 8-1　变量间关系分析结果

注：＊＊＊指显著性水平低于 0.01，＊＊指显著性水平低于 0.05，＊指显著性水平低于
0.1。

（1）成本与创新优势中介作用相关假设验证

如图 8-1 和表 8-4 所示，物质资源集聚与成本优势的相关系数具有显著
性，表明物质资源集聚程度越高，成本就越低，支持了物质资源集聚有助于形
成成本优势的假设 1；成本优势与区域产业国际化水平具有很高水平的相关
性，且相关系数（－0.252）具有显著性，表明成本越低则区域产业国际化水平
越高，支持了成本优势有利于区域产业国际化的假设 2；综合两者，关于集群
物质资源集聚经由成本优势的中介作用提升区域产业国际化水平的假设 5 得
到了支持。同时，智力资源集聚与创新优势的相关性非常高，且显著性在
0.001 的水平上，智力资源集聚有助于形成创新优势的假设 3 得到有力支持；
然而创新优势与区域产业国际化水平的相关性为负，且不具显著性，关于创
新优势有利于区域产业国际化的假设 4 没有得到支持；综合两者，关于集群智

力资源集聚经由创新优势的中介作用提升区域产业国际化水平的假设 6 未得到支持。

表 8-4 假设验证

变量间关系	路径系数	P 值	假设	结果	中介作用假设验证	
					假设	结果
物质资源集聚——成本优势	−0.091	0.038	1	支持	5	支持
成本优势——区域产业国际化水平	−0.252	0.041	2	支持		
智力资源集聚——创新优势	0.623	***	3	支持	6	不支持
创新优势——区域产业国际化水平	−0.177	0.209	4	不支持		

注：*** 指显著性水平低于 0.01。

（2）组织动态能力调节作用假设验证

由图 8-1 可见，物质资源集聚没有对成本优势的形成起到促进作用，且集群动态能力的调节作用不显著（$P=0.466$），假设 7 没有得到支持。而集群动态能力对智力资源集聚具有显著的调节作用（系数为 0.116，$P<0.05$），假设 8 得到支持。即集群动态能力较强时，智力资源集聚对创新优势的形成作用越大，集群动态能力起到了放大器的作用，结果如图 8-2 所示。

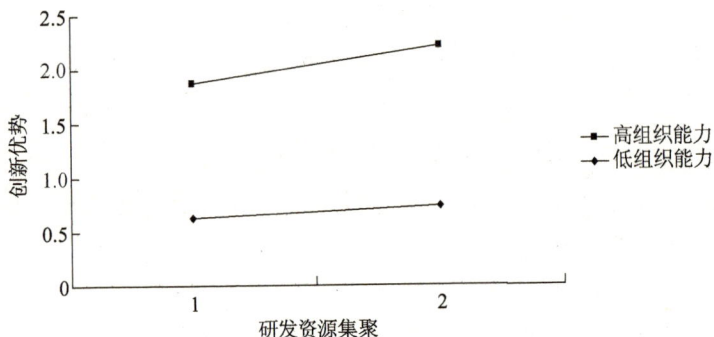

图 8-2 集群组织动态能力对创新优势形成的调节作用

8.1.5 实证研究结论及启示

本节试图打开资源空间集聚提升区域产业国际化水平的"黑箱"，在总结资源集聚形成集群优势的基础上，分析集群优势的中介作用与组织动态能力的调节作用，并以大力倡导特色产业基地建设的发达省份——江苏省为背景加以实证。本节研究结论包括如下 4 个方面：

（1）区域产业国际化水平的提升主要来源于集群成本优势，而不是创新优势。

研究结果发现，江苏省特色产业基地中区域产业国际竞争优势的来源仍是成本优势，而创新优势的作用没有得到支持。这表明尽管江苏省处于全国发达地区前列，但在全球价值链中仍处于低端制造环节，还没有具备通过研发、营销等高端环节发展主导全球价值链的实力。

（2）物质资源空间集聚仍没有形成显著的集群成本优势，资源的优化配置水平不高。

特色产业基地建设得到江苏政府的大力推动，强调物质资源的空间集聚和规模的扩张，成为全国典型。然而，研究结果发现，尽管成本优势的中介作用得到支持，但物质资源的空间集聚却没有显著地提升集群成本优势（相关系数为−0.091）。值得注意的是，通过对部分特色产业基地的案例研究也发现，随着近年来产业规模的不断扩张，利润率却出现下降的现象，如以江苏沙钢集团为龙头企业的扬子江国际冶金工业园。

（3）智力资源空间集聚与区域产业国际化呈现"两张皮"现象。

研究结果表明，尽管智力资源集群有力地提升了集群创新优势，但这一优势没有转化为区域产业国际竞争力。这表明江苏省特色产业基地建设中试图通过智力资源集聚以提升企业竞争力的目标目前尚没有完全实现，集聚的智力资源没有得到有效的协调，智力资源空间集聚与区域产业国际化仍是"两张皮"。

（4）集群动态能力对创新优势的形成发挥了调节作用，但没有对物质资源空间集聚效应的发挥起到调节作用。

研究显示，集群动态能力对智力资源集聚的创新优势发挥起到了显著的调节作用，但作用系数仍然较小。同时，集群动态能力对物质资源集聚成本优势的发挥也没有起到调节作用。可见，尽管江苏省在特色产业基地建设中非常强调龙头企业的带动作用，但是实证结果表明龙头企业对集群资源的协调能力仍然不足。

可见，江苏省产业集群国际化水平的提升主要来源于集群成本优势，而不是创新优势，然而物质资源在空间集聚并没有显著提升集群企业的成本优势。进而，集群优势中介作用不显著，资源空间集聚与区域产业国际化总体呈现"两张皮"现象。与之相关，尽管集群动态能力对集群创新优势形成的调节作用得到支持，但集群动态能力没有促进集群成本优势的形成。

这就要求产业集群在进一步的调整过程中，一是不能仅仅注重物质资源在地理上的集中,还要加强资源合理利用,注重企业间的产业联系,以进一步增强成本优势;二是不仅要注重将智力资源转换为创新优势,还要进一步将智力资源转换为市场优势,推进新产品和新专利的市场应用,提升国际竞争力;三是要切实加强企业间分工合作,努力培育龙头带动企业,增强龙头企业在集群优势形成过程中的组织作用。就第三点而言,将在下一节进一步予以分析。

8.2　龙头企业对区域产业调整的作用机制及实证研究

在经济危机背景下,我国区域产业结构调整的微观主体企业,尤其是龙头企业的作用受到普遍重视。如国务院《关于支持农业产业化龙头企业发展的意见》(国发〔2012〕10号)将发展目标确定为"培育壮大龙头企业,打造一批自主创新能力强、加工水平高、处于行业领先地位的大型龙头企业;引导龙头企业向优势产区集中,形成一批相互配套、功能互补、联系紧密的龙头企业集群"。前面的分析也表明,龙头企业对集群动态能力的形成具有重要作用。然而,是否龙头企业的规模越大、数量越多,越有利于区域产业结构调整?这一问题还没有得到进一步研究,理论的模糊不清导致在我国区域产业调整实践中缺乏较为一致的行动原则,或过分强调龙头企业的创新带动作用,或过于强调中小企业的创新活力。因此,本节以苏南特色产业基地为实证对象,试图揭示龙头企业的规模、数量及比重对集群创新的影响关系。该项研究除了为区域产业调整提供实践指引外,其理论意义包括如下3个方面:一是进一步明确龙头企业的地位,丰富"角色视角"对集群进化的解释;二是引入组织学习中知识探索和利用的研究解释集群创新的机理,有利于组织学习领域与集群研究的进一步融合;三是采用正式的定量分析方法研究集群创新问题,这在已有研究中较少采用。

8.2.1　龙头企业的认定标准

在实证研究中,龙头企业的属性特征是辨别哪些集群企业是龙头企业的重要参考。苏南特色产业基地中龙头企业的认定标准包括如下几个方面:一是经济规模大,企业固定资产达5 000万元以上、近3年销售额在2亿元以上、产地批发市场年交易额在5亿元以上;二是经济效益好,企业资产负债率小于60%、产品转化增值能力强、银行信用等级在A级以上(含A级)、有抵御市场风险的能力;三是产品具有市场竞争优势,龙头企业应建成管理科学、设备先进、技术力量雄厚的现代企业,成为加工的龙头、市场的中介、服务的中心;四是带动能力强,产加销各环节利益联结机制健全,能带动较多企业,有稳定的较大规模的原料生产基地。

8.2.2　区域产业知识创新与调整的方式

知识创新的本质是解决组织与环境互动过程中市场、竞争、技术、组织等问题,以适应环境变化。知识创新与知识的搜索与学习高度相关。March 提出了组织学习的一个重要维度,即探索和利用(exploration and exploitation)。探索是通过搜索和试验拓展新知识,有利于激进式的质的创新突破,而利用是对已有知识和能力的精炼和挖掘,有利于渐进式的增量创新。大量研究表明,知识探索和利用相互交织在一起,组织在学习新知识的过程中一方面要依赖探索获取新知识;另一方面要消化吸收、利用新知识,以进行持续的知识更新,进而保持持续的创新能力。两者存在着既冲突又互补的张力,要求组织建立协调知识探索和利用的系统,以促进持续创新,适应环境变化。

组织学习领域的这一研究进展与区域产业的重要载体——集群创新的最新研究成果不谋而合。集群创新的大量研究表明了集群本地学习过程与集群外技术知识源的重要性。本地学习过程受到研究者的一贯重视,如上面提出的"自播"机制的"产业空气"一样,可以以很低的成本接触本地知识库,因而该机制构成了集群企业的一大优势。但随着这一机制作用的发挥,"知识同化"的效应就会显示出来。与此相关,"渠道"机制受到研究者的重视,如硅谷在区域内建立了合作和知识共享的模块化生产网络,同时,又通过与美国国内和国际信息产业网络的联系,掌握着市场方面的大量信息,使硅谷成为全球信息产业的"HUB"。因此,"渠道"机制有利于集群摆脱已有知识和经验的束缚,搜索全新的问题解决方案,因此可将其看成知识探索的一种形式。

可见,由于新知识在根本上来源于外部,外部知识探索对集群发展至关重要。Cohen 进而提出,要能够搜索和识别外部知识和信息,就要提升集群的"吸收能力",其中,集群的研发积累是吸收能力的关键所在。集群的研发投入越多,越有利于知识探索和知识更新,越有利于集群的技术创新。据此,本节提出如下假设:

假设 1:集群研发投入越多,越有利于集群创新绩效的提升。

8.2.3　区域产业中守门者企业与龙头企业作用

并不是所有的集群都有相同的能力将本地与集群外知识来源联系起来,而且不是集群内的所有企业都同样能接触外部知识。为理解本地企业如何搜索和学习外部知识,一些学者研究了守门者角色,即与集群外有强连接的企业也会促进外部知识在本地背景下的传播与整合。守门者企业通过在更大地理范围的知识交流促进其知识探索,进而通过与配套企业的联系进行知识传播,促进新知识的消化吸收和利用。通过这一过程,守门者企业将知识探索和利用有机整合成动态适应系统,有利于本地知识库的持续更新和集群的技术创新,不断适应环境变化的挑战。

守门者行为经常与集群中的龙头企业联系在一起。龙头企业通过其垂直网络,提升了与本地供应商的密集的知识交流以获得更高的绩效。对意大利产业集群的研究表明,大公司为"桥企业",这些企业接触外部知识源,并将地区活动引入国际市场。Malipiero 等(2005)进而明确指出,集群中的龙头企业在促进新知识创造和扩散过程中承担着守门者角色,核心的龙头企业使用外部知识的程度大大高于集群中的其他企业,而非核心企业则大量接受核心企业的知识扩散。根据这些研究,作为本地垂直网络中的技术守门者的龙头企业的激励因素是下游阶段绩效如中间产品的质量,因此他们有向供应商传播知识和能力以提升自身运作质量的强烈意愿。研究进一步表明,龙头企业可能非常关心维持守门者的角色,因为与本地供应商稳定和可信的连接关系可降低交易成本,提升双向学习机会。

学者进一步讨论了龙头企业在集群进化过程中的关键作用。Makusen的研究表明,跨国公司在产业区的形成过程中是持续的力量,是使中小企业难以离开的一种"胶"。波特同样指出,龙头企业在本地集群中扮演着"磁铁"的作用,吸引合作者和竞争者来到本地。Wolfe 和 Gertler 明确提出,整个集群可能起源于一两个"领导"或"起锚"(lead or anchor)企业,并且这些企业在集群发展历史的关键分叉点处往往发挥着重要作用;大量的中小企业往往都是从这些企业中衍生出来的,如硅谷进化过程中英特尔、惠普都扮演了激励相关企业成长的核心角色。

以上分析表明,龙头企业对集群的创新和进化至关重要。然而,是不是集群中龙头企业的数量越大、占据集群内企业的比重越大,越有利于集群的创新?基于以上对集群龙头企业特殊作用的分析,有理由认为,集群中龙头企业数量越多、比重越大,集群内龙头企业及相关机构的研发投入需求就越大,集群吸收能力也就越强,越有利于集群的知识探索和持续知识更新。据此,本节提出如下假设:

假设 2:龙头企业数量越多,集群研发投入越多。

假设 3:龙头企业占集群内企业比重越大,集群研发投入越多。

值得注意的是,并不是所有的集群企业都能够担任龙头企业的角色。相关研究表明,占据协作网络中守门者位置的企业需要具备一定的条件,如历史发展悠久、资源丰富的企业在时间、人员、资金、技术等方面具有优势,能够占据集群中龙头位置,能探索外部的新知识并在集群内传播新知识。由龙头企业认定标准进而可知,集群中龙头企业无论是在属性特征还是所发挥作用方面,都与龙头企业相一致,因此该标准可以看成龙头企业的操作化定义。根据以上研究,进而可以认为,集群中龙头企业规模越大,龙头企业及相关机构研发投入的需求就越大,集群的吸收能力就越强,越有利于集群的知识探索和持续知识更新。据此,本节提出如下假设:

假设 4:龙头企业平均规模越大,集群研发投入越多。

8.2.4　龙头企业作用机制的实证研究背景及方法

1) 研究背景

龙头企业在发展基础较好、发展时间较长的产业集群中应具有更为显著的作用,建立在"苏南模式""新苏南模式"基础之上的苏南地区(包括苏州、无锡、常州、南京和镇江五市)特色产业基地的建设经验尤其具有典型意义。因此,本节进一步抽取江苏省特色产业基地中苏南 44 家特色产业基地的数据进行实证研究。

2) 概念的操作化定义

衡量特色产业基地研发投入的指标包括研发机构数、研发人员数和研发资金三项,集群创新绩效从专利和新产品数量 2 个方面来衡量。由于可以将龙头企业的认定标准看成龙头企业的操作化定义,可将本节研究假设进行转化,如图 8-3 所示。

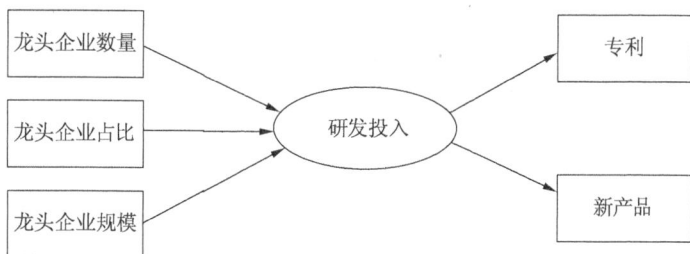

图 8-3　研究模型

3) 模型评价

本节运用结构方程模型方法(SEM)和 AMOS 7.0 统计软件分析数据,研究变量间关系。潜变量研发投入的测量模型分析结果显示,潜变量的 Cronbach's α 值都在 0.5 以上,且在 0.7 以上,表明潜变量具有很好的内部一致性。验证性因子分析结果显示,标准化的因子负荷高于 0.5 的最低临界水平,表明衡量指标之间高度相关,潜变量具有很好的内敛效度。可见,潜变量的构造是合适的。

模型的总体拟合度指数如表 8-5 所示,模型拟合卡方和自由度分别为 115.574、20,表明模型的拟合情况较好;GFI、AGFI、RFI 和 IFI 等统计量虽然没有达到 0.8,但均高于 0.75 的水平,表明拟合情况尚可;统计量 RMSEA 为 0.033,低于 0.1 的可接受水平。综合三方面的统计量水平,尽管部分拟合指数不佳,但总体而言可以接受。

表 8-5 模型的总体拟合度指数

拟合度指数	χ^2	df	GFI	$AGFI$	$NFI\delta1$	$RFI\rho1$	$IFI\delta2$	$TLI\rho2$	CFI	$RMSEA$
数值	115.574	20	0.798	0.757	0.842	0.798	0.784	0.846	0.875	0.033

根据以上模型拟合情况,可对本节假设进行验证。如表 8-6 和图 8-4 所示,龙头企业的平均规模与研发投入间的相关系数较高,为 0.295,并且是显著的($P<0.05$),支持了假设 2;龙头企业的数量与研发投入间的相关系数很低,且这一关系极其不稳定($P>0.05$),假设 3 没有得到支持;龙头企业占比与研发投入呈负相关关系,系数为 -0.287($P<0.05$),假设 4 没有得到支持;集群的研发投入与专利和新产品之间的相关系数都非常高,为 0.699 和 0.646,并且具有显著性($P<0.01$),支持了假设 1。

表 8-6 假设验证

变量间关系	路径系数	P 值	假设	结果
研发投入——→专利	0.699	***	1	支持
研发投入——→新产品	0.646	***	1	支持
龙头企业数量——→研发投入	0.034	0.829	2	不支持
龙头企业占比——→研发投入	-0.287	0.026	3	不支持
龙头企业规模——→研发投入	0.295	0.049	4	支持

注:＊＊＊指显著性水平低于 0.01。

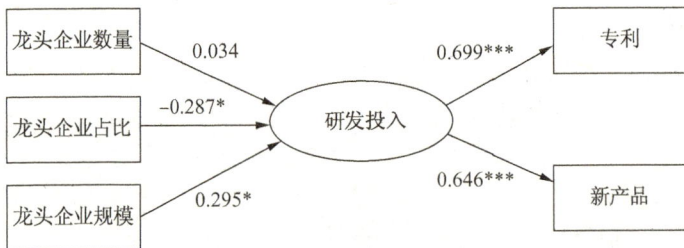

图 8-4 变量间关系

注:＊＊＊指显著性水平低于 0.01,＊＊指显著性水平低于 0.05,＊指显著性水平低于 0.1。

8.2.5　实证研究结论

本节基于组织学习与集群创新领域的研究进展,以苏南特色产业基地为研究样本,分析龙头企业数量特征对集群创新绩效的影响,主要研究结果如下:

(1) 龙头企业的相对数量比绝对数量对集群的研发及创新更有意义。

研究结果显示,龙头企业的绝对数量对研发投入的作用极小,且并不显著($P>0.10$),而其比重与研发投入高度负相关,且具有显著性。这表明龙头企业绝对数量的多少对集群研发投入及创新没有太大意义,而龙头企业的相对数量作为结构变量具有显著影响。这就要求在理论研究和集群实践中,更加注重龙头企业是否有能力组织集群内相关企业及机构进行研发积累、知识探索和知识利用,从而发挥带动作用。

(2) 龙头企业占集群内企业的比重越小,集群研发投入和创新绩效越好。

与本节预测相反,龙头企业占集群内企业的比重越小,反而对集群研发投入的作用越大,并且这一作用具有显著性。从结构角度来看,其原因可能在于,龙头企业占比越大,可能导致集群组织结构趋于扁平和分散,导致龙头企业大多无力整合本地供应商,一方面龙头企业吸收的新知识很难被本地供应商所消化吸收,另一方面也使得龙头企业的研发投入及知识探索活动得不到有力支持。因此,由于知识的探索和利用没有得到很好的协调,因此集群研发投入不足,知识更新速度缓慢,创新绩效难以提升。相反,如果龙头企业占比越小,则其龙头地位越明显,越具有规模优势,就越可能有能力促进自身和集群相关机构的研发活动,同时也能够促进中小供应商企业的知识消化吸收和利用,进而提升集群的知识更新速度和创新绩效。

(3) 龙头企业平均规模越大,对集群研发投入的需求越大,集群创新的绩效越好。

研究结果显示,龙头企业平均规模与集群研发投入高度正相关,同时集群研发投入显著促进了集群的专利及新产品开发等创新绩效,表明存在着"龙头企业规模——集群研发投入——集群创新绩效"的作用路径。与本节理论预测相一致,龙头企业依赖人员、资金等规模优势,促进自身与集群相关机构的研发活动以增强吸收能力,从而促进集群知识探索和知识更新,进而提升集群的创新绩效。

国际经验认为,在以结构调整和技术进步为主要内容的经济发展阶段,大型龙头企业在国民经济发展中发挥着特殊的重要作用,应该成为产业结构调整的重要主体。然而根据本书研究结论,龙头企业的数量并不是越多越好,在区域产业调整和转型升级的过程中,不仅是要培育更多的龙头企业,更为关键的是要注重质量,鼓励龙头企业进行兼并和整合,提升其对产业链的组织管理能力,促进其重构企业间合作网络构造,以提升集群组织动态能力,推动区域产业结构的持续创新和转型升级。

8.3 危机传导下区域中小企业竞争力提升的机制及实证研究

当前备受关注的中小企业经营困难与倒闭现象,不仅是经济危机下外部环境恶化的结果,也是区域产业结构调整的重要表现。数据表明,意大利中小企业产业区正经历结构重构过程,企业数量、从业人员、盈利普遍减少,如著名的普拉托纺织业中,企业数量从 1995 年的 7 645 家下降到 2011 年的 3 094 家。同期,我国有关部门对广东、浙江、江苏、江西、上海、安徽、湖南等 16 个省市进行的大规模调研数据显示,大概有 10% 的中小企业在升级,20% 的中小企业在转型,而大量的企业——60%～70% 的中小企业则面临严重的生存困境。可见,在危机传导背景下,中小企业生存和发展问题更为凸显。中小企业竞争能力的提升对产业调整与复苏显得至关重要,这就要求研究者深入探究中小企业竞争能力背后的学习过程及其资源组织方式。相关研究表明社会网络不仅影响企业能力和技术创新绩效,而且影响具体的知识过程,如知识的获取、传播、转移、整合、利用等。然而,竞争能力、组织学习和社会网络相互作用的机制仍然不清晰。本书认为,中小企业竞争能力的提升是一个知识发展和应用的过程,经过知识获取、知识整合和知识利用 3 个相互交织的阶段。企业的网络嵌入模式影响其知识获取、知识整合或学习方式,进而影响知识利用或竞争能力和企业绩效。据此,本节拟围绕竞争能力建立一个基于知识获取、知识整合与知识利用相互作用的理论模型,以 2009 年南京市六合区化工行业 208 家中小企业为样本,运用结构模型进行验证。

8.3.1 中小企业竞争能力的概念及内容

竞争能力是企业在市场中制胜的独特优势,其本质是企业独特的知识和能力,作用体现在企业绩效上。竞争能力受到行业特点和竞争环境的影响,竞争能力的界定要符合行业和企业实际。根据化工行业的特点及同该行业企业和相关机构的访谈材料,本书将化工行业的中小企业的竞争能力初步设定为新产品开发能力、质量管理能力、污染预防能力 3 个方面。

(1)新产品开发能力。化工产业虽然历史非常悠久,但化工产品在现代工业和人们生活中有着广泛的用途,并且仍然具有非常大的应用潜力。随着市场需求的变化和现代科技的发展,新产品开发能力成为化工企业在市场取得成功的重要方面。新产品的开发往往伴随着生产过程的变化,企业往往通过社会网络获取关于技术和市场的大量知识,并且不同来源的多样化的知识整合对新产品开发非常重要。

(2)质量管理能力。化工行业不仅是生产终端消费品的行业,而且是为其他许多产业提供中间产品的重要支持性行业,因此对产品质量的要求很高。尽管全面质量管理(TQM)在不同的企业差异较大,但通过过程的持续提高消除生产缺陷是绝大部分质量管理的共同特点。进行质量管理往往首先要系统性地搜集数据,通过分析过程和结果的变化来制订质量管理方法,并加以应用以控制过程,这就涉及知识获取、整合和利用 3 个方面。

(3)污染预防能力。随着现代化进程的加快,重化工业发展所带来的环境问题日益引起人们的关注。党的十七大提出了构建节约能源和保护生态环境的产业结构这一新目标,各地方政府也确立了科技与环保一体化的建设原则。在此背景下,化工企业环境污染预防能力正在成为企业能否竞争成功的重要因素。污染预防强调通过减少原料、提高能量使用效率、重新利用废料和减少危险及有毒物质的排放以明智地使用资源。而产品和工艺变化是从源头上减少或消除污染的一般方法,因此这项能力的提升需要整个知识过程的改变。

可见,化工企业竞争能力的本质是关于新产品开发、质量管理、污染预防的具体知识。本节提出,社会网络和双重学习是企业竞争能力差异的重要来源。图 8-5 总结了企业竞争能力机制的研究思路,并提出如下假设:

H1:双重学习与竞争能力正相关。

H2:社会网络与双重学习正相关。

H3:社会网络与竞争能力正相关。

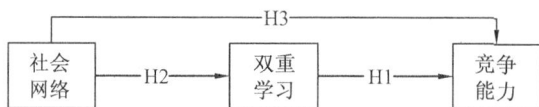

图 8-5　总体研究模型

8.3.2　组织学习对中小企业竞争能力的作用

企业竞争能力的提升和竞争优势的获取通过组织学习和知识整合实现,但企业的学习过程非常复杂,充满了张力和陷阱,一种专长的发展往往会抑制另一种专长的发展,当前的经验可能限制新思想的发展。March 将组织学习的基本矛盾归结为利用式学习和探索式学习之间的关系,前者是通过对企业已有知识的精炼和挖掘,以实现渐进式的增量创新;后者则是通过搜索、试验等方式寻求新知识,以实现激进式的创新突破。

该项研究一致认为,组织的持续创新和发展依赖于两者的平衡。而双重学习是平衡的一个重要方式,指的是组织同时进行探索式学习和利用式学习。2 种学习方式存在的既冲突又补充的关系是双重学习的管理挑战的根源。以往研究往往强调 2 种学习方式冲突的一面,而较忽视两者之间相互补充的关系。但正如 March 所说,排除利用的管理系统很可能发现自己不能得到试验的诸多利益而遭遇到试验成本的困难,而排除探索的管理系统很可能发现自己陷入次优的稳定均衡之中。Cohen 进一步指出个体和组织对新知识的"吸收能力"是其以往相关知识的函数,说明新知识的探索受到已有认知水平的制约,当新知识与已有知识相关,则学习效果最好。可见,在这里探索和利用相互补充,知识利用的质量会影响新知识探索的效果。

这种互补的关系渗透在企业的各项竞争能力的发展过程中,企业的知识和能力的提升既需要容纳探索式学习以拓展新知识、解决新问题、利用新机会、适应新的需求和环境变化;又需要通过利用式学习有效地将新知识加以利用,以挖掘现有潜力、降低成本、提高质量。这就要求在 2 种学习努力之间建立协同关系,以利于企业内外部知识、不同成员间知识、已有知识和新知识、不同类型知识的创造性整合。因此,企业如果不能协同两者的关系,会阻碍其各项竞争能力的提升。可见,具备系统处理双重学习能力的企业能够推动自身各项能力的发展,既擅长于利用现有知识进行增量创新,又擅长于利用新知识促进更为激进的创新,使得企业既能满足当前需要,又能适应环境变化。基于上述讨论,本研究有如下假设:

H1a:利用式学习与企业的竞争能力正相关。

H1b:探索式学习与企业的竞争能力正相关。

8.3.3　企业网络结构对中小企业竞争能力的作用

组织学习是通过知识的交流和整合这一过程实现的。交流所嵌入的社会网络通过作用于交流与整合的机会、动机与能力来影响组织学习。从个体到企业及企业联盟的多层次网络"嵌套"结构是双重学习的解决方案。在现实经济生活中,个体和企业受到有限理性和资源稀缺性的制约,一些个体和企业可能专注于探索式学习,另一些则专注于利用式学习,而双重学习需要在更高层次的个体和企业间的相互作用中实现。在嵌套结构中,所在层次越低(如个体),越受到理性和资源的限制,越可能专注于探索式学习或利用式学习,而将双重学习的任务交由所嵌入的更高层次的社会系统去解决;反之,结构的层次越高,如企业、战略联盟、产业集群等,越可能克服理性和资源限制,进行双重学习。在嵌套结构的各个层次上,学者进一步提出,区分和整合是管理双重学习的张力的基本机制,即一方面通过区分或分工提升探索式学习和利用式学习的质量;另一方面建立协调两者的系统、制度和程序等的机制,使得探索式学习和利用式学习能够有效整合。

因此集群企业双重学习机制的结构基础可以分为 2 个层次:一是在集群企业的内部可能建立分工协作的双重学习机制;二是受到理性和资源约束,企业还要嵌入与集群内其他企业的分工合作的集群网络进行双重学习。正如 Adler 等提出的,企业行为既受到与其他企业和机构的外部联结的影响,又受到内部联结构造的影响:有效行动的能力是这两者的函数。据此,本书全面考虑企业内、外部网络的作用,将企业的网络关系区分为企业内、外 2 个层次的 3 种关系:强关系、弱关系和桥关系,分别指企业内各部门间关系,企业与供应商、客户和竞争者的关系,企业与中介机构及政府的关系。依据关系的质量或信任度、强度和功能 3 个角度,这三类关系特点和作用的差别在于:

(1) 强关系。强关系具有较高的信任水平和强度,一方面由于其冗余性特征,具备整合知识的机制和功能,但另一方面较少传递非冗余的新颖知识和信息,因而适合于企业已有知识和能力的精炼和拓展,即利用式学习。

(2) 桥关系。桥关系是指跨越"结构洞"的关系,与强关系相反,桥关系应该具有较低的信任水平和强度,一方面能够提供关于竞争对手知识和能力的更为新颖的信息,但另一方面又由于其非冗余性而缺乏整合知识的机制,因而也更宜于探索式学习。

(3) 弱关系。弱关系的信任程度和强度则居于强关系和桥关系之间,因而应该兼具两者的优势,都有一定的强度,既能够传递新颖的知识,又具有整合新颖知识的潜力,因而既有利于利用式学习,又有利于探索式学习,尽管每方面的能力都不如强关系和桥关系。

基于不同关系类型功能和价值进行整合的可能性,"关系组合"的概念受到学者的持续关注,如 Baker 在将企业间关系区分为关系型和交易型的基础上,提出两者相混合的企业关系有利于企业绩效的提升;Uzzi 同样在将企业外部关系区分为"嵌入性"关系和市场关系的基础上,提出整合模型是更为优化的结构;Tiwana 则证明强关系和桥关系的互补提升了企业间项目合作的双重性。同样,在双重学习背景下,基于强关系、弱关系和桥关系的不同功能和互补的可能性,本书认为,其有效的关系组合能够实现双重学习和知识的持续创新和更新。据此,本书提出如下假设:

H2a：强关系有利于利用式学习。

H2b：桥关系有利于探索式学习。

H2c：弱关系既有利于利用式学习，又有利于探索式学习。

H3a：社会网络对竞争能力的影响是间接的，双重学习起着中介作用。

8.3.4　区域中小企业竞争力提升机制的研究方法

1）样本选取

本书抽样对象为江苏省南京市六合区的化工行业企业，主要分布在南京化工园、红山精细化工园、雄州工业园等园区。该集群有 70 多年的发展历史，是中国化工业的发源地，现有各类化工企业 542 家，占全省化工企业总数的 12%；2008 年共计销售收入 1 418 亿，占全省化工业当年销售收入的 19%。它不仅是江苏省化工业最重要的集聚地，同时也是全国化工生产的重要基地，拥有较为发达的集群社会网络。样本按照企业规模（企业员工人数在 2 000人以下）选取，本书共发放问卷 450 份，要求由企业的高层经营管理人员填写，以确保其对所研究问题是熟悉的。本调查共回收问卷 275 份，其中有效问卷 236 份，有效回收率为 52%，扣除规模不满足要求的问卷 28 份，共获得 208 份样本。

2）指标体系设计

本节尽量采用现有文献研究已使用的成熟量表，并对其进行适当的修改以适应本节的研究设计（见表 8-7）。衡量企业竞争力的量表主要参考了 McEvily 关于金属加工业企业竞争力及 Yli-Renko 等关于知识利用的量表。双重学习量表吸收了 Andriopoulos 等有关双重性概念的最新研究成果。衡量强关系的量表改自 Kale 等的测量方法，桥关系的量表参考 Tiwana 的测量方法，弱关系则根据本节对三类关系的分析结论加以衡量。

表 8-7　测量模型

变量	测量指标	问题描述
强关系（企业各部门间关系）	V1	经常性交往
	V2	相互信任
	V3	个人友谊
弱关系（企业与供应商、客户和竞争者的关系）	V4	经常性交往
	V5	相互信任
	V6	技术和能力相互补充

续表

变量	测量指标	问题描述
桥关系 （企业与中介机构及 政府的关系）	V7	经常性交往
	V8	相互信任
	V9	接触到不同的技术和技能
探索式学习	V10	企业为实现长期发展而勇于冒险
	V11	企业进行新的产品和工艺试验
	V12	企业鼓励员工的创造活动
利用式学习	V13	企业巩固已有市场确保收入稳定
	V14	企业通过优化资源配置提高效率
	V15	企业注重提高客户满意度
新产品开发	V16	企业重视新产品和新服务的开发
	V17	企业能够围绕新产品和新服务开发迅速改变工艺
	V18	企业的新产品和新服务得到客户认可
质量管理	V19	企业重视收集企业生产过程变化的信息
	V20	企业通过图表等方式向员工通报次品率
	V21	企业通过试验排除导致次品的因素
污染预防	V22	企业将对环境危害大的原料替换为危害小的原料
	V23	因新产品的治污成本低而提供此类产品
	V24	企业停止提供治污成本高的产品和服务

8.3.5　实证研究结果

为验证假设,本节运用结构方程模型方法(SEM)和 AMOS 7.0 统计软件分析变量之间的关系。根据学者的建议,本节的结构方程模型验证采用两步骤方法,在初步拟合的基础上对模型进行调整和修正。修正模型如图 8-6 所示。

1) 变量的构造效度和模型拟合情况

构造效度首先要求指标能够反映测量的变量,验证性因子分析结果显示,标准化的因子负荷最低临界水平在 0.5 以上,如图 8-6 所示,表明各变量的指标具有较好的内敛效度。构造效度还要求同一变量的多个衡量指标应该高度相关,因子分析显示每个变量的 Cronbach's α 值都在 0.8 以上,具有较高的一致性(见表 8-8)。

表 8-8　观测变量的一致性检验

潜变量	强关系	弱关系	桥关系	探索式 学习	利用式 学习	新产品 开发	质量 管理	污染 预防
Cronbach's α	0.802	0.920	0.879	0.878	0.873	0.841	0.945	0.941

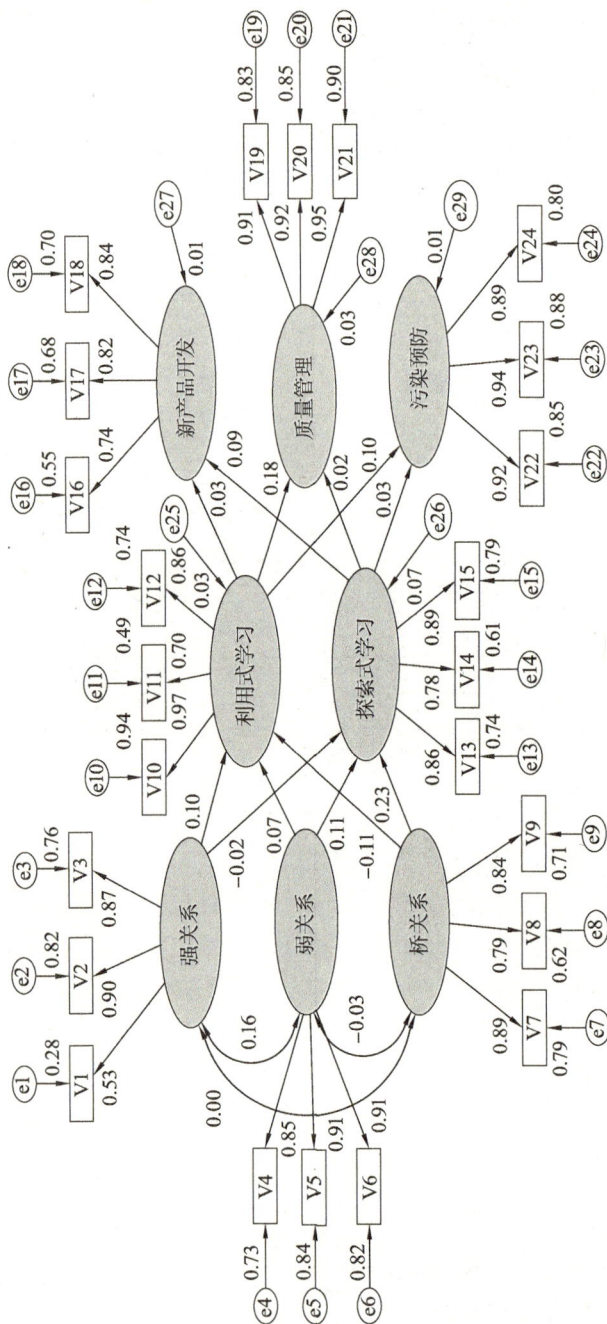

表 8-6 结构方程模型和变量间关系

验证结果（见表 8-9）显示，模型拟合的卡方和自由度为 431.292 和 239，P 值为 0.000，χ^2/df 的拟合数值为 1.8，远小于 3 的可接受水平，统计量 $RMSEA$ 为 0.062，低于 0.08 的可接受水平，而其他统计量 GFI、$AGFI$、NFI、RFI、IFI、TLI 和 CFI 都大于 0.8，并接近 1.0，表明模型有较高的拟合优度。

表 8-9　修正模型的拟合度指数

拟合度指数	χ^2	df	GFI	$AGFI$	$NFI\delta1$	$RFI\rho1$	$IFI\delta2$	$TLI\rho2$	CFI	$RMSEA$
数值	431.292	239	0.855	0.818	0.881	0.862	0.943	0.933	0.942	0.062

2）假设验证

修正模型具有很好的拟合优度，可用以检验本节提出的理论假设（见表 8-10）。从表 8-10 可以看出，H2、H2a 和 H2b 得到了实证的全面支持，而探索式学习与质量管理、污染预防及利用式学习与新产品开发的关系 P 值没有通过检验，假设 H1、H1a 和 H1b 没有得到完全支持。

表 8-10　模型检验结果与假设验证

变量间的关系	路径系数	P 值	对应假设	检验结果
新产品开发←利用式学习	0.026	0.736	H1、H1a	不支持
新产品开发←探索式学习	0.086	0.028	H1、H1b	支持
质量管理←利用式学习	0.178	0.022	H1、H1a	支持
质量管理←探索式学习	0.021	0.781	H1、H1b	不支持
污染预防←利用式学习	0.096	0.019	H1、H1a	支持
污染预防←探索式学习	0.031	0.696	H1、H1b	不支持
利用式学习←强关系	0.101	0.031	H2、H2a	支持
探索式学习←强关系	−0.017	0.826	H2、H2a	支持
利用式学习←弱关系	0.069	0.035	H2、H2b	支持
探索式学习←弱关系	0.110	0.021	H2、H2b	支持
利用式学习←桥关系	−0.110	0.144	H2、H2c	支持
探索式学习←桥关系	0.235	0.036	H2、H2c	支持

本节中假设 H3 和 H3a 预测社会网络影响竞争能力，并且认为其影响是间接的，双重学习起中介作用，据此我们进行了进一步的测量。方法是建立社会资本直接影响竞争能力的模型，以数据进行拟合，并将模拟结果与本节的间接作用模型进行比较。

结果发现三类关系与各项竞争能力的相关系数均较小或为负数（如图 8-7 所示），表明三类关系对竞争能力的直接作用不显著，须借助双重学习的中介作用，假设 H3 和 H3a 得到支持。

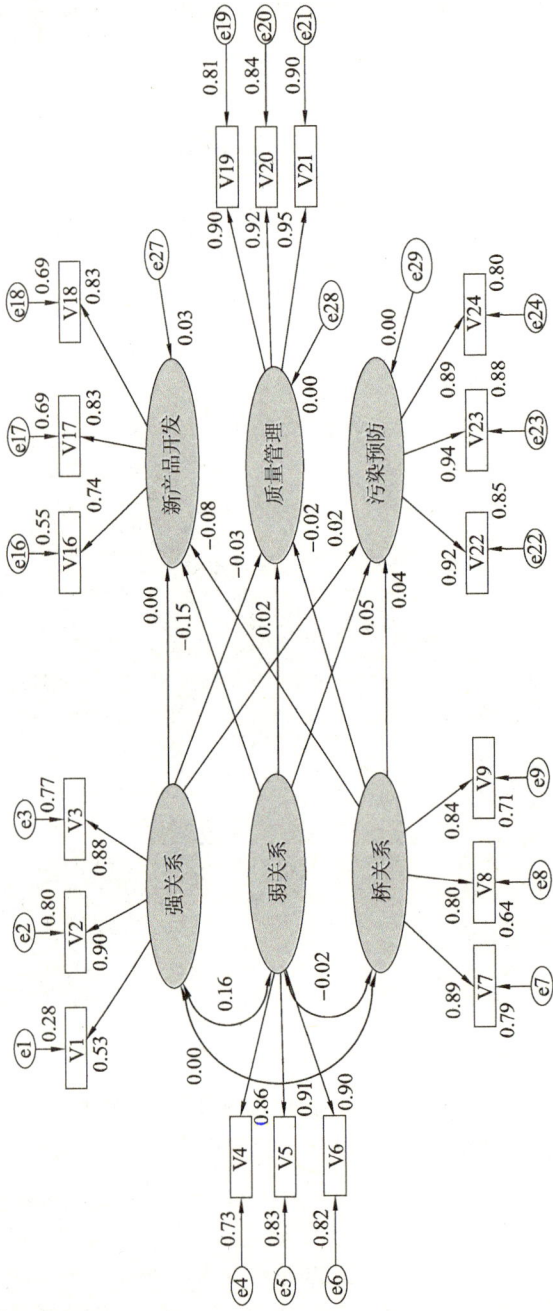

表 8-7 社会网络对竞争能力的直接作用模型

8.3.6　主要结论与启示

本节在文献研究的基础上构建了关于社会网络、双重学习和企业竞争力相互作用的理论模型,并通过实证研究对模型进行了分析。理论和实证研究表明,社会网络和双重学习是中小企业竞争能力差异的重要来源。本书的理论和实践意义包括如下 4 个方面:

(1) 关系组合的协同作用得到证实,多层次的嵌套结构是集群企业管理双重学习的结构基础。本节的理论研究提出,企业利用强关系、弱关系和桥关系的组合区分和整合双重学习,推动企业的持续创新和发展。实证结果显示,强关系有利于利用式学习(系数为 0.101),而没有促进探索式学习(系数为 -0.017);桥关系有利于探索式学习(系数为 0.235),而没有促进利用式学习(系数为 -0.110);弱关系既促进了利用式学习,又促进了探索式学习(系数分别为 0.069 和 0.110)。这就表明,三者的组合既有利于新知识的获取,又有利于对新知识加以整合,对本节的理论假设提供了完全的支持。同时,以往的双重学习研究或者局限于企业内部,或者针对企业间关系;而本节实证研究证明,企业既利用其内部网络又利用其外部的集群网络进行双重学习,多层次的"嵌套"结构是中小企业应对双重学习管理挑战的解决方案。

(2) 双重学习促进中小企业竞争能力的提升,但学习方式对不同竞争能力的作用方式存在着差异。研究结果(见表 8-10)表明,利用式学习对质量管理和污染预防有显著的促进作用(系数分别为 0.178 和 0.096),但对新产品开发的促进作用没有得到支持(P 值为 0.736,没有通过检验);而探索式学习有利于新产品开发(系数为 0.086),但对质量管理和污染预防的促进作用没有得到支持(P 值分别为 0.781 和 0.696,没有通过检验)。以往研究经常对竞争能力做笼统的分析,而本节对竞争能力的分类研究表明:对于每项竞争能力的提升,双重学习的耦合方式存在着差异:对于新产品开发而言需要更多的试验和探索以提升竞争力,而对质量管理和污染预防而言,基于现有知识的精炼和挖掘是竞争力的根本。尽管这一结果与化工行业的知识特点是联系在一起的,但也启示人们在理论研究和实践中,将企业的竞争能力加以区分,并对不同竞争能力差异的来源进行有针对性的分析,以提升企业的竞争能力。

(3) 社会网络是中小企业竞争能力的重要来源,是提升企业竞争力的战略环节。本节的实证研究结果表明,关系组合对企业竞争能力的直接作用较小或为负数,而对双重学习的直接作用较大,强关系促进利用式学习(系数为 0.101),桥关系促进探索式学习(系数为 0.235),弱关系既促进利用式学习又促进探索式学习(系数分别为 0.069 和 0.110),且双重学习对竞争能力的作用也较大,利用式学习有利于质量管理和污染预防(系数分别为 0.178 和 0.096),探索式学习有利于新产品开发(系数为 0.086)。可见,双重学习是社会网络提升企业竞争能力的中介机制,关系组合对企业竞争能力的作用发挥具有间接作用,有效的关系组合构成了提升企业竞争力的战略环节。

(4)中小企业提升不同竞争能力的路径有一定的差异。本节实证结果表明,中小企业提升不同竞争能力的方式不一样,机制和路径存在着差异。中小企业提升质量管理和污染预防能力主要依赖于利用式学习,而利用式学习进一步依赖于强关系和弱关系,其路径为"强关系和弱关系——利用式学习——质量管理和污染预防";企业提升新产品开发能力则主要依赖于探索式学习,进一步依赖于弱关系和桥关系,其路径为"弱关系和桥关系——探索式学习——新产品开发"。路径的差异表明,在管理实践中,企业针对不同的竞争能力问题采取不同的学习和管理策略:中小企业质量管理和污染预防主要借助于利用式学习、强关系和弱关系,而新产品开发借助于探索式学习、弱关系和桥关系。

总体而言,外部合作关系发展与致力于推动创新是中小企业竞争力提升的重要影响因素。当前我国经济危机下中小企业的已有研究和政策制定多强调中小企业融资难问题,如据全国工商联统计,90%的规模以下小企业无法从银行取得任何借款,95%的小微企业未从银行得到过任何贷款。然而,本书研究表明,中小企业自身的创新与转型调整同样重要,中小企业应主动拓展外部合作,致力于创新和新市场开拓,积极适应环境变化,向价值链高端环节攀升。这是中小企业应对劳动力成本上升与人民币升值压力,摆脱融资困境,在激烈竞争中生存与发展的根本之道。

第9章 危机性产业衰退国际传导中的区域产业调整对策

由危机引发的产业衰退呈现出传导多样性、产生突发性、蔓延快速性、冲击广泛性、影响双重性等主要特征,导致区域产业发展的国内外运行环境产生重大变革。应对危机性产业衰退及借以推进区域产业结构调整的相关策略选择需从危机性产业衰退的产生原因、传导路径、扩散效应等多维角度加以系统考虑,并从政府、产业、企业3个层面施行多管齐下、共同推进的策略。

9.1 强化政府的冲击防控与导向服务措施

9.1.1 构建外部危机传导效应的预警体系

危机传导效应的预警体系是在外部危机产生之后,用于预测危机传导概率、传导路径、冲击范围、冲击程度的系统平台。危机爆发之后,危机传导效应的预警体系不仅仅是各类主体认知危机传导可能性、传导渠道及其冲击扩散效应的重要载体,更为重要的是,它是选择并实施危机冲击防控策略的前提和基础。有效的预警体系能够准确有效地识别危机的传导性,有助于各类主体采用适合的政策、制度和机构安排来防范、控制、化解危机的传导效应。

由于当今经济全球化、国际化进程的不断深化,基于全球价值链的各国经济开放程度进一步提高,经贸联系更趋密切,既相互交融又相互制约,构成了全球经济营运系统的铁索连环。任何一国特别是经贸大国的危机终将引发铁索连环系统的断链,从而危及整个链条的正常运转。因此,在危机爆发的初期[①],更确切地说是在受到危机传导并产生冲击之前,开展危机传导效应的预警对于非危机发生国而言是极为重要和十分迫切的。此时,预警的意义不在于预测危机在哪一时间、哪一国家、哪一领域以何种方式、何种程度发

[①] Goldstein,Kaminsky 和 Reinhart(2000)曾将其界定为银行危机发生之后的 12 个月。

生,而在于预测已经生成的外部危机性事件将会通过何种渠道对哪些区域市场、行业领域、经济主体等产生冲击,以便各类经济主体能够及时调整策略,进而对来自于外部的危机性冲击设置必要、可行的阻隔或缓冲措施,以阻止、延缓、控制危机的快速传导、蔓延及其冲击效应的进一步放大。

与面向一般经济活动的预警体系相比,危机传导效应的预警体系除了在预警的具体内容或对象界定方面存有特定性之外,在信息收集与加工、决策指令形成、警报发出和咨询服务等子系统模块与运行程序设计方面则具有诸多共同性。

1) 信息搜集与加工

IMF 认为,应当找出一些经济变量作为危机的预警指标,通过对危机发生国宏观层面和相关行业领域的主要经济指标的变化加以搜集整理和纵向比对,可以评判该国危机的类型及其演进趋向。尽管要设计一套变量体系来预测危机的发生是较为困难的,而且有时也不一定能真正形成有效的预测,但在一国危机的迹象已经浮现时,该国一些重要经济指标的非常态变化可以成为危机传导效应早期预警的基础。相关研究表明,一些宏观经济变量在危机发生前后的若干月份内都会呈现出不同于正常时期的外显特征,当一国的汇率和利率先高后低、货币供应量先多后少和资产价格先涨后跌,且波动程度相对剧烈,贸易条件恶化,通货膨胀高企,资本外逃出现,过度投资下的产能过剩,实体经济的活跃程度下降(诸如产销萎缩、库存增加、企业破产、失业率上升),经常项目赤字增加,外债和不良债权比重上升等,无论是上述全部指标还是其中部分指标的非正常变化,都可以据此判断出该国宏观经济周期性变化的窗口开启,即经济发展已由高涨繁荣阶段开始步入下滑阶段,危机的各种效应及其向外传导的能量也由此开始逐步累积。

2) 决策指令形成

在对外部危机的基础信息进行确认之后,还需对危机可能持续的时间、危机影响的严重程度,以及危机传导的概率、传导的渠道、传导的速率进行模拟估测。同时,针对外部危机可能产生的传导效应及其所及范围,结合本国经济发展的特定环境和防控能力,梳理出本国可以采取的有效预防、延缓与化解措施(包括经济杠杆和行政规制等),并对这些措施的实施力度和预期效应做出全面评估。尤其是还需权衡所采取的措施是否潜藏着一定的负面效应,诸如拟采取的相关防控措施是否会与该国国民经济长期发展的目标与政策相冲突,是否会诱发国内另类危机事件(如引发新的产能过剩、通货膨胀等)的产生。在开放型经济条件下,由于危机的传导更具广泛性、复杂性和快速性,对各类经济主体行为的倾向、心理和信心均具有较高程度的打击性,甚至会导致极端非理性的羊群行为。故而,对预防、延缓与化解措施的系统性、协同性、及时性具有更为迫切的要求,需要在对一系列应对措施预案进行排列、组合、比较、评估之后,立足于导向性、实效性、时效性的相互结合,遴选出科学、合理、适用、适度的应对危机传导效应的阶段性政策组合。

3) 警报发出和咨询服务

一旦基本确认了外部危机事件的发生及其传导性,就应快速向国内相关主体发出危机警报,并提供与危机事件及其传递效应、本国应对政策措施、经济主体行为战略调整建议等相关的各类咨询服务。在警报发送渠道选择方面,可以选择授权组织机构发放的公告通知、官方媒体发布的新闻消息、专家学者解读形成的文献报告等。当然,超越常态的临时性危机应急政策措施的出台本身也是一种警报信号的传递行为。值得注意的是,与其他悲惨性、灾难性事件一样,危机的突发性常常令人们不知所措,滋生悲观绝望情绪。所以,无论危机警报的内容如何构成、交由何方机构发出,都应从警告性效应和激励性效应相结合出发,重在激发各类主体积极应对意识和行为动能,而不应演变成为一种消极的集体"撤退令"。同时,考虑到多数经济主体尤其是微观主体往往在获知危机事件后不知所措,有必要为其提供危机事件解析、本国政策解读、经济主体应对方略等方面的咨询服务,从而也有利于各类经济主体更为精准地领会和贯彻本国政府应对外部危机传导的一系列政策组合,在预防、延缓与化解外部危机传导过程中,实现各方行为的高度协同性,并取得更为广泛而又显著的应对成效。

9.1.2　加强国内宏观经济运行和产业安全的监测调控

外部危机事件发生后,究竟会不会对本国宏观经济运行和产业发展产生传导效应,以及会形成多大程度的传导冲击,不仅取决于外部危机事件的严重性和原发性冲击的强度,也取决于本国经济运行的状态及其抵御外部冲击的免疫能力。从这一角度看,无论是出于对外部危机传导效应更为准确的预警,还是为了更加有效地施行预防、延缓与化解外部危机冲击的政策措施,都必须基于对本国宏观经济运行和产业发展真实状况的全面认识。

1) 突出危机传导领域的运行监测

国内宏观经济运行的动态监测实质上就是对国民经济机体进行常态性体检,旨在通过监督、测量、分析、评估宏观经济运行的实践,获取相关基础信息。在此基础上,正确估计当前宏观经济运行态势,预测未来一段时期的发展趋势,测度宏观经济运行、管理目标、政策之间的吻合度,以便针对外部危机的传导效应做出更加科学、有效的宏观防控决策。通常情况下,国内宏观经济运行的动态监测范围和内容主要包括：① 增长速度和结构变动,如 GDP 增长率,主要产品生产和服务提供的增长率,投资和消费的比例,第一、二、三产业的比例;产业结构、投资结构、分配结构、就业结构和消费结构的动态等。② 社会总供给变动,如主要工农业产品的产量、外贸进口总额和主要产品进口量等。③ 社会总需求变动,如投资总额、消费总额、出口总额和主要产品出口量;银行贷款规模、货币发行总量、财政支出总量、职工工资总额等。④ 市场行情和社会总供求平衡状况,如商品零售价格、居民消费价格、生产资料价格、房地产价格、股票市场价格及市场汇率、利率等;还有一些反映国计民生的重要生产资料、消费品库存量,以及财政、信贷、外汇变动及其平衡状况等。⑤ 国民经济效益变动,如工业企业产品销售率、资金利税率、劳动生产率、成本利润率、流动资金周转率、产能利用率等。

鉴于外部危机向国内传导主要通过进出口贸易、国际资本流动、汇率波动、金融市场震荡、心理预期调整等渠道,在外部危机事件发生后,除了进行宏观经济运行的常态性监测外,还需对可能成为外部危机传导的上述领域实施重点监测。具体包括:① 与危机发生国之间的贸易依存度、规模、结构状况。与危机发生国的出口贸易依存度越高、出口贸易规模越大、出口产品档次越低下,外部危机向本国传导的概率越高。这表现在危机发生国需求的急剧萎缩使本国出口规模锐减,导致本国产能利用率下降,引发结构性产能过剩和产品过剩。② 吸收利用危机发生国对外投资的总体规模及其产业分布情况。投资国为了拯救自身的危机,受其政府政策导向、行业协会的组织协调和母公司决策调整的影响,前期的海外投资就会自东道国撤出回流。可见,当来自于危机发生国的外资利用规模较大,且外资投入产业领域较为集中时,外资的快速回流可能引致东道国相关产业的萎缩和产业链关系的破坏。③ 股票、债券等各类金融市场交易行情变动状况。危机的发生直接造成所在国的各类金融市场呈现出近似自由落体式的暴跌行情,并会很快引发他国金融市场的联动反应,金融市场功能的弱化或丧失导致虚拟经济的萧条,并进一步演变为实体经济的衰退。④ 制造业采购经理指数(PMI)、企业景气指数和企业家信心指数变化。受历史阴影的影响,危机造成的市场需求快速萎缩大大挫伤了企业发展的信心,悲观预期逐步占据企业决策主导,企业行为的非理性化、短期化、投机化表现得较为突出,创新、投资、扩张意愿明显减弱,PMI、企业景气指数和企业家信心指数也将出现下跌趋势,表明危机冲击效应开始蔓延扩散,产业发展的活力和能量滑落至消退期。

2）注重国内产业发展的安全性监测

在产业链日益国际化和国际竞争高度白热化的当今,一国产业能否保持强盛的生存能力和持续发展能力,并且能否确保自有资本对本国核心产业、主导产业的有效控制,事关该国产业发展的安全问题。既有的理论研究与实践发展均已表明,影响一国产业安全的因素较为广泛繁杂。其中,既涉及一国资源禀赋状况、市场需求条件、市场竞争结构、产业政策倾向、外资监管制度、跨国公司的垄断优势等产业外部环境因素,也包括国内产业集中度、产业内部制度结构、产业技术条件、产业管理效率、本土企业控制能力等产业内在因素。

在外部危机背景下,一国产业的安全性主要表现为本国产业足以抵御外部经济波动与衰退的传导风险,能够主要依赖自身力量获得继续发展的机会与空间。从这一意义上说,国内产业发展的安全性既是评估外部危机传导效应所要引入的关键变量之一,也是有效防控和缓解外部危机冲击的重要基础。由于外部危机引发的市场需求快速大幅萎缩,全球贸易增长明显下降,各方对全球市场份额的争夺将更趋激烈,国内产业发展的内外环境出现恶化,出口依赖程度较高的产业表现得尤为突出,产业安全问题由此进一步凸显。就我国国内传统产业而言,经过前期的快速扩张,大多数已出现产能过剩,国内要素价格的上升造成产业固有优势不断弱化,外部危机引发的供需结构严重失衡导致国内产业发展的外部空间进一步受到抑制。而且,为转嫁危机风险,国外产业还会凭借其拥有雄厚的资金、先进的技术等先发优势,甚至伺机采取倾销等不公平贸易手段挤入我国市场,对国内传统产业安全构成了明显威胁。而对于国内新兴幼稚产业来说,大多处于发展初期且受条件所限,支撑其发展的资本、技术、管理都需要一个较长时期的累积过程。特别是新兴产业的产业链几乎都为发达国家所主导,核心部件和关键技术都受制于他国或在我国的外资企业(这一现象实际上也并非局限于新兴产业之中[①]),已有的核心竞争优势尚未生成,抗御风险能力极为薄弱,而且还时常会遭遇到国外贸易政策法规的肆意制裁(如我国光伏产业遭遇欧美国家"双反"调查等),以及面临由外资突发性撤离(含正常与非正常撤离)后留下的技术缺口、资本缺口、管理缺口、产业链环节缺位等系列风险,产业安全问题同样显得十分突出。因此,需将传统产业安全监测的重点放在要素价格上升、市场需求萎缩、业内过度竞争、产能与产品过剩及国外产品进口所产生的挤兑损害方面,将新兴产业的安全监测重点放在产业集中度及本土企业的控制能力、外部市场的遏制行为等方面。一旦发现国内产业存有安全问题,应通过及时出台"对冲性"政策措施和制度规范的调整予以控制纠正。

---

① 参见后面"防止外贸较大规模集中撤离"的相关分析。

9.1.3 构筑防止危机传导效应急剧扩散的控制系统

经济全球化和各国开放型经济的不断深化使危机的国际传导成为必然之势,虽然完全隔离外部危机的传导效应几乎是一个无法实现的目标,但也并非意味着只能任其演进。非危机发生国仍然可以在过滤危机传导效应及防止危机传导效应快速扩散方面有所作为,从而达到缓解危机传导冲击、减轻危机对国内经济秩序与产业发展损害的目的。根据前面关于危机传导渠道的分析归纳,一国可以据此构筑防止外部危机传导效应急剧扩散的控制系统。

1) 遏制危机后悲观预期反应的急速放大

由于危机爆发的突然性和历史阴影,再加上危机发生国经济紊乱衰退的现实情境,以及外部危机传导后本国经济放缓、产业损害的种种迹象,各种市场主体的恐惧、悲观心理渐渐形成并逐步加强。客观地说,这基本上还属于一种正常的主体心理预期反应,但如果其中渗入了市场主体的一些妄加猜测,或者是脱离了经济发展内在规律的无据推断和盲目预期等,就会引发过度恐惧和悲观的心理预期,从而加剧市场主体的非理性决策与行为。此时,就需要由相关机构和舆论平台对外部危机的生成及其影响进行系统诠释,对市场主体的行为选择做出倾向理性的引导。政府部门也应及时规划针对外部危机传导的防控措施和国内经济刺激方案,以调整市场主体的心理状态和预期,扭转其悲观消极的情绪,提振其长期发展的信心。同时,在行业协会的协调下,广泛发动和积极组织国有大型企业、各行业龙头企业、骨干企业联合应对外部危机的冲击效应,为其他企业确立科学、理性的心理预期和行为决策发挥示范作用。

2) 控制外部产品过度挤占国内市场需求

无论是危机发生国还是受危机传导影响的国家,危机时期的首要目标是控制危机效应蔓延、转嫁危机风险与损害。因此,在限制外来产品进入国内市场的同时,千方百计进行海外市场的渗透、缓解产能过剩与产品过剩成了各国共同的阶段性战略取向。众所周知,我国历经了连续大规模投资驱动发展之后,结构性产能过剩现象逐渐突出,诸多产业部门的出口依赖程度较高,危机时期将会面临出口受阻和进口挤兑的双重压力,导致总需求与总供给之间的失衡进一步加剧。为控制和缓解外部危机冲击效应的放大传导,有必要对进口贸易实施分类调节与控制,除了对具有战略意义的资源性产品、高新技术产品、高端装备产品给予适度的市场准入机会外,严格控制其他类别产品进口的总体规模与增速,尤其是对国内市场已显产能过剩的产品进口需加以更为严厉的限制,从而有助于缓释危机冲击传导时期国内产业发展的重压。

3) 防止外资较大规模集中撤离

在生产国际化时代,外资产业构成了东道国产业体系中不可分割的一部分,也是该国参与全球价值链分工体系的重要载体和桥梁。但在东道国投资环境变迁、危机后母国自救行动要求和"再工业化""制造业回归"战略牵引之下,各方外资纷纷撤回母国(包括正常与非正常撤离),对东道国产业体系的完整性、安全性、协调性及参与国际分工的能力产生一定程度的负面影响。尤其对外资利用规模较大且产业集中度较高的东道国而言,这种影响就会更为显著和广泛。我国是外资利用的大国,连续多年的大规模外资利用使得外资实际上已经获得了对国内一些产业及其市场的控制力。由中国并购研究中心编纂的《中国产业地图》一书认为,除电力、军工等极少数国家核心产业部门外,中国每个已开放产业部门的前5位企业都为外资所控制。在中国28个主要产业部门中,外资已在其中的21个产业拥有多数的资产控制权,诸如啤酒、碳酸饮料、日用化妆品等产业部门中,外资的股权控制度和市场控制力已达到90%以上。汽车产业部门中的外资股权占比虽然还未超过50%,但从研发、技术、品牌等方面观察,外资实际控制力均已高达60%~70%;如果从外资品牌销售占比来看,外资的市场控制力也已超过了90%。可见,为控制外资撤离对我国产业体系及产业发展带来的风险,避免外资集中性、突发性的非正常群体撤离行为,也就成为危机时期外资管理的重要内容。这就需要进一步完善国内相关立法或行政规制,在外资利润汇兑、项目撤离等方面设置一定的金额、比例、期限等门槛约束。同时,更应加强外部危机传导期间对外资企业行为的分类预警监管,增加对拟撤离外资的动因构成、财务状况、实施程序等方面的审查,强化政策激励导向和长期利益保障。要按照产业结构调整升级的战略目标与规划,通过构建投资转移补偿机制鼓励拟正常撤离的外资进行产业间转移,即转向国家重点支持发展的新兴产业领域。

4) 保持金融市场和人民币汇率的相对稳定

外部危机发生后的传导效应严重影响了国内市场主体的履约能力,企业经营状况的恶化使银行存款规模大大缩减,实体经济的萎缩对金融服务的需求也随之大幅下降。股票市场连续暴跌、哀声一片,各类主体的资产受损严重、失血明显。资金流断链导致金融业自身循环系统遭到破坏,流动性不断降低,融资功能衰弱,金融业和金融市场规模不断"瘦身",金融市场的系统性风险快速上升。在汇率市场方面,危机发生国加快其货币贬值进程,在导致我国外汇储备资产大幅缩水的同时,进一步加大了人民币升值的压力,再度弱化了出口产品的价格优势,从而使我国外贸出口发展雪上加霜。因此,在外部危机传导期间,加大金融监管力度,努力保持我国金融市场和人民币汇率的相对稳定是防范危机传导效应快速扩散的需要,更是我国宏观经济运行和产业发展尽快化解风险、走出困局的关键之一。

客观地说,美国金融危机的发生对全球金融监管部门带来的影响是极其深远的。其中值得人们加以重点反思的是,当金融监管主要立足于微观层面或单一行业领域时,面对由经济危机或其传导之后滋生的系统风险,如何防范化解就会显得心有余而力不足。可见,外部危机传导期间的金融监管更要予以强调并突出契合宏观经济环境,促进金融监管与宏观经济政策之间的协同配合。同时,加强金融监管过程中区域多边和双边之间、国内金融监管体系下监管当局之间、监管当局与金融机构之间的有效沟通和通力合作,实现信息互享、政策联动,共同遏制和化解金融风险的不断蔓延。针对外部危机的传导效应,着眼于宽松政策主基调,金融监管政策措施选择可包括降低存贷利率水平和银行法定准备金比例;增加票据贴现业务;扩大货币供给数量,以提升流动性水平和信贷规模;刺激投资和消费需求总量的扩张。不过,还必须注意相关刺激性措施的实施边界及其效应监测,以达到"矫枉"但不"过正"的目标。尤其是要强化货币信贷支持项目的系统评估,重点支持战略性新兴产业、主导产业成长,区域产业协调发展及相对滞后的基础设施建设,谨防政策刺激过度、偏离而引发新一轮的产能过剩或资产泡沫等现象重生。在保持人民币汇率稳定方面,除了加快改革完善汇率形成机制及调整汇率形成基础之外,还需重点加强对外部危机传导期间的国际收支、外汇市场的监测和调控,适时调节外汇供求关系。如果外部危机传导下的人民币汇率波动幅度过大,而市场这只无形之手在短期内已无法使其回归,也可以采用包括特殊汇率形成机制在内的超常干预政策,比如通过临时施行行政、法律等强行手段迫使本币贬值以对冲国外货币贬值的负面效应。

9.1.4 加强贸易磋商和对贸易保护主义的重点反制

伴随着危机的爆发及其效应的传导扩散,各国必将竞相采取一系列刺激性政策,以推进国内市场的重振。同时,为了防止危机后续风险的困扰,各国对外经贸领域也加大了干预力度,在经济复苏旗号的掩护下,各种贸易调整措施相继推出,对进出口贸易这一重点领域所施加的限制也显得更加明显和苛刻,引发的各种贸易纷争与制裁此起彼伏。反倾销、反补贴、保障措施、特殊保障措施、技术壁垒、绿色壁垒等频繁亮相,有时还混合并用,使危机后的贸易保护程度重新回到上升态势。根据 WTO 秘书处的统计,2007 年,反倾销、反补贴、保障措施、特殊保障措施(即"两反两保")四项调查发起总数仅为

84 起,2008 年则快速上升至 118 起,同比增长了 40%。此外,为 WTO/TBT 委员会特别关注的议题数量在 2008 年出现了显著的增长并创下了新的纪录,达到了近 60 项。其中,列入当年特别关注的新增议题就达到了 30 多项,导致新一轮贸易保护主义再次凸显。

WTO 的统计还显示,中国已连续 15 年成为遭受反倾销和反补贴调查最多的成员。英国经济政策研究中心下设的全球贸易预警处也在 2009 年 12 月 15 日发布的报告中指出,中国已成为全球最大的贸易保护主义受害国。由国家质检总局组织的"国外技术性贸易措施对中国出口企业影响"的问卷调查显示,2009 年有 34.3% 的出口企业受到国外技术性贸易措施的影响,造成该年度出口贸易直接损失 574.32 亿美元,占同期出口总额的 4.78%,损失额度及其占比分别比 2008 年增加 68.9 亿美元和 1.24%,并且还导致出口企业新增成本 246.25 亿美元,与 2008 年相比增加了 5.53 亿美元。2010 年和 2012 年分别有 31.74% 和 23.9% 的出口企业遭遇国外技术性贸易壁垒,导致其出口贸易直接损失额分别为 582.41 亿美元和 685 亿美元,引致企业新增成本则分别达到了 243.91 亿美元和 280.2 亿美元。可见,在危机之后的贸易保护主义再次盛行之下,中国制造产业的发展处于国外一系列政策法规"新政"的空前重压之下。

为此,应该不断加强对当今国际经贸惯例和主要目标市场国贸易政策法规演变势态的研究,尤其要及时把握危机时期主要贸易伙伴国的重大行为决策导向。不断深化对外贸易磋商的范围与内容,强化国际竞争政策博弈,积极争取欧美等发达经济体及早对中国市场经济地位的认可。充分利用 WTO 现行多边贸易规则,敢于将贸易保护主义行为诉诸 WTO 争端解决机构。完善政府、协会、企业联合反应机制,积极应诉国外贸易救济调查,活用规则、规范程序,据理力争。对于危机发生国及经常扮演贸易保护主义示范角色和对华滥用贸易保护手段的少数国家要集中力量加以重点预警和磋商。不仅要通过国际舆论、多边体制公开揭露其贸易保护的"合法"外衣,而且要及时进行反制的实际行动,言行并重,加大贸易保护主义者的决策和运行风险,以扭转长期以来遭受欺凌挨打的被动局面。如果一味地继续忍让示弱,甚至不顾一切地过度背负"大国责任"这一包袱,势必会进一步助长国外贸易保护主义者的嚣张气焰。

同时,在目前 WTO 自由化进程踯躅不前,且全面遏制贸易保护主义尚无"快速特效药"的情况下,积极推进多层次、多形式的双边及多边经贸合作不失为抗衡贸易保护主义的可行途径。总体上看,我国 FTA 建设的启动与进程都显得相对滞后、范围较为狭窄,多数还仅限于双边合作框架,单个规模较小、层次也较单一,区域化合作的力度和深度尚待进一步加大。可以依托现有区域性组织的对外示范效应及窗口纽带作用,在贸易、投资、技术等领域广泛吸纳存有共同利益的合作伙伴,综合运用政治、外交、经贸、文化等对外交流渠道,推进一体化框架的双边或多边磋商。融增加成员数量、扩展区域范围、拓宽合作领域、丰富组织形式于一体,构建起一个多方位、多层次、多形态的对外区域合作体系,增强外部市场的相对稳定性和抗衡贸易保护主义的博弈能力。

9.1.5 适时推行政府投资与税收减免政策以保持经济活力

实践表明,无论由何种导火索引发的危机性事件,由于悲观预期和投资报酬率的下降,最终都会表现出投资信心严重不足、私人投资量萎缩低迷等特征。20 世纪 30 年代大危机爆发之后,各国加强政府投资的实践对拯救经济起到了较为显著的作用。尽管也有学者在 2008 年危机爆发之后认为,20 世纪 30 年代大危机突出地表现为由信息不畅和商业贸易不发达所导致的生产过剩,而当今世界已经进入了网络化、信息化时代,完全实现了各方之间信息沟通的便捷高效,很难再现生产过剩这一现象。持该种观点的学者进一步推论认为,由于危机的性质和类型不同,政府投资并非可以成为解救任何危机的良方妙策。但从 2008 年危机后各国的救助政策实践及其成效来看,加强政府投资依然是解救危机的主要手段之一。可见,为防止危机传导效应扩散并尽可能化解危机困境,政府必须及时登台扮演"重大投资者"的角色。一方面,在实施积极财政政策的框架下加大政府的投资力度,特别是通过加强"补缺型""改善型"的基础设施项目建设投资,既可以进一步推动民生福利水平的提高,让广大民众广泛分享改革、开发、发展的成果;也可以大力改善产业发展环境,加大对战略性新型产业、主导产业及现代服务产业等领域的政府投资,利用危机传导期间的市场格局重构,推进国内产业结构的转型。另一方面,通过政府投资行为的示范,引导带动民营企业、外资企业等市场主体的投资活动,重新唤起全社会的投资信心,激发各类私人投资的跟随行动,形成私人投资与政府投资的相互配合、合力共振,扩大全社会的有效需求规模。

同时也应该看到,本轮经济危机之所以对我国经济与产业发展造成了严重的冲击,其中不乏我国企业负担长期较高的内因。内、外部影响的叠加效应使得国内产业和企业的竞争力出现明显下滑,投资热情大幅回落。为实现对外部危机传导期间国内私人投资活动更为有效的刺激,政府还应实施扶持性、激励性的税收优惠政策。在以减负为核心内容的税收政策实践中,政府利益的让渡使得国内经济主体的获利空间实现了一定程度的放大,价格竞争优势也获得了一定的支撑空间,可令外部危机传导下的国内经济主体所面临的生存发展困境有所缓解。而更为重要的是税收减免政策下私人投资的获益预期和内在动力也将得到重塑,有利于投资需求的形成。此外,税负降低还可从外部环境和资金筹措等方面激发国内经济主体的创新欲望与动能,扩大各类主体的创新研发投入规模,从而有助于研发成果的快速生成、转化、应用和新产品的开发,有利于国内经济主体加快培育和形成新的成长支点,缓解外部危机传导下生产经营规模和市场份额缩减的危害,为日后把握新一轮发展机遇、尽早走出危机阴霾奠定基础。

9.1.6　注重激发内需以加快经济增长着力点的转变

在全球经济日益开放自由的条件下,外部市场成为影响一国经济增长和产业发展的重要变量。尤其当一国固有的市场规模较为狭小或由于内力、外力作用后变得较为狭小时,经济增长和产业发展的空间受到明显抑制,由此酿成的各种风险也将更为突出。若从这一意义上去理解,则外部市场更具有典型的"双刃剑"效应,一旦外部市场产生剧烈波动,国内市场、产业及经济总体的运行都将随之大幅震荡。各种危机事件引发的外需急剧萎靡的事实已经多次正告世人,长期且过多地依赖外部市场的拉动作用也会使一国经济增长和产业发展累积越来越多的潜在风险,并在危机发生或传导期间得以集中爆发。

随着全球产业结构、消费模式调整的深入和各国对外贸易比较优势构成基础的变迁,外贸出口对我国经济增长的引擎作用越来越受制于目标市场国的恶意封杀和替代国的有力竞争,经济增长的主要着力点有待于转移至内需的进一步激发上。特别是在外部危机传导期间,内外市场都呈现出急剧萎缩之势,此时,应充分利用人口大国的优势和庞大的市场需求潜力,通过加大内需刺激力度,挖掘内需增长潜力,扩大内部市场容量,以增强内需对经济增长的贡献和稳定作用,降低对外部市场的依赖程度,提高经济运行过程中的自我调节能力和对外部风险的防控能力,增强自身经济发展的持续动力,保持经济长期平稳较快发展。为此,应继续推进我国现行分配制度改革的深化,完善收入增长、收入调节和社会保障机制;切实减轻居民在住房、教育、卫生医疗、养老等方面的经济压力,提高对低收入群体的保障水平,增强居民可支付能力;改善居民收入增长及其理性消费预期,促进居民消费观念和消费文化的转变,以政策杠杆和意识理念的双重引导来推动消费倾向及消费需求收入弹性的上升。尤其是要加快推进农业现代化、农村城镇化及社会公共福利事业的发展,增加政府部门向农村、农民提供公共产品的广度和力度;加大农业科技创新投入及创新成果的注入、普及推广和农业生产组织创新,大力促进农业规模化、集约化经营模式的探索与实践,完善农产品和农业生产资料价格体系,降低农业生产成本,提高农民的增收幅度;加大农民的消费教育,增强农民消费信心,改善农民消费结构,激发农村消费市场潜力,从而为扩大我国内需规模真正打开广阔的空间。

9.2　增强产业协调与风险抵御能力

9.2.1　强化行业协会在内部联合预警方面的积极作用

受计划经济下依赖惯性的影响,以及市场经济中短期利益目标和单个主体的资源条件所限,企业缺乏收集分析信息的主动意识,对信息化决策管理投入不够重视,采集信息的渠道和范围往往较为狭隘,对所获信息进行筛选、判别的能力也较为薄弱,对整个行业发展的总体把握与研判预计能力则更显有限。由于各类市场信息的缺失,行业、企业的相关决策带有一定的盲目性,因此,市场运行中常常呈现出企业生产经营紊乱且产业发展无序的现象,为日后的产业内部和产业之间关系失调甚至是产业危机埋下了隐患。我国经济发展中反复出现的产能过剩问题就是其中极为典型的写照,尤其在国际化生产和贸易自由化倾向日益加强的背景下,国际投资和国际贸易等活动对国内行业发展产生了更为广泛和复杂的影响,产业发展预警的重要性不言而喻。无论是处于正常运行轨道的产业发展所需,还是外部危机传导期间的产业损害防范与缓解所需,实现产业内部的联合预警、信息共享是产业及其企业良性发展的重要前提。

如前所述,尽管政府也具有获取市场信息并为企业提供预警服务的职能,但对国内产业及其企业而言还仅仅是一种外部预警服务,且政府层面的预警更多着眼于宏观经济整体及其管理者角色,并非可以完全替代产业内部的预警功能。因此,要广泛借鉴美、德、日等市场经济发达国家的行业协会管理模式,推进行业协会与政府之间的平等合作伙伴关系建设,加快建立健全行业内部的企业会员制度,真正赋予行业协会在市场经济中"上通下达"的功能,以及对行业内众多企业进行组织协调的"权威性"地位,充分发挥各类行业协会的能动性,强化对行业内各企业的组织、协调、预警等各项服务。从预警内容来看,产业内部的预警可以分为产业正常运行状态监测和特定情形下的产业损害监测2个层面,产业正常运行的预警内容可包括产业内部结构特征、企业数量与投入产出总体规模、存货数量、产能利用效率、市场类型与供求关系、资本流动和进出口贸易等经济指标的变动状况;而产业损害预警侧重于由国内外重大政策出台、经济危机爆发等突发性事件影响下的产业损害状况,监测的内容和指标主要包括所面临的国内外市场需求总量萎缩,出口贸易增长受阻,国外资本开始出逃,全行业产能利用效率下降,库存规模增加,失业率上升,产品价格上涨抑制,平均开工率和利润率下降等方面呈现出来的速度与幅度。在外部危机传导期间,通过对全行业产业损害的出现及其演变加以内部的实时预警,可为产业调整政策策略的选择提供更为精准的依据,也可以避免在政府单一预警时可能出现的脱离市场运行和产业发展实际的调控实践。而且,基于政府和产业 2 个层面预警下的信息共享,有利于政府、行业、企业在应对外部危机传导效应方面形成更加有力、有效、协同的合力行动。

9.2.2 不断加强对产业联盟和产业链的监控与管理

产业联盟是介于企业和市场之间的一种资源配置手段,它不仅可以节省公开市场下的交易费用,也可以减少企业的组织费用,且通过企业之间的联合能在某一领域形成强大的内部合力和外部影响。随着国际分工的日益深化、"外包"的迅速出现,国际竞争的形式与格局不断演进,无论是企业之间的竞争还是区域之间的竞争,都越来越趋向于产业链这一竞争形式。产业链属于一个涉及政府、产业、企业、空间等多维主体,多个层面的产业活动组织范畴,是由产业活动分工、产业活动组织模式及空间上的产业构成相互融合、相互交织的分工与协调形式。产业链的竞争力明显有别于局限在一个特定国家产业部门内的产业竞争力,它所反映的是国际化生产条件下由跨越多国界限的整个产业链组成的综合竞争能力。

相对于企业对外开展并购或通过市场机制推进手段来整合产业链的模式而言,产业链联盟能以较低的风险实现较大范围的资源调配,避免了兼并收购中成本高、耗时长、风险大的交易和整合过程;其较之与市场自发形成的产业链关系也更为牢固,故成为企业优势互补、扩展发展空间、提高产业链竞争力、实现超常发展的首选策略。从这一意义上看,若一国欲在某一产业链上打造并保持一定的竞争优势,既要在全球范围内能够择取富有效率的产业链各个环节并加以有效地系统整合,还要借助产业链联盟这一组织形式,促进产业链各个环节之间的紧密衔接,要努力使其内在的上下游网络关系得到长期固化,并进一步打造出具有较强、稳定竞争力的产业链。否则,有可能因某一或某些国家政策的重大调整、市场剧烈波动、经济危机等事件发生,致使某一产业链环节突然退出或遭到破坏而原有产业链肢解,形成产业链的"缺链"现象,影响整个产业链系统的正常运行。尤其在经济危机爆发或被传导后,市场环境的颠覆性变化及未来预期的悲观性取向都会导致企业生产经营状况与决策的改变。有的企业因投资报酬率下降而收缩规模,有的企业则因难以为继而完全退出,从而对原有的产业链系统构成了重创。由此可见,国内企业应加强合作发展意识和产业链客户关系管理,建立健全企业所在产业链的客户信息库,及时把握产业链各环节相关企业的营运状况。根据企业自身的资源禀赋条件及其发展战略目标定位,并基于业务往来企业的核心业务及其竞争能力、经济结构变化引发的产业共性问题(诸如技术研发开展、技术标准制定、产业配套实现等)、企业资信与伦理道德水准等,有选择地加入外部核心企业主导的产业链;或有选择地吸纳外部产业链环节,通过明示的战略联盟协议方式或以其他可为各方接受的方式推进产业链内企业联盟合作关系和协调机构的构建。这样既有利于依托产业链整体来提升自身在生产经营活动中的竞争能力,也有助于在外部发生危机且传导逐步扩散的过程中形成应对外部挑战和风险的共同防御体。借助产业链内部各企业、各环节的共同行动和合力自救,抵御或减缓外部危机传导冲击下的产业衰退进程。

从产业链形成的实践来看,产业链大体可以分为2种情形:一是通过市场机制较长时期的自发作用推进,二是通过有意识的股权并购、分拆和战略联盟的合作安排。二者的作用路径既可以是相互独立的,也可以是交叉互动的。相对而言,基于前者形成的产业链关系较为松散,而由后者形成的产业链关系更趋于稳定。不过,如果市场突然发生剧烈波动,无论由何种途径形成的产业链系统,都有可能遭到冲击和破坏,轻则导致产业链系统运行规模萎缩、速度减缓;重则出现产业链的断链现象或系统运行的全面瘫痪。此时,需要对该产业链系统进行及时的纠错纠偏、补链续环等调整工作,以保持产业链环节的完整性、产业链关系的网络化和产业链系统运行秩序的正常化。

在外部发生危机之后,危机效应会沿着全球产业链关系开始向他国传导扩散。如果危机发生国居于全球产业链的核心环节或末端环节,由于其市场需求和生产供给的双双急速萎缩,经产业链上下游关联传导后会引发全球产业链系统的规模锐减。期间,其他的产业链环节(或许是一个,或许是多个)若未能经受住危机的传导冲击,一旦选择撤出就会导致整个产业链断链。纵然危机发生国并非拥有核心产业链环节,危机效应同样也会祸及产业链系统的正常运行。就此而言,从当今较为普遍的全球产业链系统来看,无论一国产业处于其中的哪一环节,也不管其位居核心环节还是边缘环节,都需要注重对产业链系统运行环境与过程的监测分析,以便在危机发生及其传导下的产业链系统出现运行障碍时,能够及时做出应对方案的决策,通过自身环节的调整或与外部环节的协调来维系产业链系统的继续运行。即便调整和协调之后的产业链系统依然难以为继,至少也可以实现对产业链萎缩、断链等风险的早期控制,防止自身产业损害的快速扩大。

9.2.3　注重国内外资源的动态整合

现代科技的快速发展和贸易投资自由化的多边体制演进推动了国际分工的日益深化,精细分工背景下的产业链环节越来越趋向繁杂,产业链也不断跨越国界向纵深延伸。与此相关的市场分布、主体构成、资源禀赋、空间布局等都呈现出十分显著的全球化特性,影响一国产业发展水平和竞争能力的因素也愈加多元化、多样化。尽管前期相关理论研究已经表明,开放经济条件下各国产业、企业都可以对"2 种资源"加以充分选择利用,在全球范围内进行资源的合理有效配置,跟进全球产业领导者的前行步伐,从而达到加快产业发展、转型、升级进程,培育新的竞争优势,提升产业竞争力的目的。但受一定时期内全球资源总量有限的约束,加上资源流动及其配置使用过程中存在着由国别政策、企业决策、同业竞争等因素构成的外部环境制约,现实中对于"2 种资源"的利用仅能达到有限的充分性,而非完全的充分性。尤其在危机爆发及其传导冲击之下,围绕缓解危机而展开的资源争夺更趋激烈。因此,只有某一产业部门所能支配的国内外资源状况(含国内外相关企业可提供的配套支持系统)及其可以实现的整合效率才会在很大程度上决定该产业的生存发展空间与能力,并对产业的转型升级进程产生重大影响。

30 多年来的改革开放实践表明,我国通过对外贸易、引进外资等渠道开展"2 种资源"的利用取得了令人瞩目的成就,但外部市场和外资的主导性作用较为凸显,外部资源的利用总体上呈现出较多的被动性和狭隘性。近年来,我国进一步推出了"走出去"的战略,旨在借助对外投资和国际外包业务等活动,更加主动地获取全球资源有效配置的机会。值得注意的是,国际市场和资源流动都具有较大的波动性,也存在着诸多变化的市场准入壁垒。对"2 种资源"加以利用和整合既要立足于自身产业或产业链特性与发展目标,也要密切关注外部市场构成、资源禀赋状况、竞争对手策略的动态。在外部危机发生及其传导冲击之下,国际市场的全面萎缩导致各种闲置资源逐步浮现,国内产业特别是传统产业的发展又急需寻求新的支撑点。为此,着眼于长期目标和未来发展,可根据全球产业演变趋势的估测,立足于"优胜劣汰""空间布局合理",以及"可用""适用""有用"的原则,围绕自身产业的高端化发展和先进产业链系统打造,灵活运用并购、参股、联盟、外包等多种形式,有选择地引入研发人才、先进技术、著名品牌等核心优势资源,并加强对国内外资源的配置和整合。通过国外优势资源的嵌入,增强国内产业成长动能,在避免国内产业损害进一步扩大的同时,加快产业和产业链的改造、替代、转型、升级的步伐。

9.2.4　进一步推进产业集聚以提升产业运行效率

国内外学者诸多相关研究显示,地理上高度集中的产业集聚除了促进规模经济、范围经济的形成和节约空间交易成本之外,可以增进组织、主体之间的信息传递和全方位合作,形成利于协调各种组织、各类主体及整合优势资源的网络环境,还可以提升资源获取能力、经营管理协同能力和整体运作效率,增进主体之间的学习创新的激励效应和广泛的品牌效应,推进区域创新的全面深入,达到可持续的集群式创新与发展的良性互动。而且,一国产业集聚所形成的规模优势、网络效应和集成创新大大增强了自身产业链系统的健全性和安全性,也提高了国内相关产业联合抗御外部危机的风险传染能力。随着全球经济结构的不断调整和生产组织方式的日益更新,精细分工条件下的"外包"运作模式得到了极为快速的应用推广,促进产业集聚已成为区域经济发展过程中最为可行和有效的策略选择之一。近年来,产业集群现象不仅在经济发达的欧美国家甚为流行,而且包括中国在内的许多发展中国家也对此产生了极大的关注,并积极尝试以产业集聚政策来培育自身的产业优势和核心竞争力,加快区域经济发展的进程。我国通过设立经济开发区、高新技术开发区、出口加工区、保税区等区域组织形式,广泛利用并整合国内外资本、技术、人力资源和贸易市场等要素,加快了国内产业的集聚进程。一批先进加工制造产业基地、特色产业基地、高新技术产业孵化基地、现代服务产业及服务外包产业基地等相继应运而生。这些产业集聚对我国产业的精细发展和产业链体系的进一步完善,提升区域集成创新能力和产业链整体运作效率,缓解本轮经济危机的破坏性冲击及其产业链传递风险,加快国内产业健康成长发挥了广泛的积极效应。

理论研究与实践发展均已表明,在产业集聚进程中,经济开放程度、对外贸易和外资利用规模、文化的融合性、权力的兼容性等都是实施产业集聚的主要基础。规模经济是驱动产业集聚的重要保障机制,政府政策则是促使产业集聚生成和强化的重要外部力量。为推进产业集聚与区域产业成长及其竞争力提升之间的良性互动,还需进一步提升国民经济内部和外部的整体开放性,从根本上破除由本位主义和地方保护主义滋生的地域边界和行政权力边界束缚,推进国内统一大市场的形成,真正发挥市场在资源流动与配置中的基础作用,以政府政策导向下的市场运作模式促进优势资源的跨区域自由流动与强强联合。进一步优化开放型经济发展的政策组合及其合力效应,强化产业集聚的激励导向,加强区域本土龙头企业的培植及其引力效应的发挥,扩大先进技术成果、关键设备、核心部件及高技术含量外资项目的引进规模。尤其要注重引进项目的跨文化协调管理和国内外各类资源的有效整合,增进产业链环节的系统性、配套性和契合度,提升产业集聚下产业运作的整体效率。完善产业集聚规划及基础设施、保障环境建设,加强产业集聚重点领域及空间布局的规划,按照我国经济发展方式转型的要求,优先并着力推进高新技术产业和低碳类产业的集聚;同时,依据产业链关系科学合理划分功能区块,缩短区块之间衔接的空间距离,控制产业集聚区域内的空间性交易成本。大力鼓励和广泛吸纳社会各方力量和资源的介入,深化产、学、研之间各种形式和内容的联盟合作,为区域产业集聚提供更为广泛的优势资源选择与高级要素支持。加强知识产权保护体系的建设与执法实践,有效维护知识产权权利人的利益,激发各方主体自主研发专利、专有技术成果及创建国际著名品牌与商标的积极性、能动性,也可减少技术外溢效应对产业集聚进程产生的阻碍作用。

9.2.5 以产业创新驱动产业升级

迈入知识经济和信息化时代以来,创新越来越成为经济增长的主导性动力来源,创新驱动发展成为当今国际经济转型发展的重要路径与标志。其中,科技的持续创新带动了产业的不断创新,并催生了一些由现代高新技术成果支撑的新兴产业,为一国加快产业升级进程、保持长期发展动力奠定了基础,从这一角度看,创新产业也是现代科技创新活动的着眼点和落脚点。当然,由于一定时期内市场容量的有限性及产业之间内存的替代性,创新形成的新兴产业也必然会对传统产业的后续发展构成不同程度的挑战和挤压,既有可能带动传统产业的创新发展,也有可能引发传统产业的加速衰退。无论是创新之下的新兴产业诞生,还是传统产业通过再次创新后的活力注入,或是传统产业在内外交困中提前消亡,都可以促使一国产业升级目标的实现。相对而言,由于传统产业领域技术准入门槛较低,创新不足和产能过剩的现象较为突出,发展中的脆弱性较为明显,在外部危机冲击效应的传导期间,产业损害程度往往较高,因此,加强产业创新活动、促进产业升级步伐是预防和减缓外部危机冲击的重要前提与途径。

长期以来,我国经济发展严重依赖要素驱动模式,产业创新动能不够充分,产业升级进程滞缓,抑制了国内产业竞争优势的动态培育。为进一步激发产业创新的内在动力,深化创新体制机制的改革、形成全员创新的文化氛围实乃当务之急。具体地说,加强经济发展政策与科技创新政策之间的沟通和协同,为各类主体的创新活动创造公平的准入机会和竞争环境,并在创新成果的诞生、创新成果的应用转化、创新产品的需求调节、创新投资的回报与利益分配等方面予以更多的政策激励和更为健全的制度安排,在协同创新、集成创新等方面给予更为有力的导向与扶持。坚持创新文化的培育与创新人才的培养与使用并重,大力倡导和弘扬敢于创新、勇于创新、擅于创新的企业家精神与能力,客观、全面、科学评价创新活动的风险与成败,积极推进风险投资的体系建设与实践运用,加强创新风险分担和利益保障,促进全员创新意识的形成,激发其参与创新的动力与活力。此外,还要做好产业创新项目的协调及其实施规划,鼓励产业内部同类企业或关联企业之间的联合创新和集群发展,避免创新活动中的项目雷同与重复投入,提高产业创新的投入产出效率。进一步健全创新成果的快速转化机制和推广应用综合服务平台,缩短高新技术产业化的时滞,加快新兴产业成长和传统产业技术改造进程,提升国内产业发展水平及国际竞争能力,力争步入全球产业链的主导系统和核心环节。

9.3　提升企业的行为调节与市场应变能力

9.3.1　提高企业生产经营行为的理性程度

与传统经济学中关于"经济人"属于"完全理性人"的假设不同,现实中的各类经济主体会受到环境的不确定性和复杂性、信息的不完全性、认识能力的有限性及激烈的外部竞争高压等方面的客观制约,往往表现为"有限理性人"。这一结论已为新制度经济学、行为经济学等相关理论研究加以充分论证。如果考虑经济主体伦理道德水平低下或缺失这一主观因素,那么其行为的有限理性程度就会显得更低。由于经济主体存在非理性的一面,在经济行为方面主要表现为无力独立做出准确判断和决策时的"从众行为";片面认识、偏激认识(如过度乐观或过度悲观)之下的反应不足或反应过度行为;前期教训记忆缺失之下的"重蹈覆辙"行为;寻租动机强烈刺激下的投机冒险行为;盲目预期支配下的过度自信行为等。通常情况下,这些非理性行为或许仅仅诱发市场运行轻微偏离既有轨道,并通过市场内在的调节或政府的外部干预加以纠正。但各类主体非理性行为的长期累积也可能引发市场运行系统的严重破坏,进而演变成为危机产生的诱因之一。更需引起人们重视的是,在危机已经爆发或危机传导效应开始显现的特定情形下,这些非理性行为将被各类经济主体加以不同程度地循环放大。这种带有集合性、急剧性的叠加放大行为甚至可能超越市场与政府的联合调控能力,导致危机及其传导效应快速蔓延,并将呈现轮番加剧之势,企业自身遭遇的危机冲击与损害程度也将进一步快速上升。

为防止外部危机冲击传导效应的急速放大扩散,加强企业生产经营行为的理性约束也是其中一个十分重要的方面。从国际经济实践来看,企业行为的理性程度大多与市场经济的成熟度等外部环境有着较为密切的关联,也深受企业的组织形式、治理结构、经营规模、历史文化等因素的直接影响。为此,需继续着力推进我国改革开放的深化,加强市场经济体制、法规体系的建设与完善,确立企业社会责任制度、生产经营道德规范与评价标准,提升企业生产经营的伦理道德和自律管理水准,增强企业依法、规范、理性经营的良好习惯。健全市场综合环境与运行信息的披露制度与咨询服务平台,对国内外政策法规动态、市场运行状况及经济危机等突发性事件等信息予以及时传递,并对其内容和影响进行客观公正、科学详尽的分析解读。增强企业外部环境的透明度和可认知度,为企业开展生产经营决策提供更加充足的信息资料。加快推进企业尤其是国资企业的改革重组,加强现代企业制度建设,明晰经理层、监事会、董事会、股东会在生产经营决策与管理中各自的职责和协作关系,形成企业内部分层决策的网络支持系统,提升企业最终决策的科学水平。立足于抓大放小,加强行业协会对大型骨干企业生产经营决策及其行为的跟踪、引导和监督,并重点发挥大型骨干企业在全行业内的良好示范效应,带动其他企业更加理性地开展生产经营决策与实践。加强企业文化建设,在促进企业内部凝聚力和外部竞争力提升的同时,强化企业的长远发展和长期价值意识,促进企业稳健决策、有序经营、持续发展战略理念与实践的形成。

9.3.2　注重内外市场兼修以调整企业经营战略重点

随着国际化生产和我国对外开放的逐步深入,"两头在外"的"加工贸易出口导向"模式构成了国内大多数企业生产经营管理的重要内容和主要特征。但由于国内诸多企业的"加工贸易出口导向"战略实践往往还停留在简单加工、拼凑组装的粗放扩张阶段,出口增长的稳定性、开拓性、可持续性明显不足。因国内外环境变化和企业自身生产经营战略定位综合而成的各种矛盾、问题和风险不断累积并逐渐显现,尤其是在本轮危机效应迅速蔓延和强力冲击之下,国外消费需求规模急剧萎缩,出口增长的外部市场引力作用弱化,且危机下的各国贸易保护主义死灰复燃、快速盛行,国内企业的出口增长又受制于目标市场国的各种贸易藩篱,众多中小型企业完全陷入了"加工贸易出口导向"陷阱而无法自救,出现了大幅减产、全面停产、濒临倒闭、宣告破产等潮涌现象。这些惨痛的教训也再次表明,仅以传统要素塑造的数量优势,并且过度和集中依赖于海外市场的"加工贸易出口导向"战略本身就潜藏着高危风险,为此,按照我国经济转型发展的总体目标要求,国内企业也需对其经营战略的重点加以转型调整。

在产品生产方面,国内企业应注重采集并努力跟随国际主流制造技术和产品技术标准的演进态势,加强企业的技术引进、自主(合作)研发、流程改造、工艺更新和新品开发,不断强化企业在标准化生产和产品质量监督方面的系统化管理,提高产品生产中的高新技术注入比重和内涵式制造成分。基于产品生命周期的监测与判断,致力于产品的持续升级,努力从产品内含技术的垄断优势、产品质量的领先优势、技术标准的认证优势等角度来培育企业及其产品竞争力的支撑点和成长点。在市场面向方面,尽管全球化视角下国内外市场的理论界限正在淡化,但实践中繁杂多样的贸易限制措施客观上构成了国内外市场的边界。企业在利用"2个市场"开展"双轮驱动"发展的过程中,需加强国内外市场运行的信息搜集与环境监测,动态兼顾国内外2个市场的经营与拓展,并根据2个市场的走势灵活地调配营销策略与供给规模,促进国内外市场之间的互补。考虑到危机效应传导期间外部市场的大范围萧条和贸易保护主义的泛滥,企业可将市场的重心转移至国内,利用国内一系列市场刺激政策带来的机遇缓解危机冲击,保持企业维系自身生存发展和进行结构调整所必需的市场份额。在发展目标的取向方面,瞄准跨国公司多元化、混合型、国际化的潮流,积极尝试开展对外投资实践,通过并购、合资、合作等方式推动企业纵向一体化和横向一体化经营的前行步伐,基于贸易与投资的互动共进,扩展企业国际化经营的广度和深度。尤其在危机效应传导期间,抓住全球新一轮经济及产业结构调整的契机,在努力稳固既有市场的基础上,择机对外开展资源和市场整合,为企业的后期成长和转型发展积淀要素和市场基础。

9.3.3 加强培育新的竞争优势以开拓企业成长空间

如同国家和产业一样,企业竞争优势的构成也并非一成不变的,不同的成长阶段都会基于不同的竞争优势支撑。企业竞争优势的演进反映了企业生产经营战略的调整和生产经营模式的变迁。无论是企业所面临的市场需求、行业竞争地位、关联企业支持、政府政策调节等外部环境,还是企业所能支配的资源禀赋状况,总是处在不断变化之中,它们构成了影响企业调整竞争优势的重要变量。同时也需看到,经营领域相同或相近的"国际大鳄"通过持续的创新变革保持着全球同业内的领头羊地位,通过竞争效应对业内其他企业竞争优势的调整与重塑构成了外部压力,也发挥了引领示范效果。不断推陈出新既是企业保持发展动力和竞争活力的关键所在,也是由产品生命周期的内在规律所决定的。为此,加强新的竞争优势的培育、实现竞争优势的动态转换理应放在企业成长各个阶段重中之重的位置。

深受我国投资驱动型经济增长模式的影响,大多数国内企业也是主要依靠传统要素的投入规模来打造自身的静态比较优势,从而使企业的成长长期滞留于较为低端狭隘的空间。培育企业新的竞争优势需从传统要素依赖型的成长模式中走出来。基于当今国际竞争焦点的新变化,各国企业围绕高新技术研发与应用已经开启了新一轮的国际市场争夺战。国内企业应着眼于所处价值链环节的重构,充分利用外部危机事件引发的全球经济调整契机,注重先进技术、适用技术、关键设备的选择引进与自主研发;加强技术、资本(包括人力资本)要素对简单劳动要素的替代及新产品的开发设计;紧扣低碳经济和绿色消费的时代发展主旋律,积极推进低端高耗要素和低档滞销产品的淘汰步伐,提高规模化生产效率和新产品的推出频率。大力改善企业资源禀赋构成和产品结构,化解各类成本上涨压力,增强产品的市场渗透能力与拓展能力,促进比较优势的升级及其向竞争优势的转变。紧随信息化时代的发展要求和技术演变趋势,推进企业信息化、网络化系统的改造应用。不断创新企业加工制造过程工作原理与程序的科学设计,加大生产流程、生产工艺的革新力度。努力构建企业的柔性制造系统、计算机集成制造系统等,加快从传统的半机械化、机械化生产向现代自动化、数字化、智能化加工制造的跨越,促进企业加工制造模式的变革,提高产品加工制造的精准度和敏捷度,赢得更为广泛的客户需求,力求在激烈的全球市场竞争中获取先发优势。积极推进企业自主、特色品牌建设,加大产品的品牌营销力度,抓住外部危机带来的全球市场调整重组机遇,整合并延展国内外市场营销渠道,加快建立面向国内外市场的企业现代营销网络体系,实现企业新建优势的递延转换,即将企业重塑的现代资源禀赋优势转换成企业的产品加工制造优势,并进一步转变为市场的竞争优势,打开企业新的成长空间。

9.3.4　提升企业的标准竞争能力

伴随着国际化、全球化的日益推进,国际竞争焦点逐步转向了对标准主导权的争夺,技术专利化、专利标准化、标准全球化表现为时代发展的主流趋势之一。标准主导国际竞争的时代已经开启,各国日渐加强的标准化行动使国际化生产经营领域的标准约束越来越趋向广泛深入。国际贸易领域的标准准入措施更加多样、约束程度日益苛刻、限制次数更趋频繁,标准成为国际市场的主要调节变量之一,也是有效衔接全球产业链环节的重要载体。由标准主导国际经贸运行秩序的新全球主义正在逐步显现,标准的争夺被视为国际竞争的战略制高点。尤其在外部危机发生之后,标准这一更具有合法外衣、合理成分和中性特征的市场准入措施更为盛行,成为危机效应扩散期间和后危机时期新贸易保护主义的惯用手段。

　　受国内企业技术发展水平和竞争理念滞后的影响等,国内外企业在标准化起步、基础、能力、水平方面都存在着较为明显的差距。诸如国内企业在施行有毒有害物质限量、绿色包装及材料,以及认证、标签和标志管理等方面都还落后于发达国家企业,也滞后于主要目标市场国的标准要求,致使国内企业产品出口愈加频繁地掉入国外标准陷阱之中,甚至遭遇国外标准的直接封杀。对于那些意识与行动更加滞后的"标准化薄弱型"①企业而言,它们所面临的国外标准压力和市场准入限制境况则更加堪忧。加强标准化建设是国内企业参与国际化生产、缓解贸易保护主义压力及提升国际竞争力的当务之急。为此,国内企业应强化主动参与国际标准竞争的理念,将标准化行动纳入企业发展的长期战略框架之中,并作为企业竞争战略的核心与重点加以全面实施。健全企业内部标准化管理体系、机构设置及其制度约束,依托高等院校、科研院所、职能机构及业内大型骨干企业开设的专业系统教育、信息咨询服务、职业专项训练等多种途径与形式。要加强标准研制设计和标准化管理领域的专职人才培养,不断壮大企业内部标准化建设所需的专业性队伍,全面改善企业标准化管理的内部环境。加强国内外同类企业和同一产业链企业间的标准化实践协作与信息交流,积极推进各个层次的企业标准联盟建设,促进标准竞争共同体的形成,以提升企业的标准竞争能力,增强产业链各环节的内在联系。广泛开展与企业生产经营活动相关的国内外标准体系的学习、研究和咨询活动,及时捕捉发达国家的标准研究与实践动向,增强企业对外部标准化行动的适应性和追随能力。加大标准研制的资金筹集与投入力度,积极创造机会,努力扮演标准制定者的角色,并在成功制定标准时加以大力推广和层次晋级;若企业缺乏标准制定能力或标准制定宣告失败,则应加强对外部主流标准体系的选择性采纳,依据所采纳的标准体系强化标准的认证管理,提高企业产品在国内外市场上的通行能力,有效突破新贸易保护

---

　　① 相对于"标准化良好型"企业而言,关于"标准化良好型"企业,可参见国家标准化管理委员会《标准化良好行为活动实施指南》中的相关定义。

主义之下各种形式的标准藩篱。

9.3.5　拓展外包业务以进一步深化国内外企业间的战略联盟与合作

国际分工的精细化、市场需求的多样化、信息网络技术的普及化及竞合关系的常态化等引发了企业经营环境的巨大变革。企业的边界不断向外延展,资源整合的方式日趋灵活,企业组织关系也开始重构。以大中型企业为核心并由其主导的外包业务活动快速盛行,突破了企业自身资源禀赋有限和要素效率参差不齐构成的瓶颈制约。与此关联的众多中小接包企业的生存价值也得到了充分体现和有效实现,从而也使产业链环节的相互衔接或产业链的整体运行建立在"中心企业"核心优势与"外围企业"局部优势互补互动的基础之上。由此,发包企业和接包企业之间的协作联盟更易构建,其关系也更趋紧密稳固,也有利于推进企业防御和抗衡外部风险的"联合战线"形成。但受外部经济危机爆发及其传导效应的强力冲击,"中心企业"与"外围企业"都将遭遇国内外各类市场的多重挤压,企业之间原有的外包业务网络关系及其联盟合作关系可能会遭到不同程度的破坏,甚至引致外包业务链的断链现象的产生,企业间的外包网络和战略联盟关系有待重建。

在修复或再度构造外包业务网络关系的过程中,无论是作为发包方企业还是作为接包方企业,都应对其既有资源禀赋、产品提供、营销体系等全面客观地梳理自身的优势构成及其外在表现。基于产品内分工布局设计及加工制造与服务之间的关联性,重新审定企业开展外包业务的目标定位、网络构架、区位分布,遵循"1+1>2"的强强连接要求合理选择企业外包业务的内容和形式。建立熟悉外包业务的专业管理团队和监督管理机制,加强外包业务磋商,增强外包业务活动的规范化、标准化行为,促进外包业务网络中各方"统一流程"的确定。在实现外包业务网络内规模经济和提高运作效率的同时,也可强化网络构建过程中的风险控制管理。就国内广大中小型企业而言,在国际外包业务中大多处于承接地位,而且还面临外资企业强有力的挑战。企业应进一步强化其内部优势的凝练,推进企业产品或服务外包资质和能力的认证[①],提升国内企业承接外包业务的国际竞争力,以便在全球外包业务网络中寻求更多的承接准入机会。利用危机引发的重组契机,积极开展海外专业性外包企业或关联企业的并购、入股或创建海外子公司,促进外包承

[①]　诸如在 IT 服务外包中的开发能力成熟度模型集成认证(CMMI)、开发能力成熟度模型认证(CMM)、人力资源成熟度模型认证(PCMM)、信息安全管理认证(ISO 27002/BS7799)、IT 服务管理认证(ISO 20000)等。

接的本土化实践,即在国外发包企业的所在国或所在地承接其外包业务。拓展承接外包业务国际化的内涵,有利于在向发包企业提供产品或服务的过程中进一步降低成本,增加便利性和及时性,增强承接外包业务的竞标能力。而对于国内大型企业而言,它们受国内资源和自身条件的瓶颈约束也日益明显,且在历经了前期规模扩张之后的企业升级又刻不容缓,因此,广泛寻求联盟合作企业、对外开展发包业务也是大势所趋。在不涉及专利技术、专有技术、商业机密等外泄的前提下,按照扬长避短、留强去弱的原则,可将要素耗损较多、提供效率较低、自主承担能力不足的生产经营环节向海外专业性企业实施发包,实现"借鸡生蛋""借船出海"。

可见,通过将国内企业生产经营内容分解后有选择地嵌入全球性外包业务网络,可广泛获取专业化分工利益,大大增进发包和接包企业间的战略联盟关系,有力推动了市场竞争利益共同体和抗御市场风险联合体的形成,促进企业间联盟合作效应的充分发挥。

9.3.6 强化龙头企业作用以引领配套协作企业升级

龙头企业作为行业内的学习标杆和发展领头羊,通常具有较强的科技创新能力和较为丰富的高新技术创新成果,拥有较为健全的市场营销网络和较强的市场开拓能力,并且已经形成了较为完善的经营管理机制、科学管理体系等现代企业制度。自 20 世纪 90 年代以来,产业集群成为区域经济发展中最为常见的经济现象和策略选择,而依托龙头企业带动相关产业集群已成为近些年来产业集群式发展过程中的显著特征之一。龙头企业常常采用对外发包、战略联盟、虚拟企业等形式,将经营规模不同的大中小企业及经营内容存有差异但又有关联的企业逐步牵引至产业集群系统,在系统内形成了基于规模化、专门化、协作化的产业网络组织结构,也形成了以集群产业为核心并能自律经营的利益共享、风险共担的企业"共生共荣"机制。可见,龙头企业行为的目标取向、策略选择、实施进程不仅会影响产业集群的演进步伐,而且也会对集群内其他配套协作企业构成极其重要的示范效应和驱动作用,进而对配套协作企业的成长路径与进程产生重大影响。

在外部危机发生及其效应扩散传导期间,所谓的"羊群效应"大多也源自于龙头企业的示范性行为。因此,无论是着眼于防止危机传导冲击效应的放大,还是基于配套协作企业的自我拯救行为选择,或是后危机时期的企业升级实践,龙头企业积极有效的应对方案和实践行动示范显得十分关键。龙头企业更应率先强化包括伦理道德和社会责任在内的企业文化建设与制度建设,明晰企业生产经营行为的经济边界、道德边界和社会责任边界等,增强企业行为的合法、理性选择和自我调节、约束,对内、对外充分履行企业义务、勇于担当社会责任,引领配套协作企业对其偏离的价值观念和行为倾向加以及时调整,使其更加契合现代企业建设和区域经济发展的轨道。加强龙头企业内部组织机构建设,不断完善现代企业法人治理结构,形成更为科学合理的网络化决策支持体系;提高企业的信息化、网络化管理水平,形成较为完备的企业生产经营运行及资源消耗、环境污染监测等控制系统。在所属行业内或区域产业集群内树立起科学决策、规范经营、正当竞争、和谐发展的正向标杆,也有利于配套协作企业的成长路径复制和企业间的一致性行动。充分利用龙头企业培育和成长过程中所享有资金支持、税收优惠等激励性政策,基于龙头企业既有的技术创新基础及其与配套协作企业之间的业务关联性,加快推进区域产业集群内高新技术创新联盟的建立。或由龙头企业牵头构建包括外部各方力量在内的产学研联盟,激发配套协作企业的技术创新动能,推动全行业或区域产业集群内互动共进的全员创新局面的形成,促进各类企业提档升级步伐的加快。此外,龙头企业还应在标准化实践方面发挥其骨干带头作用,加强自主技术标准的研制和国外先进技术标准的跟踪研究、采纳推广工作,带动行业内或区域产业集群内标准化进程的整体前行,并以标准化、标准竞争的外部压力来进一步激发企业技术创新的动力,使企业能在标准主导下的国际竞争大潮中占有一席之地。

综上所述,在外部危机传导冲击之下,国内多数产业都在不同程度上呈现出短期衰退的迹象,其间不乏产业自身优势不足、强势不够的内因,也由市场主体缺乏理性之后的过度反应所致。缓解外部危机的冲击广度与力度、减轻国内产业的损害范围与程度,不仅需要政府及时构筑冲击预警和防护应急体系,调整市场运行的环境和秩序,国内产业也需强化产业链的协调管理,推进产业集聚、产业创新和产业升级,企业则应加强经营理念与战略、竞争焦点与方式的调整,促进企业的升级进程,提升其风险抗御能力和市场竞争能力。通过政府、产业、企业"三位一体"式的立体防御和驱动,可较好地减缓外部危机的传导冲击,有效控制危机传导效应的急剧扩散,增强国内产业和企业的生存发展能力。

参考文献

[1] Abeysinghe T,Forbes K. Trade linkages and output-multiplier effects:a structural var approach with a focus on asia[J]. Review of International Economics,2005,13(2):356—375.

[2] Adler P, Kwon S. Social capital:prospects for a new concept [J]. Academy of Management Review,2002,27(1):17—40.

[3] Albino V, Garavelli C, Schiuma G. Knowledge transfer and inter-firm relationships in industrial districts:the role of the leader firm [J]. Technovation,1999,19:53—63.

[4] Alchian A A. Uncertainty,evolution and economic theory[J]. Journal of Political Economy,1993,58:65—75.

[5] Alexander C S,Becker H J. The Use of vignettes in survey research[J]. Public Opinion Quarterly,1978,42(1):93—104.

[6] Amisano,Gianni,Gianninic C. Topics in structural VAR econometrics [M]. Berlin:Springer-Verlag,1997.

[7] Anarwal,Rajshree,Gort Michael. The revolution of markets and and survival of firms[J]. Review of Economics and Statistics,1996,78(3): 489—498.

[8] Anderson J, Gerbing W. Structural equation modeling in practice:a review and recommended two-step approach[J]. Psychological Bulletin, 1988(103):411—423.

[9] Anderson P. Complexity theory and organization science [J]. Organization Science,1999,10(3):216—232.

[10] Andrei Borshchev,Alexei Filippov. From system dynamics and discrete event to practical agent based modeling:reasons,techniques,Tools[C]// The 22nd International Conference of the System Dynamics Society. Oxford,England,2004:80—102.

［11］ Andriopoulos C, Lewis W. Exploitation-exploration tensions and organizational ambidexterity: managing paradoxes of innovation［J］. Organization Science,Articles in Advance,2008(12):1—22.

［12］ Anteby M. Rupert murdoch and the seeds of moral hazard［M］. HBS Views on News,2011.

［13］ Antti Sihvonen. Success strategies in declining industries:a case survey ［D］. Helsinki:Aalto University,2010.

［14］ Araujo S, Martins J O. The great synchronisation: tracking the trade collapse with high-frequency data ［J］. Economics Papers from University Paris Dauphine, 2011.

［15］ Argyris C, Schon D A Organizational learning: a theory of action perspective,reading［M］. NJ:Addison-Wesley,1978.

［16］ Arora V, Vamvakidis A. How much do trading partners matter for economic growth? ［R］. IMF Staff Papers,2005,52(1):24—40.

［17］ Baker W. Market networks and corporate behavior［J］. American Journal of Sociology,1990(96):589—625.

［18］ Banaji M R. Implicit attitudes can be measured［C］//Roediger H L, Nairne J S. (Eds.). The nature of remembering:essays in honor of Robert G. Crowder. Washington,DC:American Psychological Association, 2001:117—150.

［19］ Banaji M R,Bazerman M H,Chugh D. How (Un)ethical are you? ［J］. Harvard Business Review,2003,81(12):56—64.

［20］ Bandura A. Moral disengagement in the perpetuation of inhumanities ［J］. Personality and Social Psychology Review,1999,3:193—209.

［21］ Baron R M,Kenny D A. The moderator-mediator variable distinction in social psychological research: conceptual, strategic and statistical considerations［J］. Journal of Personality and Social Psychology,1986, 51(6):1173—1182.

［22］ Bathelt H, Malmberg A, Maskell P. Clusters and knowledge: local buzz, global pipelines and the process of knowledge creation［J］. Progress in Human Geography,2004,28 (1):31—56.

［23］ Baxter M,Crucini M J. Business cycles and the asset structure of foreign trade ［J］. International Economic Review, 1995, 36 (4): 821—854.

[24] Bazerman M H, Moore D. Judgment in managerial decision making (7th ed.)[M]. Hoboken, NJ: John Wiley & Sons, Inc, 2008:123−189.

[25] Bazerman M H, Chugh D. Bounded awareness: focusing failures in negotiation[C]//Thompson L (Ed.). Frontiers of social psychology: negotiation. London:Psychological Press,2005.

[26] Bazerman M H, Tenbrunsel A E. Blind spots: why we fail to do what's right and what to do about it[M]. Princeton, NJ:Princeton University Press,2011.

[27] Bazerman M H, Tenbrunsel A E. Ethical breakdowns[J]. Harvard Business Review,2011,89(4):58−65,137.

[28] Beinhocker E D. Strategy at the edge of chaos [J]. McKinsey Quartely,1997(1):24−39.

[29] Bhattacharya K, Mukherjee G, Sarämaki J, et al. The international trade network:weighted network analysis and modeling[J]. Journal of Statistical Mechanics:Theory and Experiment,2008,41(14):139−147.

[30] Boix, Rafael, Joan Trullén. Industrial districts, innovation and I-district effect: territory or industrial specialization? [J]. European Planning Studies,2010,18 (10):1707−1729.

[31] Bordo M D. An historical perspective on the crisis of 2007−2008[J]. Social Science Electronic Publishing,2008,102(3):526−558.

[32] Bordo M D. Sudden stops, financial crises and original sin in emerging countries: Déjàvu? [R]. National Bureau of Economic Research Working Paper, No. 12393,2006.

[33] Borrus M, Zysman J. Wintelism and the changing terms of global competition:prototype of future? [R]. BRIE Working Paper 96,1997: 1−45.

[34] Boschma R, Lambooy J. Knowledge, market structure and economic coordination: the dynamics of italian industrial districts[J]. Growth and Change,2002,33 (2):291−311.

[35] Boschma R A, Frenken K. Cluster evolution and a roadmap for future research[J]. Regional Studies,2011,45 (1):1295−1298.

[36] Boyl B A, Dahlstrom R F, Kellaris J J. Points of reference and individual differences as sources of bias in ethical judgments [J]. Journal of Business Ethics,1998,17(5):517−525.

[37] Breiger R. Structure of economic interdependence among nations[C]// Blau P M, Merton R K (Ed.). Continuities in structural inquiry. London, UK:Sage Press,1981:353—380.

[38] Brusco,Sebastiano. The Emilian model:productive decentralisation and social integration[J]. Cambridge Journal of Economics,1982,6(2): 167—184.

[39] Burstein A, Kurz C J, Tesar L. Trade, production sharing, and the international transmission of business cycles[R]. National Bureau of Economic Research Working Paper, No. W13731,2008.

[40] Burt R. Structural holes:the social structure of competition[M]. Cambridge,MA:Harvard University Press,1992.

[41] Calderon C, Chong A, Stenie T. Trade intensity and business cycle synchronization:are developing countries any different? [J]. Journal of International Economics,2007,71(1):2—21.

[42] Canova F, Dellas H. Trade interdependence and the international business cycle[J]. Journal of International Economics,1993,34(1): 23—47.

[43] Cantor R,Mark N C. The international transmission of real business cycle[J]. International Economic Review,1988,29(3):492—507.

[44] Castilla E,Hwang H,Granovetter E,et al. Social networks in silicon valley, in the silicon valley edge: a habitat for innovation and entrepreneurship[M]. Stanford:Stanford University Press,2000.

[45] Catalan J,Ramon-Muñoz R. Marshall in Iberia. Industrial districts and leading firms in the creation of competitive advantage in fashion products[J]. Enterprise and Society,2013,23:1—33.

[46] Cha M Y, Lee J W, Lee D S. Patterns of international trade and a nation's wealth[J]. Journal of the Korean Physical Society, 2010,56 (3):998—1002.

[47] Chaiken S, Giner-Sorolla R, Chen S. Beyond accuracy:defense and impression motives in heuristic and systematic information processing [C]// Gollwitzer P M, Bargh J A (Eds.). The psychology of action: linking cognition and motivation to behavior. New York: Guilford Press,1996:553—578.

[48] Chandler A D. Organizational capabilities and the economic history of

the industrial enterprise[J]. Journal of Economic Perspectives,1992,6
(3):79—100.

[49] Chandler A D. Strategy and structure:chapters in the history of the
american industrial enterprise [M]. Cambridge, MA: The MIT
Press,1962.

[50] Chandler A D,Takashi Hikino. The large industrial enterprise and the
dynamics of modern economic growth [C]//Chandler D A,Franco T,
Takashi H. Big business and the wealth of nations. Cambridge:
Cambridge University Press,1997:24—57.

[51] Chapman K,Walker D. Industrial location:principles and policies[M].
Oxford and New York:Basil Blackwell,1987.

[52] Chugh D, Bazerman M H, Banaji M R. Bounded ethicality as a
psychological barrier to recognizing conflicts of interest[C]//Moore D
A,Cain D M,Loewenstein G F,et al. Conflicts of interest:problems
and solutions from law,medicine and organizational settings. London:
Cambridge University Press,2005:74—95.

[53] Cohen W, Levinthal D. Absorptive capacity:a new perspective on
learning and innovation[J]. Administrative Science Quarterly,1990,35
(1):128—152.

[54] Costa-Campi Teresam,Elisabet Viladecans-marsal. The district effect
and the competitiveness of manufacturing companies in local productive
systems[J]. Urban Studies,1999,36 (12):2085—2098.

[55] Crestanello P, Tattara G. A global network and its local ties:
restructuring of the benetton group [M]//Nicola de Liso, Ricardo
Leoncini. Internationalization, technological change and the theory of
the firm. London and New York:Routledge,2010:239—258.

[56] De Benedictis L,Tajoli L. The world trade network[R]. Macerata
University, Department of Finance and Economic Sciences Working
Papers,2009,51.

[57] De Cremer D (Eds.). Psychological perspectives on ethical behavior
and decision making[M]. Greenwich,CT:Information Age Publishing,
2009:135—152.

[58] Dhar R, Kim E Y. Seeing the forest or the trees:implications of
construal level theory for consumer choice[J]. Journal of Consumer

Psychology,2007,17(2),96—100.

[59] Doavid C W. The trade-off between cash flow and net present value [J]. Scandinavian Journal of Economics,1993,95(1):65—75.

[60] Dooley K J. A complex adaptive systems model of organization change [J]. Nonlinear Dynamics, Psychology, and Life Sciences, 1996,1(1) 69—97.

[61] Doran J E. From computer simulation to artificial societies [J]. Transactions of the Society for Computer Simulation International, 1997,14:69—78.

[62] Erikson R. The regional impact of growth firms: the case of boeing 1963—1968[J]. Land Economics,1974,50:127—136.

[63] Eyal T,Liberman N,Trope Y. Judging near and distant virtue and vice [J]. Journal of Experimental Social Psychology,2008,44:1204—1209.

[64] Fagiolo G. Clustering in complex directed networks[J]. Physical Review E,2007,76(2):26—107.

[65] Fagiolo G,Reyes J,Schiavo S. On the topological properties of the world trade web: a weighted network analysis [J]. Physica A: Statistical Mechanics and its Applications,2008,387(15):3868—3873.

[66] Fagiolo G,Reyes J,Schiavo S. The evolution of the world trade web:a weighted-network analysis[J]. Journal of Evolutionary Economics, 2010,20(4):479—514.

[67] Fagiolo G, Reyes J, Schiavo S. World-trade web: topological properties, dynamics,and evolution[J]. Physical Review E, 2009, 79(3),425—429.

[68] Forbes K. Are trade linkages important determinants of country vulnerability to crises? [M]//Sebastian E, Jeffrey F. Preventing currency crises in emerging markets. Chicago: University of Chicago Press,2002.

[69] Frankel J,Rose A. The endogeneity of the optimum currency area criteria[J]. Economic Journal,1998,108(449):1009—1025.

[70] Freitas A L, Langsam K L, Clark S, et al. Seeing oneself in one's choices: construal level and self-pertinence of electoral and consumer decisions[J]. Journal of Experimental Social Psychology,2008,44(4): 1174—1179.

[71] Fujita K, Eyal T, Chaiken S, et al. Influencing attitudes toward near and distant objects[J]. Journal of Experimental Social Psychology, 2008,44(3):562—572.

[72] Gallace A, Zeeden S, Röder B, et al. Lost in the move? Secondary task performance impairs tactile change detection on the body [J]. Consciousness and Cognition, 2010, 19(1):215—229.

[73] Garlaschelli D, Loffredo M. Fitness-dependent topological properties of the world trade web[J]. Physical Review Letters, 2004, 93(18):10445—10458.

[74] Gereffi G. The organization of buyer-driven global commodity chains: how us retailers shape overseas production networks[M]. Durham Nc, 1994.

[75] Gereffi G, Humphrey J. The governance of global value chains: an analytical framework[J]. Review of International Political, 2003, 12 (1):78—104.

[76] Gereffi G, Humphrey J, Sturgeon T. The governance of global value chains[J]. Review of International Political Economy, 2005, 12(2): 78—104.

[77] Gereffi G, Korzeniewicz M. Commodity chains and global capitalism [M]. Praeger, 1994.

[78] Gerlach S, Smets F. Contagious speculative attacks [J]. European Journal of Political Economy, 1994, 11(94):45—63.

[79] Christiano L J, Trabandt M, Walentin K. DSGE models for monetary policy analysis[Z]. NBER Working papers, No. 10—02. 2010(8).

[80] Gigerenzer G. Moral intuition: fast and frugal heuristics? //[C] Sinnott-Armstrong (Ed.). Moral psychology: Vol. 2. The cognitive science of morality: intuition and diversity. Cambridge, MA: MIT Press, 2008:1—26.

[81] Gigerenzer G. Moral satisficing: Rethinking morality behavior as bounded rationality[J]. Topics in Cognitive Science, 2010, 2:528—554.

[82] Gilbert N, Terna P. How to build and use agent-based models in social science[J]. Mind & Society: Cognitive Studies in Economics and Social Sciences, 2000, 1:57—72.

[83] Gilbert G N. Simulation as a research strategy[M]//Tro-itzsch K G, Gilbert G N, et al (Eds.). Social science microsimulation. Berlin:

Springer,1996:448—454.

[84] Gino F, Ayal S, Ariely D. Contagion and differentiation in unethical behavior: the effect of one bad apple on the barrel[J]. Psychological Science,2009,20(3):393—398.

[85] Gino F, Bazerman M H. When misconduct goes unnoticed: the acceptability of gradual erosion in others'unethical behavior [J]. Journal of Experimental Social Psychology,2009,45(4):708—719.

[86] Gino F, Galinsky A. Vicarious dishonesty: when psychological closeness creates distance from one's moral compass[J]. Organizational Behavior & Human Decision Processes,2012,119:15—26.

[87] Gino F, Moore D A, Bazerman M H. See no evil: when we overlook other people's unethical behavior [R]. Harvard Business School Working Paper, No. 08—045,2008.

[88] Glick R, Rose A. Contagion and trade: why are currency crisis regional [R]. Research Department Federal Reserve Bank of San Francisco, Working Paper, No. PB98—03,1999.

[89] Goldstein M, Kaminsky G, Reinhart C. Assessing financial vulnerability: an early warning system for emerging markets [M]. Washington,DC:Institute for International Economics,2000,5.

[90] Gopinath M, Pick D, Vasavada U. The economics of foreign direct investment and trade with an application to the US food processing industry[J]. American Journal of Agricultural Economics, 1999, 81 (2):442—452.

[91] Gort M, Klepper S. Time paths in the diffusion of product Innovation [J]. The Economic Journal,1982(92):562—583.

[92] Goyal L S. Strong ties in a small world[J]. Research Gate,2006,10 (2):1—22.

[93] Grabher G. The project ecology of advertising:tasks,talents and teams [J]. Regional Studies,2002,36:245—262.

[94] Graf H. Gatekeepers in regional networks of innovators [J]. Cambridge: Journal of Economics,Advance Access published on March 3,2010.

[95] Granovetter M. The strength of weak ties[J]. American Journal of Sociology,1973(78):1360—1380.

[96] Grant R M. Toward a knowledge-based theory of the firm [J].
Strategic Management Journal, Winter Special Issue, 1996 (17):
109—122.

[97] Greene J D, Nystrom L E, Engell A D, et al. The neural bases of
cognitive conflict and control in moral judgment[J]. Neuron,2004,44:
389—400.

[98] Gregg M K, Samuel A G. Change deafness and the organizational
properties of sounds[J]. Journal of Experimental Psychology: Human
Perception and Performance,2008,34(4):974—991.

[99] Groves K, Vance C, Paik Y. Linking linear/nonlinear thinking style
balance and managerial ethical decision-making[J]. Journal of Business
Ethics,2008,80(2):305—325.

[100] Gruben W, KOO J, Millis E. How much does international trade
affect business cycle synchronization[R]. Federal Reserve Bank of
Dallas Working Papers,No. 0203,2002.

[101] Gulati R. Social structure and alliance formation patterns: a
longitudinal analysis[J]. Administrative Science Quarterly,1995,40
(4):619—652.

[102] Gupta A,Smith K,Shalley C. The interplay between exploration and
exploitation[J]. Academy of Management Journal, 2006, 49 (4):
693—706.

[103] Haidt J. The emotional dog and its rational tail: a social intuitionist
approach to moral judgment [J]. Psychological Review, 2001, 108:
814—834.

[104] Henderson M D,Fujita K,Trope Y,et al. Transcending the Here:the
effect of spatial distance on social judgment[J]. Journal of Personality
and Social Psychology,2006,91(5):845—856.

[105] Jansen W J, Stockman A C. Foreign direct investment and
international business cycle co-movement[R]. European Central Bank
Working Paper Series,No. 401,2004.

[106] Jean M I. Trade, finance, specialization and synchronization [J].
Review of Economics and Statistics,2004,86(3):723—734.

[107] Johansen S,Juselius K. Maximum likelihood estimation and inference
on cointegration——with applications to the demand for money[J].

Oxford Bulletin of Economics & Statistics,1990,52(2):169—210.

[108] Jolls C,Sunstein C R,Thaler R. A behavioral approach to law and economics[J]. Stanford Law Review,1998,50(5):1471—1550.

[109] Jones T M. Ethical Decision Making by individuals in organizations: an issue-contingent model[J]. Academy of Management Review, 1991,16(2):366—395.

[110] José Pla-Barber,Puig F. Is the influence of the industrial district on International activity being eroded by globalization? Evidence from a traditional manufacturing industry [J]. International Business Review,2009,18(7):435—445.

[111] Kahneman D, Frederick S. Representativeness revisited: attribute substitution in intuitive judgment [C]//Gilovich T, Griffin D, Kahneman D (Eds.). Heuristics and Biases: The Psychology of Intuitive Judgment. New York: Cambridge University Press, 2002: 49—81.

[112] Kahneman D,Tversky A. Prospect theory: an analysis of decisions under risk[J]. Econometrica,1979,47:263—291.

[113] Kale P, Singh H, Perlmutter H. Learning and protection of proprietary assets in strategic alliances: building relational capital[J]. Strategic Management Journal,2000(21):217—237.

[114] Kali R,Méndez F,Reyes J. Trade structure and economic growth[J]. Journal of International Trade & Economic Development, 2007, 16 (2):245—269.

[115] Kali R,Reyes J. The architecture of globalization: a network approach to International economic integration[J]. Journal of International Business Studies,2007,38:595—620.

[116] Kali R, Reyes J. Financial contagion on the international trade network[J]. Economic Inquiry,2010,48(4):1072—1101.

[117] Kim S, Shin E H. A longitudinal analysis of globalization and regionalization in international trade: a social network approach[J]. Social Forces,2002,81(2):445—471.

[118] Kivetz Y, Tyler T R. Tomorrow I'll be me: the effect of time perspective on the activation of idealistic versus pragmatic selves[J]. Organizational Behavior and Human Decision Processes, 2007, 102

(2):193—211.

[119] Klepper S, Graddy E. The evolution of new industries and the determinants of market structure[J]. RANP Journal of Economics, 1990(21):27—44.

[120] Klepper S. The origin and growth of industry clusters:the making of silicon valley and detroit[J]. Journal of Urban Economics,2010,67 (1):15—32.

[121] Kramer R M, Tenbrunsel A E, Bazerman M H. Social decision making:social dilemmas, social values, and ethical judgments [J]. International Public Management Journal,2013,13(2):197—200.

[122] Krugman P. What happened to asia[M]. Global Competition and Integration Springer US,1999:315—327.

[123] Lazerson M H,Lorenzoni G. The firms that feed industrial districts:a return to the Italian source[J]. Industrial and Corporate Change, 1999,8:235—66.

[124] Lee C K,Chen T. The study on the green barrier to trade under the multi-trade system[J]. Journal of American Academy of Business, 2011:122—129.

[125] Levin D, Cross R. The strength of weak ties you can trust:the mediating role of trust in effective knowledge transfer [J]. Management Science,2004,50 (11):1477—1490.

[126] Levinthal D, March J. The myopia of learning [J]. Strategic Management Journal,1993(14):95—112.

[127] Liberman N, Trope Y. The role of feasibility and desirability considerations in near and distant future decisions:a test of temporal construal theory[J]. Journal of Personality and Social Psychology, 1998,75(1):5—18.

[128] Llonch M. Trademarks,product differentiation and competitiveness in the catalan knitwear districts during the twentieth century [J]. Business History,2012,54(2):179—200.

[129] Lombardi M,Randelli F. The role of leading firms in the evolution of SMEs clusters:evidence from the leather products cluster in florence [R]. Working Paper-Economics,2012,22(6):1199—1211.

[130] Long, Plosser. Real business cycle[J]. Journal of Political Economy,

1983, 9:39—69.

[131] Long, Plosser. Sectoral vs. aggregate shocks in the business cycle [J]. The American Economic Review, 1987, 77:333—336.

[132] Malipiero A, Munari F, Sobrero M. Focal firms as technological gatekeepers within industrial districts: evidence from the packaging machinery industry[M]. Paper presented at the 2005 DRUID Winter Conference, Skorping, Denmark, 2005:27—29.

[133] March J. Exploration and exploitation in organizational learning[J]. Organization Science, 1991, 1(2):101—123.

[134] Markusen A. Sticky places in slippery space: a typology of industrial districts[J]. Economic Geography, 1996, 72(3):293—313.

[135] Markusen J R, Svensson L E O. Trade in goods and factors with international differences in technology [J]. International Economic Review, 1985, 26(1):175—192.

[136] Martin R, Sunley P. Path dependence and regional economic evolution [J]. Journal of Economic Geography, 2006, 6(4):395—437.

[137] Maskell P. Towards a knowledge-based theory of the geographical cluster[J]. Industrial and Corporate Change, 2001, 10 (4):921—943.

[138] McDevitt R, Giapponi C, Tromley C. A model of ethical decision making: the integration of process and content[J]. Journal of Business Ethics, 2007, 73(2):219—229.

[139] McEvily B, Zaheer A. Bridging ties: a source of firm heterogeneity in competitive capabilities[J]. Strategic Management Journal, 1999, 20 (12):1133—1156.

[140] Menzel M P, Fornahl D. Cluster life cycles: dimensions and rationales of cluster evolution[J]. Industrial and Corporate Change, 2010, 19 (1):205—238.

[141] Mesquita L F, Lazzarini S G. Horizontal and vertical relationships for SMEs' access to global markets [J]. Academy of Management Journal, 2008, 51(2):359—380.

[142] Molina-Morales X F. European industrial districts: influence of geographic concentration on performance of the firm[J]. Journal of International Management, 2001(7):1—18.

[143] Morrison A. "Gatekeepers of knowledge" within industrial districts:

who they are,how they interact[J]. Regional Studies,2008,42(6):817—835.

[144] Nelson R R,Winter S G. Evolutionary theorizing in economics[J]. Journal of Economic Perspectives,2002,16(2):23—46.

[145] Nelson R R,Winter S G. Neoclassical vs. evolutionary theories of economic growth:critique and prospectus[J]. Economic Journal,1974,84(336):886—905.

[146] Oakey R O,Rothwell R,Cooper S. Management of innovation in small Firms[M]. London:Francis Pinter,1988.

[147] Obstfeld M. Risk-taking, global diversification, and growth [J]. American Economic Review,1994:1310—1329.

[148] Onnela J,Saramaki J,Kertész J,et al. Intensity and coherence of motifs in weighted complex networks[J]. Physical Review E,2005,71(6):531—536.

[149] Owen-Smith J,Powell W. Knowledge networks as channels and conduits:the effects of spillovers in the boston biotechnology community[J]. Organization Science,2004,15(1):5—21.

[150] Pfaffermayr M. Foreign direct investment and exports:a time series approach[J]. Applied Economics,1994,26(4):337—351.

[151] Pfaffermayr M. Foreign outward direct investment and exports in Austrian manufacturing:substitutes or complements? [J]. Weltwirtschaftliches Archiv,1996,132(3):501—522.

[152] Piore Michael J,Charles F Sabel. The second industrial divide:possibilities for prosperity[M]. New York:Basic Books,1984.

[153] Porter M E. Clusters and the new economics of competition[J]. Harvard Business Review,1998,76(6):77—90.

[154] Porter M E. Competitive Strategy Techniques for Analyzing Industries and Competitors[M]. New York:Free Press,1980.

[155] Powell W. Neither market or hierarchy:network forms of organization [J]. Research in Organizational Behavior,1990,12(3):295—336.

[156] Powell W,Koput K,Smith-Doerr L. Interorganizational collaboration and the locus of innovation:networks of learning in biotechnology[J]. Administrative Science Quarterly,1996,41(1):116—145.

[157] Radelet S, Sachs J. The onset of the East Asian currency crisis [J]. National Bureau of Economic Research Working Paper, 1998, 15(4): 739—758.

[158] Rensink R A, O'Regan J K, Clark J J. To see or not to see: the need for attention to perceive changes in scenes[J]. Psychological Science, 1997, 8(5): 368—373.

[159] Reynolds S J. A neurocognitive model of the ethical decision-making process: implications for study and practice[J]. Journal of Applied Psychology, 2006, 91: 737—748.

[160] Reynolds S J, Leavitt K, DeCelles K A. Automatic ethics: the effects of implicit assumptions and contextual cues on moral behavior[J]. Journal of Applied Psychology, 2010, 95(4): 752—760.

[161] Rogers T, Milkman K L, Bazerman M H. I'll have the ice cream soon and the vegetables later: decreasing impatience over time in online grocery orders[R]. Unpublished working paper, Harvard Business School, 2007.

[162] Romo F P, Schwartz M. The structural embeddedness of business decisions: the migration of manufacturing plants in New York State, 1960 to 1985[J]. American Sociological Review, 1995(60): 874—907.

[163] Ross M. Relation of implicit theories to the construction of personal histories[J]. Psychological Review, 1989, 96: 341—357.

[164] Ruge-Mucia F. Methods to estimate dynamic stochastic general equilibrium models[J]. Journal of Economic Dynamics and Control, 2007, 31(8) 2599—2636.

[165] Rychen F, Zimmerman J B. Clusters in the global knowledge-based economy: knowledge gatekeepers and temporary proximity [J]. Regional Studies, 2008, 42(6): 767—776.

[166] Sadler-Smith E, Shefy E. The intuitive executive: understanding and applying "gut feel" in decision-making[J]. Academy of Management Executive, 2004, 18: 76—91.

[167] Saramaki J, Kivelä M, Onnela J, et al. Generalizations of the clustering coefficient to weighted complex networks[J]. Physical Review E, 2007, 75(2): 27—105.

[168] Saxenian A. The limits of autarky: regional networks and industrial

adaptation in Silicon Valley and Route 128[M]. Cambridge, MA: Harvard University Press,1994.

[169] Schiavo S, Reyes J, Fagiolo G. International trade and financial integration:a weighted network analysis[J]. Quantitative Finance, 2010,10(4):389—399.

[170] Schott P K. The relative sophistication of Chinese exports[J]. Economic Policy,2008,23(53):5—49.

[171] Serrano M A, Boguñá M. Topology of the world trade web[J]. Physical Review E,2003,68(1):634—646.

[172] Serrano M A, Boguñá M, Vespignani A. Patterns of dominant flows in the world trade web[J]. Journal of Economic Interaction and Coordination,2007,2:111—124.

[173] Sherman H, Kolk D. Business cycles and forecasting[M]. USA: Harper Collins Publishers,1996.

[174] Shiller R J. Irrational exuberance[M]. New York: Random House,2005.

[175] Signorini L F. The Price of Prato or measuring the industrial district effect[J]. Papers in Regional Science,1994,73(4):369—392.

[176] Simon H A. A behavioral model of rational choice[J]. The Quarterly Journal of Economics,1955,69:99—118.

[177] Simon H A. A mechanism for social selection and successful altruism [J]. Science,1990,250(4988):1665—1668.

[178] Simons D J. Current approaches to change blindness[J]. Visual Cognition,2000,7(1—3):1—15.

[179] Simons D J, Chabris C F, Schnur T, et al. Evidence for preserved representations in change blindness[J]. Consciousness & Cognition: An International Journal,2002,11(1):78—97.

[180] Smets F, Wouters R. An estimated dynamic stochastic general equilibrium model of the Euro area[J]. Journal of European Economic Association,2003,1(5):1123—1175.

[181] Smets F, Wouters R. Shocks and frictions in US business cycles:a Bayesian DSGE approach[J]. American Economic Review,2007,97 (3):586—606.

[182] Smith D, White D. Structure and dynamics of the global economy:

network analysis of international trade, 1965—1980 [J]. Social Forces,1992,70(4):857—893.

[183] Snell R, Chak M K. The learning organization: learning and empowerment for whom [J]. Management Learning,1998,29(3): 337—364.

[184] Snyder D, Kick E. Structural position in the world system and economic growth 1955—1970: a multiple network analysis of transnational interactions[J]. American Journal of Sociology,1979,84 (5):1096—1126.

[185] Sonenshein S. The role of construction,intuition,and justification in responding to ethical issues at work: the sensemaking-intuition model [J]. Academy of Management Review,2007,32:1022—1040.

[186] Stacey R. Complexity and creativity in organizations [M]. San Francisco: Berrett Koehler Pub,1996.

[187] Stanovich K E, West R F. Individual differences in reasoning: implications for the rationality debate [J]. Behavioral & Brain Sciences,2000,23:645—665.

[188] Sturgeon T. What really goes on in Silicon Valley? Spatial clustering and dispersal in modular production networks [J]. Journal of Economic Geography,2003,3(4):199—225.

[189] Subramanian A, Wei S J. The WTO promotes trade, strongly but unevenly[J]. Journal of International Economics, 2007, 2 (1): 151—175.

[190] Tenbrunsel A E, Diekmann K A, Wade-Benzoni K A, et al. The ethical mirage:a temporal explanation as to why we are not as ethical as we think we are[J]. Research in Organizational Behavior,2010,30: 153—173.

[191] Tenbrunsel A E, Messick D M. Ethical fading: the role of self deception in unethical behavior[J]. Social Justice Research,2004,17 (2):223—236.

[192] Tenbrunsel A E,Messick D M. Sanctioning systems,decision frames, and cooperation[J]. Administrative Science Quarterly,1999,44:684— 707.

[193] Tiwana A. Do bridging ties complement strong ties? An empirical

examination of alliance ambidexterity [J]. Strategic Management Journal,2008(29):251—272.

[194] Todorov A, Goren A, Trope Y. Probability as a psychological distance:construal and preferences[J]. Journal of Experimental Social Psychology,2007,43(3):473—482.

[195] Trevino L K, Weaver G R, Reynolds S J. Behavioral ethics in organizations:a review[J]. Journal of Management, 2006, 32 (6): 951—990.

[196] Trope Y,Liberman N. Construal-level theory of psychological distance [J]. Psychological Review,2010,117(2):440—463.

[197] Trope Y, Liberman N. Temporal construal [J]. Psychological Review,2003,110(3):403—421.

[198] Trope Y,Liberman N,Wakslak C. Construal levels and psychological distance:effects on representation,prediction,evaluation,and behavior [J]. Journal of Consumer Psychology,2007,17(2):83—95.

[199] Tsai W. Knowledge transfer in intraorganizational networks:effects of network position and absorptive capacity on business unit innovation and performance[J]. Academy of Management Journal, 2001,44(5):996—1004.

[200] Uriu R M. The declining industries of japan:adjustment and reallocation[J]. Journal of International Affairs,1984(1):99—111.

[201] Uzzi B. Social structure and competition in interfirm networks:The paradox of embeddedness [J]. Administrative Science Quarterly, 1997,42 (1):35—67.

[202] Uzzi B. The sources and consequences of embeddedness for the economic performance of organizations:the network effect [J]. American Sociological Review,1996,61:674—698.

[203] Whittington K B,Owen-Smith J,Powell W W. Networks,propinquity and innovation in knowledge-intensive industries[J]. Administrative Science Quarterly,2009,54(1):90—122.

[204] Wolfe D,Gertler M. Clusters from the Inside and Out:local dynamics and global Linkages[J]. Urban Studies,2004,41 (5/6):1071—1093.

[205] Yli-Renko H, Autio E, Sapienza H J. Social capital, knowledge acquisition and knowledge exploitation in young technology-based

firm[J]. Strategic Management Journal,2001,22(6/7):587—613.

[206] Zhong C B, Liljenquist K. Washing away your sins: threatened morality and physical cleansing[J]. Science,2006,313:1451—1452.

[207] 安辉,迟森,谷宇.FDI 视角下国际金融危机对中国实体经济的传导与冲击效应研究[J].经济社会体制比较,2011(3):146—153.

[208] 保罗·克鲁格曼.萧条经济学的回归[M].北京:中信出版社,2012.

[209] 柴俊武,赵广志,何伟.解释水平对品牌联想和品牌延伸评估的影响[J].心理学报,2011,43(2):175—187.

[210] 陈策.外国直接投资的国际贸易效应:基于我国行业数据的分析[J].国际贸易问题,2007(3):28—33.

[211] 陈广胜,许小忠,徐燕椿.区域创新体系的内涵特征与主要类型[J].浙江社会科学,2006(3):23—26.

[212] 陈华,赵俊燕.美国金融危机传导过程、机制与路径研究[J].经济与管理研究,2009(2):102—112.

[213] 陈丽珍,胡越."双反"下我国光伏产业的发展与调整研究[J].中国商贸,2014(11):164—165.

[214] 陈全功,程蹊.从中美贸易看"美国因素"对中国经济的影响[J].世界经济与政治论坛,2003(4):29—32.

[215] 陈银飞,茅宁.从有限理性到有限道德——论伦理决策的有限性[J].江苏大学学报(社会科学版),2009,11(6):89—92.

[216] 陈禹.复杂适应系统(CAS)理论及其应用——由来、内容与启示[J].系统辩证学学报,2001(4):35—39.

[217] 池仁勇,邵小芬,吴宝.全球价值链治理、驱动力和创新理论探析[J].外国经济与管理,2006,28(3):24—30.

[218] 崔岩.金融危机的经济影响——日本两次景气衰退的比较分析[J].日本研究,2009(1):26—31.

[219] 戴翔,韩剑,张二震.集聚优势与中国企业"走出去"[J].中国工业经济,2013(2):117—129.

[220] 方堃.日美金融危机和经济衰退的根源与规律探讨——基于产业革命周期理论[J].金融研究,2011,8:72—77.

[221] 冯永琦.美国经济波动影响中国经济的国际传导机制分析[J].财贸研究,2010(6):53—61.

[222] 洪银兴.关于创新驱动和协同创新的若干重要概念[J].经济理论与经济管理,2013(5):5—12.

[223] 侯俊军,王庆. 标准化促进技术创新的实证研究[J]. 技术与创新管理,2010,3(31):249—253.

[224] 胡绪华,陈丽珍,蒋苏月. 战略性新兴产业遭遇贸易限制措施的冲击与防范——以太阳能电池产业为例[J]. 经济问题探索,2015(2):133—139.

[225] 胡绪华,吕魁,陈丽珍. 面向集群同质企业的知识传播系统建模与Agent验证[J]. 系统仿真学报,2014,8:1825—1830.

[226] 胡越,陈丽珍,高伟伟. 我国光伏产业应对国外贸易壁垒的预警系统研究[J]. 中国商贸,2014(10):172—173.

[227] 黄传荣,陈丽珍. 衰退产业研究现状及展望[J]. 湖南科技大学学报(社会科学版),2012,6:94—97.

[228] 黄传荣,陈丽珍. 中国自主创新与利用FDI的协同度研究[J]. 统计与决策,2014(23):136—138.

[229] 霍兰J. H.隐秩序——适应性造就复杂性[M]. 周晓牧,韩晖译. 上海:上海科技教育出版社,2000:3—10.

[230] 霍兰J. H.涌现——从混沌到有序[M]. 陈禹译. 上海:上海科学技术出版社,2001:101—103.

[231] 蒋春燕,赵曙明. 组织学习、社会资本与公司创业——江苏与广东新兴企业的实证研究[J]. 管理科学学报,2008,11(6):61—76.

[232] 康绍邦. 金融危机与世界多极化[J]. 中共中央党校学报,2010,14(1):107—112.

[233] 兰日旭. 经济结构、大萧条与次贷危机[J]. 经济学动态,2010(9):111—117.

[234] 李伯重. "道光萧条"与"癸未大水"——经济衰退、气候剧变及19世纪的危机在松江[J]. 社会科学,2007,6:173—178.

[235] 理查德·兰洛伊斯,明福特·萨布格卢. 哈耶克演化理论中的知识与社会改良论[M]//库尔特·多普菲. 演化经济学:纲领与范围. 贾根良译. 北京:高等教育出版社,2004.

[236] 李欢丽,李石凯. 主权债务危机与"欧债五国"银行产业衰退[J]. 新金融,2012,7:14—18.

[237] 李雷,杨春. 我国光伏产业发展对策探讨[J]. 中外能源,2011(7).

[238] 李礼辉. 从金融危机到经济衰退:全球面临巨大挑战——2008年全球经济及国际金融综述[J]. 国际金融研究,2009,1:4—5.

[239] 李维安,邱昭良. 网络组织的学习特性辨析[J]. 科研管理,2007,28(6):175—181.

[240] 李祥辉. 金融危机的产业衰退效应及其传导机制分析——以中国纺织

业为例[D]. 镇江:江苏大学,2010.

[241] 李祥辉,陈丽珍,沈莹娟.产业衰退的国际传导渠道分析[J]. 商业时代,
2011(5):47—48.

[242] 李向阳. 国际金融危机与国际贸易、国际金融体系、国际金融秩序的发
展方向[J]. 经济研究,2009(11):47—54.

[243] 李小彬. 基于生命周期理论的区域产业集群衰退现象分析[J]. 企业家
天地,2008(8):103—104.

[244] 李小康,胡蓓.大企业衍生创业对创业集群形成的影响研究[J].科研管
理,2013(9):72—80.

[245] 李雁晨,周庭锐,周琇. 解释水平理论:从时间距离到心理距离[J]. 心
理科学进展,2009,17(4):667—677.

[246] 李永宁,黄明皓,郭玉清,等. 经济危机与货币政策共识的形成和修正:从
大萧条到大缓和再到大衰退[J]. 经济社会体制比较,2013,3:26—38.

[247] 廖晓燕. 中美经济波动及相关性研究[M]. 长沙:湖南人民出版
社,2007.

[248] 林跃勤. 外部冲击与"金砖"国家反危机政策比较研究[J]. 中国工业经
济,2009(6):36—45.

[249] 刘宏,李述晟. FDI 对我国经济增长,就业影响研究——基于 VAR 模
型[J]. 国际贸易问题,2013 (4):105—114.

[250] 刘军. QAP:测量"关系"之间关系的一种方法[J]. 社会,2007,27(4):
164—174.

[251] 刘明宇,芮明杰.价值网络重构、分工演进与产业结构优化[J].中国工
业经济,2012,5:148—160.

[252] 刘志彪. 买方市场下我国制造业衰退的微观分析[J]. 财经科学,2000
(1):80—83.

[253] 刘志彪. 我国东部沿海地区外向型经济转型升级与对策思考[J]. 中国
经济问题,2010,1:15—22.

[254] 陆国庆. 关于我国产业衰退的实证分析[J]. 广西经济管理干部学院学
报,2002,14(1):1—5.

[255] 陆国庆. 衰退产业的识别与诊断[J]. 南京社会科学,2002,5:18—22.

[256] 陆国庆. 衰退产业论[M]. 南京:南京大学出版社,2002.

[257] 罗春婵. 金融危机传导理论研究[D]. 沈阳:辽宁大学,2010.

[258] 吕铁. 论技术标准化与产业标准战略[J]. 中国工业经济,2005 (7):43—49.

[259] 苗东升. 系统科学精要[M]. 北京:中国人民大学出版社,2010.

［260］任红波,李鑫.产业演化逻辑与衰退产业战略选择[J].科学管理研究, 2001,5:46－50.

［261］沈红芳.全球经济衰退对东南亚经济的影响及危机应对[J].南洋问题研究,2009,3:12－19.

［262］史小龙,张峰.外商直接投资对我国进出口贸易影响的协整分析[J].世界经济研究,2004(4):42－47.

［263］宋运肇.金融危机和美国经济衰退的关系[J].国际金融研究,1991,6: 27－29.

［264］苏东水.产业经济学[M].北京:高等教育出版社,2013.

［265］孙鹏.基于复杂系统理论的现代物流服务业与制造业协同发展研究 [D].长沙:中南大学,2012.

［266］陶忠元.国内外标准化对我国出口企业的影响——基于结构方程模型的实证研究[J].管理现代化,2013(5):44－46.

［267］陶忠元.后危机时期的贸易保护主义及其应对[J].商业研究,2011(4): 148－152.

［268］陶忠元.开放经济条件下中国产能过剩的生成机理:多维视角的理论诠释[J].经济经纬,2011(4):20－24.

［269］田益祥,陆留存.主权信用评级影响因素的长短期效应检验及对策——评级下调冲击经济的非对称效应启示[J].中国软科学,2011 (12):46－56.

［270］王发明,蔡宁,朱浩义.基于网络结构视角的产业集群风险研究——以美国128公路区产业集群衰退为例[J].科学学研究,2006(6): 885－889.

［271］王缉慈,等.创新的空间:企业集群与区域发展[M].北京:北京大学出版社,2001.

［272］王佳.多部门动态随机一般均衡模型的中国应用[D].北京:清华大学, 2011(5).

［273］王佳,王文周,张金水.部门冲击和整体冲击的经济影响分析——基于改进的中国7部门DSGE模型的数值模拟[J].中国管理科学,2013 (10):15－22.

［274］王廷惠.市场过程的复杂性和演化适应特征[J].财经科学,2005(2): 53－60.

［275］王为东,陈丽珍,陈健.生产性服务业集聚效应对我国城市化进程的影响研究——基于省级面板数据的实证分析[J].生态经济,2013(9):

114－120.

[276] 王为东,陈丽珍,胡绪华.龙头企业数量特征对集群创新绩效影响的实证研究[J].科技进步与对策,2013(24):86－90.

[277] 王为东,陈丽珍,胡绪华,等.资源空间集聚对企业国际化的影响机制研究[J].华东经济管理,2014(11):11－16.

[278] 王为东,王文平.基于企业学习策略的集群持续创新机制及其实证研究[J].南开管理评论,2009,12(6):27－33.

[279] 王欣,陈丽珍.美国经济衰退对中国实体经济的冲击效应和传导机制研究[J].中国软科学,2012(11):29－40.

[280] 王云平.产业集群与区域产业结构调整[J].当代财经,2007,2:81－86.

[281] 文兼武,余芳东,闫海琪.金融危机尚未见底世界经济加速下行[J].中国国情国力,2009(3):35－39.

[282] 吴德烈.痛苦中的衰退——金融危机笼罩下的韩国市场[J].国际贸易,1998,6:30－33.

[283] 吴红梅,刘洪.西方伦理决策研究述评[J].外国经济与管理,2006,28(12):48－55.

[284] 夏锦文,章仁俊,白秀艳.DEA方法在衰退产业识别中的应用[J].技术经济与管理研究,2005(3):25－26.

[285] 项本武.中国对外直接投资的贸易效应研究——基于面板数据的协整分析[J].财贸经济,2009(4):77－82.

[286] 向洪金.国外对华反倾销措施的贸易限制效应与贸易转移效应研究[J].数量经济技术经济研究,2008(10):75－86.

[287] 萧琛.从网络经济看当前美国的"准衰退"与"新周期"[J].世界经济与政治,2001,8:4－10.

[288] 谢洪明,罗惠玲,王成,等.学习、创新与核心能力:机制和路径[J].经济研究,2007,2:59－70.

[289] 许欣欣.如何缓解国际油价冲击对宏观经济的影响——基于新加坡的经验[J].世界经济研究,2013,10:81－86.

[290] 亚洲开发银行.金融危机早期预警系统及其在东亚地区的运用[M].北京:中国金融出版社,2006.

[291] 杨帆.美国贸易壁垒对中国光伏产业的影响分析[J].商业文化月刊,2012(6):150.

[292] 杨琳,陈丽珍.后危机时期我国纺织服装出口如何走出困境?[J].对外经贸实务,2010(10):37－39.

[293] 杨万平,袁晓玲.美国经济波动对中国经济增长的影响及其传导机制研究[J].世界经济研究,2010(7):76—81.

[294] 杨迤.外商直接投资对中国进出口影响的相关分析[J].世界经济,2000,2:44—49.

[295] 姚宗君.从"西点军校法则"学管理[J].宁波通讯,2010(2):60—61.

[296] 湛柏明,庄宗明.从中美贸易看美国经济波动对中国经济的影响[J].世界经济,2003(2):34—39.

[297] 张兵.中美经济周期的同步性及其传导机制分析[J].世界经济研究,2006(10):31—38.

[298] 张晨,张智君,赵亚军.注意和工作记忆提取对变化盲视的影响[J].应用心理学,2009,15(4):312—316.

[299] 张发,宣慧玉,赵巧霞.复杂系统多主体仿真方法论[J].系统仿真学报,2009,21(8):2386—2390.

[300] 张军.改革以来中国的资本形成与经济增长:一些发现与解释[J].世界经济文汇,2002(1):18—31.

[301] 张如庆.中国对外直接投资与对外贸易的关系分析[J].世界经济研究,2005(3):23—27.

[302] 张燕,谢建国.出口还是对外直接投资:中国企业"走出去"影响因素研究[J].世界经济研究,2012,3:63—68.

[303] 周新生.产业衰退论[M].西安:西北大学出版社,2000.

[304] 周新生.产业衰退及退出产业援助机制[J].产业经济研究,2003(9):52—57.

[305] 朱彤.标准的经济性质与功能及其对技术创新的影响[J].经济理论与经济管理,2006(5):54—59.

[306] 朱秀君.衰退产业识别指标选择及要素退出援助机制的构建[J].商业经济与管理,2004(12):20—24.

附录:相关基础数据

附表1　中国国内生产总值(CGDP)数据

时间	序号					
	(1)	(2)	(3)	(4)	(5)	(6)
	年度累计 GDP/亿元	同比 增长率/ %	1994年为 基期累计 实际GDP/ 亿元	1994年为 基期实际 GDP/亿元	1994年为 基期GDP 平减指数	X12季节 调整的实际 GDP/亿元
1994-01-01	9 064.70	12.90	9 064.70	9 064.70	1.000	11 383.97
1994-04-01	20 149.70	12.40	20 149.70	11 085.00	1.000	11 907.03
1994-07-01	32 596.60	12.40	32 596.60	12 446.90	1.000	12 277.35
1994-10-01	48 197.86	13.10	48 197.86	15 601.26	1.000	12 396.17
1995-01-01	11 858.50	12.00	10 152.46	10 152.46	1.168	12 735.05
1995-04-01	25 967.60	11.00	22 366.17	12 213.70	1.161	13 126.65
1995-07-01	41 502.60	10.60	36 051.84	13 685.67	1.151	13 511.03
1995-10-01	60 793.73	10.90	53 451.43	17 399.59	1.137	13 819.69
1996-01-01	14 261.20	10.90	11 259.08	11 259.08	1.267	14 097.01
1996-04-01	30 861.80	10.30	24 669.88	13 410.80	1.251	14 428.50
1996-07-01	48 533.10	10.00	39 657.02	14 987.14	1.224	14 814.99
1996-10-01	71 176.59	10.00	58 796.57	19 139.55	1.211	15 197.03
1997-01-01	16 256.70	10.40	12 430.03	12 430.03	1.308	15 518.04
1997-04-01	34 954.30	10.20	27 186.21	14 756.18	1.286	15 898.92
1997-07-01	54 102.40	9.60	43 464.10	16 277.89	1.245	16 108.47
1997-10-01	78 973.03	9.30	64 264.65	20 800.55	1.229	16 522.36

续表

时间	序号					
	(1)	(2)	(3)	(4)	(5)	(6)
	年度累计 GDP/亿元	同比增长率/%	1994 年为基期累计实际 GDP/亿元	1994 年为基期实际 GDP/亿元	1994 年为基期 GDP 平减指数	X12 季节调整的实际 GDP/亿元
1998-01-01	17 501.30	7.60	13 374.71	13 374.71	1.309	16 633.92
1998-04-01	37 222.70	7.20	29 143.62	15 768.91	1.277	17 017.83
1998-07-01	57 595.20	7.50	46 723.91	17 580.29	1.233	17 399.81
1998-10-01	84 402.28	7.80	69 277.29	22 553.39	1.218	17 947.14
1999-01-01	18 789.70	9.10	14 591.81	14 591.81	1.288	18 057.60
1999-04-01	39 554.90	8.30	31 562.54	16 970.73	1.253	18 346.08
1999-07-01	61 414.20	8.10	50 508.54	18 946.00	1.216	18 740.86
1999-10-01	89 677.05	7.60	74 542.37	24 033.83	1.203	19 178.28
2000-01-01	20 647.00	9.00	15 905.07	15 905.07	1.298	19 580.34
2000-04-01	43 748.20	8.90	34 371.60	18 466.53	1.273	19 989.70
2000-07-01	68 087.50	8.90	55 003.80	20 632.20	1.238	20 388.55
2000-10-01	99 214.55	8.40	80 803.93	25 800.12	1.228	20 656.62
2001-01-01	23 299.50	8.50	17 257.00	17 257.00	1.350	21 136.00
2001-04-01	48 950.90	8.10	37 155.70	19 898.70	1.317	21 562.49
2001-07-01	75 818.20	8.00	59 404.11	22 248.40	1.276	21 962.76
2001-10-01	109 655.17	8.30	87 510.65	28 106.55	1.253	22 575.19
2002-01-01	25 375.70	8.90	18 792.87	18 792.87	1.350	22 916.27
2002-04-01	53 341.00	8.90	40 462.56	21 669.69	1.318	23 500.39
2002-07-01	83 056.70	9.20	64 869.28	24 406.72	1.280	24 056.54
2002-10-01	120 332.69	9.10	95 474.12	30 604.84	1.260	24 671.99
2003-01-01	28 861.80	10.80	20 822.51	20 822.51	1.386	25 281.38
2003-04-01	59 868.90	9.70	44 387.43	23 564.92	1.349	25 567.56
2003-07-01	93 329.30	10.10	71 421.08	27 033.65	1.307	26 602.48

时间	序号					
	(1)	(2)	(3)	(4)	(5)	(6)
	年度累计 GDP/亿元	同比增长率/%	1994年为基期累计实际GDP/亿元	1994年为基期实际GDP/亿元	1994年为基期GDP平减指数	X12季节调整的实际GDP/亿元
2003-10-01	135 822.76	10.00	105 021.53	33 600.45	1.293	27 195.19
2004-01-01	33 420.60	10.40	22 988.05	22 988.05	1.454	27 805.94
2004-04-01	70 405.90	10.90	49 225.66	26 237.61	1.430	28 436.34
2004-07-01	109 967.60	10.50	78 920.29	29 694.64	1.393	29 192.47
2004-10-01	159 878.34	10.10	115 628.71	36 708.41	1.383	29 841.18
2005-01-01	39 117.40	11.20	25 562.71	25 562.71	1.530	30 817.26
2005-04-01	81 912.60	11.00	54 640.48	29 077.77	1.499	31 428.34
2005-07-01	126 657.00	11.10	87 680.45	33 039.97	1.445	32 494.11
2005-10-01	184 937.40	11.30	128 694.75	41 014.31	1.437	33 455.89
2006-01-01	45 315.80	12.40	28 732.48	28 732.48	1.577	34 583.92
2006-04-01	95 428.50	13.10	61 798.38	33 065.90	1.544	35 602.19
2006-07-01	147 341.30	12.80	98 903.54	37 105.16	1.490	36 522.57
2006-10-01	216 314.40	12.70	145 038.99	46 135.44	1.491	37 723.81
2007-01-01	54 755.90	14.00	32 755.03	32 755.03	1.672	39 432.30
2007-04-01	115 998.90	14.50	70 759.15	38 004.12	1.639	40 777.80
2007-07-01	180 101.10	14.40	113 145.66	42 386.50	1.592	41 743.21
2007-10-01	265 810.30	14.20	165 634.52	52 488.87	1.605	42 956.45
2008-01-01	66 283.80	11.30	36 456.35	36 456.35	1.818	43 967.78
2008-04-01	140 477.80	11.00	78 542.66	42 086.31	1.789	45 061.36
2008-07-01	217 026.10	10.60	125 139.09	46 596.44	1.734	45 864.64
2008-10-01	314 045.40	9.60	181 535.44	56 396.34	1.730	46 173.74
2009-01-01	69 754.80	6.50	38 826.01	38 826.01	1.797	46 909.03
2009-04-01	148 080.70	7.40	84 354.81	45 528.80	1.755	48 699.48

续表

时间	序号					
	(1)	(2)	(3)	(4)	(5)	(6)
	年度累计GDP/亿元	同比增长率/%	1994年为基期累计实际GDP/亿元	1994年为基期实际GDP/亿元	1994年为基期GDP平减指数	X12季节调整的实际GDP/亿元
2009-07-01	231 139.40	8.10	135 275.36	50 920.55	1.709	50 103.10
2009-10-01	340 506.90	9.10	198 055.16	62 779.80	1.719	51 388.10
2010-01-01	81 622.30	11.90	43 446.31	43 446.31	1.879	52 545.73
2010-04-01	172 839.80	11.10	93 718.20	50 271.89	1.844	53 771.52
2010-07-01	272 169.00	10.70	149 749.82	56 031.63	1.817	55 113.97
2010-10-01	401 202.00	10.40	218 652.90	68 903.07	1.835	56 395.29
2011-01-01	96 975.00	9.70	47 660.60	47 660.60	2.035	57 654.05
2011-04-01	205 779.00	9.60	102 715.14	55 054.55	2.003	58 891.50

注:(1)和(2)是中国国家统计局统计数据库的原始数据;(2)是以上一年相同季度为基期的增长率;(3)由(1)和(2)计算得到;(4)由(3)计算得到;(5)由GDP的名义值除以实际值计算得到;(6)由(5)经过Census X12季节调整得到。

附表2 中国固定资产投资(INVEST)数据

时间	序号				
	(7)	(8)	(9)	(10)	(11)
	年度累计固定资产投资/亿元	当期固定资产投资/亿元	1994年为基期固定资产平减指数	1994年为基期固定资产投资/亿元	X12季节调整的固定资产投资/亿元
1994-01-01	676.10	676.10	1.000	676.10	2 323.10
1994-04-01	2 616.76	1 940.66	1.000	1 940.66	2 713.44
1994-07-01	4 956.14	2 339.38	1.000	2 339.38	2 883.98
1994-10-01	12 862.52	7 906.38	1.000	7 906.38	3 627.02
1995-01-01	1 117.85	1 117.85	1.168	957.03	3 293.06
1995-04-01	3 763.75	2 645.90	1.161	2 278.94	3 151.15
1995-07-01	6 891.83	3 128.08	1.151	2 717.25	3 334.68
1995-10-01	15 643.70	8 751.87	1.137	7 694.87	3 556.54

续表

时间	序号				
	(7)	(8)	(9)	(10)	(11)
	年度累计固定 资产投资/ 亿元	当期固定 资产投资/ 亿元	1994年为基期 固定资产平减 指数	1994年为基期 固定资产投资/ 亿元	X12季节调整的 固定资产投资/ 亿元
1996-01-01	1 298.71	1 298.71	1.267	1 025.32	3 510.76
1996-04-01	4 666.48	3 367.77	1.251	2 692.08	3 649.60
1996-07-01	8 269.45	3 602.97	1.224	2 944.03	3 557.42
1996-10-01	17 567.20	9 297.75	1.211	7 680.56	3 608.64
1997-01-01	1 478.17	1 478.17	1.308	1 130.22	3 780.77
1997-04-01	5 291.42	3 813.25	1.286	2 965.81	3 934.83
1997-07-01	9 081.56	3 790.14	1.245	3 044.87	3 601.99
1997-10-01	19 194.20	10 112.64	1.229	8 229.21	3 947.60
1998-01-01	1 618.16	1 618.16	1.309	1 236.62	3 998.18
1998-04-01	5 827.86	4 209.70	1.277	3 296.00	4 286.71
1998-07-01	10 863.61	5 035.75	1.233	4 085.23	4 699.24
1998-10-01	22 491.40	11 627.79	1.218	9 544.08	4 700.10
1999-01-01	2 022.83	2 022.83	1.288	1 570.90	4 867.76
1999-04-01	6 686.57	4 663.74	1.253	3 721.40	4 721.62
1999-07-01	11 764.17	5 077.60	1.216	4 175.94	4 697.89
1999-10-01	23 732.00	11 967.83	1.203	9 948.03	5 034.22
2000-01-01	2 235.36	2 235.36	1.298	1 721.97	5 123.37
2000-04-01	7 537.61	5 302.25	1.273	4 165.81	5 114.22
2000-07-01	13 470.48	5 932.87	1.238	4 792.81	5 241.73
2000-10-01	26 221.85	12 751.37	1.228	10 385.18	5 458.63
2001-01-01	2 560.19	2 560.19	1.350	1 896.23	5 362.59
2001-04-01	8 928.03	6 367.84	1.317	4 833.45	5 673.59
2001-07-01	15 919.44	6 991.41	1.276	5 477.82	5 811.00
2001-10-01	30 001.20	14 081.76	1.253	11 237.99	6 204.64
2002-01-01	3 263.69	3 263.69	1.350	2 417.04	6 383.54
2002-04-01	11 103.52	7 839.83	1.318	5 947.01	6 674.33

续表

时间	序号				
	(7)	(8)	(9)	(10)	(11)
	年度累计固定资产投资/亿元	当期固定资产投资/亿元	1994年为基期固定资产平减指数	1994年为基期固定资产投资/亿元	X12季节调整的固定资产投资/亿元
2002-07-01	19 788.13	8 684.61	1.280	6 782.89	6 906.88
2002-10-01	35 488.80	15 700.67	1.260	12 457.19	7 324.15
2003-01-01	4 478.58	4 478.58	1.386	3 231.10	7 892.72
2003-04-01	15 072.64	10 594.06	1.349	7 854.55	8 427.92
2003-07-01	26 512.58	11 439.94	1.307	8 754.52	8 542.14
2003-10-01	45 811.70	19 299.12	1.293	14 922.56	9 416.28
2004-01-01	7 058.48	7 058.48	1.454	4 855.11	10 962.44
2004-04-01	21 843.97	14 785.49	1.430	10 337.56	10 670.01
2004-07-01	38 028.34	16 184.37	1.393	11 615.01	10 890.01
2004-10-01	59 028.20	20 999.86	1.383	15 187.72	10 276.82
2005-01-01	9 036.68	9 036.68	1.530	5 905.35	12 558.75
2005-04-01	27 967.00	18 930.32	1.499	12 627.63	12 531.01
2005-07-01	48 741.49	20 774.49	1.445	14 381.49	13 116.66
2005-10-01	75 095.10	26 353.61	1.437	18 339.02	13 200.55
2006-01-01	11 608.40	11 608.40	1.577	7 360.31	14 966.33
2006-04-01	36 368.35	24 759.95	1.544	16 034.26	15 364.43
2006-07-01	61 880.12	25 511.77	1.490	17 124.90	15 401.21
2006-10-01	93 368.70	31 488.58	1.491	21 113.12	15 913.04
2007-01-01	14 543.61	14 543.61	1.672	8 700.00	17 256.75
2007-04-01	46 077.82	31 534.21	1.639	19 235.82	17 869.50
2007-07-01	78 246.78	32 168.96	1.592	20 209.64	18 067.00
2007-10-01	117 464.50	39 217.72	1.605	24 437.76	19 057.81
2008-01-01	18 316.94	18 316.94	1.818	10 074.39	19 688.62
2008-04-01	58 435.98	40 119.04	1.789	22 430.99	20 345.12

时间	序号				
	(7)	(8)	(9)	(10)	(11)
	年度累计固定资产投资/亿元	当期固定资产投资/亿元	1994年为基期固定资产平减指数	1994年为基期固定资产投资/亿元	X12季节调整的固定资产投资/亿元
2008-07-01	99 870.71	41 434.73	1.734	23 891.62	21 290.12
2008-10-01	148 738.30	48 867.59	1.730	28 248.14	22 585.41
2009-01-01	23 562.00	23 562.00	1.797	13 114.77	25 384.64
2009-04-01	78 098.35	54 536.35	1.755	31 066.87	27 733.23
2009-07-01	133 176.60	55 078.25	1.709	32 234.79	28 652.06
2009-10-01	194 138.60	60 962.00	1.719	35 458.43	28 826.94
2010-01-01	29 792.68	29 792.68	1.879	15 858.19	30 472.56
2010-04-01	98 047.38	68 254.70	1.844	37 009.46	32 758.34
2010-07-01	165 869.58	67 822.20	1.817	37 316.38	33 150.30
2010-10-01	241 414.93	75 545.35	1.835	41 171.80	33 739.10
2011-01-01	39 464.91	39 464.91	2.035	19 395.94	37 080.10
2011-04-01	124 566.68	85 101.77	2.003	42 478.78	37 520.35

注：(7)是中国国家统计局统计数据库的原始数据；(8)根据(7)计算得到；由于统计数据中没有季度固定资产投资平减指数，因此用 GDP 季度平减指数代替，即(9)=(5)，(10)=(8)/(9)；(11)由(10)经过 Census X12 季节调整得到。

附表 3　美国国内生产总值(UGDP)数据

时间	序号						
	(12)	(13)	(14)	(15)	(16)	(17)	(18)
	美国当期价格GDP/10亿美元	2005年为基期美国GDP/10亿美元	2005年为基期美国GDP平减指数	1994年为基期美国GDP平减指数	1994年为基期美国GDP/10亿美元	美元对人民币季度平均汇率	1994年为基期美国GDP/亿元
1994-01-01	6 916.30	8 720.50	0.793	1.000	6 916.30	8.70	601 847.20
1994-04-01	7 044.30	8 839.80	0.797	1.005	7 010.92	8.67	608 024.18
1994-07-01	7 131.80	8 896.70	0.802	1.011	7 056.05	8.59	606 123.73
1994-10-01	7 248.20	8 995.50	0.806	1.016	7 134.40	8.51	607 169.05
1995-01-01	7 307.70	9 017.60	0.810	1.022	7 151.93	8.43	603 248.81

时间	序号						
	(12)	(13)	(14)	(15)	(16)	(17)	(18)
	美国当期价格GDP/10亿美元	2005年为基期美国GDP/10亿美元	2005年为基期美国GDP平减指数	1994年为基期美国GDP平减指数	1994年为基期美国GDP/10亿美元	美元对人民币季度平均汇率	1994年为基期美国GDP/亿元
1995-04-01	7 355.80	9 037.00	0.814	1.026	7 167.32	8.35	598 265.65
1995-07-01	7 452.50	9 112.90	0.818	1.031	7 227.52	8.31	600 527.05
1995-10-01	7 542.50	9 176.40	0.822	1.036	7 277.88	8.31	605 145.85
1996-01-01	7 638.20	9 239.30	0.827	1.042	7 327.76	8.32	609 687.11
1996-04-01	7 800.00	9 399.00	0.830	1.046	7 454.42	8.33	620 774.61
1996-07-01	7 892.70	9 480.80	0.832	1.050	7 519.30	8.31	624 813.74
1996-10-01	8 023.00	9 584.30	0.837	1.055	7 601.39	8.30	630 869.50
1997-01-01	8 137.00	9 658.00	0.843	1.062	7 659.84	8.29	635 381.09
1997-04-01	8 276.80	9 801.20	0.844	1.065	7 773.41	8.29	644 693.11
1997-07-01	8 409.90	9 924.20	0.847	1.068	7 870.96	8.29	652 442.60
1997-10-01	8 505.70	10 000.30	0.851	1.072	7 931.32	8.28	656 832.25
1998-01-01	8 600.60	10 094.80	0.852	1.074	8 006.27	8.28	662 849.65
1998-04-01	8 698.60	10 185.60	0.854	1.077	8 078.28	8.28	668 825.27
1998-07-01	8 847.20	10 320.00	0.857	1.081	8 184.88	8.28	677 672.31
1998-10-01	9 027.50	10 498.60	0.860	1.084	8 326.53	8.28	689 255.92
1999-01-01	9 148.60	10 592.10	0.864	1.089	8 400.68	8.28	695 467.20
1999-04-01	9 252.60	10 674.90	0.867	1.093	8 466.35	8.28	700 892.20
1999-07-01	9 405.10	10 810.70	0.870	1.097	8 574.05	8.28	709 711.38
1999-10-01	9 607.70	11 004.80	0.873	1.101	8 728.00	8.28	722 530.36
2000-01-01	9 709.50	11 033.60	0.880	1.110	8 750.84	8.28	724 450.71
2000-04-01	9 949.10	11 248.80	0.884	1.115	8 921.52	8.28	738 540.59
2000-07-01	10 017.50	11 258.30	0.890	1.122	8 929.05	8.28	739 282.78
2000-10-01	10 129.80	11 325.00	0.894	1.128	8 981.95	8.28	743 494.71
2001-01-01	10 165.10	11 287.80	0.901	1.135	8 952.45	8.28	741 029.82
2001-04-01	10 301.30	11 361.70	0.907	1.143	9 011.06	8.28	745 856.93
2001-07-01	10 305.20	11 330.40	0.910	1.147	8 986.23	8.28	743 780.63
2001-10-01	10 373.10	11 370.00	0.912	1.150	9 017.64	8.28	746 376.85
2002-01-01	10 498.70	11 467.10	0.916	1.154	9 094.65	8.28	752 746.37

续表

时间	序号						
	(12)	(13)	(14)	(15)	(16)	(17)	(18)
	美国当期价格GDP/10亿美元	2005年为基期美国GDP/10亿美元	2005年为基期美国GDP平减指数	1994年为基期美国GDP平减指数	1994年为基期美国GDP/10亿美元	美元对人民币季度平均汇率	1994年为基期美国GDP/亿元
2002-04-01	10 601.90	11 528.10	0.920	1.160	9 143.03	8.28	756 775.95
2002-07-01	10 701.70	11 586.60	0.924	1.165	9 189.43	8.28	760 592.36
2002-10-01	10 766.90	11 590.60	0.929	1.171	9 192.60	8.28	760 883.13
2003-01-01	10 887.40	11 638.90	0.935	1.179	9 230.91	8.28	764 051.09
2003-04-01	11 011.60	11 737.50	0.938	1.183	9 309.11	8.28	770 518.23
2003-07-01	11 255.10	11 930.70	0.943	1.189	9 462.34	8.28	783 208.58
2003-10-01	11 414.80	12 038.60	0.948	1.196	9 547.91	8.28	790 270.83
2004-01-01	11 589.90	12 117.90	0.956	1.206	9 610.81	8.28	795 494.08
2004-04-01	11 762.90	12 195.90	0.964	1.216	9 672.67	8.28	800 595.46
2004-07-01	11 936.30	12 286.70	0.971	1.225	9 744.68	8.28	806 540.73
2004-10-01	12 123.90	12 387.20	0.979	1.234	9 824.39	8.28	813 116.93
2005-01-01	12 361.80	12 515.00	0.988	1.245	9 925.75	8.28	821 504.62
2005-04-01	12 500.00	12 570.70	0.994	1.254	9 969.93	8.28	825 160.86
2005-07-01	12 728.60	12 670.50	1.005	1.267	10 049.08	8.14	818 115.15
2005-10-01	12 901.40	12 735.60	1.013	1.277	10 100.71	8.08	816 447.36
2006-01-01	13 161.40	12 896.40	1.021	1.287	10 228.24	8.05	823 404.73
2006-04-01	13 330.40	12 948.70	1.029	1.298	10 269.72	8.01	822 837.02
2006-07-01	13 432.80	12 950.40	1.037	1.308	10 271.07	7.97	818 271.36
2006-10-01	13 584.20	13 038.40	1.042	1.314	10 340.86	7.86	813 249.15
2007-01-01	13 758.50	13 056.10	1.054	1.329	10 354.90	7.76	803 650.68
2007-04-01	13 976.80	13 173.60	1.061	1.338	10 448.09	7.68	802 139.93
2007-07-01	14 126.20	13 269.80	1.065	1.342	10 524.39	7.56	795 613.50
2007-10-01	14 253.20	13 326.00	1.070	1.349	10 568.96	7.43	785 481.57
2008-01-01	14 273.90	13 266.80	1.076	1.357	10 522.01	7.16	753 658.45
2008-04-01	14 415.50	13 310.50	1.083	1.366	10 556.67	6.96	734 506.82
2008-07-01	14 395.10	13 186.90	1.092	1.376	10 458.64	6.84	715 361.80
2008-10-01	14 081.70	12 883.50	1.093	1.378	10 218.01	6.83	698 326.01
2009-01-01	13 893.70	12 663.20	1.097	1.383	10 043.29	6.84	686 695.06

续表

时间	序号						
	(12)	(13)	(14)	(15)	(16)	(17)	(18)
	美国当期价格GDP/10亿美元	2005年为基期美国GDP/10亿美元	2005年为基期美国GDP平减指数	1994年为基期美国GDP平减指数	1994年为基期美国GDP/10亿美元	美元对人民币季度平均汇率	1994年为基期美国GDP/亿元
2009-04-01	13 854.10	12 641.30	1.096	1.382	10 025.92	6.83	684 735.65
2009-07-01	13 920.50	12 694.50	1.097	1.383	10 068.11	6.83	687 757.74
2009-10-01	14 087.40	12 813.50	1.099	1.386	10 162.49	6.83	693 854.91
2010-01-01	14 277.90	12 937.70	1.104	1.391	10 261.00	6.83	700 511.53
2010-04-01	14 467.80	13 058.50	1.108	1.397	10 356.80	6.82	706 681.01
2010-07-01	14 605.50	13 139.60	1.112	1.402	10 421.12	6.77	705 503.46
2010-10-01	14 755.00	13 216.10	1.116	1.408	10 481.80	6.66	698 177.24
2011-01-01	14 867.80	13 227.90	1.124	1.417	10 491.16	6.58	690 795.87
2011-04-01	15 012.80	13 271.80	1.131	1.426	10 525.97	6.50	684 417.43

注:(12)和(13)是美国商务部经济分析局的原始数据,已经进行了季节调整;(14)=(12)/(13);(15)由(14)计算得到;(16)=(12)/(15);(17)是IFS公布的原始数据;(18)=(17)×(16)×10。

附表4 美国对中国出口EX数据

时间	序号						
	(19)	(20)	(21)	(22)	(17)	(23)	(24)
	美国对中国出口名义值/百万美元	美国出口指数(2005年=100)	美国出口指数(1994年=1)	1994年为基期美国对中国出口/亿美元	美元对人民币季度平均汇率	1994年为基期美国对中国出口/亿元	X12季节调整后美国对中国出口/亿元
1994-01-01	2 360.26	91.76	1.000	23.603	8.70	205.39	255.72
1994-04-01	3 413.47	92.07	1.003	34.019	8.67	295.03	298.09
1994-07-01	3 940.68	92.54	1.008	39.075	8.59	335.66	340.40
1994-10-01	4 262.29	93.94	1.024	41.632	8.51	354.31	291.34
1995-01-01	2 828.47	95.88	1.045	27.070	8.43	228.33	280.52
1995-04-01	4 317.80	97.56	1.063	40.610	8.35	338.98	344.19
1995-07-01	3 873.74	97.78	1.066	36.353	8.31	302.05	308.95
1995-10-01	5 103.16	97.75	1.065	47.905	8.31	398.33	327.47
1996-01-01	3 513.42	98.00	1.068	32.898	8.32	273.72	327.88
1996-04-01	3 856.85	98.62	1.075	35.885	8.33	298.84	308.11
1996-07-01	3 706.19	97.78	1.066	34.780	8.31	289.01	296.72

续表

时间	序号						
	(19)	(20)	(21)	(22)	(17)	(23)	(24)
	美国对中国出口名义值/百万美元	美国出口指数(2005年=100)	美国出口指数(1994年=1)	1994年为基期美国对中国出口/亿美元	美元对人民币季度平均汇率	1994年为基期美国对中国出口/亿元	X12季节调整后美国对中国出口/亿元
1996-10-01	5 102.48	96.69	1.054	48.424	8.30	401.89	331.39
1997-01-01	3 584.03	96.81	1.055	33.970	8.29	281.78	330.89
1997-04-01	3 819.68	96.75	1.054	36.227	8.29	300.45	312.78
1997-07-01	4 092.97	96.47	1.051	38.932	8.29	322.71	327.50
1997-10-01	4 793.12	95.75	1.044	45.933	8.28	380.39	320.31
1998-01-01	3 864.75	94.50	1.030	37.525	8.28	310.68	360.02
1998-04-01	3 755.53	93.75	1.022	36.756	8.28	304.31	314.02
1998-07-01	4 081.64	92.63	1.010	40.432	8.28	334.76	334.38
1998-10-01	5 295.37	92.16	1.004	52.721	8.28	436.41	379.23
1999-01-01	3 970.68	91.91	1.002	39.639	8.28	328.16	379.87
1999-04-01	4 913.61	91.85	1.001	49.086	8.28	406.36	408.87
1999-07-01	5 157.73	92.01	1.003	51.437	8.28	425.77	416.51
1999-10-01	5 446.65	92.57	1.009	53.989	8.28	446.94	407.62
2000-01-01	4 663.20	93.19	1.016	45.914	8.28	380.11	434.05
2000-04-01	5 955.97	93.66	1.021	58.350	8.28	483.03	475.86
2000-07-01	5 614.23	93.63	1.020	55.020	8.28	455.54	438.82
2000-10-01	6 142.66	93.79	1.022	60.099	8.28	497.48	475.35
2001-01-01	5 700.73	93.72	1.021	55.812	8.28	461.98	514.27
2001-04-01	6 829.55	93.22	1.016	67.222	8.28	556.40	544.46
2001-07-01	7 286.28	92.57	1.009	72.225	8.28	597.79	566.76
2001-10-01	6 404.46	91.60	0.998	64.154	8.28	530.99	531.89
2002-01-01	5 676.67	91.20	0.994	57.116	8.28	472.74	507.68
2002-04-01	6 431.51	91.70	0.999	64.359	8.28	532.70	519.80
2002-07-01	7 757.60	92.19	1.005	77.209	8.28	639.04	606.37
2002-10-01	7 385.65	92.35	1.006	73.383	8.28	607.40	628.03
2003-01-01	7 945.51	92.97	1.013	78.416	8.28	649.05	675.79
2003-04-01	8 557.94	93.19	1.016	84.262	8.28	697.44	675.29

续表

时间	序号						
	(19)	(20)	(21)	(22)	(17)	(23)	(24)
	美国对中国出口名义值/百万美元	美国出口指数(2005年=100)	美国出口指数(1994年=1)	1994年为基期美国对中国出口/亿美元	美元对人民币季度平均汇率	1994年为基期美国对中国出口/亿元	X12季节调整后美国对中国出口/亿元
2003-07-01	8 598.11	93.13	1.015	84.714	8.28	701.19	674.93
2003-10-01	8 859.50	93.97	1.024	86.507	8.28	716.01	751.47
2004-01-01	11 369.80	95.66	1.042	109.064	8.28	902.73	922.35
2004-04-01	11 586.00	97.06	1.058	109.531	8.28	906.57	870.83
2004-07-01	10 937.80	97.03	1.057	103.436	8.28	856.11	835.99
2004-10-01	10 191.90	97.90	1.067	95.523	8.28	790.60	831.35
2005-01-01	11 132.40	99.09	1.080	103.089	8.28	853.22	866.15
2005-04-01	12 513.10	99.90	1.089	114.935	8.28	951.26	912.07
2005-07-01	12 644.00	100.09	1.091	115.920	8.14	943.72	927.35
2005-10-01	12 704.90	100.93	1.100	115.506	8.08	933.64	974.15
2006-01-01	13 527.70	101.65	1.108	122.119	8.05	983.10	1 002.19
2006-04-01	15 212.90	103.30	1.126	135.134	8.01	1 082.73	1 043.14
2006-07-01	15 988.60	104.61	1.140	140.246	7.97	1 117.31	1 094.85
2006-10-01	14 596.90	104.70	1.141	127.924	7.86	1 006.05	1 039.36
2007-01-01	16 039.40	106.54	1.161	138.138	7.76	1 072.10	1 098.30
2007-04-01	17 355.00	108.13	1.178	147.269	7.68	1 130.64	1 097.37
2007-07-01	18 068.70	108.88	1.187	152.272	7.56	1 151.13	1 132.72
2007-10-01	18 534.50	110.91	1.209	153.343	7.43	1 139.64	1 155.19
2008-01-01	20 268.20	114.25	1.245	162.787	7.16	1 165.99	1 197.58
2008-04-01	24 796.00	117.05	1.276	194.377	6.96	1 352.43	1 326.11
2008-07-01	25 055.00	118.14	1.288	194.593	6.84	1 331.00	1 324.47
2008-10-01	22 189.00	111.19	1.212	183.114	6.83	1 251.45	1 240.59
2009-01-01	20 364.00	108.66	1.184	171.960	6.84	1 175.75	1 199.12
2009-04-01	21 715.00	109.32	1.191	182.269	6.83	1 244.84	1 242.25
2009-07-01	23 686.00	110.22	1.201	197.183	6.83	1 346.96	1 358.50
2009-10-01	29 724.00	111.19	1.212	245.296	6.83	1 674.79	1 624.15
2010-01-01	29 687.00	112.97	1.231	241.135	6.83	1 646.21	1 664.87

续表

时间	序号						
	（19）	（20）	（21）	（22）	（17）	（23）	（24）
	美国对中国出口名义值/百万美元	美国出口指数（2005年=100）	美国出口指数（1994年=1）	1994年为基期美国对中国出口/亿美元	美元对人民币季度平均汇率	1994年为基期美国对中国出口/亿元	X12季节调整后美国对中国出口/亿元
2010-04-01	27 843.00	114.71	1.250	222.714	6.82	1 519.66	1 543.13
2010-07-01	31 347.00	114.99	1.253	250.129	6.77	1 693.36	1 720.10
2010-10-01	37 772.00	118.11	1.287	293.439	6.66	1 954.55	1 872.36
2011-01-01	36 024.00	118.92	1.296	277.969	6.58	1 830.30	1 840.97
2011-04-01	32 832.00	119.75	1.305	251.593	6.50	1 635.90	1 683.98

注：(19)是美国商务部经济分析局和国际货币基金组织 IMF 的 DOTS 数据库中的原始数据；(20)是 IFS 数据库中的原始数据；(21)根据(20)计算得到；(22)＝[(19)/(21)]×0.01；(23)＝(22)×(17)；(24)由(23)经过 Census X12 季节调整得到。

附表 5　美国从中国进口 IM 数据

时间	序号						
	（25）	（26）	（27）	（28）	（17）	（29）	（30）
	美国从中国进口名义值/百万美元	美国进口指数（2005年=100）	美国进口指数（1994年=1）	1994年为基期美国从中国进口/亿美元	美元对人民币季度平均汇率	1994年为基期美国从中国进口/亿元	X12季节调整后美国从中国进口/亿元
1994-01-01	3 409.48	85.28	1.000	34.09	8.70	296.69	384.17
1994-04-01	5 141.48	86.82	1.018	50.50	8.67	437.96	440.49
1994-07-01	5 872.84	88.49	1.038	56.60	8.59	486.17	441.54
1994-10-01	6 997.58	89.34	1.048	66.80	8.51	568.46	502.87
1995-01-01	4 923.37	90.31	1.059	46.49	8.43	392.14	505.95
1995-04-01	6 302.05	92.16	1.081	58.32	8.35	486.77	489.71
1995-07-01	6 841.96	91.73	1.076	63.61	8.31	528.49	479.20
1995-10-01	6 676.51	91.52	1.073	62.21	8.31	517.28	460.58
1996-01-01	4 643.28	92.07	1.080	43.01	8.32	357.85	458.16
1996-04-01	6 178.51	92.43	1.084	57.00	8.33	474.71	476.65
1996-07-01	7 527.23	91.86	1.077	69.88	8.31	580.69	526.40
1996-10-01	8 381.59	93.07	1.091	76.80	8.30	637.41	573.28
1997-01-01	5 913.63	91.95	1.078	54.85	8.29	454.96	575.53

时间	序号						
	（25）	（26）	（27）	（28）	（17）	（29）	（30）
	美国从中国进口名义值/百万美元	美国进口指数（2005年＝100）	美国进口指数（1994年＝1）	1994年为基期美国从中国进口/亿美元	美元对人民币季度平均汇率	1994年为基期美国从中国进口/亿元	X12季节调整后美国从中国进口/亿元
1997-04-01	8 199.97	89.83	1.053	77.85	8.29	645.65	646.28
1997-07-01	9 172.62	89.49	1.049	87.41	8.29	724.55	656.18
1997-10-01	9 457.71	89.07	1.044	90.55	8.28	749.93	684.83
1998-01-01	7 252.48	86.37	1.013	71.61	8.28	592.86	737.83
1998-04-01	9 395.03	85.07	0.998	94.18	8.28	779.78	778.21
1998-07-01	10 449.10	83.79	0.983	106.34	8.28	880.47	796.29
1998-10-01	10 904.00	83.37	0.978	111.54	8.28	923.29	857.73
1999-01-01	7 941.05	83.04	0.974	81.56	8.28	675.17	824.19
1999-04-01	9 877.72	84.37	0.989	99.84	8.28	826.55	825.23
1999-07-01	11 951.70	86.19	1.011	118.26	8.28	978.86	880.87
1999-10-01	12 232.60	87.92	1.031	118.66	8.28	982.28	931.15
2000-01-01	10 471.20	90.13	1.057	99.08	8.28	820.24	981.84
2000-04-01	13 204.60	90.16	1.057	124.90	8.28	1 033.95	1 032.94
2000-07-01	14 854.10	91.58	1.074	138.32	8.28	1 145.20	1 026.59
2000-10-01	13 670.00	91.79	1.076	127.00	8.28	1 051.24	1 012.84
2001-01-01	11 581.70	90.52	1.061	109.11	8.28	903.14	1 064.84
2001-04-01	13 526.90	88.92	1.043	129.74	8.28	1 073.85	1 072.39
2001-07-01	15 306.20	87.28	1.023	149.55	8.28	1 237.85	1 110.53
2001-10-01	13 980.30	84.07	0.986	141.82	8.28	1 173.81	1 139.26
2002-01-01	13 188.20	83.64	0.981	134.46	8.28	1 112.93	1 302.51
2002-04-01	16 720.10	85.70	1.005	166.37	8.28	1 377.08	1 369.55
2002-07-01	20 361.70	86.31	1.012	201.19	8.28	1 665.18	1 504.26
2002-10-01	19 793.80	86.46	1.014	195.23	8.28	1 615.96	1 568.58
2003-01-01	17 691.20	89.25	1.047	169.04	8.28	1 399.18	1 630.08
2003-04-01	22 329.70	87.13	1.022	218.56	8.28	1 809.02	1 787.87
2003-07-01	26 062.80	87.76	1.029	253.25	8.28	2 096.17	1 918.51
2003-10-01	26 600.00	88.07	1.033	257.58	8.28	2 131.95	2 062.07

续表

时间	序号						
	(25)	(26)	(27)	(28)	(17)	(29)	(30)
	美国从中国进口名义值/百万美元	美国进口指数(2005年=100)	美国进口指数(1994年=1)	1994年为基期美国从中国进口/亿美元	美元对人民币季度平均汇率	1994年为基期美国从中国进口/亿元	X12季节调整后美国从中国进口/亿元
2004-01-01	23 796.90	90.49	1.061	224.26	8.28	1 856.23	2 143.46
2004-04-01	30 446.70	92.13	1.080	281.83	8.28	2 332.69	2 301.02
2004-07-01	34 426.40	93.89	1.101	312.70	8.28	2 588.17	2 399.55
2004-10-01	35 358.20	95.55	1.120	315.57	8.28	2 611.79	2 518.48
2005-01-01	32 564.90	96.34	1.130	288.26	8.28	2 385.78	2 712.80
2005-04-01	40 249.50	98.77	1.158	347.54	8.28	2 876.38	2 858.09
2005-07-01	44 772.40	102.13	1.198	373.86	8.14	3 043.64	2 847.99
2005-10-01	45 761.60	102.77	1.205	379.75	8.08	3 069.56	2 939.24
2006-01-01	42 194.10	102.80	1.205	350.04	8.05	2 817.94	3 161.90
2006-04-01	49 005.70	105.95	1.242	394.46	8.01	3 160.50	3 192.02
2006-07-01	55 970.80	107.04	1.255	445.93	7.97	3 552.62	3 331.70
2006-10-01	56 727.40	103.71	1.216	466.48	7.86	3 668.62	3 468.10
2007-01-01	50 818.00	104.16	1.221	416.07	7.76	3 229.13	3 609.23
2007-04-01	56 649.00	107.92	1.265	447.66	7.68	3 436.84	3 539.24
2007-07-01	62 883.90	110.43	1.295	485.61	7.56	3 671.04	3 433.28
2007-10-01	62 829.80	114.68	1.345	467.24	7.43	3 472.51	3 229.75
2008-01-01	53 548.10	118.86	1.394	384.20	7.16	2 751.94	3 094.89
2008-04-01	63 467.70	128.50	1.507	421.22	6.96	2 930.75	3 064.52
2008-07-01	72 477.20	129.80	1.522	476.19	6.84	3 257.07	3 028.08
2008-10-01	63 293.40	110.34	1.294	489.17	6.83	3 343.12	3 075.09
2009-01-01	45 625.60	102.92	1.207	378.06	6.84	2 584.95	2 925.34
2009-04-01	51 728.20	106.55	1.249	414.00	6.83	2 827.48	2 989.30
2009-07-01	75 157.40	109.61	1.285	584.72	6.83	3 994.26	3 686.61
2009-10-01	98 394.00	112.37	1.318	746.71	6.83	5 098.26	4 677.24
2010-01-01	87 603.00	114.55	1.343	652.16	6.83	4 452.23	5 051.21
2010-04-01	102 851.00	115.04	1.349	762.44	6.82	5 202.39	5 523.70
2010-07-01	118 518.00	114.13	1.338	885.58	6.77	5 995.33	5 507.27

续表

时间	序号						
	（25）	（26）	（27）	（28）	（17）	（29）	（30）
	美国从中国进口名义值/百万美元	美国进口指数（2005年=100）	美国进口指数（1994年=1）	1994年为基期美国从中国进口/亿美元	美元对人民币季度平均汇率	1994年为基期美国从中国进口/亿元	X12季节调整后美国从中国进口/亿元
2010-10-01	114 970.00	117.25	1.375	836.20	6.66	5 569.80	5 121.37
2011-01-01	100 801.00	117.18	1.374	733.48	6.58	4 829.65	5 471.71
2011-04-01	111 580.00	117.18	1.374	812.26	6.50	5 281.44	5 619.69

注：（25）是美国商务部经济分析局和国际货币基金组织 IMF 的 DOTS 数据库中的原始数据；（26）是 IFS 数据库中的原始数据；（27）根据（26）计算得到；（28）=〔（25）/（27）〕×0.01；（29）=（28）×（17）；（30）由（29）经过 Census X12 季节调整得到。

附表 6 美国对中国直接投资 FDI 数据

时间	序号						
	（31）	（32）	（33）	（34）	（17）	（35）	（36）
	美国对中国FDI名义值/百万美元	1994年为基期美国FDI平减指数	1994年为基期美国对中国FDI/亿美元	1994年为基期美国对中国累计FDI/亿美元	美元对人民币季度平均汇率	1994年为基期美国对中国累计FDI/亿元	X12季节调整后美国对中国累计FDI/亿元
1994-01-01	336.00	1.000	3.36	3.36	8.70	29.24	29.95
1994-04-01	380.00	1.005	3.78	6.81	8.67	59.03	56.58
1994-07-01	237.00	1.011	2.34	8.47	8.59	72.76	73.59
1994-10-01	279.00	1.016	2.75	10.37	8.51	88.25	89.04
1995-01-01	−51.00	1.022	−0.50	8.83	8.43	74.51	76.34
1995-04-01	112.00	1.026	1.09	9.04	8.35	75.47	72.38
1995-07-01	157.00	1.031	1.52	9.66	8.31	80.26	80.82
1995-10-01	43.00	1.036	0.41	9.11	8.31	75.74	76.68
1996-01-01	304.00	1.042	2.92	11.11	8.32	92.47	94.83
1996-04-01	193.00	1.046	1.84	11.85	8.33	98.66	94.88
1996-07-01	74.00	1.050	0.70	11.37	8.31	94.46	93.79
1996-10-01	361.00	1.055	3.42	13.65	8.30	113.30	116.24
1997-01-01	506.00	1.062	4.76	17.05	8.29	141.42	144.77
1997-04-01	389.00	1.065	3.65	19.00	8.29	157.56	152.01
1997-07-01	133.00	1.068	1.24	18.34	8.29	152.05	149.34
1997-10-01	222.00	1.072	2.07	18.58	8.28	153.86	158.72
1998-01-01	185.00	1.074	1.72	18.44	8.28	152.69	156.38

续表

时间	序号						
	（31）	（32）	（33）	（34）	（17）	（35）	（36）
	美国对中国FDI名义值/百万美元	1994年为基期美国FDI平减指数	1994年为基期美国对中国FDI/亿美元	1994年为基期美国对中国累计FDI/亿美元	美元对人民币季度平均汇率	1994年为基期美国对中国累计FDI/亿元	X12季节调整后美国对中国累计FDI/亿元
1998-04-01	443.00	1.077	4.11	20.71	8.28	171.49	166.53
1998-07-01	369.00	1.081	3.41	22.06	8.28	182.61	178.09
1998-10-01	500.00	1.084	4.61	24.46	8.28	202.49	208.13
1999-01-01	−916.00	1.089	−8.41	13.60	8.28	112.62	115.29
1999-04-01	2 073.00	1.093	18.97	31.21	8.28	258.39	253.93
1999-07-01	1 004.00	1.097	9.15	37.24	8.28	308.28	301.26
1999-10-01	−215.00	1.101	−1.95	31.57	8.28	261.32	263.26
2000-01-01	605.00	1.110	5.45	33.86	8.28	280.33	287.49
2000-04-01	307.00	1.115	2.75	33.23	8.28	275.08	274.95
2000-07-01	360.00	1.122	3.21	33.11	8.28	274.18	268.60
2000-10-01	545.00	1.128	4.83	34.64	8.28	286.70	284.02
2001-01-01	170.00	1.135	1.50	32.67	8.28	270.42	274.95
2001-04-01	372.00	1.143	3.25	32.66	8.28	270.30	275.70
2001-07-01	488.00	1.147	4.26	33.65	8.28	278.49	275.02
2001-10-01	881.00	1.150	7.66	37.94	8.28	314.03	305.73
2002-01-01	4.00	1.154	0.03	34.18	8.28	282.91	285.12
2002-04-01	−371.00	1.160	−3.20	27.56	8.28	228.15	236.00
2002-07-01	535.00	1.165	4.59	29.40	8.28	243.35	242.79
2002-10-01	707.00	1.171	6.04	32.50	8.28	268.98	259.05
2003-01-01	118.00	1.179	1.00	30.25	8.28	250.37	249.92
2003-04-01	291.00	1.183	2.46	29.68	8.28	245.69	256.07
2003-07-01	861.00	1.189	7.24	33.95	8.28	281.04	282.89
2003-10-01	3.00	1.196	0.03	30.58	8.28	253.13	242.67
2004-01-01	862.00	1.206	7.15	34.67	8.28	286.99	285.28
2004-04-01	895.00	1.216	7.36	38.57	8.28	319.20	331.96
2004-07-01	1 754.00	1.225	14.32	49.03	8.28	405.79	409.62
2004-10-01	988.00	1.234	8.01	52.13	8.28	431.47	417.49
2005-01-01	388.00	1.245	3.12	50.03	8.28	414.10	407.27
2005-04-01	25.00	1.254	0.20	45.23	8.28	374.34	388.40

续表

时间	序号						
	（31）	（32）	（33）	（34）	（17）	（35）	（36）
	美国对中国FDI名义值/百万美元	1994年为基期美国FDI平减指数	1994年为基期美国对中国FDI/亿美元	1994年为基期美国对中国累计FDI/亿美元	美元对人民币季度平均汇率	1994年为基期美国对中国累计FDI/亿元	X12季节调整后美国对中国累计FDI/亿元
2005-07-01	423.00	1.267	3.34	44.05	8.14	358.59	364.48
2005-10-01	1 119.00	1.277	8.76	48.40	8.08	391.24	379.90
2006-01-01	799.00	1.287	6.21	49.77	8.05	400.68	389.97
2006-04-01	569.00	1.298	4.38	49.18	8.01	394.03	408.99
2006-07-01	576.00	1.308	4.40	48.66	7.97	387.70	398.23
2006-10-01	2 283.00	1.314	17.38	61.18	7.86	481.12	467.12
2007-01-01	2 389.00	1.329	17.98	73.04	7.76	566.86	544.19
2007-04-01	1 708.00	1.338	12.77	78.50	7.68	602.70	628.26
2007-07-01	1 384.00	1.342	10.31	80.96	7.56	612.07	639.02
2007-10-01	−239.00	1.349	−1.77	71.10	7.43	528.38	508.03
2008-01-01	2 657.00	1.357	19.59	83.57	7.16	598.60	569.77
2008-04-01	2 128.00	1.366	15.58	90.80	6.96	631.75	662.26
2008-07-01	4 651.00	1.376	33.79	115.51	6.84	790.08	833.35
2008-10-01	6 535.00	1.378	47.42	151.38	6.83	1 034.56	989.77
2009-01-01	−2 734.00	1.383	−19.76	116.48	6.84	796.40	751.72
2009-04-01	−7 536.00	1.382	−54.54	50.29	6.83	343.49	362.15
2009-07-01	2 053.00	1.383	14.85	60.11	6.83	410.63	437.14
2009-10-01	363.00	1.386	2.62	56.72	6.83	387.26	367.36
2010-01-01	2 982.00	1.391	21.43	72.48	6.83	494.81	465.85
2010-04-01	1 838.00	1.397	13.16	78.39	6.82	534.87	566.43
2010-07-01	1 458.00	1.402	10.40	80.95	6.77	548.04	586.28
2010-10-01	3 287.00	1.408	23.35	96.21	6.66	640.82	604.41
2011-01-01	2 607.00	1.417	18.40	104.98	6.58	691.26	650.72
2011-04-01	2 801.00	1.426	19.64	114.12	6.50	742.05	787.66

注：（31）是美国商务部经济分析局数据库中的原始数据；由于统计资料没有公布 FDI 平减指数，因此用美国 GDP 平减指数代替，即（32）=（15）；（33）=[（31）/（32）]×0.01；（34）是根据（33）计算得到的累计值，折旧率为 10%；（35）=（34）×（17）；（36）由（35）经过 Census X12 季节调整得到。

附表7 汇总数据

时间	序号					
	(6)	(11)	(18)	(24)	(30)	(36)
	X12 季节调整的实际 GDP (CGDP)/亿元	X12 季节调整的固定资产投资(INVEST)/亿元	1994 年为基期美国 GDP (UGDP)/亿元	X12 季节调整后美国对中国出口(EX)/亿元	X12 季节调整后美国从中国进口(IM)/亿元	X12 季节调整后美国对中国累计 FDI(FDI)/亿元
1994-01-01	11 383.97	2 323.10	601 847.20	255.72	384.17	29.95
1994-04-01	11 907.03	2 713.44	608 024.18	298.09	440.49	56.58
1994-07-01	12 277.35	2 883.98	606 123.73	340.40	441.54	73.59
1994-10-01	12 396.17	3 627.02	607 169.05	291.34	502.87	89.04
1995-01-01	12 735.05	3 293.06	603 248.81	280.52	505.95	76.34
1995-04-01	13 126.65	3 151.15	598 265.65	344.19	489.71	72.38
1995-07-01	13 511.03	3 334.68	600 527.05	308.95	479.20	80.82
1995-10-01	13 819.69	3 556.54	605 145.85	327.47	460.58	76.68
1996-01-01	14 097.01	3 510.76	609 687.11	327.88	458.16	94.83
1996-04-01	14 428.50	3 649.60	620 774.61	308.11	476.65	94.88
1996-07-01	14 814.99	3 557.42	624 813.74	296.72	526.40	93.79
1996-10-01	15 197.03	3 608.64	630 869.50	331.39	573.28	116.24
1997-01-01	15 518.04	3 780.77	635 381.09	330.89	575.53	144.77
1997-04-01	15 898.92	3 934.83	644 693.11	312.78	646.28	152.01
1997-07-01	16 108.47	3 601.99	652 442.60	327.50	656.18	149.34
1997-10-01	16 522.36	3 947.60	656 832.25	320.31	684.83	158.72
1998-01-01	16 633.92	3 998.18	662 849.65	360.02	737.83	156.38
1998-04-01	17 017.83	4 286.71	668 825.27	314.02	778.21	166.53
1998-07-01	17 399.81	4 699.24	677 672.31	334.38	796.29	178.09
1998-10-01	17 947.14	4 700.10	689 255.92	379.23	857.73	208.13
1999-01-01	18 057.60	4 867.76	695 467.20	379.87	824.19	115.29
1999-04-01	18 346.08	4 721.62	700 892.20	408.87	825.23	253.93
1999-07-01	18 740.86	4 697.89	709 711.38	416.51	880.87	301.26
1999-10-01	19 178.28	5 034.22	722 530.36	407.62	931.15	263.26
2000-01-01	19 580.34	5 123.37	724 450.71	434.05	981.84	287.49
2000-04-01	19 989.70	5 114.22	738 540.59	475.86	1 032.94	274.95
2000-07-01	20 388.55	5 241.73	739 282.78	438.82	1 026.59	268.60

时间	序号					
	(6)	(11)	(18)	(24)	(30)	(36)
	X12 季节调整的实际 GDP (CGDP)/亿元	X12 季节调整的固定资产投资(INVEST)/亿元	1994年为基期美国 GDP (UGDP)/亿元	X12 季节调整后美国对中国出口(EX)/亿元	X12 季节调整后美国从中国进口(IM)/亿元	X12 季节调整后美国对中国累计 FDI(FDI)/亿元
2000-10-01	20 656.62	5 458.63	743 494.71	475.35	1 012.84	284.02
2001-01-01	21 136.00	5 362.59	741 029.82	514.27	1 064.84	274.95
2001-04-01	21 562.49	5 673.59	745 856.93	544.46	1 072.39	275.70
2001-07-01	21 962.76	5 811.00	743 780.63	566.98	1 110.53	275.02
2001-10-01	22 575.19	6 204.64	746 376.85	531.89	1 139.26	305.73
2002-01-01	22 916.27	6 383.54	752 746.37	507.68	1 302.51	285.12
2002-04-01	23 500.39	6 674.33	756 775.95	519.80	1 369.55	236.00
2002-07-01	24 056.54	6 906.88	760 592.36	606.37	1 504.26	242.79
2002-10-01	24 671.99	7 324.15	760 883.13	628.03	1 568.58	259.05
2003-01-01	25 281.38	7 892.72	764 051.09	675.79	1 630.08	249.92
2003-04-01	25 567.56	8 427.92	770 518.23	675.29	1 787.87	256.07
2003-07-01	26 602.48	8 542.14	783 208.58	674.93	1 918.51	282.89
2003-10-01	27 195.19	9 416.28	790 270.83	751.47	2 062.07	242.67
2004-01-01	27 805.94	10 962.44	795 494.08	922.35	2 143.46	285.28
2004-04-01	28 436.34	10 670.01	800 595.46	870.83	2 301.02	331.96
2004-07-01	29 192.47	10 890.01	806 540.73	835.99	2 399.55	409.62
2004-10-01	29 841.18	10 276.82	813 116.93	831.35	2 518.48	417.49
2005-01-01	30 817.26	12 558.75	821 504.62	866.15	2 712.80	407.27
2005-04-01	31 428.34	12 531.01	825 160.86	912.07	2 858.09	388.40
2005-07-01	32 494.11	13 116.66	818 115.15	927.35	2 847.99	364.48
2005-10-01	33 455.89	13 200.55	816 447.36	974.15	2 939.24	379.90
2006-01-01	34 583.92	14 966.33	823 404.73	1 002.19	3 161.90	389.97
2006-04-01	35 602.19	15 364.43	822 837.02	1 043.14	3 192.02	408.99
2006-07-01	36 522.57	15 401.21	818 271.36	1 094.85	3 331.70	398.23
2006-10-01	37 723.81	15 913.04	813 249.15	1 039.36	3 468.10	467.12
2007-01-01	39 432.30	17 256.75	803 650.68	1 098.30	3 609.23	544.19
2007-04-01	40 777.80	17 869.50	802 139.93	1 097.37	3 539.24	628.26

时间	序号					
	(6)	(11)	(18)	(24)	(30)	(36)
	X12 季节调整的实际 GDP (CGDP)/亿元	X12 季节调整的固定资产投资(INVEST)/亿元	1994 年为基期美国 GDP (UGDP)/亿元	X12 季节调整后美国对中国出口(EX)/亿元	X12 季节调整后美国从中国进口(IM)/亿元	X12 季节调整后美国对中国累计 FDI(FDI)/亿元
2007-07-01	41 743.21	18 067.00	795 613.50	1 132.72	3 433.28	639.02
2007-10-01	42 956.45	19 057.81	785 481.57	1 155.19	3 229.75	508.03
2008-01-01	43 967.78	19 688.62	753 658.45	1 197.58	3 094.89	569.77
2008-04-01	45 061.36	20 345.12	734 506.82	1 326.11	3 064.52	662.26
2008-07-01	45 864.64	21 290.12	715 361.80	1 324.47	3 028.08	833.35
2008-10-01	46 173.74	22 585.41	698 326.01	1 240.59	3 075.09	989.77
2009-01-01	46 909.03	25 384.64	686 695.06	1 199.12	2 925.34	751.72
2009-04-01	48 699.48	27 733.23	684 735.65	1 242.25	2 989.30	362.15
2009-07-01	50 103.10	28 652.06	687 757.74	1 358.50	3 686.61	437.14
2009-10-01	51 388.10	28 826.94	693 854.91	1 624.15	4 677.24	367.36
2010-01-01	52 545.73	30 472.56	700 511.53	1 664.87	5 051.21	465.85
2010-04-01	53 771.52	32 758.34	706 681.01	1 543.13	5 523.70	566.43
2010-07-01	55 113.97	33 150.30	705 503.46	1 720.10	5 507.27	586.28
2010-10-01	56 395.29	33 739.10	698 177.24	1 872.36	5 121.37	604.41
2011-01-01	57 654.05	37 080.10	690 795.87	1 840.97	5 471.71	650.72
2011-04-01	58 891.50	37 520.35	684 417.43	1 683.98	5 619.69	787.66

附表8　各变量对数值

时间	lnCGDP	lnINVEST	lnUGDP	lnEX	lnIM	lnFDI
1994-01-01	9.340	7.751	13.308	5.544	5.951	3.400
1994-04-01	9.385	7.906	13.318	5.697	6.088	4.036
1994-07-01	9.416	7.967	13.315	5.830	6.090	4.298
1994-10-01	9.425	8.196	13.317	5.674	6.220	4.489
1995-01-01	9.452	8.100	13.310	5.637	6.226	4.335
1995-04-01	9.482	8.056	13.302	5.841	6.194	4.282
1995-07-01	9.511	8.112	13.306	5.733	6.172	4.392

时间	lnCGDP	lnINVEST	lnUGDP	lnEX	lnIM	lnFDI
1995-10-01	9.534	8.177	13.313	5.791	6.132	4.340
1996-01-01	9.554	8.164	13.321	5.793	6.127	4.552
1996-04-01	9.577	8.202	13.339	5.730	6.167	4.553
1996-07-01	9.603	8.177	13.345	5.693	6.266	4.541
1996-10-01	9.629	8.191	13.355	5.803	6.351	4.756
1997-01-01	9.650	8.238	13.362	5.802	6.355	4.975
1997-04-01	9.674	8.278	13.377	5.745	6.471	5.024
1997-07-01	9.687	8.189	13.388	5.791	6.486	5.006
1997-10-01	9.712	8.281	13.395	5.769	6.529	5.067
1998-01-01	9.719	8.294	13.404	5.886	6.604	5.052
1998-04-01	9.742	8.363	13.413	5.749	6.657	5.115
1998-07-01	9.764	8.455	13.426	5.812	6.680	5.182
1998-10-01	9.795	8.455	13.443	5.938	6.754	5.338
1999-01-01	9.801	8.490	13.452	5.940	6.714	4.747
1999-04-01	9.817	8.460	13.460	6.013	6.716	5.537
1999-07-01	9.838	8.455	13.473	6.032	6.781	5.708
1999-10-01	9.862	8.524	13.491	6.010	6.836	5.573
2000-01-01	9.882	8.542	13.493	6.073	6.889	5.661
2000-04-01	9.903	8.540	13.512	6.165	6.940	5.617
2000-07-01	9.923	8.564	13.513	6.084	6.934	5.593
2000-10-01	9.936	8.605	13.519	6.164	6.921	5.649
2001-01-01	9.959	8.587	13.516	6.243	6.971	5.617
2001-04-01	9.979	8.644	13.522	6.300	6.978	5.619
2001-07-01	9.997	8.668	13.520	6.340	7.013	5.617
2001-10-01	10.025	8.733	13.523	6.276	7.038	5.723
2002-01-01	10.040	8.761	13.531	6.230	7.172	5.653
2002-04-01	10.065	8.806	13.537	6.253	7.222	5.464

时间	lnCGDP	lnINVEST	lnUGDP	lnEX	lnIM	lnFDI
2002-07-01	10.088	8.840	13.542	6.407	7.316	5.492
2002-10-01	10.113	8.899	13.542	6.443	7.358	5.557
2003-01-01	10.138	8.974	13.546	6.516	7.396	5.521
2003-04-01	10.149	9.039	13.555	6.515	7.489	5.545
2003-07-01	10.189	9.053	13.571	6.515	7.559	5.645
2003-10-01	10.211	9.150	13.580	6.622	7.631	5.492
2004-01-01	10.233	9.302	13.587	6.827	7.670	5.653
2004-04-01	10.255	9.275	13.593	6.769	7.741	5.805
2004-07-01	10.282	9.296	13.601	6.729	7.783	6.015
2004-10-01	10.304	9.238	13.609	6.723	7.831	6.034
2005-01-01	10.336	9.438	13.619	6.764	7.906	6.009
2005-04-01	10.355	9.436	13.623	6.816	7.958	5.962
2005-07-01	10.389	9.482	13.615	6.832	7.954	5.898
2005-10-01	10.418	9.488	13.613	6.882	7.986	5.940
2006-01-01	10.451	9.614	13.621	6.910	8.059	5.966
2006-04-01	10.480	9.640	13.621	6.950	8.068	6.014
2006-07-01	10.506	9.642	13.615	6.998	8.111	5.987
2006-10-01	10.538	9.675	13.609	6.946	8.151	6.147
2007-01-01	10.582	9.756	13.597	7.002	8.191	6.299
2007-04-01	10.616	9.791	13.595	7.001	8.172	6.443
2007-07-01	10.639	9.802	13.587	7.032	8.141	6.460
2007-10-01	10.668	9.855	13.574	7.052	8.080	6.231
2008-01-01	10.691	9.888	13.533	7.088	8.038	6.345
2008-04-01	10.716	9.921	13.507	7.190	8.028	6.496
2008-07-01	10.733	9.966	13.481	7.189	8.016	6.725
2008-10-01	10.740	10.025	13.456	7.123	8.031	6.897
2009-01-01	10.756	10.142	13.440	7.089	7.981	6.622

续表

时间	ln*CGDP*	ln*INVEST*	ln*UGDP*	ln*EX*	ln*IM*	ln*FDI*
2009-04-01	10.793	10.230	13.437	7.125	8.003	5.892
2009-07-01	10.822	10.263	13.441	7.214	8.212	6.080
2009-10-01	10.847	10.269	13.450	7.393	8.450	5.906
2010-01-01	10.869	10.325	13.460	7.418	8.527	6.144
2010-04-01	10.892	10.397	13.468	7.342	8.617	6.339
2010-07-01	10.917	10.409	13.467	7.450	8.614	6.374
2010-10-01	10.940	10.426	13.456	7.535	8.541	6.404
2011-01-01	10.962	10.521	13.446	7.518	8.607	6.478
2011-04-01	10.983	10.533	13.436	7.429	8.634	6.669